Jörg Wichmann
Die Renaissance der Esoterik

Jörg Wichmann

Die Renaissance der Esoterik

Eine kritische Orientierung

Kreuz Verlag

Abbildungshinweise:

Seite 166: aus »Alchymia«, herausgegeben von Richard Scherer,
Verlag Talheimer, Mössingen-Talheim, 1988

Seite 215: aus »Tarot de Marseille«, © Grimaud, Paris 1963
© France-Cartes-France, 1986

Seite 260: aus Leonardo da Vinci, »Proportionen des Menschen«,
um 1485

Seite 280: aus »Die Sieben Wurzeln« von Fred Hageneder, Hamburg
mit freundlicher Genehmigung des Verlages »Neue Erde«.
Neu erschienen 1989

CIP-Titelaufnahme der Deutschen Bibliothek

Wichmann, Jörg:
Die Renaissance der Esoterik: eine kritische Orientierung /
Jörg Wichmann. – 1. Aufl. – Stuttgart: Kreuz-Verl., 1990
    ISBN 3-7831-1014-9

1. Auflage
© 1990 by Kreuz Verlag Stuttgart
Alle Rechte vorbehalten
Umschlaggestaltung: Jürgen Reichert, Kornwestheim
Umschlagbild: »Geburt des Lichtes« von Ernst Steiner, Wien
Gesamtherstellung: Ebner Ulm
ISBN 3 7831 1014 9

90:2382

Inhalt

5

Bedanken
möchte ich mich
bei Wilfried, der mich vor zwölf Jahren auf das Thema gebracht hat;
bei Herrn Friedrichs, Ralph, Peter, Gaby, Harry, Frank und Manfred, die meinen Weg durch die verschiedenen Welten der Esoterik lange begleitet und meine Ansichten mit geprägt haben;
bei Sylvia und Gaye für die Möglichkeit, jahrelang als Dolmetscher Einblick in die mediale Praxis zu bekommen;
bei Professor Hoheisel für die Durchsicht des historischen Teils, viele gute Tips und interessante Studienjahre;
bei Thomas, Frank und Monika für zahllose wichtige Gespräche und wertvolle Kritik;
bei vielen anderen für Anregungen, Tips, Hilfen, Korrekturen und klärende Gespräche;
und besonders danke ich Annelie, die das Buch in allen Phasen begleitet, mitgestaltet und korrigiert hat und die mir ihre Lieblingsgeschichte für den Schluß erzählte.

Vorwort

Ob wir es für wünschenswert oder für beängstigend halten: Esoterik und Religion halten wieder Einzug in unsere Kulturlandschaft. Und das in einem Ausmaß, das man noch vor zehn Jahren für unmöglich gehalten hätte. Daß die christliche Religion wieder eine größere Rolle spielt, mag manch einen ärgern, manch einen erleichtern – in jedem Fall haben wir es dabei mit einer bekannten und einschätzbaren Größe zu tun, oder wir meinen das wenigstens. Die Vielfalt religiöser Erscheinungsformen dagegen, die sich hinter den Begriffen »Esoterik«, »Neue Spiritualität« oder »Okkultismus« verbirgt, erscheint den meisten Zeitgenossen fremd, befremdend oder gar bedrohlich.

Die Flut an Literatur zu diesem Thema, die in fast jeder Buchhandlung unübersehbar ist, wirkt dabei eher verwirrend als aufklärend. Bei Vorträgen zum Thema New Age oder Esoterik bin ich in den letzten Jahren immer wieder auf das große Bedürfnis nach einem zuverlässigen, informativen, aber auch kritischen Einführungswerk hingewiesen worden. Die meisten vorhandenen Bücher möchten entweder selbst eine Heilslehre verkaufen oder versuchen, die neuen religiösen Erscheinungsformen als Unfug oder als Gefahr zu verdammen. Dem allgemein interessierten Leser ist damit nicht gedient.

Mit diesem Buch habe ich mich darum bemüht, einen systematischen Überblick über verschiedene Aspekte der Esoterik zu geben, und anhand dessen eine kritische Auseinandersetzung zu führen.

I

Was heißt
»Esoterik«?

Okkultismus ist die Metaphysik der dummen Kerle«, so meinte Adorno[1]. Wen er genau mit diesen dummen Kerlen meinte, hat er nicht dazu gesagt. Sucht man nach bekannten Namen unter denen, die sich ausführlich mit dem sogenannten »Okkultismus« beschäftigt haben, mit Alchemie, Gnosis, Rosenkreuzertum und so weiter, so stößt man auf Goethe, Newton, Mozart, Shakespeare, Novalis, Paracelsus und viele andere. Nun wäre es ein allzu billiges Verfahren, wollte man ein umstrittenes Thema dadurch salonfähig machen, daß man irgendwelche Berühmtheiten aufzählt, die sich auch einmal damit beschäftigt haben. Doch war es stets mehr als ein beiläufiges und skurriles Hobby bekannter Persönlichkeiten: Vom Altertum bis in die heutige Zeit haben Künstler, Philosophen und Literaten sich immer wieder von der esoterischen Tradition anregen und inspirieren lassen oder direkt Symbolik und Ideen daraus übernommen.[2] Scheint die Esoterik einerseits eine ernst zu nehmende Überlieferung und ein Schatz an schwer zugänglichen Weisheiten zu sein, so irritieren andererseits grell und unübersehbar UFOs, Gläserrükken, Schwarze Messen, Geisterbeschwörungen und Psychoboom.

In Gesprächen fällt mir immer wieder auf, daß zu diesem Thema zwar reichlich Vorurteile bestehen, oft aber völlig unklar ist, worum es in der Esoterik eigentlich geht. Als Buchhändler passierte es mir nicht selten, daß mich jemand nach einiger Zeit des Umherschauens fragte: Glauben Sie eigentlich an das alles? Bei »das alles« zeigte er mit ausholender Handbewegung über die Regale. Darin fand sich Literatur über Psychologie, Medizin, Ethnologie, Mythologie, Astrologie, Magie, Buddhismus, Yoga, Ernährungswissenschaft und so weiter. Eine solche Frage läßt sich natürlich nicht sinnvoll beantworten. Sie zeigt aber immerhin, daß der Fragende von den Buchtiteln befremdet war und sich beim besten Willen nicht vorstellen konnte, was es mit den angedeuteten Themen auf sich habe. Es geht eine bleibende Faszination davon aus, die sich darin zeigt, daß diejenigen, die nicht angezogen werden, sich zumindest provoziert fühlen. Neutral steht zur Magie und Mystik kaum jemand. Strittige Fragen, vor allem solche, die über Jahrhunderte hinweg aktuell bleiben, deuten darauf hin, daß sie die Grundfesten des menschlichen Selbstverständnisses berühren.

Zugegeben: Es ist schwierig, sich ein Bild davon zu machen. Die neue religiöse Bewegung bietet ein schwer durchschaubares Konglomerat aus den östlichen Religionen, aus Naturreligionen verschiedener Erdteile, Christentum, Evolutionstheorien, technischem Fortschrittsoptimismus und westlicher Esoterik. Seit es um die Jugendreligionen und Gurus stiller geworden ist, richtet sich die öffentliche Aufmerksamkeit verstärkt auf andere Strömungen in Weltanschauung und Religion. Ein Buch, das einigermaßen gründlich informieren will, kann natürlich nur einen Themenbereich herausgreifen und näher beleuchten. Es wird nicht allgemein um die Neue Spiritualität, um New Age[3] oder östliche Weisheit gehen, sondern um eine für die abendländische Geschichte typische Überlieferung und ihre Sicht der Welt.

Die zu verfolgende Spur wird als die »hermetische«, allgemeiner als die »esoterische« oder abwertend als »okkulte« Tradition bezeichnet. Gerade in den letzten Jahren ist sie ins Gespräch gekommen, sehr positiv in der Tiefenpsychologie oder in philosophischen Überlegungen zur »Wahrheit des Mythos« oder zur »Wiederverzauberung der Welt«; sehr negativ dagegen in Gestalt des sogenannten »Jugendokkultismus« und in sensationellen Berichten der Regenbogenpresse über Satanismus, Psychokulte und dergleichen.

Es führt nicht sehr weit, immer wieder die Naivität esoterischer Theorien zu belächeln, die skurrilen Praktiken zu bestaunen oder die dreiste Geschäftemacherei anzuprangern. Hinter einer so alten Tradition steckt mehr als allzumenschliche Gutgläubigkeit oder Dummheit. Vor allem wird man den Sehnsüchten von Millionen Menschen, die Heilung und Heil in der Beschäftigung mit solchen Gedanken suchen, nicht gerecht, wenn man sich darüber lustig macht oder moralisierend alles verdammt. Hier soll es darum gehen, die wesentlichen Grundzüge des Esoterischen herauszuarbeiten und dem modernen Verständnis begreifbar zu machen.

1. Der Begriff »Esoterik«

Das Wort »Esoterik« leitet sich aus dem griechischen *esoterikós* ab, das wörtlich »innerlich« bedeutet, im Gegensatz zu *exoterikós* – »äußerlich, populär«. Die bis vor kurzem übliche Deutung[4] war, daß es sich bei der Esoterik um die Lehre von Geheimbünden handele. Schon Aristoteles bezeichnet diejenigen seiner Werke als esoterisch, die nur seiner Akademie vorbehalten waren (das sind alle uns bekannten). In jüngster Zeit hat der Begriff eine erhebliche Erweiterung erfahren. Es ist offensichtlich unsinnig, von einer Literaturgattung, die bald zehn Prozent des deutschen Buchmarktes einnimmt, zu behaupten, es handele sich dabei um eine geheime Lehre, die nur wenigen – dem inneren, »esoterischen« Kreis – vorbehalten sei. Die sogenannte »esoterische Literatur« ist heute ausgesprochen exoterisch.

Man liest nun in einschlägigen Werken immer wieder, was heute als Esoterik verbreitet wird, sei eben *früher* die geheime Lehre der Eingeweihten gewesen. Da jetzt aber ein neues Zeitalter anbreche, dürfe dieses uralte Geheimwissen der Öffentlichkeit zugänglich gemacht werden. Diese Version ist in esoterischen Kreisen weitverbreitet.

Welches Wissen, welche Inhalte sollten es aber sein, die heute erstmalig an die Öffentlichkeit dringen? Gewiß war den zahlreichen Analphabeten der Antike, des Mittelalters und der Neuzeit esoterisches Wissen unzugänglich. Aber das galt für jede andere Form der damaligen Bildung ebenfalls. Das Volk hatte seine eigene mündliche Überlieferung.[5] Alle klassische, philosophische, theologische oder wissenschaftliche Bildung war stets der reichen Oberschicht und dem Klerus vorbehalten. Und unter diesen war das Gedankengut, das wir heute als »esoterisch« etikettieren, nicht geheim, sondern gehörte schon immer zum Bildungsgut des Abendlandes, wenn auch zeitweise am Rande. In anderen Phasen der Geistesgeschichte trat es sogar in den Mittelpunkt des öffentlichen Interesses.

Kurz: Die Deutung der »Esoterik« als Geheimwissen läßt sich in keiner Form halten. Was im Verlaufe der Geschichte geheimes Wissen war[6], ist auch heute noch solches und läßt sich in der »esoterischen« Literatur nicht finden. Der größte Teil der modernen esoterischen Lehren ist schon aus der Literatur der vorigen Jahrhunderte bekannt, wobei es natürlich moderne Abweichungen und Weiterentwicklungen gibt.

Die wörtliche Übersetzung »innerlich« legt nahe, die Esoterik mit der »Neuen Innerlichkeit« im Sinne von Nabelschau, Mystizismus, Rückzug in das Innenleben zu erklären. Gewiß spielt die menschliche Psyche in der Esoterik eine bedeutende Rolle; aber auch damit ist das Wesen des »Esoterischen« noch nicht erfaßt. Denn die Psychologie und die Theologie befassen sich in der einen oder anderen Art ebenfalls mit dem menschlichen Innenleben. Und unter esoterischem Gesichtspunkt werden seit jeher auch die Geschichte, die Natur, die äußere Welt überhaupt betrachtet.

2. Esoterik zwischen Religion und Wissenschaft

Um der heutigen Situation gerecht zu werden und die Vielschichtigkeit des Begriffs »Esoterik« zu erfassen, können folgende
Merkmale dienen: 1. Esoterische Weltbilder sind *ganzheitlich* entworfen. Sie umfassen und deuten alle menschlichen Lebens- und Erfahrungsbereiche,
Natur, Geschichte und Kosmos. 2. Für die Esoterik ist eine Denkweise typisch, die sich außer an den Gesetzen der Logik an denen
der *Analogie* orientiert. 3. Ihr Erkenntnisstreben richtet sich auf die
Welt des »Geistes«, die hinter den äußeren Erscheinungen erfahren
werden kann. 4. Als Erfahrungsmöglichkeiten werden dabei vor
allem auch *»Innenerfahrungen«* in Betracht gezogen (»okkulte«
oder »mystische« Erlebnisse), die rational verarbeitet und systemati-
siert werden. 5. Das Ziel esoterischer Übungspraxis ist a) die Weiterentwicklung der Fähigkeit zu solchen Erfahrungen, b) ein größeres
Verständnis der inneren Zusammenhänge des eigenen Lebens und
der Welt und c) die *Reifung und Vollendung der menschlichen Persönlichkeit*, das »Große Werk«. 6. Im abendländischen Kulturkreis
sind diese Merkmale typisch für eine bestimmte Tradition, die als
»hermetische« bezeichnet wird, oder als »westliche Esoterik«.

Diese Charakteristika sind in den einzelnen Kapiteln besprochen,
wobei dieses erste Kapitel sich mit der methodischen Grundposition
beschäftigen wird.

Esoterische Fragen richten sich auf den Sinn, auf das Wesen eines
Vorgangs. Mit der Esoterik wird versucht, die wesenhafte, die »innere« oder »geistige« Seite der Welt und des Menschen erfahrbar
und verstehbar zu machen. Zu den Erfahrungen, die dabei in Betracht gezogen werden, gehören auch diejenigen, die üblicherweise
als Intuition oder Phantasie bezeichnet werden, sowie Ausdifferen-
zierungen dieser Vermögen, die zu sogenannten mystischen, visionären oder okkulten Erfahrungen führen. Die gedankliche, theoretische Verarbeitung des Erlebten orientiert sich außer an der üblichen
Logik vor allem auch an sinnhaften Zusammenhängen der menschlichen Bilderwelt, am *Analogiedenken.* Diese Zusammenhänge stel-

len sich durch Symbole dar, durch *Sinnbilder*, die jene Welt ordnen, die »zwischen Himmel und Erde« ist.

Das kann sich auf ganz verschiedenen Ebenen ausdrücken: Viele Menschen suchen einfach Sinn und Bedeutung in ihrem persönlichen Leben. Dazu werden beispielsweise Symbole aus Astrologie und Tarot zu Hilfe genommen. Die Astrologie versucht, sinnvolle Zusammenhänge zwischen Menschen und Ereignissen zu finden. Esoterische Theoretiker suchen einen geistigen Hintergrund der menschlichen Geschichte oder gar der Naturgeschichte überhaupt. Solche Deutungen stützen sich neben dem Wissen, das in der jeweiligen Epoche geläufig ist, auf persönliche Offenbarungen oder überlieferte Mythen. Die Frage dabei lautet nicht: Wie kam es dazu, was war die Ursache?, sondern: In welchem sinnbildlichen Zusammenhang steht es, warum geschah es?

In der esoterischen Betrachtungsweise schaut man die Welt »von innen her« an, betrachtet nicht nur die äußere Erscheinungsform, sondern durch diese hindurch das verborgene Wesen (lateinisch »verborgen« – *occultus*).

Ein Beispiel: Eine Krankheit erscheint »vom Wesen« her gesehen als das äußere Bild eines »inneren« Ungleichgewichtes. Mit »innen« ist hier natürlich nicht der Stoffwechsel der inneren Organe gemeint. Das Ungleichgewicht besteht vielmehr im Subjekt, im Wesen des Menschen, das früher schlicht als »Seele« bezeichnet wurde. Der Körper ist von diesem »inneren Wesen« keineswegs getrennt, sondern bildet die sichtbare Seite der Seele. Wird das Gleichgewicht wiederhergestellt, so klingt die Krankheit ab. Heilung ist in diesem esoterischen Sinne nicht die Reparatur eines defekten Systems, sondern entsteht durch die bewußte Auseinandersetzung mit der Krankheit als einem physischen Bild für die gestörte Einheit von Leib und Seele.

Dabei drängt sich natürlich der Vergleich mit der Religion und der Philosophie auf. Auch diese fragen nach dem Sinn hinter den Erscheinungen und kümmern sich um das Warum. Was ist dagegen das Besondere des esoterischen Ansatzes? Auf der anderen Seite: Wenn auch die Esoterik sich mit den Erscheinungsformen der Welt beschäftigt, über die die Naturwissenschaften nachprüfbar richtige Aussagen machen, muß es da nicht notwendigerweise zu Widersprüchen kommen?

Kurz gesagt unterscheidet sich die Esoterik von den Naturwissenschaften grundlegend durch die Richtung ihrer Fragestellung; von Religion und philosophischer Metaphysik durch ihr erlebnisorientiertes Vorgehen und das Bestreben, zu differenzierten und inhaltlichen Aussagen über das Geistige zu kommen, die sich systematisieren lassen.

So nahm etwa A. Crowley von seiner Magie in Anspruch, sie verfolge »das Ziel der Religion mit den Methoden der Wissenschaft«[7]. Auch Rudolf Steiner verlangte von seiner Geisteswissenschaft (Esoterik): »Nur wer den Geist im Sinne der *wahren* Mystik erkennt, kann ein volles Verständnis der Tatsachen in der Natur gewinnen.«[8]

Werden aber Religion und Wissenschaft eng zusammengeführt, so verliert dabei die Religion an Tiefe und die Wissenschaft an Genauigkeit. In diesem Zwischenbereich bewegt sich stets die Esoterik, die Genaueres wissen will als die Religion und tiefer blicken will als die Wissenschaft. Aus diesem Grenzbereich stammen die Versuchungen und Fehlgriffe der Esoterik, aber auch ihre wichtigen Anregungen.

Um sich in einem solchen heiklen Grenzbereich einigermaßen sicher bewegen zu können, ist es notwendig, mit klaren Begriffen zu arbeiten und die Möglichkeiten genau abzustecken. Leider tun dies die meisten Esoteriker nicht. Viele begeistern sich geradezu für unsinnige Grenzüberschreitungen und bauen ganze Systeme darauf auf. Besonders seltsam wirken zum Beispiel die Spekulationen um Klassifizierungen der verschiedenen Engel oder Geistwesen, ohne daß dabei Kriterien angegeben würden, wie man die Unterschiede feststellen könnte. Das erinnert bisweilen an die vielbelächelten Überlegungen der Scholastiker, wieviel Engel wohl auf einer Nadelspitze Platz hätten.

Um den Begriff des »Esoterischen« weiter zu klären, soll hier auf die Grenzen zwischen Naturwissenschaft und Esoterik sowie zwischen Religion und Esoterik im einzelnen eingegangen werden. Das erscheint zunächst als ein trockenes Unterfangen, erspart aber für die weitere Betrachtung der verschiedenen esoterischen Lehren und Traditionen eine Reihe von Mißverständnissen.

Esoterische und naturwissenschaftliche Sichtweisen schließen einander grundsätzlich aus und sind nicht vergleichbar. Daher kann es zwischen Aussagen der beiden Gebiete auch nicht zu Widersprüchen kommen. Geisterscheinungen etwa widersprechen nicht den naturwissenschaftlichen Erkenntnissen, sie kommen in diesem Erkenntnisbereich nicht vor. Das ist etwas ganz anderes.

Als Beispiel diene ein Regentanz. Der Tanz wird durchgeführt, der erwartete Regen fällt. Der Naturwissenschaftler wird keinen physikalischen Zusammenhang zwischen den Bewegungen und Lauten des Tanzes und den heranziehenden Wolken finden können. Es gibt auch keinen. Esoterisch betrachtet aber passen der Tanz und der Regen bildhaft zueinander. Sie bilden eine bedeutsame Analogie. Der Tanz ist sozusagen eine bildliche »Vorahmung« des Regens. In der esoterischen Betrachtungsweise ist die physikalische Ursache für das Heranziehen der Wolken nicht wesentlich. Daß es *sowieso* geregnet hätte, ist keine Aussage, die sich im esoterischen System machen läßt. Zufall gehört in diesen Rahmen ebensowenig, wie Bildzauber in den naturwissenschaftlichen Rahmen paßt. Beide Aussagen sind innerhalb ihres jeweiligen Systems sinnvoll und gültig, lassen sich aber nicht aufeinander übertragen.

Die Frage ist immer, welche Betrachtungsweise die angemessene ist. Jemand, der vor einer defekten Waschmaschine sitzt und betet, damit sie wieder läuft, zeigt ebenso groteske Züge, wie jemand, der die Aussagen eines Orakels statistisch auszuwerten versucht. Beide Operationen mögen zu einem Ergebnis führen, aber sie bleiben unangemessen.

Im oben bereits angeschnittenen Beispiel einer Krankheit würde die naturwissenschaftliche Betrachtungsweise von einer Störung eines Systems ausgehen, die durch entsprechende Eingriffe zu beheben ist. Die esoterische Sichtweise wird dem nicht widersprechen und keine der sachlich richtigen Beobachtungen der Medizin in Frage stellen. Vielmehr wird die Krankheit *außerdem* als ein Anzeiger dafür angesehen, daß der kranke Mensch in irgendeiner Form (die natürlich präzisiert werden muß), mit sich oder seinem Leben uneins ist.[9] Bei den sogenannten »Zivilisationskrankheiten« gilt dieses Argument nicht für ein Individuum, sondern für eine Gesellschaft.

Ein weiteres, sehr anschauliches Beispiel möchte ich hier zitieren: »Eine schlichte Handlung wie etwa das Entzünden eines Feuers unter schwierigen Bedingungen könnte von verschiedenen Menschen auf dieselbe fachmännische Weise ausgeführt werden, dabei aber völlig anderen Denkprozessen folgen. Bei zweien dieser Methoden, der magischen und der wissenschaftlichen, mag das Endergebnis zwar von größerer praktischer Bedeutung scheinen, dennoch unterscheiden sie sich in ihrer Argumentation: Der wissenschaftliche Denker würde Sorge dafür tragen, trockenen Zunder auszuwählen, weil er beispielsweise weiß, daß die latente Wärme der Verdunstung absorbierten Wassers die Entzündung behindern könnte; doch der magische Denker würde dieselbe Entscheidung fällen, weil er weiß, daß die Elemente Feuer und Wasser einander bekämpfen.«[10]

Esoterik und Naturwissenschaft stehen allerdings nur dann widerspruchslos nebeneinander, wenn mit beiden Systemen korrekt umgegangen wird. Jeder weiß, wie oft Naturwissenschaftler jede Aussage, die nicht ihrem eigenen System entstammt, für ungültig oder wahnhaft erklären. Damit wird die Naturwissenschaft ungerechtfertigt zur Grundlage einer Ideologie gemacht. Ebenso gibt es unzählige Esoteriker, die der Auffassung sind, ihre Erkenntnisse würden endlich »die Naturwissenschaft« widerlegen können. Damit machen sie sich immer wieder vor naturwissenschaftlich Gebildeten lächerlich.

In beiden betrachteten Weltbildern kommt es zu Anomalien, zu außergewöhnlichen, unerklärlichen Vorkommnissen.

Die Anomalien des naturwissenschaftlichen Weltbildes bezeichnet man als »paranormal«, sofern sie mit der menschlichen Psyche zusammenhängen. »Paranormale« Erscheinungen, wie die Telepathie oder das Hellsehen, sind auch für den aus naturwissenschaftlichem Blickwinkel Schauenden vorhanden, aber eben nicht erklärbar.

Und die Anomalie innerhalb des esoterischen, des magischen Weltbildes ist – die Technik: eine Zauberei, die immer funktioniert, und das ohne zeremonielle Vorbereitungen. Das Drehen eines Schlüssels zum Beispiel, um ein Auto anzulassen, ist – magisch gesehen – einfach ein Fehlgriff. Der Schlüssel bietet kein analoges Bild zum Dröhnen des Motors. Passender wäre lautes, rhythmisches Gebrüll oder, auf einer anderen Bildebene, die Beschwörung eines feurigen Erdgeistes. Daß das Auto trotzdem anspringt, kann man magisch nur als eine Anomalie ansehen.

Daran erkennt man sofort, warum in unserer Kultur die Magie so einen schweren Stand hat: Unsere Zivilisation baut geradezu auf solchen Vorgängen auf, die esoterisch gesehen aus der Regel fallen.

Die menschliche Erfahrung bildet eine Ganzheit, die über beide Er-

20

klärungsmodelle hinausgeht. Auch gibt es zwischen beiden Weltbildern eine Grauzone, in die beide passen oder beide nicht. Der Esoteriker kennt physikalische Zusammenhänge, wie auch der Naturwissenschaftler sinnhafte kennt. Aber es sind nicht die Grundlagen des jeweiligen Weltbildes.

Oft genug greifen auch Naturwissenschaftler auf die Intuition zurück, wenn sie Lösungen für ihre Probleme suchen. Allerdings müssen die Ergebnisse ihrer Eingebungen stets vor dem wissenschaftlichen Denken standhalten und sich in vorhandene Theorien einfügen lassen. Berühmte Beispiele hierfür sind der Traum Kekulés vom Benzolring oder der fallende Apfel von Newton. Beide Wissenschaftler haben hier ein Bild zum Anlaß für ein theoretisches Konzept genommen, ein an sich typisch intuitives Vorgehen. Das Resultat war jedoch naturwissenschaftlich präzise. Der Maßstab der Wissenschaft bleibt auch bei weitläufigem Einsatz von Phantasie und Intuition stets Logik und experimentelle Überprüfbarkeit.

Als esoterisches Kriterium gilt dagegen die »Stimmigkeit« eines Bildes; es geht nicht um Logik, sondern um Analogie, um Entsprechung der Bedeutung. Dem analogen und bildhaften Denken gegenüber entsteht leicht der Vorwurf, es würde der Willkür unterliegen. Das ist jedoch nicht der Fall. Auch die menschliche Bilderwelt, die »Einbildung«, hat ihre eigenen Gesetze. Natürlich schützen diese nicht vor Fehlern oder Mißdeutungen, ebensowenig wie die Logik verhindern konnte, daß in den Naturwissenschaften Fehler gemacht worden sind. Die Gesetze der Analogie sind andere als die der Logik – aber sie widersprechen ihnen nicht, sie beziehen sich schlicht auf einen anderen Bereich der menschlichen Erfahrung. Auch im Analogiedenken gibt es unterschiedliche Meinungen und »Schulen« (wie in den Wissenschaften). Zwar machen sich kulturelle Unterschiede auf der Ebene der Bilder bemerkbar, doch hat C. G. Jung deutlich herausgearbeitet, daß auch den kulturell sehr unterschiedlichen Bildern gemeinsame Strukturen zugrunde liegen, die man durchaus als Gesetze der Analogie oder Sinnstrukturen bezeichnen kann.[11]

Die hier als »sinnhaft« gedeuteten Zusammenhänge werden sehr häufig als akausal bezeichnet. Das ist nur dann richtig, wenn man Kausalität (Beziehung zwischen Ursache und Wirkung) allein auf physikalische Zusammenhänge beschränkt.[12] Aber auch bildhafte, analoge Gesetze werden oft im Sinne von Ursache und Wirkung gedacht. Der nordamerikanische Stamm der Hopi etwa, der einen Regentanz durchführt, will damit durchaus Regen *bewirken*. Allerdings haben die »magischen Kulturen« nicht das Ursache-Wirkungs-Verständnis der modernen Naturwissenschaft gehabt. Wir können uns tatsächlich gesetzmäßige Zusammenhänge fast nur als kausal, im physikalisch erklärbaren Sinne vorstellen. Das Analogiedenken beruht aber auf einer Gesetzmäßigkeit, die beobachtet und auch genutzt werden kann, *ohne* daß ein physikalischer Zusammenhang besteht.[13]

Das hier dargestellte Analogiegesetz ist keine nachträglich aufgesetzte Deutung. Schon seit alters ist es von Esoterikern formuliert und bewußt angewendet worden. So heißt es in der »Tabula Smaragdina«, die einem ägyptischen Weisen oder Gott Hermes Trismegistos zugeschrieben wird und wohl antiken Ursprungs ist: »Was unten ist, ist gleich dem, was oben ist; und was oben ist, ist gleich dem, was unten ist, um die Wunder des Einen zu vollbringen« (siehe Kapitel III.2.a). Mit oben und unten sind hier die Welt der Gestirne und des Menschen (Makrokosmos und Mikrokosmos) gemeint. Man dachte sich diese in völliger Entsprechung zueinander. Heute werden als Ebenen der Analogie eher »innen – außen« statt »oben – unten« angesetzt. Bereits Paracelsus spricht von den »Gestirnen *im* Menschen«. Dieses Gesetz der Analogie – oft auf »Wie oben, so unten« abgekürzt – gilt bis heute als Grundlage esoterischen Erkennens und Wirkens, als »Schlüssel der hermetischen Philosophie«[14].

Unter den Wissenschaften nimmt die *Parapsychologie* der Esoterik gegenüber eine besondere Rolle ein. Sie beschäftigt sich ausdrücklich mit jenen Grenzphänomenen, die im naturwissenschaftlichen Weltbild als Anomalie, eben als *paranormal* gelten, den klassischen Themen des Okkultismus. Allerdings erhebt sie den Anspruch, dies auf gesichert naturwissenschaftliche Weise zu tun. Dabei gerät die Parapsychologie in einen Zwiespalt. Einerseits wird sie kritisiert, da sie sich mit Dingen beschäftige, »die es nicht gibt«. Andererseits muß sie sich übertriebene Pedanterie vorhalten lassen.[15] Beide Kritiken haben recht.

Mit Hilfe ausgeklügelter Reihenversuche ist es Parapsychologen (schon in den zwanziger Jahren) gelungen nachzuweisen, daß die menschliche Psyche Phänomene hervorzubringen vermag, die statistisch sehr unwahrscheinlich sind. Dieser Nachweis ist besser gesichert als viele »normale« wissenschaftliche Ergebnisse, gerade weil er immer wieder angezweifelt worden ist. Es ließ sich noch zeigen, daß diese Effekte nicht auf Strahlungen oder andere bekannte physikalische Ursachen zurückführbar sind. Weiter ist man aber bisher nicht gekommen. Es zeichnen sich nach jahrzehntelangen parapsychologischen Forschungen von Hunderten von Wissenschaftlern in der ganzen Welt meines Wissens keine Erklärungsansätze für diese Phänomene ab. Und ich würde solche auch nicht erwarten. Mögen die Versuche der Parapsychologen auch noch so ausgeklügelt sein, die statistischen Methoden immer weiter verfeinert werden und die Meßgeräte immer genauer: Es wird in der falschen Richtung gesucht. Die Parapsychologie orientiert sich an einem grundsätzlich unangemessenen Erklärungstyp: Wo die physikalisch-mathematischen Ursache-Wirkungs-Beziehungen höchstens eine Nebenfunktion haben, lassen sich aus ihnen keine befriedigenden Erklärungen konstruieren. Insofern ist sie zwar einerseits so pedantisch, daß die Geister mit geringer Laborerfahrung sich erschreckt verziehen; andererseits überschreitet sie den Bereich dessen, was sich innerhalb des wissenschaftlichen Horizontes sinnvoll erklären läßt. ». . . und was sie [die Natur] deinem Geist nicht offenbaren mag, das zwingst du ihr nicht ab mit Hebeln und mit Schrauben« (Goethe).

Auch in bezug auf die Parapsychologie muß also festgestellt werden, daß sie sich nicht mit der Esoterik überschneidet. Aufgrund ihres Vorgehens ist sie einer grundsätzlich anderen Zugangsweise zur Wirklichkeit zuzuordnen.

Das Verdienst der Parapsychologie liegt darin, daß sie die als »paranormal« bezeichneten Phänomene mit wissenschaftlich sauberen Methoden nachgewiesen hat. Damit aber ist ihre Mission erfüllt. Eine wissenschaftliche Theorie darüber wird sie nicht aufstellen können, jedenfalls nicht unter den Bedingungen der heute bekannten Wissenschaft.

Das Problem liegt nämlich nicht erst dort, wo es sich um Ausnahmeerscheinungen im Grenzgebiet zwischen Bewußtsein und Materie dreht. Vielmehr ist die Grenzlinie zwischen Bewußtsein und Materie überhaupt ein ungelöstes Problem. Mit Hilfe der Naturwissenschaft sind eine Menge interessanter Dinge über das menschliche Gehirn und seine Funktionen zu erfahren. Das Bewußtsein als solches, das heißt unsere von uns selbst erlebte Subjektivität, gehört aber nicht in ihren Fachbereich. Solange noch völlig ungeklärt ist, wie mein Bewußtsein eine einfache Bewegung meiner eigenen Hand »verursachen« kann, solange ich naturwissenschaftlich nicht einmal beschreiben kann, was ein »Willensakt« ist, hat es keinen Sinn, nach Erklärungen für Telepathie oder psychische Einflüsse auf fernliegende Materie zu suchen.

Aus esoterischer Sicht hingegen sind die von der Parapsychologie betrachteten Vorgänge keineswegs paranormal. Sie gehören einfach zum Alltag. Kein Esoteriker hätte Interesse daran, Telepathie im Labor zu reproduzieren. Aber er wird sich im Alltag darauf verlassen, daß die Verbindung zu einer anderen Seele möglich ist, sofern dies sinnvoll und wichtig ist.[16]

Das Verhältnis zwischen Esoterik und Naturwissenschaft ließ sich leicht bestimmen. In bezug auf die Religion sind die Übergänge fließender; einmal aus historisch-kulturellen Gründen, und zum anderen aus sachlichen.

Innerhalb der asiatischen Religionen war die Esoterik meist Teil der gängigen Religion und bildete in ihr ein spezielles, den Mönchen und Priestern vorbehaltenes Lehrsystem. Vom Volk war dieses Wissen als das zur eigenen Religion gehörige, tiefere Wissen geachtet und oft genug auch gefürchtet. In unserer Kultur hingegen wurde die esoterische Erkenntnisweise meistens an den Rand gedrängt.

Im Verlauf der christlichen Geschichte galten die Systeme, die man heute als »Esoterik« bezeichnet, in Gestalt zum Beispiel der Gnosis oder später der alchemistischen Philosophie als Formen der Ketzerei, das heißt unorthodoxe Deutungen der christlichen Glaubensinhalte oder gar Götzendienst. Die Unterscheidungspunkte lagen in der Lehrmeinung, nicht jedoch in der Grundhaltung: Analogiedenken und Spekulation waren allgemein übliche Vorgehensweisen. Ein gravierender Unterschied läßt sich aber festhalten: Esoterische Systeme haben sich stets um ein Fundament im Erleben bemüht. Die heute geläufige Form der christlichen Religion dagegen stützt sich auf die biblische Offenbarung und deren Überlieferung. Gegenüber visionären, mystischen oder okkulten Erfahrungen lebender Menschen war die institutionelle Kirche stets sehr mißtrauisch. Alle außergewöhnlichen Erscheinungen, es sei denn als »Wunder« legitimiert, standen im Verdacht des Teuflischen. Die Grenze zwischen legitimer Glaubenserfahrung und unerlaubten Erfahrungen war schon immer schwer zu ziehen, wie die andauernden Probleme der Kirchen mit ihren Mystikern zeigten. Gnostisches, mystisches und esoterisches Christentum sowie die Volksfrömmigkeit legen zwar seit zweitausend Jahren Zeugnis davon ab, daß auch die christliche Religion direkte religiöse oder esoterische Erfahrung ermöglichen, tragen und integrieren kann. Doch haben die offiziellen Kirchen sich damit stets sehr schwer getan und sich immer wieder auf dogmatische, oft leblose Formen zurückgezogen.

Für uns Mitteleuropäer sind die Begriffe *Religion* und *Glaube* fast identisch. Religion ist, was mit dem Glauben zu tun hat, könnte eine vereinfachte Definition lauten. Hinter dem deutschen Wort *Glaube* verbergen sich aber zwei ganz verschiedene Dimensionen, die zum Beispiel im Englischen durch unterschiedliche Wörter bezeichnet werden: *Glaube* läßt sich sowohl durch »*faith*« als auch durch »*belief*« übersetzen. *Faith* bezeichnet Vertrauen, *belief* steht für eine Meinung; man könnte auch von »gläubigem Vertrauen, Gottvertrauen« sprechen und von »religiöser Weltanschauung, Dogma«.[17]

Es läßt sich nun in der christlichen Geistesgeschichte feststellen, daß die Mystiker, Ketzer und Esoteriker stets mit der zweiten Dimension des Glaubens, dem Dogma, in Konflikt geraten sind. Das Gottvertrauen mangelte ihnen eigentlich nie. Im Gegenteil: Oft hatten gerade sie ein derartiges Gottvertrauen, daß sie aufgrund dieses unerschütterlichen »Glaubens«, aber mit ihren von der Orthodoxie abweichenden Meinungen der Kirche gefährlich wurden und bekämpft werden mußten.

Wie gesagt trifft diese Unterscheidung auf diejenigen Religionen nicht zu, die sich von vornherein auf die Erfahrung des Menschen mit sich und der Welt stützen. Bestimmte Erfahrungsbereiche werden zwar rituell tabuisiert und bleiben auf Priesterschaften oder Geheimbünde beschränkt, woraus sich eine Spezialisierung spiritueller Macht, aber kein Widerspruch zur gängigen, »exoterischen« Religion ergibt.

In diesem Sinne ließe sich die Esoterik als ein Spezialfall des religiösen Bemühens der Menschheit darstellen. Das Spezielle daran liegt in der Bezugnahme auf persönliche, geistige Erfahrung und im Aufbau spekulativer Systeme, die in sich sehr rational, oft sogar unangemessen rational sind. Die esoterische Schicht der Religionen versucht, von der bloßen Forderung nach gläubiger Übernahme einer nicht überprüfbaren Weltanschauung wegzukommen und ein Weltbild zu entwerfen, das sich denken läßt und sich aus der Erfahrung ergibt – unter besonderer Berücksichtigung der »Innenerfahrung« (Intuition, Vision etc.).

Gerade deshalb findet wohl die Esoterik seit gut hundert Jahren derart viele Anhänger in breiten Schichten der Bevölkerung. Auch wenn Rationalität und Erfahrbarkeit sich oft auf Anspruch und Anschein beschränken, ist immer wieder das Argument zugkräftig, man könne hier endlich *wissen*, statt nur *glauben* zu müssen. Die zweite, viel wichtigere Dimension des Glaubens, das Vertrauen, fällt dabei oft unter den Tisch. Wissen, ganz gleich worüber und wieviel, gibt weder Vertrauen noch Hoffnung.

In diesem Jahrhundert ist außerdem die neue Möglichkeit einer »säkularen Esoterik« entstanden, einer Esoterik, die in keine bestimmte religiöse Tradition eingebunden ist. Dies konnte dadurch zustande kommen, daß die Religion als allgemeingültige Instanz der Weltdeutung zugunsten der Naturwissenschaft zurückgetreten ist.

Bislang wurde die Esoterik durch ihre Vorgehensweise charakterisiert. Auch thematisch ist für sie das Grenzgebiet zwischen Naturwissenschaft und Religion typisch. Spekulationen über Gott oder das Absolute finden sich in der esoterischen Literatur eher selten, werden meist nur knapp angedeutet. Ebenso werden nur selten Aussagen über den materiellen (»grobstofflichen« wie es oft heißt) Bereich der Welt gemacht, seit die Naturwissenschaften hier fest Fuß gefaßt haben – zu Zeiten der Alchemie war das noch anders. Das Stammland der Esoterik liegt im Grenzgebiet zwischen Geistigem und Physischem. Ziel esoterischer Bemühungen ist es, das Erkennbare – auch im Geistigen – zu erkennen und den menschlichen Geist zu größerer Erkenntnisfähigkeit zu entwickeln. Gott hingegen wird im allgemeinen als prinzipiell unerkennbar betrachtet, weshalb sich nicht unbedingt größere Widersprüche zu einer tiefen religiösen Haltung ergeben müssen, als dies beim Erkenntnisstreben in den Naturwissenschaften der Fall ist.

Aus diesem vermeintlich deutlicheren Erkennen des geistigen Hintergrundes der Welt und der menschlichen Seele ergibt sich zwangsläufig eine neue Sicht der Welt und des Menschen. Diese beschränkt sich keineswegs auf philosophisch-religiöse Überlegungen, sondern wirkt sich auf das tägliche Leben aus und kann – wie im Falle der Anthroposophie – bis hinein in die angewandte Landwirtschaft reichen.

Verschiedene esoterische Schulen und Lehrer kommen dabei erwartungsgemäß zu recht unterschiedlichen Schlüssen, Lehrmeinungen und Weltbildern. Deshalb können zwar Inhalte angegeben werden, die für die Esoterik charakteristisch sind (siehe Kapitel III), aber es gibt nicht *eine* esoterische Lehre. Judentum, Christentum, Islam, griechische oder ägyptische Religion haben je ihre eigene Esoterik entwickelt. Esoterikern verschiedener Religionen fällt es leicht, sich über Gemeinsamkeiten zu verständigen, da sie sich auf die gleichen Erfahrungen stützen, die unterschiedlich bezeichnet und gedeutet werden. Das esoterische Interesse richtet sich weniger auf den Inhalt von Dogmen als auf die lebendige Wirklichkeit dahinter. Allerdings dogmatisieren auch esoterische Systeme leicht, wenn die Mehrzahl der Anhänger nicht auf eigene Erfahrungen zurückgreift und statt dessen den Meister zitiert. Dafür ist beispielsweise die heutige Anthroposophie bekannt.

3. Das Interesse an der Esoterik

Nach all diesen theoretischen Ausführungen und Abgrenzungen kann man sich fragen, wieso die Esoterik in einem so seltsamen Ruf steht, wenn sie doch als ein mögliches Modell der Wirklichkeit neben anderen Modellen steht. Hatten nicht Esoterik und Okkultismus vielmehr mit Geistern und Spiritismus, mit Magie, Atlantis, Hellsehen, Wunderheilen und ähnlichen Dingen zu tun? Sie haben damit zu tun. Aber die Beschränkung auf diese skurril anmutenden Randfragen ist ein Abweg, der nicht zum Verständnis des Esoterischen führen kann.

Das Interesse an der Esoterik entsteht daraus, daß die vordergründigen, die gängigen Antworten auf die Lebensprobleme fragwürdig geworden sind. »Das kann doch nicht alles sein!« Dieses Gefühl schickt viele Menschen auf eine Suche nach einem tieferen Sinn im Leben und in der Welt. Wenn die orthodoxen Wege zum Sinn unbefriedigend oder hohl erscheinen, suchen viele in den weltanschaulichen Randgebieten nach Antworten.

Eine solche Suche verunsichert tief, da sie den Menschen aus dem gewohnten Rahmen seiner Existenz herausführt. Meist stößt ein derartiges Interesse auch auf wenig Verständnis bei den Mitmenschen. Und so ist es nur zu verständlich, daß sich einfache, aber geheimnisvoll und außergewöhnlich klingende Antworten großer Beliebtheit erfreuen. Langfristig sind sie natürlich ebenso unbefriedigend wie die vereinfachten traditionellen Antworten, aber sie geben eine Zeitlang neue Sicherheit und das Gefühl, etwas Besonderes gefunden zu haben, ja, etwas Besonderes zu sein.

Auf diese Weise wird aus der Suche nach dem geheimnisvollen Sinn des Lebens die Sucht nach dem Geheimnisvollen. Statt ihr alltägliches Handeln als ein sinnvolles begreifen zu lernen, begnügen viele »Suchende« sich damit, den Sinn ihrer Handlungen in ein früheres Leben auf Atlantis oder in die Heilslehren einer UFO-Besatzung vom Sirius zu verlegen. Statt zu erkennen, daß der Sinn in allen Dingen verborgen ist, suchen viele den Sinn in den verborgenen Dingen. Dazu wird alles gezählt, was wissenschaftlich noch unklar oder nicht bearbeitet worden ist. Mystik wird verwechselt mit dem vordergründig Mysteriösen. Doch, um es mit Wittgenstein zu sagen: »Nicht *wie* die Welt ist, ist das Mystische, sondern *daß* sie ist.«[18]

Niemand wird abstreiten, daß viele Dinge in der Welt rätselhaft und unerklärlich sind, daß noch viele Fragen über die Natur und den Menschen offen sind und noch lange offenbleiben werden. Und es ist gewiß ein spannendes Unternehmen, mehr Licht in diese Fragen zu bringen. Aber das wirklich Geheimnisvolle am menschlichen Wesen liegt nicht darin, daß Gedanken telepathisch übertragen werden können, sondern darin, daß wir überhaupt denken können. Wunderbar ist doch nicht, daß sich unsere Seele vielleicht mehrmals verkörpert, sondern daß wir überhaupt geboren werden und sterben. Die wirkliche Herausforderung der Esoterik liegt darin, die tiefere Dimension im Alltag zu entdecken und sinnerfüllt zu *leben*, statt über »Sinn« zu reden. Ein Zen-Spruch[19] bringt das auf die lapidare Form: *Vor der Erleuchtung Holz hacken, nach der Erleuchtung Holz hacken.*

Weil die spektakuläre Seite der »esoterischen« Suche aber die besseren Schlagzeilen und Buchtitel abgibt als die philosophische, wenden sich ihr natürlich all diejenigen zu, denen es um die Vermarktung geht – und das sind nicht wenige. Doch die Lust am Sensationellen ist eher Sache der Regenbogenpresse, die sich aus eben diesem Grund immer wieder dem Okkulten zuwendet und es zu grotesken Gebilden aufbläht. Auch im Zuge des momentanen Esoterikbooms findet eine solche Aufblähung des Sensationellen statt – all dessen, was sich schnell verkaufen läßt. Diese Mode wird in ein paar Jahren so schnell verblassen, wie sie gekommen ist. Aber unsere Kulturlandschaft wird verändert zurückbleiben: Astrologie und Reinkarnationslehre sind salonfähig geworden, die Geistheilung tritt neben die medizinische Therapie, und bildhafte Bezüge werden neben rationalen stehen können.

Die weltanschauliche Umwälzung zeichnet sich immer deutlicher ab. Es wäre schade, wenn die Auseinandersetzung damit den Massenmedien, den Geschäftemachern und den kirchlichen Apologeten überlassen bliebe. In der Esoterik findet sich viel Unsinniges, aber auch viel Bedenkenswertes – direkt nebeneinander. Wer unterscheiden will, kommt nicht an einer gründlichen Beschäftigung mit dem Thema vorbei.

Die Darstellung wird sich deshalb stets an zwei Hauptfragen orientieren: Worin besteht die esoterische Überlieferung – heute und in der Vergangenheit? Was geht sie uns als moderne Menschen an, was können wir daraus fruchtbar machen? Weil es sich um ein vorurteilsbeladenes Reizthema handelt, ist eine Versachlichung aber nicht leicht, wenn sie sich nicht in den wissenschaftlichen Elfenbeinturm zurückziehen, sondern einen eigenen Standpunkt in der aktuellen Diskussion beziehen will. Und die Vorurteile sind nicht nur den voreingenommenen Betrachtern anzulasten: Die Autoren der esoterischen »Szene« machen es selbst unvoreingenommenen Lesern nicht leicht.

Schon die Begriffe aus dem Bereich, der als »esoterisch« bezeichnet wird, sind heute mißverständlich, manche abgegriffen oder inhaltsleer. (Deshalb werden viele Wörter in Anführungszeichen auftauchen, womit angedeutet wird, daß ihre Verwendung nicht selbstverständlich sein kann und genau beachtet werden sollte.)

Zu den mißverständlichen Ausdrücken gehört auch der Begriff »Okkultismus«. *Occultus* (lat.) heißt auf deutsch »verborgen, geheim«. Der Begriff wurde im vorigen und zu Anfang dieses Jahrhunderts statt Esoterik gebraucht.[20] Zu dieser Zeit drehte es sich im Okkultismus hauptsächlich um die »verborgenen Fähigkeiten des Menschen«. Als »verborgen« galten sie den äußeren Sinnen und den weltanschaulich vorherrschenden Naturwissenschaften. Heute ist das Wort »Okkultismus« fast zu einem Schimpfwort geworden, was soviel wie »irrationaler Quatsch« bedeuten soll; oder er wird auf die bloß sensationslüsterne Beschäftigung mit spiritistischen Phänomenen bezogen. Ursprünglich handelte es sich aber um eine neutrale Bezeichnung, die verschiedene Autoren ihrem eigenen Werk gaben.

War dagegen im Mittelalter von den »Geheimen Künsten« die Rede, so bezog sich das Geheime daran auf bewußte Geheimhaltung gegenüber Kirche und strafender Obrigkeit. In der Romantik sprach man von der »Nachtseite der Seele« und drückte damit aus, daß die gemeinten Fähigkeiten als unheimlich, metaphysisch bedrohlich und auch moralisch problematisch angesehen wurden. So läßt sich schon an der Begriffsverwendung ablesen, welche Stellung die esoterische Tradition in einer Zeit hatte.

Im Zusammenhang mit Okkultismus, Magie und Esoterik wird oft auch die »Mystik« genannt. Das griechische Wort *myein* bezeichnet das Schließen von Lippen oder Augen. Im Gegensatz zur Esoterik, die auch nach sachlicher und systematischer Erkenntnis strebt und sehr weltzugewandt ist, versenkt sich der Mystiker in die Gottheit und sucht die Einheit mit ihr.

»Magie« ist die praktische Seite der esoterischen Weltanschauung. Darunter wird im allgemeinen der Versuch verstanden, jene als »okkult« bezeichneten Fähigkeiten des Menschen zur Manipulation der Umwelt oder anderer Menschen einzusetzen. Andererseits kann »Magie« auch das Bemühen um geistige Weiterentwicklung des Menschen durch rituelle oder visionäre Techniken bedeuten. So hat die Magie eine technische und eine religiöse Variante.

Esoterik und Mystik hängen eng zusammen im Erlebnis des Göttlich-Geistigen. Dabei versucht der Esoteriker das Erlebte zu systematisieren, der Mystiker ist eher an der religiösen Lebenspraxis orientiert. Die Esoterik hat außerdem Interesse an der »Zwischenwelt«. Das hat sie mit der Magie gemeinsam, der es jedoch mehr um die Manipulation dieses Über-Sinnlichen geht, ohne sich so sehr auf die Gottheit auszurichten. Nur in der Theorie lassen sich die Richtungen so säuberlich trennen; in Wirklichkeit sind sie immer mehr oder weniger gemischt.

Bislang wirken all die Begriffe und Theorien noch farblos. Sie sind aber nicht Bestandteile philosophischer Lehrwerke, sondern Teil einer bunten, teils faszinierenden, teils merkwürdigen Überlieferung, die seit Jahrtausenden die Geschichte des Abendlandes mitgeprägt hat.

II.

Geschichte der Esoterik

Auf unterschiedliche Weise, je nach Kultur und Epoche, haben die Menschen immer vor den gleichen Fragen gestanden. Wer das Aufleben esoterischen und religiösen Interesses heute für eine kurzlebige Mode, einen Spleen unserer übersättigten Zeit hält, kann sich durch einen Blick in die Vergangenheit vom Gegenteil überzeugen. Gemessen an den Jahrtausenden menschlicher Beschäftigung mit dem Geistigen, mit der Seele und ihrem Schicksal, kann eher der Materialismus als eine kurze Mode erscheinen, als ein großartiger, aber mißglückter Versuch, die alten Probleme der Menschheit auf radikale Weise zu lösen.

Von esoterisch denkenden Autoren wird die Geschichte der Esoterik häufig als ein »Strom durch die Jahrtausende«[21] beschrieben. Sie vermitteln das Bild, die Esoterik sei als *ein* Überlieferungsstrom von Atlantis über das alte Ägypten und Griechenland, über Gnostiker, Rosenkreuzer und andere Bruderschaften auf uns gekommen. Sie sei von Mund zu Mund, vom Eingeweihten an den Schüler weitergegeben worden und lasse sich darum historisch nur an wenigen Punkten nachweisen. Vor allem seit dem Auftreten der Theosophie Ende des vorigen Jahrhunderts ist die Anschauung verbreitet, allen Religionen läge *eine* geheime Weisheit zugrunde, den Eingeweihten jeder Religion, den *Esoterikern*, bekannt, dem gewöhnlichen Gläubigen jedoch unverständlich. »Keine Religion ist höher als die Wahrheit«, ist ein Motto der Theosophie. Dabei wird *Wahrheit* nicht als ein unerreichbares Ideal verstanden, sondern als die ewige Urweisheit, die »Philosophia perennis«, die von den großen Menschheitslehrern seit alters her verkündet worden ist. »Alle großen Religionen haben eine äußere und eine innere Geschichte: die eine offenbar, die andere verborgen.«[22]

Esoteriker, die über die Geschichte ihrer eigenen Tradition schreiben, lehnen sich meist an solche Legenden an. Auch wenn ihr geschichtlicher Hintergrund oft mehr als fragwürdig ist, bilden die Legenden selbst einen wichtigen Anteil der Überlieferung.

Der Esoterikgeschichte wird zunächst anhand der nachprüfbaren äußeren Tatsachen und Zusammenhänge nachgegangen. So läßt sich die Überlieferung zwar nicht bis zu den »Tempelschulen von Atlantis« zurückverfolgen und verliert dadurch beträchtlich an Reiz, aber dennoch reichen ihre Wurzeln weit zurück in die abendländische Geschichte, oft weiter, als wir sie aufgrund der schriftlichen Zeugnisse verfolgen können. Der bekannte Teil der Geschichte ist aber faszinierend genug und größtenteils noch nicht richtig erforscht.

In einem einführenden Werk kann die Forschungsarbeit nicht nachgeholt werden. Es soll nur einen kurzen Überblick über wichtige Strömungen und Epochen geben. Dabei stehen nicht die historischen Einzelheiten im Vordergrund, die sich anhand der angegebenen Literatur leicht finden lassen, sondern der geistige Hintergrund der Strömungen. Die Auswahl richtet sich vor allem auch danach, ob die Wirkungen bis in die heutige Zeit reichen und für das Verständnis oder Selbstverständnis moderner Esoterik wichtig sind. So sind zum Beispiel die geschichtlich sehr wichtigen Katharer nur kurz erwähnt und die Mithras-Mysterien ganz ausgelassen worden.

Entgegen der Tendenz der modernen Esoterik, alle Traditionen als bloße Ausdrucksformen der immer gleichen Weisheit anzusehen, stellen sie sich bei sachlicher Betrachtung in vielen unterschiedlichen Gestalten dar. Gerade dadurch gewinnt die Geistesgeschichte an Leben und Spannung. Wie langweilig und überflüssig wäre dagegen das philosophische und religiöse Ringen der Menschheit, wenn sich die endgültige Wahrheit in *einem*, ziemlich dicken Buch niederschreiben ließe.

Die esoterische Überlieferung im Abendland läßt sich auf fünf große Traditionen zurückführen: griechische Mysterien und Philosophie, Gnosis, jüdische Mystik, Elemente der Volksmagie und Alchemie. Diese haben sich zwar auch gegenseitig beeinflußt, bilden jedoch kraftvolle eigene Traditionen, die sich unabhängig voneinander darstellen lassen.

Die Christianisierung Europas brachte es mit sich, daß die Kultur vom Mittelalter bis in die Neuzeit einen einheitlicheren Verlauf nahm, als das in der Antike der Fall gewesen war. Seitdem das kirchliche Christentum seine Lehre als alleinige Wahrheit verkündete, mußte esoterisches Gedankengut den Schatten der tragenden Kultur darstellen und fand so aus den verschiedenen antiken Wurzeln ebenfalls zu einer einheitlichen Form, der klassischen Hermetik, aus der auch die moderne Esoterik noch schöpft. Vom aufgeklärten Rationalismus und den Naturwissenschaften wurde die Esoterik noch weiter in ihre Rolle als kultureller Schatten abgedrängt. Gemäß der in unserem Jahrhundert herrschenden kulturellen Auffächerung entwickelten sich unzählige esoterische Gruppen und Lehren. Diese lehnen sich zum Teil an antike Traditionen an, sind oft genug aber auch originelle Neuschöpfungen beziehungsweise Synthesen überlieferter Elemente.

1. Antike Wurzeln der Esoterik

»Am Anfang schuf Gott Himmel und Erde. Und die Erde war wüst und leer, und es war finster auf der Tiefe; und der Geist Gottes schwebte auf dem Wasser« *(Genesis, 1 u. 2/Lutherbibel).*

»Urzeit war es, da Ymir hauste:
nicht war Sand noch See noch Salzwogen,
nicht Erde unten noch oben Himmel,
Gähnung grundlos, doch Gras nirgend«
(Edda [germanischer Mythenzyklus], 1. Lied, 2. Strophe/nach Genzmer).

»Der ›Mutter-Raum‹ ist die ewige, allgegenwärtige Ursache von allem – die unbegreifliche GOTTHEIT, deren ›unsichtbare Gewande‹ die mystische Wurzel jeglichen Stoffes und des Weltalls sind. Der Raum ist das eine ewige Ding, das wir uns am leichtesten vorstellen können, unbeweglich in seiner Abstraktion und unbeeinflußt von der Anwesenheit oder Abwesenheit eines objektiven Universums in ihm. Er ist in jedem Sinn ohne Dimension und selbstexistierend. Geist ist die erste Differenzierung aus dem Es, der ursachelosen Ursache sowohl des Geistes als auch des Stoffes« (*H. P. Blavatsky, Die Geheimlehre, Beginn des Kommentars zu Stanze I).*

Die drei Schöpfungsberichte, zwei mythische und ein esoterischer, zeigen deutlich den Unterschied zwischen mythischem Bild und esoterischer Spekulation. Esoterisches Denken und Vorstellen setzt erst da ein, wo das mythische nicht mehr wirksam ist und einer Erklärung bedarf. Die Geburt der Esoterik fällt daher in den gleichen Zeitraum wie die Geburt der Philosophie. Sobald über den Mythos geredet werden kann, ist die eigentliche mythische Zeit vorbei. Esoterik ist daher, entgegen landläufigen Vorurteilen, *kein* Rückgriff auf mythisches Denken, sondern eine spezifische Art, aus dem Mythos herauszutreten und die Verbindung zum Göttlichen auf andere Weise wiederherzustellen.

Auch wenn wir modernen Menschen es uns schwer vorstellen können: Es gab eine Zeit, in der das mythische Bild genügte. Das Denken und Vorstellen bewegte sich unter Göttern und Naturwesenheiten, die in der Außenwelt unmittelbar als wirksam erfahren

wurden. Es war nicht nötig, den Blitz als eine Handlung des Zeus zu
erklären: Zeus zeigte sich im Blitz. In der Dichtung Homers läßt sich
das noch gut verfolgen. Die Götter greifen unmittelbar in die
Schlachten ein. Die Hand des siegreichen Helden wird von einer
Gottheit geführt oder gehindert (»Sprach's, und die Lanz auf-
schwingend, entsandt' er [der Krieger] sie. Aber Athene [die Göttin]
trieb mit dem Hauch sie zurück vom Peleionen Achilleus, . . . «[23]).
Der Mythos hat seine eigene bildhafte Gesetzmäßigkeit und Vernunft. Doch von Philosophie, Religion oder Esoterik kann noch
nicht die Rede sein. Die Götter wuden verehrt, weil sie als wirksame
Mächte erlebt wurden. Was wir heute als »Religion« bezeichnen,
war damals noch kein unabhängiger Bereich in der Kultur. Das Leben mit den Geistern, Göttern und Ahnen war einfach Teil des täglichen Lebens.

Warum eines Tages Menschen anfingen, der Welt auf andere
Weise zu begegnen, ist eines der großen Rätsel der Kulturgeschichte.
Erstaunlich daran ist vor allem, daß diese Wende in vielen Teilen der
Welt völlig unabhängig voneinander gleichzeitig vollzogen wurde:
Im siebten bis fünften Jahrhundert vor unserer Zeitrechnung traten
in China Laotse und Kungfutse auf, in Indien Buddha und Maha-
vira, in Griechenland lehrten die Philosophen, in Persien lebte Zarathustra, und in Palästina wirkten die Propheten. Sie begannen,
über die alten Mythen und Bilder bewußter nachzudenken, sie zu
kritisieren und umzugestalten, zum Teil auch in abstrakten Begriffen
zu denken. Karl Jaspers spricht von der »Achsenzeit«, in der verschiedene große Religionen und Philosophien ihren Anfang nahmen.

Die Lösung aus der mythischen Einheit hat den Menschen eine
bis dahin unbekannte Freiheit im Denken und Leben der Gemeinschaft gegeben. Aber die Sehnsucht nach dem unmittelbaren Kontakt zur Gottheit hat die Menschheit seitdem nicht mehr verlassen.

a) Griechische Mysterien und Philosophie

Als eine Quelle für die abendländische Überlieferung der Esoterik
kommt hauptsächlich die griechische Kultur in Frage. Denn erst mit
den Griechen löste sich Europa aus dem Mythos und begann, Philosophie und Esoterik in unserem Sinne zu entwickeln.

Zwar wird meist die ägyptische Kultur als Wurzel der europäischen Esoterik angesehen, denn sie war für die viel jüngere griechische das Symbol und die Quelle uralter Weisheit. Aber Ägypten beeinflußte die sich entwickelnde europäische Kultur hauptsächlich durch Vermittlung der Griechen, weil man nur aus ihren Berichten von Ägypten wußte, bis Ende des vorigen Jahrhunderts die Hieroglyphen entschlüsselt wurden. Die Griechen lernten begierig, deuteten aber alles in ihrem Sinne um: Aus typisch ägyptischen Göttern und Mythen wurden typisch griechische. Selbst ägyptische Einweihungskulte, wie etwa der Isis-Kult, wurden in die griechische Welt übernommen und schließlich sogar in Rom gefeiert. Die Griechen übernahmen auch Kulte aus anderen Ländern der Umgebung, mit denen sie durch Handel oder Kriege Kontakt hatten. Wichtig wurden der Kybele-Kult aus Vorderasien und die orphischen Mysterien, die von den Thrakern entlehnt wurden, die nördlich des damaligen Griechenland lebten. Zentren der eigenen griechischen Religion waren das Apollo-Orakel im Tempel zu Delphi und die Eleusinischen Mysterien der Göttin Demeter.

Als *Mysterien* bezeichnet man eine Kultform, in der der einzuweihende Myste mittels einer stufenweisen Reinigung und durch bewußtseinsverändernde Techniken in einen seelischen Ausnahmezustand versetzt wurde. In diesem Zustand erweiterter Wahrnehmung wurde ihm ermöglicht, durch das Schauen bestimmter heiliger Gegenstände oder Szenen die Gottheiten unmittelbar zu erleben. Dadurch, so sagte man im Altertum, wurde den Mysten ihre eigene Unsterblichkeit direkt erfahrbar, und sie hatten keine Angst mehr vor dem Tod.

In Eleusis[24] zum Beispiel wurden die größten Mysterien des Altertums gefeiert. Der Kult existierte seit etwa 1500 v. Chr., seit in der rharischen Ebene bei Athen Getreide angebaut wurde. Zunächst hat in der Tempelanlage wohl eine schlichte Verehrung der Göttin Demeter stattgefunden. Demeter war die Erdgöttin, die Nahrung gab, die Große Mutter. Ihre Tochter Persephone wurde zur Totengöttin, nachdem der Unterweltsgott Hades sie geraubt hatte. Um diesen Mythos, den Raub der Persephone, rankte sich wohl auch die rituelle Darstellung der eleusinischen Feiern. Im sechsten Jahrhundert wurde die Tempelanlage verändert und sehr erweitert. Damit begann die große Zeit der eleusinischen Mysterien, in die sich fast alle großen Geister Athens einweihen ließen, deren Geheimnis jedoch nie verraten wurde und bis heute unbekannt ist. Der Ablauf an den verschiedenen Tagen der Feier ist in etwa bekannt, nicht jedoch der Inhalt der *Hiera*, der heiligen Gegenstände. Obwohl auf Mysterienverrat der Tod stand, ist es doch eine erstaunliche Tatsache, daß es aus mehr als tausend Jahren kein Zeugnis dafür gibt, daß einer der Hunderttausenden von Mysten das Geheimnis ausgeplaudert hat. Die Mysterien endeten 395 n. Chr., als der Tempel von einfallenden Goten zerstört wurde.

Es läßt sich vermuten, daß der Übergang von der Verehrung der Göttin zum Mysterienkult im sechsten Jahrhundert stattfand, als der Tempel umgestaltet wurde. Damit fällt auch der Beginn dieses für die griechische Antike so wichtigen Kultes in die *Achsenzeit*. Gleiches gilt für die nächstwichtigen Mysterien, diejenigen des Dionysos, die auch als orphische Mysterien bezeichnet wurden: »Ihre Anfänge, die etwa in das sechste vorchristliche Jahrhundert fallen, treffen geistig mit dem sich mehr und mehr durchsetzenden Bestreben zusammen, aus dem Dunkel des reinen Mythos heraus auf theosophischem Wege dem dunkel geahnten Urgrund der Dinge näherzukommen. Das Sakrale, die Erhöhung des Menschen durch ein außer ihm wirkendes, von außen an ihn herantretendes Heilsmittel, tritt neben den selbständigen Geist der Philosophie.«[25] Die Mysterien werden in dem geschichtlichen Augenblick erforderlich und sinnvoll, in dem der Mensch nicht mehr in direktem Kontakt mit den Göttern lebt, in dem der Mythos frag-würdig und erklärungsbedürftig geworden ist.

Höhepunkt der Weihen war die *Schau* des Heiligen. Der unmittelbare Zugang zur göttlichen Welt des Mythos stellt sich darin wieder her, eine beängstigende Kluft im Bewußtsein schließt sich. Und dieses erneuerte Gefühl der Einheit mit dem Göttlichen gab den Mysten Vertrauen in ihre Unsterblichkeit, wie die antiken Quellen berichten. Besonders der Kontakt mit dem Tod war für die höheren Stufen aller Mysterien zentral und ist es bis heute etwa im Meistergrad der Freimaurer geblieben. Die Mysten erleben in einem symbolisch-rituellen Abstieg das Wesen des Todes.

Bei den eleusinischen Mysterien geschah dies in der symbolischen Begegnung mit Persephone, der Totengöttin. Mit ihr, die von ihrer Mutter Demeter· wieder ins Tageslicht geholt wurde, erfuhren die Mysten auch die Unsterblichkeit. In durchaus vergleichbarer Symbolik erlebten viele Heilige und Mystiker in der Nachfolge Christi die »Niederfahrt zur Hölle und die Auferstehung von den Toten«.

Durch die ganze Geschichte der Esoterik hindurch wurden Mysterienkulte der verschiedensten Art gefeiert. Auch das Abendmahl und die Taufe sind in der Anfangszeit des Christentums von vielen Gruppen als Mysterienfeiern verstanden worden. Immer stand dabei das Bestreben im Mittelpunkt, die Gottheit unmittelbar und persönlich zu erleben. Der besondere seelische Zustand, in den die Mysten der nach-mythischen Zeit eintreten wollten, wurde auf verschiedene Weise erreicht: Eine Möglichkeit war die Reinigung *(kátharsis)* durch Fasten, Gebete und Zeremonien wie in den eleusinischen Mysterien, eine andere der ekstatische Rausch des Dionysos-Kultes, wo sich die Mysten in nächtlichem Tanz auf Bergen und in Wäldern in die »dionysische Raserei« versetzten.

Zum Mysterium gehört das Geheimnis, das Schweigen. Das Schweigen kann sich auf zweierlei beziehen: Verschwiegen werden kann ein Sachverhalt, der geschützt oder heilig gehalten werden soll. Das Schweigen kann sich aber auch um ein Erlebnis ausbreiten, das sich mit der Sprache nicht ausdrücken läßt. Für die Antike ist die Annahme nicht sehr wahrscheinlich, die Geheimhaltung sei aus elitären Gründen erfolgt oder habe etwas schützen müssen. Es herrschte große religiöse Toleranz mit einer Vielfalt von Kulten und Religionen. Außerdem war zu den meisten Mysterien im Prinzip jeder zugelassen. Viel eher ist davon auszugehen, daß durch die *Arkandisziplin* etwas Intimes, Heiliges geschützt werden sollte, das seinen Wert verloren hätte, wenn es auf den Straßen und Marktplätzen zerredet worden wäre. So kostbar war den Griechen dieser Zugang zum Göttlichen, daß sie ihn mit dem höchsten Strafmaß schützten.

Eine zweite Möglichkeit, aus dem »Dunkel des reinen Mythos« herauszutreten, aber auch die Verbindung zum Göttlichen wiederherzustellen, die durch das Heraustreten verlorengegangen war, fanden die Griechen in der Philosophie. Mysterienfeier und philosophischer »Aufschwung der Seele«, wie Platon ihn nannte, waren die beiden grundlegenden Möglichkeiten des Zugangs zur geistigen Welt »hinter« den Dingen. Sie wurden jahrtausendelang von Menschen beschritten, die sich auf den »esoterischen Weg« begeben hatten.

Religion und Philosophie waren also auf der einen Seite Wege heraus aus der mythischen Einheit, der *participation mystique*, stellten andererseits aber in Form der religiösen Mystik und Magie sowie der esoterischen und metaphysischen Philosophie Wege zurück ins Erleben oder Schauen der Einheit zur Verfügung. Das Wort Religion wird oft vom lateinischen *religare* – »rückverbinden, anbinden« abgeleitet. Im Gegensatz zu den großen Religionen, die die »Rückkehr ins Paradies« oft in eine ferne Zukunft oder das Jenseits verlegen, versuchen Mystik und Esoterik, die Einheit mit dem Göttlichen direkt zu erleben und auch die Zustände, die dazu führen können, im einzelnen zu verstehen.

In der Epoche, als die Mysterien sich entwickelten, begann der abstrakte Gedanke sich an der Gewalt des mythischen Bildes zu messen. Thales von Milet (um 625–545), Pythagoras (um 580–500) und Heraklit (um 540–475) gehörten zu den ersten großen griechischen Denkern, die damals noch als »die Weisen« galten. Bei Platon (427–348/47 v. Chr.) nahm die Philosophie die erste umfassend angelegte und schulmäßig gelehrte Form an. Den reinen Mythos hatten sie hinter sich gelassen, wenn das mythische Denken auch noch deutliche Spuren in ihrer Sprache und ihren Bildern hinterlassen hat. Doch die Philosophie war noch mehr als das trockene, abstrakte Räsonieren, als das wir sie heute oft erleben. In ihren Anfängen und auf ihren Höhepunkten war die Philosophie stets ein Weg, der den ganzen Menschen in Anspruch nahm. Unser Wort Theorie stammt vom griechischen *theoría* ab und dieses von *théa* – »Schau« und *oran* – »sehen». *Geschaut* wurden in der Philosophie die Ideen sowie das Göttliche in den Mysterien, deren Eingeweihte Sokrates und Platon waren, wie die meisten ihrer gebildeten Zeitgenossen. Daß auch Platons Denken diese esoterische Deutung zuläßt, zeigt sich am *Höhlengleichnis*[26], das von Esoterikern gern zitiert wird:

Sokrates erklärt seinem Freund Glaukon die Möglichkeiten des menschlichen Erkennens im Bilde von Gefangenen in einer Höhle. Die Gefangenen sind von Kindheit an derart gefesselt, daß sie nur die Wand erblicken können, die ihnen gegenüberliegt. Das einzige Licht geht von einem Feuer aus, das sich weit hinter ihrem Rücken befindet. Werden Gegenstände zwischen den Gefangenen und dem Feuer entlanggetragen, so können die Gefangenen die Schatten der Gegenstände auf der Wand sehen, wie sie dort auch ihre eigenen Schatten erkennen können. Die Gefangenen kennen also nichts als die Schatten und halten diese darum für die einzige Wirklichkeit. Sie schreiben ihnen sogar die Sprache zu, die sie von Vorbeigehenden oder untereinander vernehmen. Jemand, der plötzlich entfesselt und gezwungen würde, sich umzudrehen und die wirklichen Gegenstände und Personen anzuschauen, würde nur verwirrt sein und zunächst bei dem Glauben bleiben, die Schatten seien wirklicher. Würde dieser Gefangene nun aus der Höhle hinausgeschleppt und ans Sonnenlicht gebracht, so würde er sich wehren und um Licht Schmerzen leiden. Zunächst könnte er draußen nicht das Geringste sehen. Er müßte sich langsam daran gewöhnen und würde zuerst Schatten und Spiegelungen, schließlich aber auch die Welt draußen sehen können. Zu guter Letzt könnte er auch die Sonne erblicken und in ihr die Ursache allen Lichts erkennen. Mit diesem Wissen schätzte er sich selbst glücklich und bedauerte die übrigen Gefangenen. Ginge er nun wieder zurück zu seinen ehemaligen Leidensgenossen, die noch immer jene am meisten ehren, die sich am besten die Reihenfolge der vorbeiziehenden Schatten merken können, so würden seine Augen sich erst wieder an die Dunkelheit dort unten gewöhnen müssen. Jene dort würden ihn verlachen, da sie meinten, er hätte sich oben die Augen verdorben. Die Gefangenen schlössen daraus, daß der Weg nach oben sich nicht lohne und man diejenigen töten müsse, die jemanden nach oben verschleppen wollten. Sokrates erklärt das Gleichnis anschließend: Die Situation der Gefangenen ist die unsere in der gewöhnlichen Wahrnehmung. Der Schein des Feuers steht für die Sonne. Das Hinausklettern aus der Höhle bedeutet »den Aufschwung der Seele in die Region der Erkenntnis«. Die wirkliche Welt außerhalb der Höhle entspricht Platons Ideenwelt, die Sonne dort ist das Gleichnis für die Idee des Guten, die Ursache aller anderen Ideen und der Welt überhaupt. Sokrates stellt diese Erklärung als »seinen Glauben« dar, von der nur »der Gott weiß, ob er richtig ist«.

Hieran wird deutlich, daß die Ideen bei Platon mehr sind als bloße Abstraktionen. Sie sind wesenhaft und werden *geschaut*. Diese Deutung wurde von vielen sogenannten Neuplatonikern vertreten, die die Idee des Guten dann mit *dem Einen*, dem Absoluten, der Gottheit gleichsetzten. Andere, rationalistische Deutungen sahen in den Ideen bloße begriffliche Abstraktionen, die Platon in allegorischem Gewande einführt. Seit Jahrhunderten wird in der Philosophie darum gestritten, welche der Deutungen bessere Argumente anführen kann. Für die Geschichte der Esoterik jedoch ist allein wichtig, daß Platon mit seiner Ideenlehre ein Denkmodell geschaffen hat, das seit zweieinhalb Jahrtausenden nicht an Attraktivität verloren und zahllose Denker beeinflußt hat. Seine Größe lag nicht zuletzt darin, daß er an die Wende vom Mythos zum Logos ein Denken gesetzt hat, das noch unendlicher Entfaltungen fähig war, ein Denken, das jede Deutung ermöglicht und doch von keiner ganz zu erschöpfen ist. Platon verwarf den Mythos nie und erhob sich doch so weit aus ihm heraus, daß viele Generationen von Philosophen zu tun hatten, den Raum zu füllen, der sich damit auftat.

Der wichtigste Neuplatoniker war Plotin (204–270), der die höchste Idee, das Eine, als das wahre Sein erklärte, von dem alles andere

Sein, die Vielheit, ausgegangen (emaniert) ist. Daraus ergeben sich verschiedene Abstufungen geistigen, seelischen und körperlichen Daseins, über die in Philosophie und Esoterik ausführlich spekuliert worden ist. Von diesem Einen sei die Seele ausgegangen und müsse dorthin wieder zurückkehren. Dazu war eine bestimmte tugendhafte Lebensweise nötig, die den körperlichen Bedürfnissen widerstand, die Seele in der philosophischen Betrachtung (Dialektik) reinigte *(kátharsis)* und dem Einen in mystischer Schau *(ékstasis)* annäherte. Auffällig ist hieran, daß die Reinigung der Seele und die mystische Vereinigung mit dem Göttlichen große Ähnlichkeit mit den gleichzeitig zur Blüte gekommenen Mysterienkulten aufweisen. Der Unterschied besteht im Mittel: Die Philosophen (Neuplatoniker und Pythagoräer) sehen im reinen Denken, das sich zur mystischen Schau erhebt, die Methode, während in den Mysterien eine durch Askese oder Ekstase gesteigerte Sinnlichkeit angesprochen wird. Diese beiden Methoden werden die gesamte Geschichte der Esoterik hindurch benutzt werden.

Der zweite große Philosoph der griechischen Antike, der wesentlichen Einfluß auf die esoterische Tradition nahm, war Pythagoras (um 580–500) – jedem bekannt durch den »Satz des Pythagoras«, den Satz über das rechtwinklige Dreieck. Die Zahlen waren für Pythagoras und die Pythagoräer nicht bloß mathematisch interessant, sondern die Urprinzipien der Schöpfung. Die Harmonie der Zahlen fanden sie in der Mathematik und in der Musik. Pythagoras wies als erster auf die Zahlenverhältnisse in der Harmonie der Töne hin. Aus seiner Zahlenlehre sollten sich in späteren Jahrhunderten umfangreiche metaphysische Zahlenspekulationen entwickeln, bis hin zur vulgären Numerologie.

Pythagoras gründete einen nach ihm benannten Orden, dessen Mitglieder sich zu besonders enthaltsamer Lebensweise verpflichten mußten. Darin, wie auch in der Lehre der Seelenwanderung, zeigt der Orden der Pythagoräer so große Ähnlichkeit mit dem orphischen Mysterienkult, daß Verbindungen zwischen beiden angenommen werden können. In diesen beiden Formen ist die Idee der wiederholten Verkörperung der Seele auf der Erde in die abendländische Tradition eingetreten. Auch bei Platon findet sich die Reinkarnationslehre vertreten und ausführlich erklärt (besonders in »Phaidon«). Man nimmt allgemein an, daß der Seelenwanderungsglaube mit den orphischen, beziehungsweise dionysischen Mysterien aus Thrakien nach Griechenland kam. Indische Einflüsse sind in dieser Zeit natürlich nie auszuschließen, da Handelsverbindungen dorthin bestanden.

Neuplatoniker und Neupythagoräer nahmen großen Einfluß auf die Philosophie des späten Hellenismus. Unter den bekannten von ihnen sind zu nennen: Apollonios von Tyana – in Neros Zeit als Heiliger und Wundertäter berühmter Neupythagoräer; Plutarch (um 50–125); Apuleius von Madaura (130–), dem wir aus seiner Schrift »Der goldene Esel« wichtige Einblicke in die Isis-Mysterien verdanken; Celsus (um 180) – ein neuplatonischer Gegner des frühen Christentums; Origenes (um 185–253), ein neuplatonisch beeinflußter Kirchenvater; Philon von Alexandrien (25 v. Chr.–50 n. Chr.), der mit seiner philosophischen Stellung zwischen Judentum und Hellenismus die christliche Lehre und Mystik stark prägte; Ammonios Sakkas (175–242), Plotins Lehrer und Begründer des Neuplatonismus; Plotin (204–270); Porphyrios (um 232–304), Plotins wichtigster Schüler und Interpret; Jamblichus (–330), Schüler des Porphyrios und Gründer der syrischen Schule des Neuplatonismus; Julian (–363), römischer Kaiser und Anhänger des Jamblichus, der vergeblich den Polytheismus in Rom wiedereinsetzen wollte; Proklos (410–485), der große Systematiker im ausgehenden Altertum; und Boethius (480–524), dessen Schrift »Trost der Philosophie« weit ins Mittelalter hineinwirkte. Der Einfluß dieser Philosophen setzte sich durchs Mittelalter bis in die Neuzeit hinein fort über Denker wie Johannes Scotus Eriugena, Nikolaus von Cues, Marsilio Ficino, Pico della Mirandola, Giordano Bruno, Goethe und viele andere.

Auch wenn im Rahmen eines Überblicks nicht im einzelnen auf diese Philosophen eingegangen werden kann, sollte doch deutlich geworden sein, daß in der frühen Epoche europäischer Philosophie auf eine Weise gedacht wurde, die heute als durchaus esoterisch gelten würde. Philosophie galt als ein Mittel zur Läuterung der Seele und war darin den Mysterienkulten verwandt, deren Nähe zu Mystik und Magie schon durch den äußeren Rahmen auffällt.

b) Gnosis

Die Zeit von 100 v. Chr. bis 400 n. Chr. war davon bestimmt, daß das gesamte Mittelmeergebiet zu einem Kulturraum zusammengewachsen war. Von Indien bis Spanien, von Ägypten bis Britannien bestanden Kontakte durch Händler, Soldaten und Pilger. Wie sehr bereits die griechische Antike von Kulten der Nachbarländer beeinflußt war, wurde bereits im vorigen Abschnitt deutlich. Auch wenn es manche Kulturhistoriker und Ethnologen ärgert, läßt sich fast nirgendwo eine »reine Tradition« säuberlich aus den Nachbartraditionen heraussezieren. Seit Menschen reisen und Handel treiben, beeinflussen sie sich gegenseitig in Sprache, Wissenschaft, Religion, Philosophie und Sitten. Ganz besonders ist das in Zeiten einheitlicher Kulturräume der Fall. Das riesige Römische Reich sorgte für eine solche Ökumene und zeigte sich weltanschaulich tolerant, sofern Staat und Kaiser anerkannt wurden. In dem genannten Zeitraum entstanden im Römischen Reich zahllose synkretistische Kulte, die ihre Lehre und Praxis aus verschiedenen Traditionen zusammensetzten. Eine große Gruppe dieser Kulte wird allgemein als »gnostisch« bezeichnet. Es gab eine enge weltanschauliche Verwandtschaft zwischen den oben genannten philosophischen Richtungen und der Gnosis, jedoch auch grundlegende Unterschiede.

Gemeinsam mit anderen antiken Denkrichtungen war die Gnosis ein Weltbild, das wir mit heutigen Worten als »spirituell« bezeichnen können: Hinter der sichtbaren Welt wurden übersinnliche Mächte gedacht oder erlebt, deren Wirken die äußeren Erscheinungsformen der Welt bestimmte. Das galt für alle Lebewesen, für die Natur wie auch für den Menschen, der aus Geist, Seele und Leib bestand. Und diese übersinnliche wie die sinnliche Welt wurde begründet und umfaßt vom Einen Göttlichen Wesen. Der Mensch als höchstes Wesen der Schöpfung hatte Anteil an allen Bereichen der Welt und auch am höchsten Prinzip. Soweit war es die mehr oder weniger einmütige Grundlage der antiken Weltsicht. Unterschiede bestanden in der Deutung dieser Grundstruktur. »Hatte Platon den Mythos vom Logos geschieden, jedem sein eigenes Recht zugewiesen . . ., so wird von den Gnostikern diese Trennung wiederaufgehoben. Jetzt fließen die in der Vision erschienenen Geistwesen und die durch Intuition erschauten Ideen ineinander über. Aus der Idee der Weisheit, der Sophia, wird in der Gnosis ein in der Vision sichtbares weibliches Geistwesen, und umgekehrt kann aus der Person des himmlischen Gottessohnes die reine, ganz unpersönliche Idee des Logos, der Weltvernunft werden.« So drückt es Leisegang[27] aus. Das gnostische Denken war sehr stark im visionären Erleben verwurzelt, aus dem es die wesentlichen Themen bezog. Gnostische Texte drehen sich immer wieder um den Fall der Seelen aus der göttlichen in die materielle Welt und ihre Rückkehr dorthin. Dieser Weg, vorbei an den himmlischen Herrschern und Mächten *(Archonten)*, wird auf blumige und oft phantastische Weise geschildert:

»Und als ich in die Höhe blickte, sah ich alle Archonten der Äonen, wie sie zahlreich auf mich herabblickten und sich über mich freuten, obwohl ich ihnen nichts Böses zugefügt hatte, sondern sie haßten mich ohne Grund. Und als die Emanationen des Authades die Archonten der Äonen sich über mich freuen sahen, wußten sie, daß die Archonten der Äonen mir nicht zu Hilfe kommen würden, und es faßten Mut jene Emanationen, welche mich mit Gewalt bedrängten, und das Licht, welches ich von ihnen nicht genommen habe, haben sie von mir genommen. Jetzt nun, o wahres Licht, du weißt, daß ich dieses in meiner Unschuld getan habe, indem ich dachte, daß das Licht mit dem Löwengesicht dir gehöre, und die Sünde, welche ich begangen habe, ist offenbar vor dir.«[28]

Der Ausschnitt aus der »Pistis Sophia«, einem späten gnostischen Text, macht deutlich, daß gnostisches Denken nur auf dem Hintergrund bestimmter visionärer Erfahrungen verständlich sein kann. Derlei Visionen und Spekulationen haben zwar zwei- bis dreihundert Jahre lang das religiöse Erleben der Spätantike geprägt, aber keinen nachhaltigen Einfluß auf die Geistesgeschichte gehabt.

Wirksam wurde ein anderer Zug der Gnosis, der in obigem Zitat anklingt: Die himmlischen Mächte werden als feindlich erlebt. Himmel und Erde, die ganze Welt ist böse; nur die transzendente göttliche Welt ist gut. Eine Weltanschauung, die das Dasein in zwei grundverschiedene und ewig unvereinbare Polaritäten aufteilt, wird als *dualistisch* bezeichnet. Schon Platons Lehre hat deutliche dualistische Züge, indem er zwischen der Ideenwelt und der Erscheinungswelt unterscheidet und letztere als schattenhaft abwertet. Die äußere Welt ist ihm nur ein matter Schein, verglichen mit dem reinen Geist, doch ist sie keineswegs moralisch böse. Ein anderer, wichtiger Dualismus stammt aus der persischen Religion des Zarathustra oder Zoroaster: Hier stehen sich der gute Gott des Lichts, Ahura Mazda, und der böse Gott der Finsternis, Ahriman, in ewigem Kampf gegenüber. Diese Trennung verläuft jedoch nicht zwischen Materie und Geist, sondern durchzieht die gesamte Existenz. Die Gnosis hat eine ganz eigenwillige Verbindung dieser Dualismen geschaffen: Jenseits aller geschaffenen Welten gibt es einen guten Gott, transzendent und unbeschreibbar, und eine absolut reine Geisteswelt (das *Pleroma*, die Welt der Fülle), der der innerste Kern der menschlichen Seele, der Licht- oder Geistfunke, entstammt. Der Schöpfergott und seine Helfer, die himmlischen Mächte, Planeten und Archonten, sind dagegen böse. Sie halten die Lichtfunken gefangen und behindern ihre Rückkehr in die ewige geistige Heimat. Von christlichen Gnostikern wurde der böse Schöpfergott oft mit dem alttestamentlichen Gott Jahwe gleichgesetzt. Christus galt ihnen als Abgesandter der Lichtwelt, der gekommen war, um die verlorenen Seelen aus der Finsternis der materiellen Welt zu erlösen.

Damit ist die geistige Welt der Gnosis nur angedeutet. Zur eingehenden Beschäftigung seien die Standardwerke von Hans Leisegang und Kurt Rudolph empfohlen, da das Thema in der gebotenen Kürze nicht annähernd ausgeschöpft werden kann.

Für die moderne Esoterik sind die vielfältigen und komplexen Gedankensysteme der Gnostiker[29] nicht so wichtig wie ihre Grundhaltung: Der gnostische Dualismus entwertet die erfahrbare Welt völlig, und zwar sowohl moralisch als auch metaphysisch. Keine Weltanschauung hat »No Future« jemals so konsequent vertreten wie die Gnosis. Gnostische Weltbilder stoßen dann auf Zuspruch, wenn den Menschen die Spannung zwischen Gut und Böse innerhalb der erfahrenen Welt nicht mehr ausreicht. Wo auch das Hoffen auf einen »guten« Himmel das Dasein nicht erträglich machen kann, muß das Grundgefühl gegenüber dem eigenen Leben von einer überwältigenden Fremdheit bestimmt sein. Wo das Gefühl der Heimatlosigkeit bodenlos wird, wo auch die Summe der besten Qualitäten dieser Welt keine Perspektive mehr bieten kann, da bricht offenbar eine Sehnsucht nach dem »ganz anderen« auf, nach einem Lichtreich, in dem die Erlösten keine Menschen, sondern reine, vergeistigte Lichtwesen sind, denen nichts mehr von dieser Welt anhaftet. Angesichts dieses »ganz anderen« schwindet die moralische Kluft zwischen Gut und Böse in dieser Welt. In der totalen Heimatlosigkeit fühlt sich der Mensch dem Sünder ebenso nahe wie dem Heiligen, da rücken ihm auch Pflanzen und Tiere so nahe, daß die Welt als Ganze, daß jedes Wesen erlösungsbedürftig ist. Erlösung im gnostischen Sinne ist aber keine »Erlösung vom Übel«, das bestimmbar wäre. Der Mensch in der absoluten Fremde sehnt sich danach, von der Welt als solcher erlöst zu werden, in letzter Konsequenz nach Erlösung von sich selbst.

Aus einem solchen Empfinden der Welt gegenüber wird vielleicht verständlicher, was viele Beobachter der Gnosis befremdet hat: Ethik und Lebensweise der gnostischen Gruppierungen sind nach beiden Extremen hin radikal. Es fanden sich streng asketisch lebende Gnostiker, die Fleisch, Sexualität und alles Weltliche radikal ablehnten. Aus der gleichen Haltung aber gingen auch extrem libertinistische Gruppierungen hervor, die ihre Verachtung gegenüber der Welt durch völlig hemmungslose Befriedigung ihrer Begierden in Orgien und ekstatischen Kulten ausdrückten. Wenn die Welt als grundsätzlich und abgrundtief böse erlebt wird, kann man sich zu ihr nur radikal verhalten, von der Enthaltung bis zum verachtenden Spiel mit dem Fleischlichen. Eine derartige Grundstimmung ergreift natürlich nicht alle Menschen eines Kulturkreises. Nur wenige werden so sehr davon gepackt, daß sie sich ganz dem Kult weihen, um völlige Befreiung zu erlangen. Sie, die Visionäre und Mystiker, bringen die Lehren hervor, denen sich dann viele Menschen anschließen können, deren Lebensgefühl zwar auch von der allgemeinen Grundstimmung berührt ist, aber nicht so heftig, daß sie dafür ihr alltägliches Leben aufgeben würden. Die Gnostiker unterschieden darum zwischen den Sarkikern oder Hylikern (körpergebundenen Menschen), die mit der Lehre keine Berührung haben, den Psychikern (Seelenmenschen), die der Lehre anhängen, aber nicht weit auf dem Weg fortgeschritten sind, und den Pneumatikern (Geistesmenschen), die Gnosis (Erkenntnis) haben und im Prinzip befreit sind. Der Geistfunke eines Pneumatikers geht nach dessen Tod heim ins Lichtreich, während die Geistfunken der Psychiker und Hyliker so lange wiederverkörpert werden, bis sie die rettende Erkenntnis, die gnostische Lehre gefunden haben. Das Wort *Gnosis* leitet sich vom griechischen *gignomai* (»ich erkenne«) ab. Mit dieser Erkenntnis ist das Wissen um die genannten Zusammenhänge und die visionäre Schau des Weges ins erlösende Lichtreich gemeint.

Die hohe Zeit der Gnosis war das zweite und dritte Jahrhundert. Die meisten gnostischen Gruppierungen verstanden sich als Christen, wenn ihr Verständnis des Christentums auch anders war als dasjenige, das sich schließlich durchsetzte. Doch bildete die christliche Kirche ihre Dogmen erst im dritten und vierten Jahrhundert heraus, größtenteils in Auseinandersetzungen mit der Gnosis. Und viele typisch gnostischen Elemente wurden ins Christentum integriert, wie sich am Johannesevangelium und den Briefen des Paulus zeigt. Solche Elemente waren es, die das Christentum immer wieder – bis heute – für »gnostische Häresien« anfällig machten. Das Christentum bietet viele Deutungsmöglichkeiten. Die Gnosis ist eine von ihnen. Doch gab es auch nichtchristliche Gnostiker, die sich entweder an griechischen, neuplatonisch-neupythagoräischen Gedanken orientierten, an orientalischen Religionen oder am Judentum. Die Gnosis war kennzeichnend für eine geistige Epoche und färbte die meisten zeitgenössischen Denkrichtungen.

Zwar zeigt sich für den Betrachter in der Rückschau der gnostische Einfluß hauptsächlich auf allgemein weltanschaulicher Ebene. Das religiöse Leben der Gnostiker selbst war jedoch alles andere als abstrakt. Will man den zeitgenössischen Kirchenvätern glauben, so drückte sich die gnostische Religion in einem aktiven Gemeindeleben aus. Die Gnosis war nicht eine Denkmöglichkeit, mit der gespielt wurde – wie man das etwa in der *Décadence* findet –, sondern eine Lebensweise. Es ist paradox, aber typisch: Eine Weltanschauung, die sich der Welt, der Gesellschaft und der Geschichte zu entziehen trachtet, bildet selbst wieder Gemeinschaften und eine Tradition. Scholem[30] bemerkt das gleiche Phänomen Jahrhunderte später bei der jüdischen Mystik.

Kennzeichnend für die Gnosis war auch ihr Umgang mit den Traditionen, an die sie anknüpfte. Mit der oben geschilderten Weltsicht mußte es zwangsläufig zu großen Widersprüchen mit den Lehren der jeweiligen Religion kommen. Wie auch der Neuplatonismus und andere philosophische Schulen der Antike es oft taten, deuteten die Gnostiker religiöse Texte durch Allegorese. Das heißt, es wurde eine dem Text zugrundeliegende *eigentliche*, verborgene Bedeutung angenommen. Oft ging man sogar davon aus, daß religiöse Schriften nur von Pneumatikern, also von Menschen mit geistigen Erfahrungen, richtig gelesen werden können. Auch diese Methode und Ansicht hat sich in der Esoterik bis heute gehalten.

Nach dem Sieg des römischen Christentums in Europa überdauerten gnostische Religionsformen in Vorderasien als Manichäismus (Mani lebte 216–276 in Persien) bis ins zehnte Jahrhundert. Im 12. und 13. Jahrhundert breitete sich in Südfrankreich die gnostische Religion der Katharer aus. *Katharós* heißt griechisch »rein«; von

Katharer leitet sich das deutsche Wort »Ketzer« ab. Ihre Lehre, soweit das bekannt ist, entsprach weitgehend den besprochenen gnostischen Gedanken, und ihre Heiligen hatten sich strenger Askese verpflichtet. Die römische Kirche fühlte sich so bedroht, daß sie zum Kreuzzug gegen die christliche Konkurrenz aufrief und die Katharer in einem Vernichtungsfeldzug (1209–1229) schlug. Die letzten Katharer wurden in weiteren Kriegen und Inquisitionsprozessen bis zum Anfang des 14. Jahrhunderts getötet oder verbrannt. Es kam nie wieder zu einer derartigen neugnostischen Massenbewegung. Rom konnte zwar die Katharer und andere kleinere Ketzergruppen durch Gewalt vernichten, aber in der Legende vom Gral und von den Templern dauert ihr Erbe fort. Als streng gnostische Gruppierung ist mir heute nur das *Lectorium Rosicrucianum* bekannt.

Der weitreichende Einfluß der Gnosis auf die abendländische Geschichte liegt aber weder in den Legenden noch in hochfliegenden Spekulationen und esoterischen Systemen. Der gnostische Dualismus, die moralische Abwertung und Verteufelung (im wahren Sinn des Wortes) des Leiblichen ist über das Christentum zum festen Bestandteil des europäischen Lebens geworden. Zwar ist das Christentum nicht so weit gegangen, den Schöpfergott als böse anzusehen und das Gute als absolut und transzendent aus der Welt herauszusetzen. (Obwohl der christliche Teufel manchmal als »der Herr dieser Welt« betitelt wird, was ein durch und durch gnostischer Gedanke ist.) Aber die Grundhaltung der Gnosis hat deutlich abgefärbt. Besonders in der europäischen Esoterik, die sich mehr noch als das etablierte Christentum an gnostische Gedanken anlehnt, findet sich oft diese Ablehnung alles Materiellen, die mit der Übernahme buddhistischer und hinduistischer Gedanken im vorigen Jahrhundert verstärkt wurde.

Für die Betrachtung der Esoterik ist die Gnosis insofern wichtig, als esoterisches und gnostisches Gedankengut in Europa lange verbunden waren. Diese Verbindung ist eine historische und von den Ideen her nicht notwendig. Esoterik muß nicht gnostisch geprägt sein, ist es aber lange gewesen. Und für die Gnosis hat es sich angeboten, ein esoterisches Weltbild zu pflegen, da die Erkenntnis des Metaphysischen für sie Heilswert hat. Allerdings ließe sich auch das Unterfangen der modernen Technik, den Menschen von seiner Eingebundenheit in die Natur zu lösen und das Paradies auf Erden zu schaffen, als eine säkularisierte Form der Gnosis deuten.[31]

c) Jüdische Mystik und Kabbala

Das Judentum beeinflußt die allgemeine abendländische Esoterik zwar erst spät – die Kabbala wird von christlichen Hermetikern erst im 15. Jahrhundert aufgenommen –, aber die Gedankenwelt, aus der die Kabbala stammt, ist so alt, daß sie berechtigt zu den antiken Quellen gezählt werden kann. Im Gegensatz zur Esoterik im Christentum haben sich die Merkaba-Mystik und die Kabbala jahrhundertelang fruchtbar auf das Judentum ausgewirkt. Denn Kabbalisten und jüdische Esoteriker sind trotz verschiedener Konflikte von ihrer Glaubensgemeinschaft nicht ausgestoßen worden. Leider fehlt zu einer eingehenden Betrachtung dessen hier der Raum. Für weitere Beschäftigung seien die Werke des Jerusalemer Gelehrten Gershom Scholem empfohlen.[32]

In den ersten Jahrhunderten christlicher Zeitrechnung hat es zwar eine jüdische Gnosis gegeben, aber es fehlte ihr das Motiv des bösen Schöpfergottes. Die oben geschilderte Weltsicht der Gnosis ist der jüdischen Religion von Grund auf fremd. Der Aufstieg der Seele führt in den jüdisch-mystischen Texten *(Hechaloth)* der gnostischen Epoche durch die himmlischen Paläste, in denen Torwächter den Eindringling bedrohen, bis zur siebenten Halle vor den Thron *(Merkaba)* Gottes. Man spricht deshalb von Merkaba-Mystik. Als Methode zur mystischen Erfahrung dienten Fasten, Reinigung und Versenkung in Gebetsformeln. Um die Visionen der Merkaba gab es eine Literatur, die derjenigen der Gnosis recht ähnlich war. Nur blieb sie innerhalb des Rahmens der jüdischen Überlieferung – auch wenn sie diese ziemlich weit dehnte. Der Gott mochte sehr distanziert sein und von beliebig vielen Palästen und Engelscharen umgeben, er blieb der *eine* Schöpfergott, an den die Gebete gerichtet wurden. Die Merkaba-Mystik entwickelte jedoch keine nennenswerten theoretischen Systeme. Sie hielt sich bis zum zehnten Jahrhundert.

In ihrer Bedeutung wurde sie abgelöst durch das esoterische System der *Kabbala* (»Überlieferung«), das in der modernen Esoterik so wichtig werden sollte. Es tauchte im zwölften Jahrhundert in jüdischen Mystikerkreisen Spaniens und Südfrankreichs auf. Südspanien war zu der Zeit noch Teil des arabischen Staates in Nordafrika, und Islam, Judentum und Christentum standen dort in enger und fruchtbarer Verbindung. Dadurch gelangten auch die Schriften Platons und Aristoteles' vermittels arabischer Übersetzungen wieder nach Europa und führten zur Periode der Scholastik und Mystik in der christlichen Philosophie. Scholem weist darauf hin[33], daß der Kabbalist Abraham Abulafia (1240–1291) auf seinen Orientreisen bei moslemischen Mystikern auch mit den Yoga-Techniken in Berührung gekommen sein kann, die diese aus Indien übernommen hatten. In jener kulturell so bunten und folgenreichen Zeit des Hochmittelalters blühte die kabbalistische Mystik. Ihr ältester Text, das Buch »Jezira«, stammte schon aus dem dritten bis sechsten Jahrhundert.[34] Hierin lag also zumindest zeitlich eine Anknüpfung an die ältere jüdische Mystik und die Epoche der Gnosis. Im Buch »Jezira« wurde erstmals die Vorstellung der *Sefiroth* entwickelt, die dann das Buch »Bahir« (12. Jahrhundert) und der »Sohar« (Ende 13. Jahrhundert) weiter ausführten. Im Buch »Jezira« heißt es:

»Zehn Sefiroth gibt es außer dem Unaussprechlichen; ihr Anblick gleicht dem leuchtender Flammen, ihr Ende verliert sich im Unendlichen. Das Wort Gottes kreist in ihnen unaufhörlich von oben nach unten und von unten nach oben; so gleichen sie einem Wirbel und bringen zugleich das göttliche Wort zur Ausführung und neigen sich vor dem Thron des Ewigen.
Zehn Sefiroth gibt es außer dem Unaussprechlichen; erwäge, daß ihr Ende mit ihrem Anfang verbunden ist wie die Flamme mit dem Brand; denn der Herr ist allein der Herr über ihnen, und es gibt keinen andern. Welche Zahl kannst du nennen vor der Zahl Eins?
Zehn Sefiroth gibt es außer dem Unaussprechlichen. Schließe deinen Mund (damit du nicht von dem großen Geheimnis redest) und halte das Denken an, und wenn dein Herz schwach wird, so kehre zum Ausgangspunkt zurück. Deshalb steht geschrieben: Ausgehen und zurückkehren; deshalb wurde der Bund geschlossen: Zehn Sefiroth gibt es außer dem Unaussprechlichen.«[35]

Mit den Sefiroth wurde ein Versuch gemacht, die in der Schöpfung offenbarte Seite Gottes in einem esoterisch-theosophischen System zu schauen. Die Sefiroth stellten die zehn Grundprinzipien[36] der Welt dar, die Eigenschaften Gottes, in denen er sich seiner Schöpfung zeigt. Hinzu kamen die 22 hebräischen Buchstaben in ihrer jeweiligen esoterischen Bedeutung, woraus sich zusammen die »zweiunddreißig geheimen Wege der Weisheit« ergaben, »auf denen Gott alles Wirkliche hervorgebracht hat«[37]. Diese zehn Sefiroth und 22 Buchstaben bildeten das Symbol des Lebensbaumes *('Ez Chajim)*, der auf Seite 170 abgebildet ist. Gott offenbarte sich aber nicht nur in den Sefiroth, sondern hatte auch eine nicht offenbarte Seite, *En-Sof* genannt. Mit diesem Ansatz hat es die jüdische Mystik geschafft, die Kluft zwischen der sogenannten »negativen Theologie«, der Lehre von der prinzipiellen Unbeschreibbarkeit Gottes, der dem Menschen somit ein Nichts sei, und der Offenbarungstheologie in ein System zu bringen. Die Kabbalisten blieben bei dem einen Gott, der dem Menschen und der Schöpfung ein Gesicht zuwendet, über das sich theosophische Aussagen machen lassen, und an den in der Ekstase eine Annäherung möglich ist. Er hat aber gleichwohl eine prinzipiell verborgene Seite, über die sich nichts aussagen läßt. Leider sind es nicht diese tiefgründigen mystisch-philosophischen Ansätze gewesen, die sich auf die christliche Esoterik ausgewirkt haben. Sie bleiben alleiniges Element des Judentums, dessen Mystik sich in Form des Chassidismus zweimal zu einer großen Volksbewegung entwickelte: im deutschen Chassidismus des Mittelalters und im polnischen Chassidismus des 18. und 19. Jahrhunderts.

Neben der genannten mystischen Schau und der sich daran anschließenden esoterischen Lehre entwickelte das Judentum auch eigene Formen der Magie[38]. Diese stützt sich auf die Macht der Namen Gottes, weshalb um die wahre Aussprache des *Tetragrammaton* viel spekuliert wurde. Diese Form der Magie, auch »praktische Kabbala« genannt, wurde zu einer Grundlage der späteren hermetischen Magie bis hin zu modernen Orden wie dem Golden Dawn.

Im Gegensatz zur sonstigen jüdischen Lehre scheint den Kabbalisten die Reinkarnationsidee von Anfang an geläufig gewesen zu sein. Sie wird im Buch »Bahir« erwähnt, als sei sie altbekannt. So findet sich die Lehre von der Seelenwanderung in der christlichen Esoterik, in der Kabbala und im Platonismus, was zu der Ansicht geführt haben mag, es handele sich dabei um eine universelle mystisch-esoterische Lehre.

Über die heutige Situation der Kabbala sagt Scholem: »Nach einer langen Entwicklung, in der die Kabbala, so paradox das anmuten mag, geschichtsbildende Kraft bewiesen hat, ist sie heute, an ihrem Ausgang, wieder zu dem geworden, was sie am Anfang war: zu einer Mysterienweisheit kleiner, das Leben nicht beherrschender und nicht beeinflussender Gruppen.«[39]

Der abendländischen Esoterik hat die Kabbala dreierlei hinterlassen: die Symbolik des Lebensbaumes mit den 22 heiligen Buchstaben, die im Buch »Jezira« und im »Sohar« ausgeführt sind; ein allegorisch-esoterisches Verständnis des Alten Testaments; und die *Gematria*, eine Form der esoterischen Auslegung von Texten mit

Hilfe der Zahlenwerte ihrer Buchstaben, die sich bis zu den plumpen Zahlenspielereien der Numerologie ausweiten läßt und dann oft mit pythagoräischen Zahlenspekulationen gemischt wird.

Obwohl die Kabbala seit der Renaissance auch der christlichen Hermetik bekannt ist und erheblichen Einfluß auf sie hatte, wird sie doch immer wieder recht stiefmütterlich behandelt: Das Symbol des Lebensbaumes wird völlig aus dem religiösen Zusammenhang gerissen und als bloßes technisches Hilfsmittel mißbraucht. In allgemeinen Darstellungen der europäischen Esoterik spielt die jüdische Mystik kaum eine Rolle.[40] Die jüdische Mystik und Magie stellten auch für sich genommen wichtige Strömungen der abendländischen Esoterik dar: Im späten Mittelalter erlebte die Kabbala eine Blütezeit in Spanien, Südfrankreich und im Rheinland. Im 19. Jahrhundert kam es in Polen zur großen Zeit des Chassidismus, der samt seiner leitenden Gestalt, Israel Baalschem, bei uns besonders durch die Schriften Martin Bubers berühmt geworden ist. Doch war der Antisemitismus zu jener Zeit auch in esoterischen Kreisen so weit verbreitet, daß es zu einer Rezeption in größerem Umfang leider nicht kam.

d) Volksmagie

Ein ähnliches Schicksal hatte eine weitere Überlieferungslinie zu erdulden: das im ungebildeten Volk durch Jahrtausende lebendige Wissen über Zauberei, Liebe und Geburt, Tod und Krankheit, seine Vorstellungen von Göttern, Geistern, Engeln und Teufeln. Als »Zauberglaube« oder »Aberglaube« wird abfällig bezeichnet, was hier unter dem Begriff »Volksmagie« verstanden werden soll. Dabei handelt es sich hauptsächlich um ein Wissen, das mündlich weitergegeben und nicht theoretisch aufgearbeitet worden ist. Die schriftlichen Dokumente über diese Tradition bestehen aus Märchen, Legenden, Zauberbüchern und ethnographischen Notizen, die jedoch alle später und nicht von den Trägern der Tradition selbst aufgezeichnet worden sind. Das volksmagische Kulturgut läßt sich deshalb in einer theoretischen Übersicht nicht angemessen darstellen. Doch ist es zu wichtig, um es auszulassen.

Das Volksmagische bildet keine eigene Lehre, sondern eine bestimmte Schicht in *jeder* Tradition und Religion. Wie Ludwig Blau es treffend sagt[41], sei zwar der Aberglaube der Vorgänger des Glaubens, der Glaube jedoch nicht sein Erbe, da der Aberglaube nicht tot sei (»Aberglaube« hier zu verstehen als die religiös-magische Volksüberlieferung). Die Volksmagie ist interkonfessionell und international. Ja sie hat die Internationalität sozusagen zum Prinzip erhoben, da wohl in wenigen Kulturschichten so viel bunter Austausch gepflegt wurde wie in der Magie. Kam es dabei doch nicht auf die Reinhaltung eines bestimmten Glaubens an, sondern darauf, möglichst viele machtvolle »Tricks« dazuzulernen. Charakteristisch ist die Angewohnheit aller Völker, magische Sprüche oder Techniken am liebsten von den Nachbarvölkern oder, besser noch, berüchtigten fremden Völkern zu übernehmen. Wenn man sagt, der Prophet gelte nichts im eigenen Lande, so gilt das noch mehr für den Magier. Interessant ist zum Beispiel, daß die Juden in Zaubersprüchen gern Griechisch oder verballhorntes Griechisch verwendeten, die Griechen dagegen hebräisch klingende Sprüche bevorzugten. Für Griechen, Römer und Hebräer galt Ägypten als das klassische Land der Magie und Zauberei. Und diese Ansicht hat sich bis in die Neuzeit gehalten. Nicht nur in bezug auf die Ägypter: Auch in der heutigen verflachten Esoterik läßt sich der Zug beobachten, den Zugang zum Heil oder zur Macht im Uralten, im Hypermodernen oder Weitentfernten, Exotischen zu suchen.

Die Themen der Volksmagie sind zu allen Zeiten und bei allen Völkern die gleichen: vor allem anderen Heilung und Dämonenaustreibung, dann Wahrsagerei und Befragung von Toten, Liebeszauber und Glücksbringer (Talismane), Flüche und Schutz vor denselben (Amulette), Wetterzauber. Beispiele dafür sind jedem aus Literatur, Film und Erzählungen hinlänglich bekannt. Es dreht sich also um ganz praktische Belange, die sich unter den bekannten Stichworten »Liebe, Geld und Gesundheit« zusammenfassen lassen. Das Interesse am geistigen Hintergrund der Dinge richtet sich wesentlich darauf, sich denselben nutzbar zu machen.

Die volksmagische Schicht der Esoterik und Religion betrifft natürlich nicht eine bestimmte Bevölkerungsschicht. Sie findet sich, nach persönlichen Interessen und Charakter verteilt, bei Jungen und Alten, bei Gebildeten und Ungebildeten. Vor allem darf auch nicht die Wirkung der Zaubergläubigkeit auf die Hochreligion unterschätzt werden. Bei den meisten Berichten und Legenden um die großen Religionsstifter spielen die »Wunder« eine erhebliche Rolle. Allein durch eine tiefsinnige philosophische Lehre ist noch keine Massenbewegung entstanden. Das läßt sich verfolgen von Jesus, dem das Volk nachlief, weil er »Zeichen und Wunder« tat, bis hin zum Guru Sai Baba, der heute von Tausenden gebildeter Europäer und unzähligen Indern für einen Gott gehalten wird, weil er Schweizer Uhren und Asche herzaubern kann.

Jesus erklärte sogar die Wundertätigkeit zum Erkennungszeichen der Gläubigen: »An Zeichen aber werden folgende die Gläubiggewordenen begleiten: In meinem Namen werden sie Dämonen austreiben; in neuen Zungen werden sie reden; Schlangen werden sie aufheben; und wenn sie etwas Tödliches getrunken haben, wird es ihnen nicht schaden; Kranken werden sie die Hände auflegen, und diese werden genesen« (Markus 16,17–18). Ob diese Worte Jesu nun »echt« sind oder nicht, sie treffen genau die Erwartung, die das Volk an Heilige hatte und vielfach noch hat. Diese magische Schicht der religiösen Haltung sagt noch nichts über den philosophischen und geistlichen Gehalt aus. So liegen zwischen Christus und dem genannten Mode-Guru geistig gesehen Welten, obwohl das »Wundertun« sich verblüffend ähnelt.

Natürlich wurde seitens der Hochreligionen unterschieden zwischen legitimen Wundertaten im Namen des Hochgottes und unerlaubter Zauberei. Die allgemein verbreitete Vorstellung, daß hauptsächlich Frauen Trägerinnen der Zauberei seien, ist wohl auch auf diese Unterscheidung zurückzuführen. In allen patriarchalen Kulturen kamen nur Männer als Benutzer des legitimen Gottesnamens in Frage. Solcherlei »Wundertaten«, die sich sachlich nicht von der Zauberei unterschieden, waren den Heiligen und Lehrern durchaus gestattet. Tat eine Frau das gleiche, so war sie *per definitionem* eine verbrecherische Zauberin oder Hexe. Der »magische Unterschied« zwischen den Geschlechtern stellt sich als ein Unterschied der ideologischen Bewertung, nicht aber der Sachverhalte dar. Denn die gleichen Frauen waren beim Volk als Weise und Heilerinnen hoch geachtet.

Was den Volksglauben besonders für die christliche Kirche so verdächtig gemacht hat, ist die Tatsache, daß mit dem magischen Wissen auch Vorstellungen älterer Religionen tradiert wurden. Neben magischen Techniken, Zaubersprüchen und Wahrsagemethoden lebten in dieser Überlieferungsschicht Märchen, Legenden und

Volksbräuche, die noch aus »heidnischen« Zeiten stammten. Die Philosophie eines Volkes ließ sich durch das Unterdrücken oder Töten der Gebildeten leicht beseitigen (wie es mit den keltischen Druiden geschah). Dasjenige Kulturgut aber, das fest mit dem Leben der Bevölkerung verbunden war, überdauerte oft Jahrhunderte einer überlagerten »Hochreligion«. Es blieb gebunden an den Jahresrhythmus und die Lebensphasen derjenigen Menschen, die von der Bildung und ihren Moden fast völlig ausgeschlossen waren. Bis zum Anfang dieses Jahrhunderts haben in ländlichen Gebieten Europas Todes-, Geburts- und Hochzeitsbräuche überlebt, die noch aus vorchristlichen Zeiten stammten. Nicht der neue Glaube hat sie inzwischen ausgerottet, sondern die neue Lebensweise in Städten, die anonym verwaltet und an leblose Technik gebunden ist.

Obwohl mit anderen Inhalten gefüllt, hatte sich auch der christliche Festkalender an den alten Jahresfesten orientieren müssen. Die Wintersonnenwende, die Geburt des Sonnengottes, wird Weihnachten gefeiert. Das keltische Imbolc ist der Tag der Kerzenweihe als Mariä Lichtmeß. Der Frühlingsanfang, die Auferstehung des Vegetationsgottes, wird im Christentum nach dem Mondkalender zu Ostern begangen. Die Sommersonnenwende überlebte als Johanni. Zum Herbstanfang finden das Michaelifest und das Erntedankfest statt. Samhain am 1. November hat als Allerheiligen und Allerseelen (2. November) noch denselben Bedeutungsinhalt wie eh und je.

Der keltische Sommer begann mit dem Beltaine-Tag, unserem Maifeiertag, dem die Walpurgisnacht vorausging. Am 1. August wurde die Ernte gefeiert und die größte Macht des Lichts, Lughnasad oder Lammas, das Fest des Lichtgottes Lugh. Der Winter begann mit Samhain oder Hallow E'en am 1. November. Imbolc oder Candlemass am 2. Februar war das Fest der größten Kälte und der wiedererstarkenden Sonne zugleich. Das keltische Jahr war so in zwei Hälften geteilt durch Samhain und Beltaine. Das Jahr begann mit dem Winter, der dunklen Jahreszeit, wie der Tag mit der Nacht begann.[42]

Die Trennungslinien in Zeit und Raum, also die Tages- und Jahreszeitenwechsel, sowie Waldränder, Hecken, Zäune und so weiter sind Einbruchstellen für die andere Wirklichkeit. Die Welt der Toten, Geister, Elfen und Götter ist dann und dort besonders nahe. Insbesondere gilt dies für den Sommer- und Winterbeginn, Walpurgis und Allerheiligen, in geringerem Maße auch für alle anderen Feste.

Aus diesem Grund sind auch Mitternacht und Mittag als Stunden der Geister verrufen gewesen, und der Tau der Morgendämmerung hatte besondere Heilkraft. Man mußte also an solchen besonderen Tagen spezielle Schutzmaßnahmen gegen böse Geister und Hexen treffen und konnte außerdem den Einbruch des Andersweltlichen, die Aufhebung der Grenzen zu Wahrsagezwecken nutzen. Von all diesen unheimlichen Stunden ist uns allein die Geisterstunde zur Mitternacht geblieben, und wir machen zum Jahreswechsel einen millionenteuren Schutz- und Freudenzauber.

Dem Volksglauben war und ist die Welt beseelt. Bedrohliche und hilfreiche Geister stecken in jedem überraschenden Windstoß, umlagern Tote, Kranke und Gebärende; geheimnisvolle Kräfte sind in bestimmten Pflanzen, Tieren und Steinen verborgen; für jede Unternehmung gibt es günstige und ungünstige Zeitpunkte. Wohl dem, der um all diese Geheimnisse weiß oder gar das »zweite Gesicht« hat.

In dieser Haltung liegen offenbar natürliche Religiosität des Menschen, eine intuitive Einsicht in das Wesen der Dinge und grober Aberglaube bedenklich nahe beieinander. Wie leicht solche »Gläubigkeit« verführbar und von »esoterischen« Scharlatanen zu mißbrauchen ist, liegt auf der Hand. Ein Blick in den Anzeigenteil einschlägiger Magazine sagt das übrige. Und früher war es in dieser Hinsicht gewiß nicht besser als heute.

Man darf aber nicht vergessen, daß die natürliche, intuitive Religiosität besonders in solchen Zeiten zur Leichtgläubigkeit verkommt, in denen die Menschen entwurzelt sind. Dann fehlt der Maßstab, und die Quacksalber und Betrüger halten Ernte.

Diesen Maßstab gaben auch nach dem Dahingehen der heidnischen Priesterschaft in Europa noch lange die Weisen Frauen und Männer der Dorfgemeinschaften. Sie waren während der Jahrhunderte, in denen die Armen (das heißt fast alle) sich weder Arzt noch Priester leisten konnten, Träger des Heil- und Zauberwissens und wußten um den tieferen Sinn der Bräuche und Sagen. Oft werden sie als Nachfahren der Schamanen gesehen, die man von vielen Naturvölkern her kennt.

Inwiefern stellt nun der skizzierte Volksglaube eine Quelle der Esoterik dar? Zunächst scheint doch ein Abgrund zu klaffen zwischen den komplexen Spekulationen der Antike und dem oft vereinfachenden Volksglauben.

Zum einen wurden Themen des Volksglaubens oft zum Gegenstand esoterischer Theorien und Forschungen gemacht. Schließlich haben beide es mit den »Dingen zwischen Himmel und Erde« zu tun. Und eine Esoterik, die nicht von Lehrstuhlinhabern abgehandelt wurde wie allzulange die Philosophie, konnte nicht an den Problemen und Sorgen der Bevölkerung vorbeilaufen. Paracelsus zum Beispiel hat nicht nur die mitteleuropäische Esoterik stark geprägt, sondern gilt auch als einer der Begründer der modernen Medizin. Er sagte, sein Wissen habe er von den Weisen Frauen aus dem Volk. Sein Maßstab waren Beobachtung der Kranken und die nachweisbare Wirkung der Heilmittel, wogegen die damalige Ärzteschaft hauptsächlich dogmatisch anhand antiker Lehrbücher arbeitete. Ein anderes bekanntes Beispiel ist die Sage um Doktor Faustus, die als Motiv der Volkslegende in der Literatur mehrfach aufgenommen wurde und schließlich in Goethes esoterischem Drama zu weltweiter Berühmtheit gelangte. Goethe verarbeitete darin noch andere heidnische Elemente, wie etwa die Walpurgisnacht.

Zweitens hat die Volksmagie auf unbekannte Weise das Tarotspiel hervorgebracht oder wenigstens überliefert. Es tauchte im 14. Jahrhundert in Südeuropa unter Zigeunern auf, nahm Einfluß auf die Kunst der Renaissance und ist seit dem vorigen Jahrhundert aus der Esoterik nicht wegzudenken.

Drittens hat sich aus Elementen der Volksmagie und heidnischen Bräuchen der Wicca-Kult gebildet, der der hermetischen Tradition in vielen Punkten nahesteht und – zusammen mit dem Neo-Schamanismus – innerhalb der letzten zwanzig Jahre einige Bedeutung erlangte.[43]

Viertens stammt aus dem heidnischen Volksglauben die Anschauung einer personalen Beseeltheit der Natur durch Naturgeister: Undinen, Sylphen, Nixen, Gnome und so weiter, die dem antiken Menschen noch selbstverständlich war. Besonders Paracelsus setzte sich später damit auseinander, wir finden sie bei Shakespeare und in der romantischen Literatur und Musik. Auf diesem Wege spielt die Vorstellung von Naturgeistern bis hinein in die moderne Esoterik (Anthroposophie, Findhorn, Neuheidentum) eine wichtige Nebenrolle.

e) Alchemie und Hermetik

Neben den volksmagischen Vorstellungen darf wohl die Alchemie das höchste Alter unter den antiken Traditionen beanspruchen. Eliade[44] führt sie auf die ältesten menschlichen Bemühungen um eine Beherrschung der Materie zurück. Als der Mensch lernte, die Metalle zu bearbeiten, sah er dies als einen Eingriff in den Ablauf der Natur an, das Berühren eines Mysteriums. Schmiede galten von Anbeginn als Magier, deren Arbeit von Tabus umgeben war und oft auch im Zwielicht stand, weil sie mit dem Inneren der Materie und dem geheimnisvoll verwandelnden Feuer in Beziehung stand. Prometheus, der den Menschen das Feuer brachte, wurde von den Göttern grausam bestraft. Bei den Germanen waren die Zwerge (Schwarzalben) im Besitz der Schmiedekunst. Sie waren zwar reich und geschickt, aber unberechenbar und heimtückisch. Noch heute assoziieren wir den Teufel mit Feuer und Schwefelgestank. Schwefel aber war den Alchemisten eines ihrer drei Grundelemente (Quecksilber, Schwefel, Salz).

»Wir glauben, daß die Vorstellungen, welche die Erdmutter und die Erze und Metalle betreffen, vor allem aber die *Erfahrung* des archaischen Menschen, der mit den Arbeiten im Bergwerk, am Schmelzofen und in der Schmiede beschäftigt war, als eine der Hauptquellen der Alchemie zu betrachten sind ... Sie waren aber auch zugleich Mysterien, denn sie umfaßten einerseits die Heiligkeit des Kosmos und wurden andererseits durch Initiationen als ›Berufsgeheimnisse‹ weitergegeben.«[45]

Die archaische Weltvorstellung, die in der Alchemie fortlebte, ging von einer belebten Materie aus, die im Schoße der Erdmutter reifte und wuchs. Durch geeignete, von Ritualen begleitete Handlungen konnte diese Reifung der Materie beschleunigt werden. Metalle ließen sich wandeln und färben (Legierungen). Dem Alchemisten ging es darum, die Materie auf die höchste Seinsebene zu heben, die durch das Metall »Gold« symbolisiert wurde. Dieser Prozeß verlief Hand in Hand mit der seelischen Reifung des Alchemisten, der dadurch Unsterblichkeit erlangte. Die alchemistische Laborarbeit war Gebet, Meditation und Experiment in einem.

Mit der Entheiligung der Materie, die durch das Christentum vorbereitet und von der naturwissenschaftlichen Ideologie bis zur letzten Konsequenz durchgeführt wurde, verlor die Alchemie ihre Wirksamkeit als geistiger Reifungsweg. Die Chemie übernahm ihre

Methoden und führte sie völlig anderen Zwecken zu. Ihre Symbole wurden zum Teil vergeistigt und gingen zum Teil verloren. Erst C. G. Jung[46] hat in diesem Jahrhundert wieder darauf aufmerksam gemacht, daß Alchemie mehr war als eine primitive Chemie unter irrigen Voraussetzungen. In ausführlichen Studien weist er den Initiationsweg (er nennt es Individuation) des Alchemisten im Kontakt mit seiner »Materie« nach. Diese alchemistische Sicht der Materie ist für den modernen Menschen kaum noch nachvollziehbar. Fällt es doch den meisten schon schwer genug, sich das Göttliche im Vollzug der Kommunion zu vergegenwärtigen.

»Man braucht sich nur eine Kommunion vorzustellen, die nicht mehr auf die Gestalten Brot und Wein beschränkt bliebe, sondern auf die Berührung mit jeder ›Substanz‹ ausgedehnt wäre, um den Abstand zu ermessen, der zwischen einer solchen archaischen religiösen Erfahrung und der modernen Erfahrung der ›Naturphänomene‹ besteht.«[47]

Da wir aber nicht einfach aus dieser heutigen Erfahrungsweise der Natur heraustreten können und die Alchemie ein Weg innig verbundener innerer und äußerer Erfahrung ist, läßt sie sich heute nicht mehr verlebendigen. Die mir bekannten modernen Ansätze[48] zur Alchemie sind entweder eine Art »Parachemie« oder an Jungs Deutung angelehnte imaginative Methoden, die das Wort Alchemie nur als Etikett benutzen.

Da das vorliegende Buch hauptsächlich ein Verständnis heutiger Formen der Esoterik vermitteln will, wird auf eine eingehende Besprechung der alchemistischen Methoden und Vorstellungen verzichtet, weil die Einzelheiten heute kaum mehr eine Rolle spielen. Die alchemistische Suche jedoch, ihre Leitbilder und manche Symbole ihres Weges haben eine über die Alchemie hinausreichende Wirkung gehabt. Besonders in der Hermetik der Renaissance waren alchemistische Ideen zentral.

Die Alchemie wird oft als betrügerische »Goldmacherei« dargestellt. Doch schon seit dem 14. Jahrhundert v. Chr. ist die Goldprobe bekannt. Man hielt zwar eine Verwandlung der Metalle ineinander für möglich, da die Materie als Einheit gesehen wurde – ein Gedanke, der sich heute sehr modern anhört. Aber schon aus antiken Texten geht eindeutig hervor, daß dem Alchemisten ein anderes, ein religiöses Ziel vorschwebte. Das gilt für die abendländische wie für die indische und chinesische Alchemie (siehe Jung und Eliade). Überhaupt war das Interesse des Alchemisten an der Chemie in unserem Sinne sehr gering. So gesehen ist es aus alchemistischer Sicht richtig, die Chemie nicht als Nachfolgerin, sondern als Verfallserscheinung anzusehen. Dem Alchemisten ging es so wenig um Chemie wie dem Freimaurer ums Häuserbauen.

In der Antike nahm die Alchemie in Alexandrien im zweiten Jahrhundert v. Chr. bis zum zweiten Jahrhundert n. Chr. die Formen an, die bis in die Neuzeit tradiert wurden. In den Mysterien jener Epoche erlebten die Mysten das Sterben und Auferstehen des Gottes (Dionysos, Iakchos, Jesus) im mythischen Drama. Der Alchemist erlebte den Abstieg und Aufstieg seiner Seele im Bilde der Materie, die in seinem Labor die Phasen der Auflösung, Läuterung, Reifung und Vollendung durchmachte. Die damit verbundenen Bilder[49] erinnern stark an schamanistische Einweihungsriten, in denen der Initiand visionär seine Zerstückelung, seinen Tod und seine Auferstehung erlebte.

Es ist wichtig, sich dabei deutlich zu machen, daß der Alchemist die Vorgänge nicht in einem symbolischen »Als-ob« erlebte. Der materielle Vorgang war für ihn durchaus wirklich und auf eine Weise mit seinem Seelenleben verbunden, die wir uns nicht mehr vorstellen können. Und obendrein war ihm die Paradoxie dieses Verhältnisses noch bewußt, wenn etwa über den Stein der Weisen, das Elixier oder das philosophische Gold immer wieder geschrieben wird, es sei nicht das gewöhnliche Gold und sei überall auf der Straße zu finden, nur erkenne es niemand. Andererseits werden erhebliche Vorkehrungen getroffen, damit niemand das »Geheimnis« erfährt, wie das Gold herzustellen ist. Außerdem werden nicht nur geistige Inhalte chemisch, sondern auch chemische Stoffe und Vorgänge mythisch bezeichnet und beschrieben. Die »Chymische Hochzeit Christiani Rosenkreutz« von 1604 etwa ist eine Allegorie in mythischen Bildern, die bestimmten alchemistischen Prozessen entsprechen. Auf den unzähligen alchemistischen Bildern werden die Stoffe als Personen oder Tiere (Merkur, König, Wolf, Rabe, Drache, Weiser, Sonnengott etc.) dargestellt. C. G. Jung weist auch darauf hin, daß die alchemistische Arbeit oft von Visionen und visionären Träumen begleitet war, denen die Alchemisten auch großen Wert beimaßen.

Auf diese Weise hing die Alchemie schon in der Antike eng mit den neuplatonisch-gnostischen Gedanken über den Auf- und Abstieg der Seele zusammen und bildete mit diesen zusammen die Basis der Hermetik. Die hermetisch-alchemistischen Schriften, die der Tradition ihren Namen gaben, sind in den ersten Jahrhunderten n. Chr. in Alexandrien von neuplatonischen Gnostikern verfaßt worden. Das *Corpus hermeticum* trägt den Namen des Gottes Hermes, des griechischen Götterboten und Herrn der Wissenschaft und Magie, der dem ägyptischen Tahuti oder Thoth glich, dem ibisköpfigen Gott der Schrift und Magie. Die hermetischen Bücher, derer es nach antiken Auskünften viel mehr gegeben haben soll, sind Dialoge, in denen Hermes, verkörpert als der legendäre Weise Hermes Trismegistos, spricht:

»Einstmals, da ich die wesentlichen Dinge betrachtete und mein Gemüt sich erhob, da verschlummerten die Sinne meines Leibes ganz und gar, gleich wie einer, der von Speise überladen oder von Arbeit müde vom Schlafe überfallen wird. Und es kam mir vor, als ob ich jemanden sah, der sehr groß und von einer unendlichen Länge war . . . Ich fragte: Wer bist du? Er sprach: Ich bin Poimandres, das Gemüt des von sich selbst bestehenden Wesens. Ich weiß, was du begehrest, und ich bin überall mit dir. Ich sprach: Ich begehre die wesentlichen Dinge zu lernen, derselben Natur zu verstehen und zu erkennen. Er: Wie? Ich sprach: Ich will's hören. Darauf sprach er: Halte mich wiederum in deinem Gemüte, so will ich dich lehren dasjenige, das du untersuchen willst. Nachdem er solches gesagt hatte, verwandelte er seine Gestalt, und von Stund an wurde mir alles in einem Augenblick eröffnet, und ich sah ein unendliches Gesicht. Es wurde alles zu einem Licht, welches sehr lieblich und erfreuend war. Und ich erfreute mich an dem Anblick.«[50]

In den Texten werden neuplatonische und gnostische Gedanken über den Ursprung des Kosmos und den Weg der Seele sowie das rechte Verhalten des Menschen entwickelt. Sehr deutlich werden die Darstellungen als Inhalt von geistigen Erfahrungen gekennzeichnet und somit von bloß theoretischer Spekulation abgehoben. Auf dieses Schrifttum bezogen sich jahrhundertelang Esoteriker und Alchemisten.

Eine breitere Öffentlichkeit konnte die Alchemie nur in Form von Deutungen ihrer Symbole erreichen. Die eigentliche alchemistische Arbeit betraf nur den einzelnen und erforderte derartigen Einsatz an Zeit, Kraft und Geld, daß nur wenige in der Lage waren, den Weg zu gehen. Außerdem war es eine Voraussetzung des Weges, daß der Schüler durch einen Meister der Kunst eingeweiht wurde. Allein die

Verschlüsselung der Schriften machte dem Autodidakten einen sinnvollen Einstieg so gut wie unmöglich. So bildete die Alchemie während der Jahrhunderte ihres Daseins im Abendland einen speziellen praktischen Einweihungsweg auf dem Boden der hermetischen Philosophie.

Natürlich führten die vielfältigen Rezepte zur Goldherstellung und zur Bereitung des Lebenselixiers dazu, daß zahllose Abenteurer sich darum bemühten und Gewinn daraus schlagen wollten. Daß ihr chemischer Erfolg gering war, ist klar. Oft hatten sie aber einen beachtlichen Erfolg bei Fürsten[51], die sich die Wunder für viel Geld aufschwatzen ließen. Hier gelten die schon in bezug auf die Volksmagie angestellten Überlegungen.

2. Zwischen Renaissance und Romantik

Von der Antike bis ins Mittelalter verliefen die bisher aufgezeichneten Traditionslinien noch weitgehend getrennt: Der Neuplatonismus wurde von einzelnen Philosophen (Dionysios Areopagita, Scotus Eriugena) weiterbearbeitet. Über das Erbe der Mysterien ist fast nichts bekannt. Zum Teil zogen sie sich in christliche Formen zurück (Anastenaria in Nordgriechenland), zum Teil kehrten ihre Ideen viel später in anderen Bünden (Templer, Freimaurer) wieder auf. Die Gnosis lebte in Form des Manichäismus an den Grenzen des persischen Reiches fort. Von dort gingen gnostische Impulse auf das Balkangebiet und auf Südfrankreich über und riefen verschiedene christlich-häretische Gruppen hervor, deren wichtigste die Katharer im 13. Jahrhundert waren. Ob im frühen Mittelalter in Westfrankreich und Britannien ein esoterisch-gnostisches Christentum um die Gralslegende entstand, kann dagegen nur vermutet werden. Die Kabbala blieb bis ins 15. Jahrhundert auf die jüdische Tradition beschränkt. Die Volksmagie stellt ohnehin einen historisch wenig veränderlichen, stetigen kulturellen Hintergrund dar. Die Alchemie blieb Interessengebiet einiger weniger.

In Europa folgte auf die Antike die Zeit, die die Engländer als »Dunkles Zeitalter« bezeichnen. Nicht nur in der Esoterik, auch sonst in Philosophie und Theologie tat sich nicht viel. Das Römische Reich zerfiel, und die politische Herrschaft ging an wechselnde germanische Fürstenhäuser über. Die Kirche hatte mit der Mission in Nordeuropa zu tun und danach mit der Abgrenzung gegen den aufstrebenden Islam.

Zu wirklicher Blüte kam die europäische Kultur erst wieder im elften und zwölften Jahrhundert mit der Scholastik und Mystik. Aristoteles gelangte durch arabische Vermittlung wieder in die westeuropäische Kultur und galt vom elften Jahrhundert an als »heidnischer Meister« als philosophische Autorität. Nicht nur klassische Gelehrsamkeit, auch die okkulten Künste lebten durch den arabischen Einfluß wieder auf. Wenn auch die genauen Übermittlungswege unklar sind, so steht doch der arabische Einfluß fest, da das

Wort *Alchemie* wie auch Begriffe aus dieser Kunst (Alkohol, Alkahest u. a.) eindeutig arabischer Abstammung sind. Insgesamt aber war das Mittelalter vom Christentum geprägt, das seine Einflußsphäre über ganz Europa ausdehnte und festigte. In ihm fanden alle großen Geister jener Zeit den Angelpunkt ihres Denkens. Auch Mystiker wie Hildegard von Bingen, Meister Eckhart, Johannes Tauler und Heinrich Seuse blieben dem katholisch-christlichen Gedankengut treu, wenn es auch die unvermeidlichen Reibereien zwischen den dogmatischen Scholastikern und den Erfahrungen der Mystiker gab.

a) Rosenkreuzer und Alchemisten – die klassische Hermetik

Erst mit der Renaissance öffnete sich der europäische Horizont wieder stärker für das griechische Erbe in seinen mythologischen und esoterischen Aspekten. Was in der damaligen Zeit in Kontrast zum etablierten Weltbild stand, sind vielfach nicht diejenigen Aspekte, die uns heutigen Menschen als esoterisch, okkult oder wunderlich vorkommen. Vielmehr war gerade das Moderne an der Renaissance der Kirche ein Dorn im Auge. Viele große Geister begannen selbständig und frei von kirchlicher Autorität nach der Wahrheit zu suchen, wobei sie sich nicht auf die Bibel beschränkten. Erst die Befreiung von den Fesseln der biblischen Autorität machte die moderne Naturwissenschaft möglich. Dieses geistige Ringen ist vielfach untersucht und beschrieben worden. Wenig bekannt – aber für ein Verständnis der modernen Zeit wesentlich – ist die Tatsache, daß ein großer Teil der Philosophen, Künstler und Wissenschaftler der Renaissance und der darauffolgenden Zeit Hermetiker waren (Mirandola, Paracelsus, Bruno, Dee, Newton, um nur einige zu nennen).

Die großen Ideen, die sich in der Antike gebildet hatten, wurden in der Zeit zwischen dem 15. und dem 18. Jahrhundert zu den Formen gewandelt, in denen sie uns heute noch vertraut vorkommen. Der Schwerpunkt des geistigen Interesses verlagerte sich vor allem von der Spekulation und Ausdeutung der Klassiker zur Erfahrungswissenschaft im modernen Sinne. Persönlich gemachte Erfahrungen spielen von dieser Zeit an auch in der Esoterik eine stetig wachsende Rolle. Das läßt sich allein schon an der hohen Zahl gedruckter Alchemiebücher ermessen, die um 1600 bei 150 Ausgaben jährlich lag (etwa 75 000 bis 120 000 Exemplare), was für die damalige Zeit erstaunlich viel war.[52]

Die Schlüsselgestalt im Übergang zur Erfahrungswissenschaft war Paracelsus (1493–1541). Bei ihm waren die Wissensbereiche, die wir heute als naturwissenschaftlich bezeichnen (besonders die Medizin), und die Esoterik noch nicht getrennt. Sein Interesse galt gleichermaßen den seelischen wie den physischen Erscheinungen der Welt und des Menschen. Er wird heute hauptsächlich als Begründer der modernen Medizin angesehen, hat aber in der hermetischen Tradition ebenfalls eine herausragende Rolle gespielt. Erst später begann sich die naturwissenschaftliche Erkenntnisweise zur allgemeingültigen zu erheben und ließ – dogmatisch wie zuvor die Kirche – persönliche geistige Erfahrungen nicht gelten.

In der Renaissance gehörten Hermetik und Esoterik zum Bestand der Hauptkultur des Abendlandes, und das hermetische und kirchliche Weltbild unterschieden sich – mit unseren Augen betrachtet – gar nicht so erheblich. Anders gesehen wurde vor allem die Rolle, die der Mensch darin spielte. In kirchlicher Sicht war der Mensch als Geschöpf existentiell vom Schöpfergott geschieden. So hatte Meister Eckhart Anfang des 14. Jahrhunderts schon Schwierigkeiten mit seiner Lehre vom göttlichen Grund der Seele. Schöpfer und Schöpfung sollten grundsätzlich unterschieden sein – Pantheismus galt (und gilt noch) als Häresie. Eine Annäherung des Menschen an Gott war nur durch göttliche Offenbarung und Gnade möglich. Im hermetischen Weltbild hingegen war die Welt eine Einheit, die von Gott ausgegangen war und von ihm mitumfaßt wurde. Das zeigen sehr deutlich auch die visionären Bilder der Hildegard von Bingen, die schon im zwölften Jahrhundert als christliche Esoterikerin ein solches Gottesbild vertrat. Mensch und Natur waren im tiefsten Grunde göttlich. Nur auf diesem Hintergrund ist das Bemühen der Alchemisten sinnvoll, auch die Materie zu erlösen. Eine Möglichkeit, diesen Widerspruch zu überwinden, bot das kabbalistische Denken, das seit dem 15. Jahrhundert auch christlichen Hermetikern bekannt war.

Nicht nur der Aufschwung der Seele in die Sphären des Geistes war der Kirche suspekt, sondern überhaupt jede selbständige Erkenntnis nach dem »Lichte der Natur«. Nur im »Licht der Offenbarung« sollte Wissen erlangt werden. Im Lichte der Natur aber stand die *Magia naturalis*, die dem Philosophen Pico della Mirandola noch identisch mit der Naturwissenschaft war und von der die frühen Naturwissenschaften ebenso ausgingen wie die klassische Hermetik.

Die Traktate der Renaissance über Engel- und Dämonenhierarchien lassen dem modernen Leser schnell deutlich werden, daß trotz aller modernen Ansätze der Weg zur Erfahrungswissenschaft noch weit war. Neuplatonisch-hermetische Lehren wurden über Dionysios Areopagita, Jamblichus, Ficinus, Mirandola bis zu Agrippa, Paracelsus, John Dee und Giordano Bruno weitergegeben. Erst Jakob Böhme, der in paracelsischer Tradition stand, und Emanuel Swedenborg durchdrangen die traditionellen Bilder der geistigen Sphären in ihren Visionen und schufen sie zu persönlichen, originellen Systemen um (die dann ihren jeweiligen Schülern wieder zu Dogmen wurden).

Die traditionelle hermetische Lehre von der Entsprechung des Mikro- und Makrokosmos wurde in der Deutung des Theophrastus Bombastus von Hohenheim (1493–1541), genannt Paracelsus, zu einem fast psychologisch zu nennenden Ansatz. Er sprach etwa von den Gestirnen *im* Menschen, die wichtiger für das Leben seien als die astrologischen Außeneinflüsse. Krankheiten führte er zum Teil auf die Imagination, die Vorstellungskraft, zurück, ein Gedanke, der in der modernen Psychosomatik wieder auflebt. Paracelsus setzte auch den Gebrauch der Landessprache statt Latein in der medizinischen Lehre durch.

Die Interessenverbindung von Naturwissenschaft, Theologie, Mystik und Okkultismus, die sich bei Paracelsus auffällig findet, ist typisch für die gesamte hermetische Tradition von der Renaissance bis zur Romantik und zum größten Teil bis in die heutige Zeit (Steiners Anthroposophie).

Es ist hier nicht möglich, die vielfältige und verflochtene Geschichte der Esoterik vom 15. bis zum 18. Jahrhundert nachzuzeichnen. Ein Abriß der Geschichte soll wenigstens über den wichtigsten Verlauf einen Überblick geben.

Zu Beginn der italienischen Renaissance sammelte sich um Marsilio Ficino (1433–1499) und Giovanni Pico della Mirandola (1463–1494) das neuplatonische Gedankengut. Man versuchte sogar eine Neugründung der platonischen Akademie. In diesem Kreis wurde die Hermetik bereits mit kabbalistischen Vorstellungen verknüpft. Ihre Schriften fanden in der gesamten Renaissance weite Verbreitung. Bei der Vermittlung dieser Ideen in die deutsche Hermetik hinein ist der Abt des Klosters Sponheim, Johannes Trithemius (–1516) wichtig gewesen. Er galt in ganz Europa als großer Gelehrter und Wundertäter. Als seine Schüler bezeichneten sich zwei ebenfalls berühmte Männer: Cornelius Agrippa von Nettesheim (1487–1535) und Paracelsus. Agrippa schrieb mit der »Occulta Philosophia« eine Zusammenfassung des okkulten Wissens seiner Zeit, wobei er die magischen Aspekte sehr betonte und die philosophisch-mystischen in den Hintergrund stellte. Wie auch Paracelsus führte Agrippa ein unruhiges Wanderleben quer durch Europa. Beider Leben war von sehr wechselnden Geschicken heimgesucht; und sie gerieten in den Wirren der Reformation oft zwischen die Fronten, da sie zwar kirchenkritisch waren, aber nicht evangelisch wurden. Beide verbanden klare Einsicht in die derzeit geläufigen esoterischen Systeme (Kabbala, Alchemie, Astrologie) mit sehr modern erscheinender Skepsis und Distanz. So hält etwa Agrippa[53] einen »schönen Beruf für wichtiger als das Horoskop« und meint, man könne den Genius (das charakterliche Wesen) eines Menschen besser aus dessen Kindheit als aus den Sternen erforschen. Andererseits wandte er ganz selbstverständlich astrologische Regeln an. Bei ihm findet sich auch der Ratschlag, sich die Regeln der Traumdeutung aus der Beobachtung der eigenen Träume selbst zu erarbeiten – ein für die damalige Zeit ungewöhnlicher Gedanke. Da bei ihm aber das Magische vorherrschte, blieb sein Einfluß auf die engeren Kreise der magisch Interessierten beschränkt.

Ganz anders die literarische Wirkung des Paracelsus[54], der oft als Urbild der Faust-Gestalt angesehen wird. Von seinen medizinischen Leistungen abgesehen, war er sowohl für den bedeutenden mystischen Philosophen Jakob Böhme, für die Rosenkreuzer im 17. Jahrhundert sowie für die britischen Hermetiker denkerisches Vorbild. Damit ist er wohl die herausragende Gestalt der hermetischen Geschichte seit der Antike. Wie Goldammer nachweist, beeinflußten seine Schriften zum Teil direkt, zum Teil indirekt über Böhme die Literatur, Kunst und Philosophie der Romantik erheblich. Direkt von Paracelsus stammt zum Beispiel das Motiv der Undine sowie anderer Naturgeister, das seit 1800 in der Dichtung vielfach verwendet wird. Über die englischen Hermetiker wie John Dee (1527–1608), Hariot und Lyly gelangten seine Ideen bis zu Shakespeare[55], der sie in einigen seiner Dramen verarbeitete.

Doch mehr als sich an der Rezeption einzelner Motive zeigen läßt, wirkten Persönlichkeit und Geisteshaltung Paracelsus' über Jahrhunderte weiter, »gleichsam unter der Haut der Zeit«, wie Stefan Zweig formulierte. Seine Hinwendung zum konkreten Naturphänomen einerseits und zum Leben des einfachen Volkes andererseits wie auch seine Weltbürgerschaft und sein Widerwille gegen intellektuellen Dünkel sind charakteristisch für die Romantik und ihre Nachfolger bis zu Hesse und der modernen spirituellen Alternativkultur seit der Hippie-Ära. Nicht zu vergessen ist auch die Weiterführung seiner Ansätze in Mesmerismus, Homöopathie und anthroposophischer Heilkunde.

Daß Paracelsus aber neben seinen vielen wissenschaftlichen Arbeiten auch Mystiker und Esoteriker war, zeigen Textstellen wie die folgende:[56]

»Denn der Mensch hat in sich auch die Astra und das Gestirn so gut wie das obere Firmament. Diese Astra und das Gestirn liegen nun verborgen in dem ›Mens‹, das ist in des Menschen Gemüt. Denn es ist ein so großes Ding um des Menschen Gemüt, daß es niemandem möglich ist, es auszusprechen. Und wie Gott selbst die erste Materie und der Himmel, wie diese drei ewig und unvergänglich sind, so ist auch das Gemüt des Menschen. Darum wird der Mensch selig durch und mit seinem Gemüt, das heißt, er lebt ewig und stirbt nimmer, ebensowenig wie Enoch und Elias, die auch ihr Gemüt recht erkannt haben. Und wenn wir Menschen unser Gemüt recht erkennen, so wäre uns nichts unmöglich auf dieser Erde ... Denn ein Mensch, der in solch tiefen Gedanken ist, und so in seinem Gemüt ertrunken ist, der ist so, als hätte er seine fünf Sinne verloren und wird von der Welt für den größten Stocknarren gehalten, ist aber bei Gott der allerweiseste Mensch, den er seine Geheimnisse wissen und in das Verborgene hineinsehen läßt, mehr als alle Weltweisen.

Darum sollt ihr auch wissen, daß die perfekte Imagination, die von den Astra kommt, in dem Gemüte entspringt, in dem alle Gestirne verborgen liegen. Und das Gemüt, der Glaube und die Vorstellung sind für drei Dinge zu halten, denn die Namen sind verschieden, sie haben aber die gleiche Kraft und Stärke, es kommt eines aus dem anderen; und das kann mit nichts anderem verglichen werden, als mit dem dreieinigen Gott. Denn durch das Gemüt kommen wir zu Gott, durch den Glauben zu Christus, durch die Imagination empfangen wir den heiligen Geist. Darum ist auch diesen dreien wie der Dreieinigkeit Gottes nichts unmöglich.«

Der zweite entscheidende Impuls für die neuere Esoterik ging von einem Tübinger Freundeskreis um den jungen evangelischen Theologen Johann Valentin Andreä (1586–1654) aus. Sie gaben 1614/15 im Namen einer fiktiven »Bruderschaft des hochlöblichen Ordens des R. C.« (Rosenkreuz) zwei Texte heraus: Die »Fama Fraternitatis« und die »Confessio Fraternitatis«. Mit diesen Rosenkreuzer-

Schriften kam ein neuer Faktor in die hermetischen Schriften: das Sozialreformerische. Es verbindet sich bei ihnen mit einer christlichen Endzeiterwartung, bezieht sich aber schon eindeutig auf die politischen, religiösen und kulturellen Bedingungen ihrer Zeit, die »Generalreformation der ganzen Welt«.

»Im selben Jahre 1614, da die Holländer die heutige Welthauptstadt New York gründeten, begann durch ein kleines, unscheinbares Büchlein, die erste der Rosenkreuzer-Schriften, in Europa eine geistige Revolution«, schreibt Alfons Rosenberg[57]. In die politischen, sozialen und religiösen Wirren zwischen Reformation und Dreißigjährigem Krieg schlugen diese Schriften wie eine Bombe ein. Hunderte von Büchern, Aufsätzen und Pamphleten für und gegen die Rosenkreuzer-Idee wurden gedruckt. Begeistertes Lob und Schmähschriften wechselten sich ab, doch wenige ließ die Vorstellung kalt, den großen Wurf zu wagen, Naturwissenschaft und Christentum zu einer Synthese zusammenzuschauen und damit Europa einer besseren und geordneteren Zeit zuzuführen, »denn gleich wie unsere Tür sich nach so vielen Jahren in wunderbarer Weise eröffnet, also soll auch für Europa eine Tür aufgehen . . .« (heißt es in der Fama).

Die »Fama« erzählt, wie Christian Rosenkreuz, der legendäre Begründer der fiktiven Bruderschaft, im Bemühen um die Generalreformation in der Welt herumreiste und schließlich einen Orden gründete. In Form dieser Erzählung wird eine bestimmte Weltanschauung vorgestellt, die auch ohne den direkten Bezug auf Paracelsus leicht als die hermetische zu erkennen wäre.

> »Hieraus ergab sich ihm [Chr. Rosenkreuz] eine schöne Einheit, so wie in jedem Kern ein ganzer Rahmen oder Frucht enthalten ist, die ganze große Welt in einem kleinen Menschen enthalten ist. Religion, Regierung, Gesundheit, Glieder, Natur, Sprache, Worte und Werke alle harmonieren in gleichem Ton und Melodie mit Gott, Himmel und Erden zusammen.«

Diese Einheit wird auch durch die Symbolik der Grabkammer des Christian Rosenkreuz ausgedrückt, deren Entdeckung und Öffnung ausführlich berichtet wird. In der ein Jahr später erschienenen »Confessio« wird das Programm in weniger bildhafter Weise noch einmal entwickelt. Hier distanzieren sich die Autoren auch deutlich von der als Goldmacherei falsch verstandenen Alchemie und weisen darauf hin, daß das eigentliche Ziel der Alchemie philosophisch sei. Zum Schluß sagen sie aber, nachdem sie alle Leser richtig neugierig gemacht haben, daß niemand sie »ohne den Willen Gottes« finden könne. Offenbar war es Gottes Wille, niemanden diese Bruderschaft finden zu lassen – sie blieb Legende.

Ein Stück ganz anderer Art war die dritte Rosenkreuzer-Schrift, die »Chymische Hochzeit Christiani Rosenkreuz«, die 1616 erschien. Darin werden, auf sieben Tage verteilt, alchemistische Visionen berichtet. Dieses Buch ist auch literaturgeschichtlich einzigartig und wurde viele Male aufgelegt. Andreä selbst distanzierte sich später vom Inhalt der Schriften und sah sie wohl als eine Art Jugendsünde an.

Von den Schriften, die sich in den folgenden 80 Jahren als rosenkreuzerisch ausgaben, waren fast alle, abgesehen von Fludd und Maier, unerheblich. Die im 18. Jahrhundert folgenden Gründungen von Geheimgesellschaften im Namen des Rosenkreuzes, wie etwa die »Gold- und Rosenkreuzer«[58] und die freimaurerischen Hochgradlogen, nahmen nur die hermetischen Lehren und den Mythos des Christian Rosenkreuz auf, standen aber auf ganz anderem geistigen Boden als die Begründer der rosenkreuzerischen Idee. »Echte« Rosenkreuzer im Sinne einer Bruderschaft von Eingeweihten lassen sich nicht nachweisen. Aber die bloße Vorstellung, es könne welche geben, hat schon genügend Wirkungen gezeigt, war und ist Inspiration für unzählige Schriften gewesen, sowohl in Romanen als auch Sachbüchern.

Auf dem Grabstein des Christian Rosenkreuz soll folgende Inschrift gestanden haben:

Ex deo nascimur	(Aus Gott werden wir geboren
In Jesu morimur	In Jesus sterben wir
Per spiritum reviviscimus	Durch den Geist werden wir wiedergeboren)

Eine fast identische Inschrift trug das Grab des Görlitzer Schusters und Mystikers Jakob Böhme (1575–1624), der im Ausland lange als *philosophus teutonicus* galt, als *der* deutsche Philosoph. Böhme kannte zwar die Schriften des Paracelsus, auf die sich die Rosenkreuzer ebenfalls beriefen, und wird von dem Aufruhr um die zu seinen Lebzeiten erschienenen Rosenkreuzer-Schriften zumindest gehört haben. Sein Weltbild jedoch entwickelt er recht eigenständig aus seiner persönlichen Schau der geistigen Welt. Obwohl die evangelische Kirche ihm lange das Schweigen gebot, blieb er seiner Gemeinde bis zum Tode treu, wenn sich um ihn auch ein eigener Jüngerkreis bildete. In Böhme trat ein Mystiker auf, der trotz mangelnder Bildung oder Position sein inneres Erleben und seine eigene Deutung desselben selbstbewußt vertrat. Seine Schau umfaßte Gottheit und Menschheit, Schöpfung und Endzeit, Himmel und Hölle, Seelen und Engel, war also ein typisch esoterischer Entwurf für eine ganzheitliche Sicht des Kosmos. Die Inhalte des Böhmeschen Systems sind an die paracelsische und christlich-hermetische Tradition angelehnt. Doch wirkte Böhme selbst sprachschöpferisch und regte mit seiner bildhaft kraftvollen Ausdrucksweise durch Theosophen wie zum Beispiel Friedrich Christoph Oetinger (1702–1782) und Franz Xaver von Baader (1765–1841) die Romantiker bis weit ins 19. Jahrhundert hinein an.

Auf den gleichen Personenkreis, die Theosophen (nicht zu verwechseln mit der modernen Theosophie des ausgehenden 19. Jahrhunderts) und Romantiker, erstreckte sich auch der Nachhall der visionären Schriften des Emanuel Swedenborg (1688–1772). Berühmt wurde Swedenborg in weiten Kreisen dadurch, daß Kant einen bissigen Traktat gegen ihn schrieb. Neben dem allgemeinen weltanschaulichen Einfluß bildete sich um seine Schau des »wahren Christentums« eine Illuminatenloge, eine freimaurerische Richtung und die heute noch existierende *Neue Kirche*. Bei Swedenborg macht sich schon deutlich das Sektiererische und Schwärmerische bemerkbar, das für die Bewegungen des 18. und 19. Jahrhunderts typisch war, das sich aber in der hohen Zeit der klassischen Hermetik (etwa 1480–1620, Pico bis Böhme) nicht fand.

In die frühe Zeit der Renaissance gehört eine Schrift, die wegen ihrer Eigentümlichkeit erwähnt werden soll: »Das Buch der wahren Praktik in der göttlichen Magie« des Abraham von Worms[59]. Das Buch ist wohl Mitte des 15. Jahrhunderts von einem jüdischen Kaufmann aus Worms geschrieben worden, um eine mündliche Tradition, die er von einem ägyptischen Juden namens Abramelin haben will, für seinen Sohn zu bewahren. Es handelt sich um eine ausführliche Anleitung dazu, mit dem eigenen Schutzengel Kontakt aufzunehmen. Im ersten Teil des Buches schildert Abraham seine Suche nach der göttlichen Weisheit unter den Weisen und Magiern seiner Zeit, zwischen Worms und Kairo. Neben diesen sehr aufschlußreichen Schilderungen ist das Buch vor allem wegen seines modernen Zugangs zur Magie interessant: Abraham prüft jeden Magier, den er trifft, und entlarvt dabei etliche als Schwindler. Aber auch von denen, die offenbar wirklich »zaubern« oder Halluzinationen hervorrufen konnten, läßt er sich nicht beeindrucken: Er sucht keine Effekte, sondern Zugang zu wirklicher Weisheit. Wohl aus dieser Haltung ist zu verstehen, daß er die sonst übliche Verwendung »barbarischer Namen«, das heißt unverständlicher Beschwörungsformeln, grundsätzlich ablehnt. Man sollte stets nur so beten oder anrufen, wie man es selbst versteht. Ebenfalls entgegen sonst üblicher Praktiken steht im »Buch der wahren Praktik« *vor* jeder anderen magischen Betätigung die Verbindung mit dem persönlichen Schutzengel, die vor den sonst bestehenden seelischen Gefährdungen (Persönlichkeitszerfall oder Größenwahn) schützt, die Abraham von verschiedenen Magiern beschreibt. An diesem Ansatz zeigt sich, daß die Einbindung esoterischer Praxis in einen festen religiösen Rahmen sich psychologisch sehr heilsam auswirken kann. C. G. Jung fand das Werk wichtig genug, um sich eine persönliche Abschrift anzufertigen.

Als unmittelbar kabbalistisch kann der Text nicht bezeichnet werden, obwohl Abraham die Kabbala kannte und aus der Umgebung des spätmittelalterlichen Chassidismus stammte, in dessen Kreisen er mit Kabbalisten zusammengekommen sein mußte. Das Gedankengut der Kabbala verschmolz mit der neuplatonischen Hermetik vielmehr durch die Arbeiten von Pico, Reuchlin, Agrippa und später durch die berühmte Sohar-Übersetzung des Chr. Knorr von Rosenroth (1636–1689) »Cabbala Denudata«.

Die Rosenkreuzer-Schriften und Böhme setzten Impulse, von denen sie sich große endzeitliche Umwälzungen versprachen. Zwar traten diese nicht im ersehnten Ausmaß ein, aber der Impuls reichte, noch von Paracelsus her stammend, für etliche Esoterikergenerationen bis in die Mitte des 19. Jahrhunderts aus. Völlig veränderte gesellschaftliche Umstände und ein immer radikaler werdender Materialismus, der sich auf glänzende technische Erfolge berufen konnte, forderten dann auch eine neue Konzeption der Esoterik. Da die Kirchen ihre Macht schon weitgehend eingebüßt hatten, geschah das mit geringeren Risiken als zuvor. Allerdings schien mit dem Risiko auch das Niveau zu sinken. Die großen Geister der Epoche hatten sich den Naturwissenschaften zugewandt; und die esoterischen Strömungen, die unser Jahrhundert mitbestimmen, formten sich im weltanschaulichen Randbereich: Spiritismus, moderne Theosophie und der Hermetische Orden des Golden Dawn.

b) Freimaurer

Aufklärerische Ideen und Mysterienweisheit zu verbinden, war eines der rosenkreuzerischen Hauptmotive, das etwa hundert Jahre später von der Freimaurerei aufgenommen wurde, die sich in unzähligen Logen und Strömungen verschiedenster Art und Herkunft über die Welt verbreitete.

Seit langer Zeit ist nahezu alles gedruckt und veröffentlicht, was es über die Freimaurer zu wissen gibt. Die heutigen Freimaurer sind nach eigenem Bekunden eine humanitär-ethische Vereinigung, die den Ritus nicht als mystisch-esoterischen Weg betrachtet, sondern ihn aus traditionellen Gründen erhält und als feierliche und ergreifende Zeremonie schätzt. Trotzdem müssen sie immer noch als Musterbeispiel eines undurchschaubaren, verschwörerischen Geheimbundes herhalten. Auch für den modernen Freimaurer, der mit der esoterischen Tradition im allgemeinen unvertraut ist, kann die Symbolik der Einweihungsrituale zunächst befremdlich wirken: Der Initiand wird etwa mit verbundenen Augen nach Ablegen aller Metallgegenstände symbolisch durch die vier Elemente geführt und zum Eid mit dem Schwert bedroht; in der Zeremonie des Meistergrades findet eine Konfrontation mit dem Tod in Gestalt eines Sarges oder Totenkopfes statt, worauf die Auferstehung als »neuer Mensch« folgt. Dies ist alte Mysteriensymbolik, mit der man sich erst vertraut machen muß, die ihre Wirkung aber auch in rationalistischer Deutung noch behält.

Die Freimaurerei ist nicht so alt, wie diese Symbolik vermuten ließe. Erst 1717 wurde in London die erste Großloge gegründet. Dieses Datum gilt nach üblichen Deutungen als offizielles Anfangsdatum der regulären Freimaurerei. Die Logen hatten sich offenbar aus den ehemaligen Bauhütten entwickelt, die unter anderem mit der Konstruktion der Kathedralen betreut gewesen waren. Die praktische Bedeutung der Bauhütten nahm ab, und man ließ auch Nicht-Maurer in die Zunft – als sogenannte Angenommene Maurer. Aufgrund dieser Entwicklung bekam die Symbolik des ehemaligen Handwerkerbundes abstrakte Bedeutung. Erklärtes Ziel der Freimaurerei ist, durch die Wirkung der Symbole jedes Mitglied zu einem reiferen Menschen zu machen (den »rauhen Stein zu behauen«) und damit zur Entwicklung der Menschheit auf eine umfassende Brüderlichkeit und Toleranz hin beizutragen.

Die gewöhnliche oder Johannis-Freimaurerei »bearbeitet« drei Grade: Lehrling, Geselle und Meister, in denen die gesamte freimaurerische Symbolik enthalten sein soll. Es gibt in einigen Richtungen jedoch zusätzliche *Hochgrade*, die die einfache, am Maurerhandwerk orientierte Grundsymbolik der Johannisgrade durch eine breite Vielfalt hermetischer Symbole und Rituale ergänzen. Wie Biedermann[60] deutlich macht, steht die Freimaurerei in einer geistigen Tradition, die bis zu den Einweihungsriten der archaischen Völker zurückreicht. Wie auch die archaischen Wurzeln der Alchemie sind diese nicht als geschichtliche Überlieferung zu verstehen. Vielmehr drückt sich in der Freimaurerei ein geistiges Bemühen aus, das viele Vorläufer hat und sich bei fast allen Völkern findet. Bei der Besprechung der Mysterienkulte war von diesen Zusammenhängen schon die Rede.

Konkrete geschichtliche Verbindungen haben aber stets bestanden zwischen Freimaurern, besonders denen der Hochgrade, und den verschiedenen Rosenkreuzer-, Illuminaten-, Martinisten-, theosophischen und sonstigen Logen oder Orden. So drängt sich eine Verbindung der beiden Tempelsäulen Jachin und Boaz des freimaurerischen Tempels mit den Säulen im kabbalistischen Lebensbaum geradezu auf, da beide auf die symbolischen Säulen des salomonischen Tempels anspielen. Das »G«, oft als Gotteszeichen gedeutet, das den Tempel an der Ostwand schmückt, steht meist in einem leuchtenden Pentagramm, dem magischen Fünfstern, und ist oft verknüpft mit dem Auge im Dreieck, dem Horus-Auge. Biedermann meint zu diesen Zusammenhängen: »Wir wollen nicht so weit gehen, den Ursprung des Freimaurertums vor 1717 unmittelbar aus rosenkreuzerischen Ideen abzuleiten; aber Verbindungen in der Zeit, als die Ideologie sich formte, sind angesichts der Quellen ein Faktum.«[61] Wie im vorigen Kapitel angedeutet, war die Hermetik im England der elisabethanischen Ära und im 17. Jahrhundert wesentlicher Bestand der höheren Bildung. Als sich die Freimaurer-Logen in dieser Zeit aus der operativen Maurerei der Bauhütten entwickelten, war es nur natürlich, daß sie auch hermetisches Gedankengut integrierten.

Beachtlich ist, daß sich die Ritualistik in der Freimaurerei bis heute fast unverändert erhalten hat, obwohl – besonders in Frankreich und Italien – die Freimaurerei der Aufklärungszeit rationalistisch und teilweise ausgesprochen atheistisch war. Politische und humanitäre Ziele waren lange Zeit weit wichtiger als religiös-philosophische Spekulationen. Selbst diejenigen Phasen, in denen die Logen zu Clubs der besseren Gesellschaft verkamen, haben die Rituale und Symbole heil überstanden, wenn auch heute viele Freimaurer damit keine esoterischen Deutungen verbinden. Das alles spricht für die Zählebigkeit und Kraft von Ritual und Tradition. Allein von der Arkandisziplin, der Geheimhaltung der Praktiken, geht für Befürworter wie Gegner eine stete Faszination aus. Die Vorstellung, daß ein Personenkreis sich zusammenfindet und etwas Gutes für die Allgemeinheit bewirken möchte, trotzdem aber seine Beschäftigungen geheimhält, scheint dem aufgeklärten Denken absonderlich. Wie Freimaurer einhellig sagen, geht es jedoch bei der Geheimhaltung nicht darum, etwas zu verbergen, sondern um das Schweigen über ein Erlebnis, das sich allein durch Erleben erschließen läßt.

Für die Hochgradfreimaurerei spielt insbesondere die Legende um den Templer-Orden eine Rolle, der auch sonst in esoterischen Legenden immer wieder auftaucht. Der Orden der Tempelritter war während der Kreuzzüge entstanden und sehr mächtig geworden, zu mächtig nach Ansicht der Inquisition und des französischen Königs. 1312 wurde der Orden aufgelöst und 1314 die letzten Ordensoberen verbrannt. Man hatte den Templern vorgeworfen, häretische Lehren zu vertreten und einem Gott Baphomet zu huldigen. Aufgrund verschiedener Gerüchte und Geschichten um den Orden wird er in esoterischen Kreisen mit der Gralsmythologie in Zusammenhang gebracht und für einen Hort geheimen Wissens gehalten. In den Hochgradsystemen gab es daran anknüpfende Templergrade. Immer wieder wurden auch Templerorden neugegründet mit dem Anspruch, das alte Wissen wieder aufleben zu lassen. Historisch gesehen ließ sich das Geheimnis der Templer, falls dieses ein anderes als ihr Reichtum war, nicht aufklären.

Ebenfalls in Nebel gehüllt sind einige okkulte Abenteurer und Hochstapler wie der berühmte Cagliostro oder Graf Saint Germain. Sie schafften es, sich mit ihren magischen Künsten in die höchsten Kreise der im 18. Jahrhundert sehr einflußreichen Freimaurerei und der Königshöfe zu manövrieren und beeindruckten viele Zeitgenossen – zumindest durch ihre Beredsamkeit. Als Freimaurer, Alchemisten und Magier errangen sie schnellen Ruhm und oft ebenso schnellen Mißkredit. Nie ließ sich recht erhellen, ob sie nur geniale Schwindler waren oder tatsächlich Zugang zur damaligen okkulten

Tradition hatten. Jedenfalls erweisen sich die Legenden um sie als sehr zäh und füllen noch heute die einschlägige Literatur.

Ganz gleich wie modern sie gedeutet wird, der Freimaurerei haftet etwas Archaisches an, das mit den Mysterieneinweihungen zu tun hat und mit ihrer esoterischen Symbolik. Genau darin liegt wohl auch ihre historische Kraft. Im Rahmen der Freimaurer-Logen begegneten 200 Jahre lang viele bedeutende Männer aus Philosophie, Kunst, Literatur, Politik und Wissenschaft zumindest Fragmenten der hermetischen Tradition. Mozart wurde bekanntlich zu seiner »Zauberflöte« inspiriert. Goethe, der auch sonst stark an Hermetik interessiert war, schrieb esoterische Texte wie den »Faust«, »Das Märchen von der goldenen Schlange« und »Die Geheimnisse«.

Die freimaurerischen Männerbünde mit ihren dem Bauhandwerk entlehnten Symbolen (Hammer, rechter Winkel, Lot usw.), mit ihrer hohen gesellschaftlichen Stellung, ihrem Streben nach politischer Wirksamkeit, rationaler Aufklärung und Vergeistigung bilden einen Pol des esoterischen Spektrums im Abendland. Den anderen Pol finden wir in den Relikten und Neubelebungen des Heidentums.

c) Heidentum und Hexenverfolgungen

Den Lesern, gewiß aber den Leserinnen wird es in der geschichtlichen Übersicht aufgefallen sein: Es kommen keine Frauen darin vor. Die europäische Kultur seit der Antike war wesentlich eine Männerkultur. Daß Paracelsus sich auf die Weisen Frauen berief und Weyer, ein Schüler Agrippas, wohl als erster gegen die Hexenverfolgung auftrat, kann nicht darüber hinwegtäuschen, daß auch die hermetische Tradition an der Frauenfeindlichkeit teilhatte, der tragischsten Entwicklung der abendländischen Geschichte. Auf besonders fatale Weise zeigte sich diese in der Begegnung der Kirchen mit den Resten der vorchristlichen Kulturen im Volke, wo die Frauen noch wesentliche Trägerinnen der Tradition und des Wissens waren.

Während Südeuropa auf fast 2000 Jahre christlicher Kultur zurückblicken kann, verkürzt sich diese Spanne auf dem Weg nach Norden auf 800 bis 1200 Jahre. Die Bekehrung der Sachsen und Friesen im heutigen Deutschland fand im achten und neunten Jahrhundert statt. In Skandinavien kam es im zwölften Jahrhundert noch zu heidnischen Aufständen. Die Christianisierung schritt besonders in entlegenen Gebieten langsam fort. Unser Wort »Heiden«-tum zeugt davon, wo die letzten Anhänger der vorchristlichen Religionen zu finden waren.

Das ländliche Leben war bis in die Neuzeit hinein, als die ersten Manufakturen und dann die Industrie das Leben revolutionierten, von den althergebrachten Sitten und Gebräuchen bestimmt. Da fast niemand lesen oder schreiben konnte, bestand auch kein Anschluß an die kulturelle Schicht, über die unsere Geschichtsbücher fast ausschließlich berichten. Wird die Renaissance als eine Epoche dargestellt, in der die klassisch-griechischen Ideale wieder auflebten und sich das menschliche Selbstverständnis von den mittelalterlichen Beschränkungen befreite, so gilt das nur für eine kleine Oberschicht. An den meisten Menschen geht eine solche Geschichtsbetrachtung völlig vorbei.

Inwiefern die volksmagischen Vorstellungen mit der Esoterik zusammenhingen, ist bereits dargestellt worden. Insbesondere gilt dies für die Figur der Hexe, die seit Jahrhunderten wichtige Projektionsträgerin für alles Magisch-Okkulte (oft vermischt mit Sexuellem) ist. Wie mit allen Begriffen, auf die viel projiziert wird, ist die eigentliche Bedeutung der »Hexe« meist unklar und verschwimmt in historischen Fiktionen. Der für die Hexenverfolgungen gebrauchte Hexenbegriff stellte eine Verschmelzung verschiedener Gestalten der Volksüberlieferung dar:

Zum einen war da die Hexe der ländlichen Lebenswelt, die wegen ihrer Macht über Mensch, Vieh und Natur geachtet und gefürchtet zugleich war. Die Menschen suchten in Notsituationen und persönlichen Krisen ihre Hilfe (dann war sie die Weise Frau), hängten ihr aber auch oft die Schuld für unerklärliches Mißlingen, Pech oder Krankheit an.

Zwischen der guten Frau (*bella donna*, ein häufiger Hexenname), die sich auf Kräuter verstand, Hebamme war und auch Beschwörungsformeln und Gebete zu benutzen wußte, und der nur noch bösen Hexe oder dem verhaßten Zauberer, die aus der dörflichen Gemeinschaft ausgestoßen waren, war das Spektrum sehr weit und die Übergänge fließend. Über die Einzelheiten wissen wir, was das europäische Mittelalter angeht, wenig; aber die hier beschriebenen

Rollen innerhalb naturverbundener, traditioneller Gemeinschaften sind für zahlreiche Kulturen heute und in der Vergangenheit gut belegt.[62] Auch im Mittelalter hatte es schon Strafprozesse wegen angeblicher Schadenszauberei gegeben, allerdings nur sachbezogene Einzelprozesse. Die Verfolgung solcher als Hexen bezeichneter Menschen (fast immer ältere Frauen) dauerte bis in die sechziger Jahre dieses Jahrhunderts fort.

Hiervon zeugen unzählige Belege des Kruse-Archivs im Hamburger Museum für Völkerkunde. Johann Kruse (1889–1983), ein schleswig-holsteinischer Lehrer, erarbeitete eine ausführliche Dokumentation über den Hexenglauben in seiner Zeit (1951 schrieb er »Hexen unter uns«). Das Material bildet die Grundlage des »Hexen-Archivs« im Hamburger Museum für Völkerkunde, das durch zahllose Fälle von Hexenverfolgungen belegt, daß auch in unserer Zeit, meist auf dem Lande, die Angst vor Verhexungen sehr lebendig war und daß viele, meist ältere Leute unter den Repressalien zu leiden hatten, die solchen Ängsten entspringen. Das schlägt sich nieder in Kontaktverweigerung seitens der Dorfbevölkerung, eingeworfenen Scheiben, angesteckten Häusern, Begräbnisverweigerung und anderem. Durch Aufklärungskampagnen bemühte sich Kruse, den »Hexenbannern«, die solche Ängste schürten und an ihnen verdienten, den weltanschaulichen Boden zu entziehen.

Zweitens gab es seit dem Altertum die Vorstellung von Menschen, die sich nachts in Tiere verwandeln und meistens zu irgendwelchen Missetaten ausflogen oder -gingen. Hierher gehören die Werwölfe, die Lamien und Strigen. Zum Teil waren diese Wesen rein dämonischer Natur und hatten keine menschliche Gestalt. Zum Teil auch fuhren die Menschen in einem menschlichen Doppelkörper aus, wie das Ginzburg[63] für die friaulischen Benandanti gut belegt. Zu diesem mythischen Umkreis gehörten auch die Vorstellungen von der wilden Jagd, die vom Jäger Odin oder von Diana oder Freya angeführt wurde und zuweilen nachts einsame Wanderer erschreckte beziehungsweise ihren Tod ankündigte. Manchmal wurde die Fähigkeit zu solchen Ausfahrten auch den Hexen zugesprochen. Solche Ausfahrterlebnisse mögen auch durch die Einnahme von halluzinogenen Drogen (»Hexensalben«) hervorgerufen oder unterstützt worden sein[64]. Diese Vorstellungen gehörten bereits zum engeren Umfeld des heidnischen Glaubens und konnten nicht in christliche Vorstellungen umgedeutet werden, wie das mit anderen magischen Handlungen durchaus geschah. Die Nachtfahrten nahmen aber erst in kirchlicher Deutung ausschließlich bösen Charakter an.

Drittens gab es auch lange nach dem Mittelalter noch heidnische

Kultfeste. Die Christianisierung war längst nicht durchgängig, die Kirche in den abgelegenen ländlichen Gebieten nur durch wenige einzelne Missionare vertreten. Der Hexensabbat, wie er sich in den Darstellungen der Verfolger findet, stellt in groben Zügen eine Karikatur heidnischer Fruchtbarkeitsfeste dar, die wohl oft auch orgienhafte Züge annehmen konnten[65]. Heidnischer Gottesdienst, der enge persönliche Bezug der naturverbundenen Landbevölkerung zu ihren Göttern, Göttinnen, Elfen und Geistern, das konnte in kirchlichen Begriffen nur als der »Umgang mit Dämonen« auftauchen. Inwieweit heidnischer Kult von unterprivilegierten Schichten bewußt als Protestmittel gegen die christliche Oberschicht benutzt worden ist, weiß man nicht. Es lag aber nahe, zumal den einfachen Menschen die alten Überlieferungen durch Märchen und Sagen bekannt waren. Der Zugang zur christlichen Hochkultur war ihnen jedoch völlig verwehrt, da sie nicht lesen und schreiben, geschweige denn Latein konnten.

Nichts mit dem Hexenwesen hatten christliche Sekten und Ketzer zu tun. Nur das Muster der Verfolgung seitens der Inquisition bildete sich an ihnen und wurde später auf die »Hexen« übertragen. Von ihnen kamen die Vorwürfe der Verunglimpfung der Sakramente, der dualistischen Verehrung des Teufels als Gegner Gottes und vor allem der Sektenbildung. Die Vorwürfe des Kannibalismus, der Kindestötung, Sodomie, Inzest und anderem waren standardmäßig seit vorchristlichen Zeiten von wechselnden Gesellschaften gegen ihre jeweils verfemten Minderheiten oder politischen Gegner erhoben worden.

Fünftens schließlich: die Hexenverfolgungen. Im 16. und 17. Jahrhundert, als die Hermetik blühte, zu Beginn der Neuzeit und des sogenannten »Humanismus«, ließen Kirchen und Fürsten (evangelische wie katholische) in Europa Hunderttausende von Menschen, überwiegend Frauen, aber sogar Greise und Kinder, als Hexen und Ketzer foltern und verbrennen. Die Historiker behandeln diese Massenmorde wie ein Kuriosum am Rande der Geschichte, das allenfalls eine Fußnote wert ist[66]. In den ersten drei Punkten sind Elemente des im europäischen Volk tradierten Hexenglaubens genannt. Alle diese Vorstellungen sind uralt gewesen, als die Hexenverfolgungen begannen, und überlebten ihr Ende, ohne daß es sonst jemals zu solchen Pogromen gekommen wäre. Allenfalls wurden Hexereivorwürfe benutzt, um soziale Spannungen innerhalb der dörflichen Strukturen oder Stammeskulturen auszudrücken und auszutragen. Wie auch immer man zu den Inhalten dieser Vorstellungen steht, es handelte sich dabei keineswegs um spontan auftretende Wahnideen, für die ein Grund gesucht werden müßte. Darum ist auch nicht nach den Ursachen für das Auftreten eines »Hexenwahnes« zu suchen, wie das in zahlreichen Abhandlungen geschieht. *Es gab keinen Hexenwahn im Volk.* Seine Konstruktion ist eine ideologische Behauptung zum Zweck, die wirklichen Schuldigen zu verschleiern. Vielmehr wurden diese entsetzlichen Pogrome von kirchlichen Institutionen gezielt und bewußt inszeniert. Anfangs, wie die geschichtlichen Quellen zeigen, gegen den starken Widerstand des Volkes und der Fürsten. Erst viel später schloß sich der »weltliche Arm« den Verfolgungen an, und noch später ging die von der Inquisition erdachte Konstruktion einer »Hexensekte« in die Vorstellungen des Volkes über. »Erst durch hundertjähriges Hineinverhören brachte man schließlich die Phantasie des Volkes auf den Punkt, wo sich das ganze scheußliche Wesen von selbst verstand und sich vermutlich neu erzeugte«, kommentierte Jakob Burckhardt.[67] Falsch ist also die immer wieder auftauchende Behauptung, die zur Entschuldigung »großer Männer« aus Kirche, Wissenschaft und Obrigkeit vorgebracht wird, ihr fanatischer Haß gegen Hexen und Frauen sei ein Produkt der »Zeit« gewesen. Im Gegenteil: Sie waren es, die diese »Wahnvorstellungen« erfanden und die daraus folgenden Konsequenzen mit brutaler Gewalt durchsetzten. Die Hauptverfolgungen fanden bezeichnenderweise auch nicht in ländlichen Bereichen statt, wo doch der »Wahn« des »dumpfen Volkes« am größten hätte sein müssen, sondern in den am stärksten verstädterten und fortschrittlichsten Gegenden Europas. Die Werke der Hexenverfolger waren Musterbeispiele an rationaler Konstruktion und Systematisierung. Gerade deswegen waren sie ja auch von den Gegnern der Hexenprozesse (Weyer, Spee) kaum anfechtbar. Im damaligen, von der Scholastik diktierten Weltbild hatten sie alle Evidenz für sich, und die Gegner mußten sich daher an methodische Fragen halten. Die Hexenverfolgungen hörten nicht auf, weil irgend jemand nach über 200 Jahren zur Vernunft kam, sondern weil sich im Zuge der Aufklärung die Muster der Weltdeutung radikal veränderten.

Es würde den Rahmen dieses Buches überschreiten, die Ursachen und verschiedenen Beweggründe für die Pogrome gegen Hexen und

Frauen der Renaissance und Reformationszeit auch nur anzudeuten. Es gibt dazu ausführliche und gute Literatur genug.[68]

Zur Vervollständigung des Hexenbegriffs sei hier noch der von der Inquisition geprägte näher beschrieben. Zur Hexe gehörten nicht nur die drei anfangs genannten »Vergehen«, der Schadenszauber (*maleficium*), die nächtlichen Ausfahrten, die kultische Orgie. Die Hexe der Inquisition hatte einen Pakt mit dem Teufel, verkehrte mit ihm oder anderen Dämonen sexuell (was die verhörenden Mönche immer in allen Einzelheiten hören wollten), sie war in einer Sekte gegen die Kirche organisiert und besonders: sie war weiblich.

Doch die Hexen der Inquisition schweigen. Wir wissen über sie nur aus den Protokollen ihrer Henker, unter entsetzlichen Foltern erzwungene Geständnisse. Was sie selbst geglaubt und gehofft haben, welche Götter oder Göttinnen sie verehrten, wird für immer verschlossen bleiben. Die Versuche, dieses Schweigen zu uns sprechen zu lassen, wie sie Michelet[69] im vorigen Jahrhundert und Feministinnen heute machen, werden mehr über uns selbst und unsere Situation aussagen, als über die damaligen Verfolgungsopfer.

Ob irgendwelche Fragmente des Wissens der Weisen Frauen und heidnischen Kulte aus der frühen Neuzeit bis heute überlebt haben, läßt sich nicht feststellen. Anhänger der modernen Hexenreligion, der »Alten Religion« – *Wicca*, meinen, daß alte Bräuche und Riten in traditionellen Familien der keltischen Randgebiete Großbritanniens und Irlands überlebten und heute wiederbelebt werden können. Mit Sicherheit lassen sich diese neuheidnischen Strömungen nur bis zum Ende des 19. Jahrhunderts zurückverfolgen.[70] Zu diesem Zeitpunkt haben sie sich stark mit hermetischen Vorstellungen vermischt. In der heute bekannten Form traten sie erst nach der Abschaffung der Hexenparagraphen in England im Jahre 1951 an die Öffentlichkeit. Falls es die behaupteten Überlieferungen von alten heidnischen Kulturen her gibt, so haben sie sich der Forschung bislang jedenfalls erfolgreich verborgen.

d) Satanismus

War im vorigen Kapitel von den Hexen die Rede, so ist nun der Teufel an der Reihe. Gemeinsam haben diese beiden tragischen Gestalten der abendländischen Geistesgeschichte ihre Abstammung aus der vorchristlichen Welt. Erst spät wurden sie zu den bösen Karikaturen, als die wir sie in unserer Kindheit kennengelernt haben. Darin erschöpfen sich bereits die Verbindungen. Die Hexen waren und sind nur in den Augen der kirchlichen Verfolger Satansverehrer. Der Teufel ist eine Figur aus der christlichen Mythologie; nur Christen können Satanisten sein.

Als moralische Gegen- oder Proteströmung innerhalb der Geschichte des Christentums hat der Satanismus an sich nichts in einer Besprechung der Esoterik zu suchen. Da er aber in den gleichen weltanschaulichen Untergrund gedrängt wurde wie gnostische, hermetische und mystische Strömungen, treten Zusammenhänge immer wieder auf. Deshalb ist eine kurze Besprechung angebracht.

Die alten Völker setzten ihren Gottheiten oft Hörner auf als Symbole der Macht über Tierwelt und Natur. Solche Zeichen ehemals göttlicher Macht wurden später auf den christlichen Widersacher übertragen. Wie Isis in die Maria einging und der Sonnengott Horus und der Logos in Christus, so wurden zahlreiche niedere Gottheiten zu Heiligen oder durch Heilige ersetzt. Manche Götter ließen sich aber im christlichen Pantheon nicht positiv unterbringen, nämlich all jene, die mit Sexualität, Natur, Rausch und Leiblichkeit zu tun hatten (Pan, Dionysos, Astarte, Diana, Hel, Hekate, Wotan und viele andere). Sie wurden zu bösen Dämonen und schließlich zu *dem* Teufel verschmolzen. So hat der Teufel seine Bockshörner vom griechischen Hirtengott Pan; das Jägergewand und den Pferdefuß, die in Nordeuropa oft mit ihm verbunden werden, hat er vom germanischen Windgott und Göttervater Wotan.

Es hat einen einfachen Grund, daß der Teufel auch immer wieder mit Magie in Zusammenhang gebracht wird: Bis weit in die Neuzeit hinein gerieten alle natürlichen Kräfte des Menschen, die aus der Reihe fielen, leicht in den Verdacht, teuflischen Ursprungs zu sein. Wer sich durch außergewöhnliche wissenschaftliche oder medizinische Leistungen hervortat, dem haftete schnell das Gerücht an, mit dem Bösen im Bunde zu sein. Ebenso wie von den engen kirchlichen Regelungen unabhängige Sexualität und Rationalität wurden auch die »okkulten« Kräfte des Menschen verdammt. Da der Teufel mythologisch mit dem Feuer zusammenhängt, war es denkbar leicht, ihn mit den Experimenten der Alchemisten in Verbindung zu bringen, wo es qualmte und nach Schwefel stank. Denn solcherlei unverständliche Experimente waren auch der Bevölkerung höchst unheimlich. Mit der Aufklärung emanzipierte sich die Rationalität vom Deutungsmuster göttlich/teuflisch und konnte als natürliche Kraft gelten – Erkenntnis im »Lichte der Natur«. Um die Befreiung ihrer Körperlichkeit ringen die Menschen bis heute noch. Die magisch-intuitive Seite liegt jedoch immer noch im Schatten. Dieses schattige Plätzchen muß sich die Magie heute mit dem Tod, der Lust, der Aggression und dem Wahnsinn teilen. Sie haben miteinander zunächst nichts zu tun, als daß sie von der modernen Gesellschaft verdrängte menschliche Lebensäußerungen sind. Aber als solche unterdrückte Erscheinungen drängen sie oft in skurrilen Verbindungen miteinander an die Bewußtseinsoberfläche. Die Regenbogenpresse kann sich alle paar Wochen von neuem auf den Gruseleffekt verlassen, der durch die schauerlich-beliebte Kombination von Sex, Blut, Teufelskult und Irrsinn die Verkaufsziffern steigert. Gleiches gilt für das Horror-Genre in Heftchen und Videos. Das bekannte Bild der Schwarzen Messe, in dem nackte Teufelsanbeter unter irrem Gemurmel einen schwarzen Hahn über einem Paar schlachten, das unter aller Augen auf dem Altar kopuliert, und sich unter blasphemischen Flüchen mit dem Blut bespritzen, faßt diese verdrängten Elemente in einer morbiden Phantasie zusammen. Aus der Häufigkeit von derlei Phantasien läßt sich nicht auf die Häufigkeit entsprechender Kulte schließen. Allerdings gibt es einige belegte Fälle von grauenhaften satanistischen Ritualmorden (Gilles de Rays, Mme. de Montespan) aus früheren Jahrhunderten, die Morde des Charles Manson und auch Tieropfer und pseudo-religiös aufgeladene Obszönitäten (Crowley, OTO), deren Widerwärtigkeit den oben genannten Phantasien in nichts nachsteht.

Natürlich riefen so einseitige und intolerante religiöse Institutionen wie die christlichen Kirchen in ihrem Umfeld entsprechend starke Gegenbewegungen hervor, wie die lange Ketzergeschichte zeigt. Kaum eine der vielen christlichen und außerchristlichen Häresien nahm aber den Weg über die Satansverehrung. Den meisten wird klar gewesen sein, daß sich eine Ganzheit nicht gewinnen läßt, indem man eine Einseitigkeit auf den Kopf stellt. Die gnostischen Sekten der Phibioniten, Ophiten, Barbelo-Anhänger, Adamiten und andere hingen anderen religiösen Überzeugungen an als die Kirche und feierten kultische Orgien (wenn man ihren Gegnern glauben will). Damit vertraten sie zwar die von der Kirche verteufelte Seite des Menschen, sahen sich selbst aber nicht als Satanisten. Entsprechendes gilt für die im vorigen Abschnitt besprochenen Hexen. Ihre Feste, falls es wirklich solche gab, galten den Naturgottheiten, nicht aber Satan.

Ausdrücklicher Satanismus ist wohl nur als neurotische Kompensationserscheinung einzelner Christen denkbar, die sich aus Enttäuschung über ihren Gott oder verzweifelter Rebellion an seinen Widersacher wenden. In diese Richtung geht der poetische Satanismus eines Charles Baudelaire, der in seiner Satanslitanei den »Fürsten des Exils« anruft:

»O du, weisester und schönster der Engel, Gott, verraten vom Schicksal und beraubt der Lobpreisungen, O Satan, erbarme dich meines langen Elendes! ... Stab der Verbannten, Leuchte der Erfinder, Beichtvater der Gehenkten und Verschworenen, O Satan, erbarme dich meines langen Elendes! Pflegevater derer, die in seinem düsteren Zorn Gott der Vater aus dem irdischen Paradies gejagt hat, O Satan, erbarme dich meines langen Elendes!«[71]

Ähnliche poetisierende Satansverehrung findet sich auch bei J. K. Huysmans[72] und anderen, weniger bedeutenden Literaten des vorigen Jahrhunderts, die Satan trotzig und melancholisch zugleich verklären.

Keinesfalls aber wird die Verehrung des Bösen, dessen, was dem Verehrer schadet und ihn zerstört, langfristig Gemeinschaften bilden können. Ein Anfall von Auflehnung oder Wut läßt sich schwerlich systematisieren, auch wenn es Virtuosen des Neurotischen wie Aleister Crowley gab, der sein ganzes Leben der infantilen Ausgestaltung des Trotzes gegen seine puritanischen Eltern und die Moral der Menschheit widmete und damit etliche seiner Anhänger seelisch zugrunde richtete.

Dort, wo dem Satan die Eigenschaften zugesprochen werden, die im Christentum verdrängt, aber an sich lebensnotwendig sind (Sexualität, Rausch, Körperlichkeit, intellektuelle Freiheit), wird nicht das Prinzip des Bösen verehrt, sondern es wird ein anderes Prinzip für gut erklärt. Wo Satan, Luzifer oder das Chaos selbst zum alternativen guten Gott wird, handelt es sich nicht mehr um den christlichen Teufel, sondern um einen neuen Namen für den alten Gott, eine bloß begriffliche Abgrenzung gegen die etablierte Religion.

Den Satanismus eines Anton Szandor LaVey, des Begründers der kalifornischen »Church of Satan«, würde ich als moderne Pop-Religion einstufen, im gleichen Fahrwasser wie die Kulte, die sich um die Schreckensgestalten der Fantasyromane von H. P. Lovecraft gebildet haben (Necronomicon- und Cthulhu-Magie), oder den Black-Metal-Satanismus am Rande der Rockmusikszene. Doch gehören solche Erscheinungen nicht zum Themenbereich der Esoterik. Sie sind primitive und üble Begleiterscheinungen der gesellschaftlichen Doppelmoral, die die Etiketten von »gut« und »böse« auf allzu durchschaubare Weise zu ihren eigenen Gunsten verteilt.

3. Die »Schattentradition« – Esoterik nach der Aufklärung[73]

Die Hermetik des 19. und 20. Jahrhunderts brauchte sich zwar nicht mehr vor der Inquisition zu verstecken, sah sich aber vor ein überwältigendes weltanschauliches Übergewicht des Materialismus und der Naturwissenschaften gestellt. Diese Situation gewann dadurch besondere Schärfe, daß sich die herrschende Ideologie nicht nur als Meinungsdruck von außen niederschlug, sondern auch fest in den meisten Esoterikern selbst verankert war. Bis vor nicht allzu langer Zeit schienen die Naturwissenschaften tatsächlich die besseren Argumente gegenüber religiösen Weltdeutungen zu haben. Die technischen Erfolge hatten natürlich eine ungeheure suggestive Kraft zugunsten des mechanistischen Weltbildes, solange sie noch neu waren. Und außerdem hatte sich die kirchliche Lehre zum Teil auch Aussagen über die materielle Welt erlaubt, die sich wissenschaftlich widerlegen ließen. Eine Stabilisierung der kirchlichen Tradition anhand ihrer eigenen mystischen und esoterischen Überlieferungen fand nicht statt, da im vorigen Jahrhundert und bis vor kurzem die persönliche meditative Erfahrung von der Theologie eher beargwöhnt als gepflegt wurde. Deshalb befand sich die etablierte christliche Theologie lange Zeit auf dem Rückzug, entmythologisierte, rationalisierte, erfand die »historisch-kritische Methode« und riß das altehrwürdige Gebäude der christlichen Weltanschauung so weit ab, bis fast nur noch ein abstrakter, unerreichbarer Gott außerhalb des Kosmos übrigblieb und ein Buch voll Legenden zur moralischen Erbauung.

Auch die Esoteriker versuchten teilweise, ihre Terminologie der naturwissenschaftlichen anzugleichen und erfanden die seltsamsten Äther-, Strahlen- und Energietheorien. Oder sie flüchteten in sektenartig abgeschlossene Gedankenghettos mit absolutem Wahrheitsanspruch. Theologie und Hermetik wichen der unaufhaltsamen Flut der naturwissenschaftlich-materialistischen Ideologie in verschiedenen Richtungen aus. Die Theologie überlebte durch Anpassung und mußte den Preis zahlen, sich kaum noch von ihrem ehemaligen geistigen Gegner zu unterscheiden. Damit verlor das etablierte Christentum als sinngebende Instanz in der Gesellschaft weitgehend an Gewicht. Die hermetischen Strömungen wichen durch Abkapselung aus und mußten den Preis einer Aufsplitterung in unzählige Sekten zahlen, die sich kaum noch untereinander, geschweige denn mit der Öffentlichkeit verständigen können. Eine sinngebende Funktion wird nur in bezug auf die kleine Welt der jeweiligen Sekte erfüllt.

In ihrer selbstinszenierten Abkapselung verlor die Esoterik den Anschluß an die Entwicklung von Bewußtsein und Erkenntnisstand der Hauptkultur. Ihre Theorien sind den heutigen Reflexionsmöglichkeiten längst nicht mehr angemessen. Daran ändert auch das Gerede von der Annäherung der »Neuen Naturwissenschaften« (*New Physics*) an die alten religiösen Weisheiten nichts. Solche Theorien entspringen einem Mißverständnis sowohl der einen wie der anderen Tradition.

Allerdings hat die Esoterik, derart in den Schatten abgedrängt, wesentliche kulturelle Inhalte bewahrt, ohne deren Integration sich auch die Hauptkultur nicht weiter entwickeln wird. Gerade den Vertretern der Aufklärung sollte daran gelegen sein, dieses Kulturgut aus dem Schatten zu holen.

Die oftmals skurrilen Wege, auf denen die hermetischen Überlieferungen die letzten 150 Jahre überdauert haben, werden das Thema dieses Abschnittes sein.

a) Vom Spiritismus zum Channeling

1848, im gleichen Jahr, in dem mit der Herausgabe des »Kommunistischen Manifests« das Zeitalter des dialektischen Materialismus begann, nahm auch der moderne Spiritismus seinen Anfang. Es begann im März 1848 bei einer Familie Fox in Hydesville, USA. Die Familie stellte in der Umgebung ihrer Töchter merkwürdige Klopfgeräusche fest, die bald auch anfingen, über einen Code Fragen zu beantworten. Das Gerücht breitete sich schnell aus; überall in den USA begannen die Menschen, Gespräche mit »Geistern« zu führen. Ob die Fox-Schwestern gemogelt haben oder nicht, wird sich nicht sicher feststellen lassen und hat für die Nachwirkung ihrer medialen Kundgaben keine Bedeutung. Die Geschichte des Spiritismus war wesentlich vom Streit um den objektiven Nachweis der Phänomene bestimmt. Von kulturgeschichtlicher Bedeutung ist aber nicht die Frage, wie viele der unzähligen Medien Betrüger waren, sondern die Diskussion, die darum entstand. Aus dem Streit um die spiritistischen Phänomene entstanden verschiedene Forschungsgesellschaften und schließlich die heutige Parapsychologie.

Schon in der Romantik hatte das Thema des Spuks und der Telepathie große Faszination ausgeübt – die romantische Literatur ist voll davon. Auch der überzeugte Materialist konnte sich dem schönen Schauder Hoffmannscher Erzählungen hingeben, ohne dadurch seine Weltanschauung in Frage stellen zu müssen. Es wurden jedoch auch theoretische Überlegungen zu den Spukphänomenen angestellt, etwa in Jung-Stillings »Geisterkunde« von 1808[74]. Aber darin geht es stets um Erscheinungen, die von selbst auftraten und zufällig beobachtet wurden. Etwas ganz anderes war es da, wenn jemand behauptete, solche Phänomene handfest in unserer Alltagswelt hervorbringen zu können. Seit 1848 kam nämlich zu diesem Interesse an Geistern ein völlig neues Element hinzu: *Medien*, die »Spuk« gezielt hervorbringen konnten oder zumindest sehr glaubhaft den Anschein erweckten. Bis zum Anfang dieses Jahrhunderts standen im Spiritismus Phänomene im Vordergrund, die sehr handfest und physikalisch waren: Tischrücken und -schweben, Poltergeister, Materialisationen, Geisterschrift, Apporte, objektive Stimmen und so weiter. Die Selbstverständlichkeit, die das Erscheinen von Geistern und andere Einbrüche aus einer jenseitigen Welt in anderen Kulturen hatte, war in der westlichen Welt verlorengegangen. Nur aus dem Verlust des selbstverständlichen Zugangs zur anderen Seite der Wirklichkeit läßt sich das Auftreten einer spiritistischen Bewegung verstehen.

Um das Interesse einer breiten Öffentlichkeit zu erregen, bedurfte es zur damaligen Zeit drastischer Phänomene. Das Mißtrauen und die Ablehnung gegenüber den außergewöhnlichen Kräften der menschlichen Seele war nämlich von der kirchlich bestimmten Weltanschauung auf das naturwissenschaftliche Weltbild übergegangen – wenn auch unter ganz anderen Vorzeichen. Im Laufe des 19. Jahrhunderts entstanden immer deutlicher die Konturen eines Weltbildes, das seine Haltung und sein Wissen dem Bereich der Naturwissenschaften entnahm und bald anfing, alles zu leugnen, was darin keinen Platz hatte. Es bildete sich sozusagen ein ideologischer Überbau zu den Wissenschaften, deren Aussagen weltanschaulich neutral sind und einer nachträglichen Einordnung bedürfen. Widersprüche zur Religion ergeben sich nur dort, wo die Religion den Bereich der ihr möglichen Aussagen überschreitet. Das war aber beim Christentum der früheren Jahrhunderte der Fall. Die kirchliche Lehre hatte Aussagen über die Entstehung der Welt und des Menschen gemacht, die nicht als Mythen, sondern als Tatsachenaussagen begriffen wurden (was übrigens für die Stufe des unreflektierten Mythos typisch ist). Als solche ließen sie sich von den Naturwissenschaften leicht widerlegen. Der Siegeszug eines neuen Weltbildes begann.

Wenn von der Verdrängung der Überlieferung in den kulturellen Schatten die Rede war, so muß man sich aber vor Augen halten, daß sich die Verteilung von kulturellem Licht und Schatten im vorigen Jahrhundert grundlegend veränderte. Unter der Herrschaft der christlichen Kirche war all das nicht akzeptabel, was der kirchlichen Lehre und vor allem ihrer vermittelnden Stellung zwischen Mensch und Gott widersprach. Davon waren Hermetik, Gnosis, illegitime Wunder und naturwissenschaftliche Ansätze gleichermaßen betroffen. Als die jungen Wissenschaften ihre Ideologie bildeten, traten sie aus der Opposition gegen die Kirche heraus und wandten sich gegen alles, was mit ihren Methoden nicht faßbar war. Das richtete sich auch gegen »abergläubische« Elemente im Christentum sowie gegen jede Form des Geister- oder Jenseitsglaubens. Exemplarisch für diese Haltung war der berühmte Mediziner Virchow, der nach der Sektion vieler Leichen triumphierend feststellte, es gebe offenbar keine Seele, da er ja sonst eine hätte finden müssen.

Während bis ins 18. Jahrhundert kaum jemand an der Magie oder der Erscheinung von Geistern gezweifelt hätte, galten sie plötzlich als nicht existent, als Hirngespinste. Was früher als böse galt, war nun nur noch Dummheit und Aberglaube. Früher als Teufelsbündler verdammt, lautete das Urteil über die Zauberer jetzt auf Betrug oder Wahn. Diese einschneidende Wende in der weltanschaulichen Beurteilung erzwang völlig neue Formen der Argumentation bei allen Anhängern der alten Überlieferung. Wo zuvor nur die Christlichkeit und moralische Tragbarkeit eines Unterfangens oder einer Meinung zu bekräftigen war, mußte jetzt die schiere Existenz des Diskussionsgegenstandes bewiesen werden. Diese Beweisnot spiegelt sich in den meisten spiritistischen Veröffentlichungen vom vorigen Jahrhundert bis in die siebziger Jahre des jetzigen. So ist der Spiritismus hauptsächlich als Gegenströmung zu einem radikalen Materialismus zu verstehen.

Bei dem Bemühen, sich gegen den öffentlichen Meinungsdruck zu behaupten, haben in der spiritistischen Praxis die »Beweise« für Geister und ein Leben nach dem Tode im Mittelpunkt gestanden. Um einen Geist nachweisbar, ihn dingfest zu machen, muß er entweder sehr konkrete Form annehmen oder sehr konkrete Aussagen machen. Dadurch gerieten die Spiritisten in einen Zwiespalt, in dem sie bis heute oft stecken: Macht ein Geist konkrete, nachprüfbare Angaben über Verwandte der Anwesenden, so sind diese um so leichter identifizierbar, je mehr die Aussage in Einzelheiten geht. Aufgrund solcher »Durchsagen« wird den Spiritisten vorgeworfen, ihre Geister würden ja nur Banalitäten von sich geben. Hätten die Geister nichts Besseres zu tun, als uns zu erzählen, ob Omas Hut eine rote oder grüne Schleife hatte? Sind die Aussagen der Geister auf der anderen Seite nicht banal, sondern gehen auf allgemeine philosophische und religiöse Fragen ein, so wird den Spiritisten vorgeworfen, die »Durchsagen« seien ja gar nicht überprüfbar und so allgemein, daß sie sich im Prinzip jeder ausdenken könnte.

Die wissenschaftliche Parapsychologie hat die Lage der Spiritisten insofern erschwert, als sie zwar die außersinnlichen Phänomene nachgewiesen hat, andererseits aber Modelle aufstellt, wie man sie ohne Annahme von Geistern erklären kann. Die Theorie der Parapsychologen, die außersinnliche Wahrnehmungen grundsätzlich ohne die Annahme von Geistern erklären will, heißt *Animismus* (von lat. *anima* – Seele). Da diese Theorie jedoch längst nicht so verbreitet ist, wie die Forschungsergebnisse der Parapsychologie mit dem Nachweis von ASW (außersinnlicher Wahrnehmung) und Telekinese, hat die Parapsychologie letztlich mit dazu beigetragen, in breiten Kreisen die Bereitschaft zur Annahme von Geistern zu erhöhen.

Der Spiritismus breitete sich von der Mitte des 19. Jahrhunderts an rasch in der ganzen Welt aus, wobei zum großen Teil an vorhandene Glaubensvorstellungen angeknüpft werden konnte. Einen, vielleicht den wesentlichen Beitrag dazu leistete Alan Kardec (H. L. D. Rivail, 1804–1869), der neben vielen anderen Werken 1857 in Paris »Das Buch der Geister« veröffentlichte, das mit dem »Buch der Medien« zu den Basiswerken des Spiritismus gehört und in viele Sprachen übersetzt Hunderte von Auflagen erreichte. Mit dem Untertitel des »Buches der Geister« gibt Kardec ein ungefähres Programm des Spiritismus: »Die Grundsätze der spiritistischen Lehre von der Unsterblichkeit der Seele, der Natur der Geister, ihren Beziehungen zu den Menschen; die Sittengesetze, das irdische und das zukünftige Leben und die Zukunft der Menschheit. Nach der Kundgebung höherer Geister durch verschiedene Medien.« Ein wahrhaft beachtlicher Anspruch. Die Geister definieren sich bei Kardec:

»Die Geister sind die intelligenten Wesen der Schöpfung. Sie bevölkern das All außerhalb der stofflichen Welt. (Das Wort ›Geist‹ bezeichnet hier die Individualitäten außerkörperlicher Wesen und nicht das allgemeine intelligente Element.)« Auf die Frage, ob Geister eine bestimmte Gestalt haben, antworten sie ihm: »Für eure Augen nicht, für die unseren ja. Sie ist, wenn ihr wollt, eine Flamme, ein Schein oder ein ätherischer Funke. In der Farbe wechselt sie für euch vom Dunkeln bis zum Glanze des Rubins, je nach der Reinheit des Geistes.«

In Fragen an die Geister und deren Antworten entwickelt Kardec die ganze spiritistische Philosophie. Er steht auf christlichem Boden, und auch die von ihm befragten Geister gaben an moralischen Hinweisen solche, die gut in Kardecs Zeit passen. Heute klingen die Durchsagen oft ganz anders.

Kardec ging es um mehr als Beweise für Außersinnliches. Er wollte den Spiritismus als Philosophie und Religion sehen und hielt die Manifestationen nur für Bestätigungen. Seine Anhängerschaft beträgt heute wohl über hundert Millionen Menschen, besonders in Brasilien.[75]

Der zweite Hauptstrang des Spiritismus bildete sich in England, wo es heute mehrere große Vereinigungen gibt, die in der Öffentlichkeit ein viel besseres Ansehen genießen als bei uns. Die englischen Spiritisten (*spiritualists*) haben in jeder größeren Stadt eigene Kirchen und Heilungszirkel. Sie bilden auch seit Jahrzehnten gezielt Medien und Heiler aus. Die meisten von ihnen stehen auf mehr oder weniger christlichem Boden und zeigen in ihren Theorien kräftige theosophische Einschläge.

Eine besondere Kategorie durch inneres Wort empfangener Texte sind die sogenannten Neuoffenbarungen, wie sie Jakob Lorber oder Johannes Greber niederschrieben. Hierbei handelt es sich um zum Teil gewaltige Werke mit Neudeutungen des Christentums, um die sich religiöse Gemeinden gebildet haben. Jakob Lorber sagte, die Texte seien ihm unmittelbar von Gott diktiert worden, dessen Stimme er (ohne dies jemals anzustreben) nahe bei seinem Herzen hörte. Er schrieb täglich stundenlang nach diesem inneren Diktat.

Gerade am Spiritismus lassen sich gut die gewaltigen, für die Esoterik typischen Unterschiede im Niveau beobachten. Auf der einen Seite finden wir Kreise, die Geister beschwören und Tische rücken, um ihre Sensationslust zu befriedigen. Auf der anderen Seite gibt es umfangreiche religiöse Systeme, um die sich feste und ernsthafte Glaubensgemeinschaften gebildet haben. (Oft wird die ernsthafte Form als »Spiritualismus« vom Spiritismus abgesetzt.) Die Neugierigen werden oft von einer Suche nach etwas Besonderem getrieben, das auf eine Dimension verweist, die den grauen Alltag überschreitet. Dieser Vorwurf wird nicht nur den Neugierigen, sondern dem Spiritismus ganz allgemein oft gemacht – das meinte übrigens auch Adorno mit dem Ausspruch, der dieses Buch beginnt. In der Tat sind spiritistische Philosophien nicht sehr anspruchsvoll. Sie mußten sich in Konkurrenz zur Konkretheit der materialistischen Argumente entwickeln und schildern wohl deshalb die »geistige Welt« auf befremdlich oder peinlich konkrete Weise: ein seltsames Jenseits, in dem Opa noch seine Lieblingspfeife raucht und Oma immer ihr hübsches rosa Kleid anhat. Gehen solche Schilderungen mit nachprüfbar richtigen hellsichtigen Wahrnehmungen einher, so besteht besonders die Gefahr, jede Erfahrung außerhalb der fünf Sinne für Offenbarung zu halten, die nicht kritisiert werden kann. So tröstlich es auch in der Seelsorge bei Trauernden sein mag, ihnen in möglichst plastischen Bildern vor Augen zu führen, daß der Tod nicht das Ende allen Daseins ist und daß sie ihre geliebten Verstorbenen in Geborgenheit wissen können, so darf ein konkret ausgemaltes Bilderbuch-Jenseits doch nicht aus dem seelsorgerischen Bereich hinausgetragen und als philosophisches Konzept mißverstanden werden.

Eine besonders platte Version dessen rollt zur Zeit als »Channeling« über den bundesdeutschen Buch- und Seminarmarkt, der »letzte Schrei aus dem Jenseits«[76]. Als Vertreter der Channeling-Welle sind unter anderem Chris Griscom, Shirley MacLaine, Jane Roberts und Rhea Powers bekannt. Gegenüber dem klassischen Spiritismus ist das Besondere am Channeling, daß die Durchsagen nicht von langweiligen verstorbenen Verwandten kommen, sondern von Kapitänen der intergalaktischen UFO-Flotten, von nicht-inkarnierten Bewohnern der höheren Sphären oder Aliens ferner Planeten. Die Inhalte beziehen sich auf die großen kosmischen Umwälzungen, vor denen unser kleiner Planet steht, die kosmische Evolution und andere beliebte »spirituelle« Themen. Als besonders drastisches Beispiel hier ein Ausschnitt aus einem Interview mit Herrn *Neser* vom Planeten *Ummo*, der durch Andreas Schneider auf die Fragen von »Magazin 2000«[77] antwortete:

»So ist es meine Aufgabe, mit einigen Menschen Kontakt zu halten auf den verschiedensten Ebenen, auf die verschiedensten Arten und Weisen. Es geht uns momentan darum zu beobachten, wie der Verlauf eurer Zukunft sein wird, und im Notfall bereit zu sein, um euch zu helfen. Unser Verbund ist wie ein Zusammenschluß bewohnter Planeten, eine Zusammenarbeit bewohnter Planeten. Ihr sprecht oft von negativen Außerirdischen. Die gibt es auch, aber sie sind nicht in dieser Union. Sie werden sich letztendlich selber vernichten. In der galaktischen Union sind, wie schon gesagt, die verschiedensten bewohnten Welten vertreten. In ihr werden gemeinsame Entschlüsse gefaßt und Testprogramme ausgearbeitet . . . Wir haben dorthingehend [zur New-Age-Bewegung] oberflächliche Kontakte. Die Bewegung wird ihren Lauf schon nehmen und sich auch gesund ausweiten. Aber New-Age ist erst das, was kommen wird, wenn eure Krisen weitgehend beendet sind.«

Die billige Phantastik solcher Erklärungen findet ihre Parallelen in den blumigen Reinkarnationserlebnissen, in denen auch Kaiser, Priester, Hexen und Medizinmänner dominieren. Als Erlebnisse mögen solche Durchsagen oder Bildsequenzen sehr beeindruckend und auch für diejenigen sehr wichtig sein, die diese Erlebnisse selbst haben. Problematisch wird die Sache nur, wenn der Inhalt der Durchsagen mit dem Siegel außerirdischer oder jenseitiger Autorität als letzte Wahrheit dargeboten wird.

Abgesehen von der Frage, ob manche dieser Kundgaben auf wirklichen Erlebnissen oder Begebenheiten beruhen, wird an ihrer Aufnahme in den »Kontaktler«-Kreisen deutlich, daß das weltanschauliche Pendel bei vielen Menschen ins Gegenextrem ausschlägt (oder sich noch nie vom einen Extrem gelöst hat). Leichtgläubigkeit ist wieder angesagt. Die Ufonauten werden's den Rationalisten schon zeigen!

b) Die Theosophie und ihre Folgeorganisationen

Als spiritistisches Medium begann auch Helena Petrowna Blavatsky ihre esoterische Laufbahn, auf der sie zur Vordenkerin der wohl folgenreichsten modernen esoterischen Gesellschaft wurde, der 1875 in New York aus einem spiritistischen Zirkel gegründeten *Theosophical Society*. Auch wenn die Muttergesellschaft, die heute in Adyar, Südindien, ihren Sitz hat, keine große Bedeutung mehr hat, so hat doch die weltanschauliche Synthese der Theosophie in esoterischen Kreisen fast Allgemeingültigkeit erlangt, ihre Begriffe haben sich weithin durchgesetzt, wie auch ihr Mythos von den geheimen Meistern und der kosmischen Evolution. Außerdem wird ein weites Feld der Esoterik von ihren Ablegern bestimmt: der Anthroposophie, den Anhängern von Alice Bailey, verschiedenen Rosenkreuzervereinigungen und verschiedenen geistchristlichen Vereinigungen. Als Ziele der Theosophischen Gesellschaft (TG) wurden festgesetzt:

»1. einen Kern der universellen Bruderschaft der Menschheit zu bilden, ohne Unterschied der Rasse, des Glaubens, des Geschlechts, der Kaste und der Farbe, 2. das vergleichende Studium von Religion, Philosophie und Wissenschaft anzuregen, 3. ungeklärte Naturgesetze und die im Menschen verborgenen Kräfte zu erforschen.«

»Madame« Blavatsky oder HPB, wie sie bei ihren Anhängern heißt, wurde 1831 in Rußland geboren und war, wie viele ihrer Vorgänger, eine echte Abenteurerin: Sie lief ihrem Ehemann, einem alten russischen Fürsten, bald fort, kämpfte später unter Garibaldi, bereiste mehrere Kontinente, schlug sich als Medium durch, gründete 1875 die genannte Gesellschaft und schrieb 1877 und 1888 zwei enorm umfangreiche Werke: »Isis entschleiert« und »Die Geheimlehre«. Blavatsky starb 1891 in London. In »Isis entschleiert« stellte sie ihre Sicht des Okkultismus dar und kämpfte einen Zweifrontenkrieg zwischen Theologie und Naturwissenschaft. Die Theosophische Gesellschaft wollte durch ihre Namensgebung und Ziele zunächst an die Tradition der Neuplatoniker und Gnostiker anknüpfen. Mit der Übersiedlung nach Indien nahm die Bewegung aber indische Vorstellungen mit auf und erweiterte das Lehrgebäude, das in der »Geheimlehre« seinen Ausdruck fand. Blavatsky beansprucht von der Geheimlehre, daß sie die Essenz aller Religionen sei:

»Die in ihrem Anbeginn aus ihr entsprungenen verschiedenen religiösen Systeme werden nunmehr in ihr ursprüngliches Element zurückgeleitet, aus dem jedes Mysterium und Dogma entsprossen ist, sich entwickelt hat und materialisiert worden ist ... Der Zweck dieses Werkes kann daher so formuliert werden: Zu zeigen, daß die Natur nicht ein ›zufälliges Zusammentreffen von Atomen‹ ist; und dem Menschen den ihm zukommenden Platz im Weltenplan zuzuweisen; die uralten Wahrheiten, welche die Grundlage aller Religionen sind, aus ihrer Erniedrigung zu befreien; und bis zu einem gewissen Grade die fundamentale Einheit, aus der sie alle entsprungen sind, aufzudecken; und schließlich zu zeigen, daß die Wissenschaft der modernen Zivilisation niemals der okkulten Seite der Natur nahegekommen ist.«

Das Werk umfaßt eine ausführliche Kosmogonie und Menschheitsentwicklung sowie verschiedene okkulte Theorien. (Verschiedene Autoren wie Steiner oder Heindel haben sich bei Blavatsky großzügig bedient, ohne dafür dankzusagen.) Formal gesehen stellt das Buch einen Kommentar zu den Stanzen des Buches Dzyan dar, eines angeblich sehr alten Buches, das Blavatsky mehr in Geheimnis hüllt, als daß sie etwas darüber sagt.[78]

Blavatsky will ihre Lehren von Meistern der geistigen Hierarchien erhalten haben, die sich ihr zwar auch körperlich gezeigt hatten, sich aber meist medial mitteilten. Diese Meister lebten beziehungsweise leben angeblich im Himalaya, einer Gegend, die damals als völlig unzugänglich galt. Dieser Anspruch auf höhere Autorität entzieht sich natürlich der Beurteilung und erschwert ein Auffinden der historischen Bezüge ihrer Geheimlehre. Indische und hermetische Anklänge sind deutlich, aber letztlich läßt sich die Theosophie Blavatskyscher Prägung aus diesen nicht verstehen. Sie hat aus ihrem wilden Synkretismus ein krauses, aber originelles Gedankengebäude erschaffen, das jahrzehntelang fruchtbar war und es zum Teil noch ist.

Das Weltbild der Antike und seine Ausläufer bis in die Neuzeit waren vergleichsweise statisch gewesen. Der Kosmos, die geordnete Welt, war überschaubar, entwickelte sich aber nicht. Die naturwissenschaftlichen Erkenntnisse hatten die Menschheit vor einen viel größeren Horizont gestellt, hatten den Raum unendlich weit anwachsen lassen und das Alter der Erde auf Millionen Jahre ausgedehnt. Vielen erschien die menschliche Abstammung vom Affen und seine Winzigkeit angesichts des ungeheuren, gleichgültigen Universums als eine unbefriedigende Perspektive. Die geniale Idee Madame Blavatskys war es (falls sie wirklich von ihr ist), den Evolutionsgedanken aufzunehmen und ins Kosmische hinein zu verlängern. Dazu deutete sie die indische Reinkarnationslehre völlig um. Hatte der Reinkarnationsgedanke ursprünglich etwas Pessimistisches an sich, das Gefesseltsein an das ewige Rad von Geburt und Wiedergeburt, so verlieh Blavatsky ihm den Glanz eines göttlichen Werkzeuges zur immer weiteren Vervollkommnung aller Wesen. Ähnliche Vorstellungen finden sich zwar schon im Spiritismus Kardecs, wurden aber erst über die Theosophie einflußreich.

Der Umsturz des alten Weltbildes, der durch die kopernikanische Wende angezeigt wird, wirkte sich in breiteren Schichten der gebildeten Bevölkerung erst in der Mitte des vorigen Jahrhunderts mit ganzer Tragweite aus. Zunächst hatte die Erde ihre Rolle als Mitte der Welt verloren; die Aufklärung rüttelte an der zentralen Stellung des Glaubens; dann verwies Kant sogar die Vernunft in ihre Grenzen; schließlich brach mit dem Niedergang der Monarchien und den Revolutionen auch die Mitte der staatlichen Welt auseinander. Ein geistiges Beben dieses Ausmaßes verlangte radikale Reaktionen: Der Aufschwung der Esoterik mit der Theosophie und zahlreichen anderen Gesellschaften war eine, Materialismus und Positivismus waren andere; Nationalismus und Rassetheorien nahmen an Bedeutung zu; Nietzsche diagnostizierte den Tod Gottes und den Nihilismus; die *décadence* des *fin de siècle* flüchtete in eine morbide Romantik, während auf der anderen Seite Jugendstil und Wandervogelbewegungen in eine natürlich-frische Zukunft aufbrachen, als wäre nichts geschehen. Und in der Praxis setzten alle auf Technik und Fortschritt.

Die endlosen Traktate der »Geheimlehre« über die Weltentstehung und die Entwicklung des Menschen, wie sie sich ganz ähnlich vierzig Jahre später noch bei Steiner finden, langweilen uns heute und sind auch in esoterischen Kreisen längst kein vieldiskutiertes Thema mehr – ja es kennt sie kaum noch jemand richtig. Sie werden aber verständlich auf dem Hintergrund der kosmischen Verlorenheit, die über die Europäer hereingebrochen war. Das von Blavatsky entwickelte kosmische Drama, an dem der Mensch teilhatte, erfüllte das Bedürfnis, der unendlichen Welt wieder einen geistigen Rahmen zu geben, der den naturwissenschaftlich entworfenen Bildern angemessen war. Der Kosmos behielt seine ungeheure Dimension in Raum und Zeit, wurde aber vom toten Laboratorium des Zufalls wieder zum Schauplatz eines göttlichen Dramas. Die davon ausgehende Faszination ließ offenbar viele Menschen übersehen, wie abstrus zum Teil die theosophischen Theorien von den untergegangenen Kontinenten, den Inkarnationen der Planeten und ähnliches sind.

Theosophische Anschauungen fanden deshalb großen Anklang in denjenigen Intellektuellen- und Künstlerkreisen, die im Christentum keine Heimat mehr finden konnten. Das geistige Klima, in dem sie diskutiert wurden, läßt sich gut in Hesses »Demian« oder »Morgenlandfahrt« sowie in Thomas Manns »Zauberberg«, den Büchern Gustav Meyrinks oder bei dem irischen Dichter W. B. Yeats[79] studieren. Meyrink und Yeats waren selbst Mitglieder der TG. Blavatsky traf auch damit den Nerv ihrer Zeit, daß sie indische Philosophie und Religion mit in ihr System integrierte. Die Theosophen beschäftigten sich nicht nur mit einem romantischen Indienbild, sondern setzten sich auch sehr für ein freies und modernes Indien und die Verständigung mit dem Westen ein. In Indien genießt die TG bis heute großes Ansehen. Gandhi etwa begann sein Studium der Bhagavadgita mit Theosophen.

Nach dem Tode von Blavatsky übernahm die politisch und feministisch engagierte Annie Besant (1847–1933) die Leitung der TG in Adyar. Ihr enger Mitarbeiter Charles Leadbeater (1847–1934) entdeckte mittels seiner visionären Begabung in einem indischen Jungen, Jiddu Krishnamurti (1895–1986), den neuen Weltenlehrer und wiederkommenden Christus. Im theosophischen Weltbild ist Christus einer der »Meister«, die von Zeit zu Zeit inkarnieren, um die Menschheit zu lehren. Um seinen Weg zu ebnen, adoptierte Besant Krishnamurti und gründete für ihn den *Orden des Sterns im Osten*. Zum Mißvergnügen seiner Förderer lehnte Krishnamurti 1929 die ihm zugedachte Rolle ab, löste den Orden auf und lehrte bis zu seinem Tode seine eigene Philosophie. Hatte Leadbeater auch nicht den Messias entdeckt, so bewies er doch eine erstaunliche Intuition, als er in einem der vielen indischen Kinder die herausragende Begabung Krishnamurtis entdeckte, den ich für einen der größten und eigenständigsten spirituellen Lehrer dieses Jahrhunderts halte.

An der Frage, ob Krishnamurti der Messias sei, spaltete sich 1912 die Theosophische Gesellschaft: Rudolf Steiner (1861–1925), der bis dahin die deutsche Sektion der TG geleitet hatte, trat mit dem größten Teil der Mitglieder aus und gründete die Anthroposophische Gesellschaft. Steiner stand stärker als die englischen Theosophen in der hermetischen Tradition. Unter anderem war er Mitglied des Ordo Templi Orientis und englischer Rosenkreuzer-Logen.[80] Steiners Weltanschauung war im wesentlichen theosophisch, aber er begründete sie philosophisch besser und zeigte einen systematischen Schulungsweg, auf dem man zu seinen visionären Erkenntnismethoden gelangen könne. Wie erfolgreich jemand auf diesem Weg werden kann, ist eine andere Frage, denn die Nachfolger Steiners berufen sich auf seine Schauungen und tragen keine neuen »geisteswissenschaftlichen Erkenntnisse« bei. Die Veröffentlichung eines praktisch-esoterischen Schulungsweges aber war etwas Neues für die abendländische Esoterik, sieht man einmal von den Exerzitien der Jesuiten ab. Steiner verstand es auch, die Hermetik für andere Lebensbereiche fruchtbar zu machen. So entstand die biologisch-dynamische Landwirtschaft aus Anregungen seines landwirtschaftlichen Kurses, es entwickelte sich eine anthroposophisch orientierte Medizin, die Waldorfpädagogik, eine anthroposophische Kunstauffassung und um den evangelischen Pfarrer Friedrich Rittelmeyer die anthroposophisch ausgerichtete Christengemeinschaft. (Steiners Christusverständnis unterscheidet sich grundlegend vom biblischen und ist nur aufgrund seiner persönlichen Visionen verständlich.)

Über die Anthroposophie wirken esoterische Vorstellungen in eine breite Öffentlichkeit hinein, auch wenn deren Hintergründe nicht genügend verdeutlicht werden. Beispielsweise wird auch nach ausgiebiger Lektüre von Steiners Schriften oder denen anderer Anthroposophen nicht klar, daß Steiner in einer Tradition steht, deren Begriffe und Strukturen er übernommen hat. Was er über die Menschheits- und Erdentwicklung geschaut haben will, hat er zum großen Teil in Blavatskys Geheimlehre schauen können. Würde die Anthroposophie nicht in eine solche sektenhafte Starre verfallen und ihre geistigen Ursprünge leugnen, so könnte sie als esoterische Philosophie sicherlich eine größere Rolle spielen. So aber hat sie sich selbst aus der Tradition herausgestellt und scheint eine philosophische Sackgasse zu bilden, trotz aller wertvollen Einsichten, die Steiner entwickelt hat.

Aus dem theosophischen Umfeld entstanden auch die modernen Rosenkreuzer-Gruppierungen: Rosenkreuzer-Gemeinschaft (um Max Heindel), Lectorium Rosicrucianum (um Jan van Rijkenborgh), AMORC (um Spencer Lewis) und andere. Unter diesen ist das Lectorium Rosicrucianum interessant, das eine durch und durch gnostisch-asketische Auffassung vertritt. Mit dieser in theosophischem Gewande dargestellten Haltung ist das Lectorium Rosicrucianum wohl der letzte geistige Erbe einer Gnosis katharischer Prägung und damit eine einzigartige Erscheinung in der modernen Esoterik.

Von den amerikanischen Zweigen der TG haben noch die Anhänger von Alice Bailey Einfluß. Sie hat besonders die Lehre von den »Meistern« weiterentwickelt, die in vielen geistchristlichen und spiritistischen Kreisen aufgenommen wurde, so etwa in den Gruppen um die »Geistwesen« Saint Germain und White Eagle oder in Findhorn.

In Deutschland blieb nach Steiners Austritt die Sektion der TG unter Franz Hartmann bestehen, der ein wichtiger Autor zu Themen der Magie und des Okkultismus war. Er verband auch die Theosophie mit den magischen Orden, wie dem OTO und der Freimaurerei.

c) Die goldene Dämmerung der Magier

> »Weil man kein Maß hat für das, was
> groß ist, läßt man sich fangen von dem,
> was seltsam ist.« *(Eliphas Lévi)*

Der große Verbreiter des hermetischen Okkultismus im 19. Jahrhundert, Eliphas Lévi, hat mit diesen Worten die Falle beschrieben, die auch er selbst seinen Lesern immer wieder gebaut hat und die für die jüngere Entwicklung des Okkultismus charakteristisch ist.

Lévis bürgerlicher Name war Alphonse Louis Constant. Er lebte von 1810–75, starb also im Jahre der Gründung der Theosophischen Gesellschaft, die einen Teil seines Erbes weiterführte. Kurz vor seiner Priesterweihe entschloß Lévi sich zu einem weltlichen Leben, heiratete und machte eine Zeit als radikaler Sozialist durch, als welcher er mehrfach verhaftet wurde. Im Alter von 43 Jahren wandte er sich schließlich der Esoterik zu, der er bis zu seinem Lebensende treu blieb. Treu war er aber bemerkenswerterweise sowohl als Sozialist wie auch als Magier der katholischen Kirche geblieben. Das Festhalten am oder die Rückkehr zum Katholizismus war offenbar typisch für französische Okkultisten, so auch Saint-Martin, Peladan, Huysmans und Papus. Lévi schrieb 1854 in der Einleitung zum »Dogma der Hohen Magie«:

»Die ursprüngliche Verbindung von Christentum und Magie wird, einmal klar nachgewiesen, eine nicht weniger bedeutende Tatsache sein, und wir zweifeln nicht, daß das Ergebnis tiefen Versenkens in Magie und Kabbala bei ernsthaften Geistern die bisher für unmöglich gehaltene Versöhnung von Wissenschaft und Dogma, Vernunft und Glauben herbeiführen wird.«

Neben dieser festen Überzeugung, Glaube und Wissenschaft ließen sich versöhnen – die schon Paracelsus und die Rosenkreuzer hatten –, vertrat Lévi auch eine sehr romantische Idee der Einheit, die allen Religionen zugrunde liegen soll:

»Durch den Schleier aller priesterlichen und mystischen Allegorien der alten Dogmen, durch die dunklen und seltsamen Gebräuche bei allen Einweihungsmysterien, unter dem Siegel aller heiligen Schriften, in den Ruinen von Theben und Ninive, auf den zerfallenen Steinen der alten Tempel und dem dunkel gewordenen Antlitz der assyrischen oder ägyptischen Sphinx, in den ungeheuerlichen oder wunderbaren Malereien, die den Gläubigen Indiens die heiligen Blätter der Veden übersetzen, in den merkwürdigen Sinnbildern unserer alten alchimistischen Bücher, den Empfangszeremonien aller geheimen Verbindungen treten die Spuren einer überall gleichen und überall sorgfältig verborgenen Doktrin zu Tage.«

Ein solcher Satz hätte auch Blavatskys Geheimlehre einleiten können – vielleicht hat sie die Idee sogar von Lévi. Inhaltlich hat Lévi selbst den Kern der Lehre »überall sorgfältig verborgen«, falls er überhaupt Träger einer Tradition war. Bekannt sind seine Kontakte zu englischen Okkultisten; so besuchte er 1854 Lord Bulwer-Lytton in London, wo auch die berühmte Beschwörung des Apollonius von Tyana stattfand.[81] Lévi hatte einen großen Schülerkreis, so daß wohl seine persönliche Lehre aus mehr als der Belesenheit und dem Wortreichtum bestanden haben muß, die sich in seinen Schriften spiegeln. Diese beschäftigen sich mit Magie, Kabbala und Symbolik, wobei er jedoch von praktischen Experimenten nichts hält:

»Zweifellos ist die so wahnsinnige und perverse Person, die sich solchen Werken hingibt, für alle Hirngespinste und Phantome genügend disponiert. Das Rezept des »Großen Zauberbuchs« ist also sicher sehr wirksam, aber wir raten keinem unserer Leser, davon Gebrauch zu machen.«[82]

Letztlich erweist Lévi sich eher als spekulativer Mystiker denn als Magier. Obwohl die meisten, die seine Werke wirklich lesen, enttäuscht oder befremdet sind vom schlechten Stil, dem Schwulst und der sachlich kaum faßbaren Verschwommenheit, kann Lévis Wirkung durchaus mit derjenigen von Blavatsky verglichen werden, die auch selbst stark von ihm beeinflußt war. Sachlich liegt seine größte Leistung in der Verbindung des Tarot, das Anfang des 19. Jahrhunderts durch Court de Gebelin als magisches System bekannt geworden war, und der Kabbala. Lévi verband die 22 großen Arkane des Tarot mit den 22 Buchstaben des hebräischen Alphabets. Sein wichtigster Schüler, Papus (der franz. Arzt Gérard Encausse, 1865–1916), führte diese Idee weiter aus, die dann im *Hermetic Order of the Golden Dawn* zum umfassendsten hermetischen System der Neuzeit ausgebaut wurde. Des weiteren formulierte Eliphas Lévi in Anlehnung an Mesmers Theorie des universalen Magnetismus seine Lehre vom Astrallicht, mit Hilfe dessen er magische Vorgänge, aber auch die menschliche Vorstellungskraft erklärte.

Im Kontrast zum Theoretiker und genialen Schwärmer Lévi ging es in dem Orden praktisch zu, der die Esoterik der englischsprachigen Welt bis heute prägt: dem *Hermetic Order of the Golden Dawn* (Hermetischer Orden der goldenen Morgendämmerung). Als der Orden 1888 gegründet wurde, war die englische Esoterik bestimmt vom Spiritismus, der Theosophie und der *Societas Rosicruciana in Anglia*. In dieser SRIA versuchten Freimaurer das geistige Erbe von John Dee, Robert Fludd (1574–1637) und den deutschen Rosenkreuzern zu beleben. Zu ihnen gehörte der Schriftsteller und Minister Lord Bulwer-Lytton wie auch die Väter des Golden Dawn, W. R. Woodman und W. Westcott. Wie so vieles in der esoterischen Geschichte ist der Ursprung des *Golden Dawn* von Legenden verschleiert. Vermutlich bauten Woodman und Westcott den Orden aus einem obskuren Chiffre-Manuskript auf und aufgrund der Autorität gefälschter Briefe von einer Anna Sprengel, einer fiktiven Meisterin eines deutschen Rosenkreuzer-Ordens. Zu ihnen stieß bald Samuel Liddle Mathers (1854–1918), der auf der Basis des Chiffre-Manuskripts eine Reihe von Ritualen schrieb, die in die verschiedenen Ordensgrade einführten.

Dem Orden *Golden Dawn* gehörten Ende des vorigen Jahrhunderts recht bedeutende Persönlichkeiten des öffentlichen Lebens in England an. Relativ bald aber kam es zu internen Machtkämpfen zwischen Westcott und Mathers und zwischen Mathers und dem später eingetretenen Aleister Crowley. Anfang des 20. Jahrhunderts begann der Orden zu zerfallen und wurde bedeutungslos. Seine bekannteste Hinterlassenschaft ist das »Rider-Waite-Tarot«, das beliebteste Tarot-Deck. Wie auch die TG, mit der der Orden *Golden Dawn* viele Mitglieder gemeinsam hatte, führte er seine Legitimation auf geheime Meister zurück, mit denen Mathers und seine Frau angeblich medialen und physischen Kontakt hatten. Sie sahen sich auch in der Tradition der Rosenkreuzer; die Arbeiten des Inneren Ordens wurden anhand der Legende Christiani Rosenkreuz durchgeführt, dessen symbolische Gruft den Inneren Tempel (das »Gewölbe der Adepten«) darstellte. Wie in der Freimaurerei stand in der magischen Arbeit des *Golden Dawn* im Mittelpunkt das Mysterium der Einweihung. Israel Regardie, der 1937 unter Brechung seiner Schweigegelübde das Ordensmaterial veröffentlichte, beschreibt sie:

>»Initiation ist die Vorbereitung für die Unsterblichkeit. Der Mensch ist nur potentiell unsterblich. Unsterblichkeit wird erst dann erreicht, wenn der rein irdisch-menschliche Teil des Menschen sich mit der spirituellen Essenz verbindet, mit jener Essenz, die nie erschaffen, nie geboren war und nie stirbt. Es geht darum, diese spirituelle Verbindung mit dem Höchsten herzustellen, der der Golden Dawn all seine Rituale und seine praktische Arbeit verdankt.«[83]

Im Unterschied zur Freimaurerei vermittelte der *Golden Dawn* jedoch ein okkultes Lehrsystem, das vom Erlernen der überlieferten Symbole bis zur Ausübung praktischer ritueller Magie und anderer seelischer Übungen führte. Die symbolischen Grundelemente, aus denen das System des *Golden Dawn* zusammengesetzt wurde, sind: der kabbalistische Lebensbaum, das Tarot, die Astrologie, alchemistische Fragmente, die freimaurerische Ordensstruktur, die henochischen Anrufungen des John Dee, die Rosenkreuzer-Legende und die Mythologie des ägyptischen Totenbuches. Im Gegensatz zur Theosophie schuf man im *Golden Dawn* daraus aber keine philosophische, sondern eine magische Synthese. Im Vordergrund der Arbeiten stand das Erleben der Elemente und der kabbalistischen Sefiroth. Was die Theosophie für die esoterische Theorie, das war das *Golden-Dawn*-System für die magische Praxis.

Um einen Eindruck der rituellen Arbeit zu geben, sei hier das Pentagramm-Ritual beschrieben, eines der Basisrituale moderner Magie, wie es vom *Golden Dawn* entwickelt wurde:

Berühre die Stirn und sprich *Ateh* (Dein ist), die Brust und sprich *Malchuth* (das Reich), die rechte Schulter und sprich *ve-Gebura* (und die Kraft), die linke Schulter und sprich *ve-Gedula* (und die Herrlichkeit). Lege die Hände über der Brust zusammen und sprich *le Olam* (in Ewigkeit), *Amen*. Ziehe danach ein Pentagramm (Fünfstern) nach Osten, deute kraftvoll in seine Mitte und rufe den

Gottesnamen *JHVH*, ziehe dann ein Pentagramm nach Süden und rufe den Gottesnamen *Adonai*, ziehe dann ein Pentagramm nach Westen und rufe den Gottesnamen *Eheie*, ziehe dann ein Pentagramm nach Norden und rufe den Gottesnamen *Agla*. Vollende den Kreis im Osten. Stelle dich mit ausgebreiteten Armen in Kreuzform hin und sprich: *Vor mir Rafael, hinter mir Gabriel, zu meiner Rechten Michael, zu meiner Linken Uriel.* Dabei stelle dir die riesigen Gestalten der Erzengel (deren Beschreibung hier ausgelassen wird) vor, die dich schützen und dir Kraft geben. Sprich dann: *Um mich flammende Pentagramme, und über mir leuchtet der sechsstrahlige Stern.* Schlage dann wie zu Anfang das kabbalistische Kreuz.

Aus dem *Golden Dawn* gingen verschiedene Orden hervor: die *Stella Matutina* (1903) unter Felkin – die spätere Keimzelle der Anthroposophie in England, die *Fellowship of the Rosy Cross* (1914) von A. E. Waite, die *Society of the Inner Light* (1924) von Dion Fortune und der *Argenteum Astrum* (1904) von Aleister Crowley. Crowley leitete auch die englische Sektion des *Ordo Templi Orientis* (OTO), der um 1896 von Kellner in Deutschland gegründet und 1905 von Theodor Reuß übernommen worden war.

Aleister Crowley (1875–1947) war wohl die umstrittenste Gestalt der esoterisch-magischen Szene dieses Jahrhunderts: Neben unzähligen Zeitungsartikeln gegen ihn und etlichen Prozessen diente er auch als Modell für den Schwarzmagier in Somerset Maughams Roman »The Magician«. Crowley hatte selbst nach Kräften für diesen Ruf gesorgt, zum Beispiel indem er sich den Namen »Die große Bestie« (nach der Johannes-Apokalypse der Antichrist) und die Zahl 666 beilegte und offen gegen die bürgerliche Moral verstieß, wo er konnte und genügend auffiel. Neben dieser eher lächerlichen Attitüde war er aber in Wort und Tat sehr menschenverachtend und nutzte seine Anhänger sexuell und finanziell bis zum letzten aus, um sie dann fallenzulassen. Sein »Buch des Gesetzes« bringt das auf den Nenner: »Die Sklaven sollen dienen.« Von sonstigen Okkult-Abenteurern und Hochstaplern unterschied Crowley sich jedoch dadurch, daß er über umfangreiche klassische Bildung und beachtliche Sprachgewalt verfügte. Er trug vor allem dazu bei, die Sexualmagie ins Gespräch zu bringen, führte Yoga-Techniken in den europäischen Okkultismus ein und betrieb die Magie mit Intensität und Akribie wie einen Leistungssport (einschließlich der dazugehörigen Schäden). In dieser Hinsicht hat Crowley den praktischen Okkultismus angeregt und ihm eine Menge Ideen gegeben.

Seine eigentliche Wirkung aber lag in der Gründung einer eigenen

Religion, deren Messias er sein wollte. Im Jahre 1904 wurde ihm in Kairo von einem Geist namens Aiwass das »Buch des Gesetzes« diktiert, dessen zentrale Aussagen Crowley im Eid für seine Anhänger zusammenfaßte:

»DER EID: Im Bewußtsein, ein einzigartiges, selbständiges und ewiges Individuum zu sein erkläre ich . . . hiermit bei meiner Ehre, daß ich das *Buch des Gesetzes* (*Liber Al vel Legis*, wie es Aiwass an To Mega Therion [die große Bestie] 666, den Menschen Aleister Crowley mitteilte) als einzige und ausreichende Autorität des gegenwärtigen Zeitalters (das mit Frühjahrsanfang des Jahres 1904 gewöhnlicher Zeitrechnung begann) akzeptiere. Insbesondere stimme ich folgenden Aussagen zu: Kap. I.V.3. [des gen. Buches] Jeder Mann und jede Frau ist ein Stern. – I.V.39. Das Wort des Gesetzes ist *Thelema*. – I.V.40. Tu was du willst, soll das ganze Gesetz sein. – I.V.41. Das Wort der Sünde ist Einschränkung. – I.V.42. Du hast nur das Recht, deinen Willen zu tun. – I.43. Tue dies, und niemand wird es verwehren. – I.44. Dem reinen Willen, von Zwecken unbehelligt, vom Drang nach Ergebnissen befreit, ist jeder Weg vollkommen. – I.57. Liebe ist das Gesetz, Liebe unter Willen. – Indem ich hiermit meine unveräußerliche Freiheit und Selbständigkeit festgestellt habe und die Solidarität meines Bewußtseins mit dem Heiligen Geist der Menschheit bekräftige, beschwöre ich feierlich und freudig meine Treue gegenüber TO MEGA THERION 666, der Inkarnation dieses Geistes; denn ich erkläre es als meinen wahren Willen, mich mit aller meiner Energie und meinen Kräften Seinem Großen Werk zu widmen, die Menschheit unter die Herrschaft Seines Gesetzes des Lichts, des Lebens, der Liebe und Freiheit zu bringen. [Es folgt eine weitere Bekräftigung des totalen Gehorsams.]«[84]

Aiwass macht auch klar, wie dieser Wille zu gebrauchen sei: Die Befreiung der Starken ist das Ziel; die Schwachen, Unfähigen und Barmherzigen sollen niedergetreten, gefoltert und getötet werden (wörtlich so). Er will Blutopfer und reueloses Austoben der Triebe. Dieses Programm kam Crowleys Lebensweise sehr entgegen und fand seitdem auch etliche weitere Anhänger. Mit seinem extremen Bekenntnis zu gnadenloser Gewalt, seelenloser Sexualität und magischem Größenwahn ist Crowleys »Anti-Religion« Vorbild für alle Personen und Gruppen, die sich – sei es aus Trotz, Dummheit oder Verzweiflung – auf die Schattenseite des Lebens und der Kultur schlagen wollen. Sie bezeichnen sich nach dem »Wort des Äons *Thelema*« als *Thelemiter*. Zu Crowleys Anhängern zählen der OTO (*Ordo Templo Orientis*) und die Gefolgschaft Michael Eschners, der sich gar für den reinkarnierten Crowley hält, bedingt auch die *Fraternitas Saturni* und zahlreiche Einzelpersonen und magische Zirkel.

Was Crowley trotzdem faszinierend macht, auch für seine Kritiker und Gegner, ist die Tatsache, daß er mit seinem Leben für seine Lehre eingestanden hat, so extrem sie war. Er war kein Salon-Satanist, sondern hat das existentielle Scheitern auf sich genommen, zu dem er mit seiner Haltung verdammt war. Was er über Magie und innere Wirklichkeit schreibt, hat er selbst erlebt. So brutal wie mit anderen ging er auch mit sich selbst um. Bei aller Perversität, aller Lächerlichkeit und Gemeinheit seines Lebens wird man seinem Scheitern eine gewisse tragische Kraft nicht absprechen können. Deshalb hat er manche Bewunderer, die zwar nicht Anhänger seiner faschistoiden Religion sind, aber diesen Aspekt von Crowleys Lehre gern unkritisch übersehen. Zu denen gehören etwa sein früherer Sekretär und Herausgeber der Golden-Dawn-Werke, Israel Regardie, oder der deutsche Okkultist Herbert Fritsche. Fritsche interpretiert das »Tu was du willst!« so: ». . . heißt nicht: ›was dir gerade in den Sinn kommt oder was dir beliebt‹, sondern: was dein unaustauschbarer innerster Wille ist, den Gott in dich legte, als er dich und keinen anderen meinte! Der alte Imperativ: ›Werde, der du bist!‹ hat fast denselben Sinn.«[85] Die meisten Crowley-Jünger haben jedoch dessen Pose des Finsterlings übernommen, ohne aber die Tiefe ihres »Meisters Therion« zu erreichen.

Mit Crowleys medial empfangener Religion schließt sich der Kreis dieses Kapitels wieder zum Spiritismus und macht noch einmal eindrücklich deutlich, wie vorsichtig mit Offenbarungen umgegangen werden sollte. Und das gilt gerade, weil sie sich dem Empfänger, ganz gleich wie intelligent und kritisch er sonst ist, als absolute Autorität aufdrängen, der er sich vielleicht selbst gar nicht entziehen kann. Sieht man sich an, wie unterschiedlich die Offenbarungen sind, die Blavatsky, Mathers und Crowley innerhalb von 15 Jahren empfingen (oder empfangen zu haben behaupteten), so zeigt sich darin nicht nur der Zeitgeist, sondern auch der persönliche Charakter der Empfänger.

Mit den genannten magischen Systemen, in Anlehnung an den Golden Dawn und Crowley, entwickelte sich als Novum in der esoterischen Geschichte eine völlig säkulare Magie, in der die Übungen und Rituale als reine Psychotechniken begriffen werden. Maßstab ist keine wie auch immer geartete Transzendenz, sondern der Magier selbst. Hier ergeben sich dann Überschneidungen mit dem Neo-Schamanismus, der gegenüber dem Schamanismus eine ähnliche

Entwicklung durchmachte wie die moderne Magie gegenüber den esoterischen Überlieferungen.

Noch einen Schritt weiter ging eine magische Richtung, die sich die Bezeichnungen »pragmatische Magie« und »Chaos-Magie« gab. Sie wird durch den englischen Orden IOT (*Illuminates of Thanateros*) vertreten und in Deutschland durch Frater V∴ D∴. Hier wird die Reduzierung der Magic auf Technik zum Programm. Bezug zur Transzendenz und verbindliche ethische Normen werden grundsätzlich abgelehnt. Anknüpfungen an moderne technische Denkweisen werden bewußt gesucht, Weltanschauung gilt als bloßes magisches Werkzeug.

Das Leitbild der Magie in der hier angeführten Tradition ist nicht der Weise, der Einsicht in das innere Wesen der Schöpfung hat, mit Gott im Einklang lebt und seine Mitmenschen oft wundersam zu heilen vermag. Der Magier als Leitbild ist der Machtmensch, der sich den Zugang zu höheren Sphären erringt, dem Demut ein Zeichen von Dummheit oder ein technisches Hilfsmittel ist. Die Erfordernisse an ihn werden oft als »Wissen, Wollen, Wagen und Schweigen« zusammengefaßt. Dieses Bild kündigte sich schon in der Legende des Doktor Faustus an, kam aber erst im Zeitalter der Technik zur Blüte, deren metaphysische Überhöhung die Figur des Magiers bildet: der Machbarkeitswahn wie auf Erden also auch im Himmel.

Ein schlimmes Kapitel der Esoterikgeschichte soll hier noch erwähnt werden, das mit einem schlimmen Kapitel der europäischen Geschichte zusammenfällt: dem Rassismus. Rassistische Ideen waren Ende des vorigen und in der ersten Hälfte dieses Jahrhunderts in esoterischen Kreisen ebenso verbreitet wie sonst in der Gesellschaft. Viele esoterische Kreise und Orden nahmen rassistisches Gedankengut auf und mystifizierten es entsprechend ihrer jeweiligen Weltanschauung. So bauten die Theosophen und Anthroposophen in ihre Entwicklungsgeschichte der Menschheit entsprechende Rassentheorien ein, bei denen die weiße europäische Rasse als die überlegene, derzeit am höchsten entwickelte erschien. Spielte diese Vorstellung im Weltbild der genannten Gruppen nur eine untergeordnete Rolle, so bauten andere Zirkel geradezu darauf auf: die *Ariosophen.* Zu den Ariosophen sind etwa Guido von List, Jörg Lanz von Liebenfels, Friedrich Marby, Hermann Wirth, Rudolf

Gorsleben und andere zu zählen, die in zahlreichen Vereinigungen und Orden organisiert waren. Ihre Lehren zeichnen sich besonders durch die Mystifizierung der Arier, Germanen oder Deutschen als der einzigen kulturstiftenden Rasse aus. Ironischerweise besaßen aber viele Ariosophen so gut wie keine Kenntnis von den germanischen Völkern und ihrer Kultur. Dafür wurde die Bibel zu einer arischen Urschrift erklärt, die von den Juden entstellt worden sei, und ähnlich grotesker Unfug. Unter den NS-Ideologen war von solchen Vorstellungen besonders Himmler sehr angetan, der die SS als okkult-magischen Orden aufzog und die Externsteine zum Nationalheiligtum machen ließ. Die ariosophischen Ideologen haben erheblich den Boden für Hitlers Weltanschauung mitbereitet, waren jedoch nicht in eine breite Öffentlichkeit hinein wirksam und wurden nach Hitlers Machtergreifung völlig verboten und, wie alle anderen esoterischen Gruppierungen, von den Nazis verfolgt.

Auch heute geistert das häßliche Gespenst des Rassismus und europäischen Überlegenheitsdünkels noch durch manche esoterische Kreise. Hier wäre eine offene Auseinandersetzung wünschenswert und erforderlich.[86] Besonders in jüngster Zeit scheint die Gefahr zu bestehen, daß rechtsradikale Gruppen den Mangel an Klarheit und die weitgehende Tabuisierung dieses Themas in der Öffentlichkeit ausnutzen und ihre Ideologie in die neureligiöse Szene hereinsikkern lassen, wo sie im weltanschaulichen Durcheinander oft schwer festzumachen ist.

4. »Betonschamanismus« – Esoterik im Konsumzeitalter

»Natürlich gibt es eine jenseitige Welt.
Die Frage ist nur: Wie weit ist sie von
der Innenstadt entfernt, und wie lange
hat sie geöffnet?« *(Woody Allen)*

Die Esoterik des vorigen Jahrhunderts bis zur Mitte des jetzigen war bestimmt durch den Zweifrontenkampf gegen das mechanistische Weltbild der Naturwissenschaften und die immer noch maßgeblichen Kirchen. Das zwang die esoterischen Philosophien in die Defensive, sie lebten hauptsächlich aus dem Kontrast und Protest gegenüber der Hauptkultur: die als »Schattentradition« gekennzeichnete Lage. Diese Situation wirkte sich auf das Niveau der esoterischen Philosophien fatal aus; es ging ums bloße Überleben der Tradition. Für die Erhaltung einer relativen weltanschaulichen Eigenständigkeit wurde der hohe Preis des Sektierertums und der weltfremden Schwärmerei gezahlt. Große geistige Leistungen wurden auf diesem Gebiet nicht erbracht, außer vielleicht Blavatskys Theosophie. Der Rest ist von philosophischem Krämergeist geprägt gewesen, was es den Kritikern besonders leicht gemacht hat. Adornos Spruch von der »Metaphysik der dummen Kerle« und Thomas Manns Spott über den »Köhlerglauben« waren sicher arrogant, aber nicht völlig unberechtigt.

Im Laufe der vergangenen Jahrzehnte wurden beide Fronten erheblich aufgeweicht: Parapsychologie, Ethnologie und Tiefenpsychologie brachten von wissenschaftlicher Seite her eine Fülle von Material, das viele esoterische Thesen in ein günstigeres Licht setzte. Die radikalen Umwälzungen der Relativitätstheorie und Quantenmechanik förderten eine grundsätzliche Bereitschaft vieler Physiker, umzudenken und völlig neue Ideen mit Neugier und Toleranz zu betrachten. Es durfte wieder über die möglichen Grenzen der Wissenschaft diskutiert werden. An der anderen Front wurden die Kirchen in wachsendem Maße mit den anderen großen Weltreligionen konfrontiert, zunächst in den Missionsländern, dann aber auch zu Hause. Ihre überhebliche Unduldsamkeit ließ sich nicht länger halten und wich einer vorsichtigen Gesprächsbereitschaft. Außerdem hatten die Kirchen in Kultus und Mythos freiwillig Boden aufgegeben, um sich an den Trend des mechanistischen Weltbildes anzupassen. Der Einbruch der sexuellen Revolution in die kirchliche Ethik und der Einbruch der Psychologie in die christliche Seelsorgepraxis zwang die Kirchen zum Nachdenken über ihre Grundpositionen.

Zudem traten in den letzten Jahren weltweit Entwicklungen ins Bewußtsein der Menschheit, für die alle Weltanschauungen – esoterische wie kirchliche, mechanistische wie religiöse – gleichermaßen unzureichende Antworten zu bieten haben: der Aufbruch der Frauen, der Ruf nach dem Schutz allen Lebens vor Umweltvernichtung und Aufrüstung, die Kritik an der totalitären Technisierung und Industrialisierung der Welt, die sogenannte Sinnkrise in allen Industrienationen und der Kampf gegen Hunger und Elend in der Dritten Welt. Diese Herausforderungen ergehen an jeden einzelnen Menschen, gleich welcher Nation oder Religion. Und es gibt kein Patentrezept, kein naturwissenschaftliches, kein kirchliches und kein esoterisches. Trotzdem führt diese Lage aber dazu, daß die Fragen an Weltanschauungen heute vor einem ganz anderen Hintergrund gestellt werden. Heute suchen so viele Menschen Antworten auf ihre Lebensfragen auch im esoterischen Bereich, daß man sagen kann, daß die Esoterik aus dem Schatten der Kultur herausgetreten ist.

Nicht nur der gesamtgesellschaftliche Hintergrund ist ein völlig anderer geworden, auch die inhaltlichen Voraussetzungen esoterischen Denkens sind andere als noch vor hundert Jahren. Die entscheidende Bruchstelle war der Zweite Weltkrieg. Während des Naziregimes waren in seinem gesamten Machtbereich alle esoterischen, okkulten, freimaurerischen und ähnlichen Vereinigungen und Orden verboten worden. Namhafte Vertreter derselben kamen ins KZ. Nach dem Krieg waren die Weichen in ganz Europa auf materiellen Wiederaufbau gestellt. Das Interesse an esoterischen Fragen war naturgemäß gering. Die okkulten Orden und Vereine fanden sich zwar langsam wieder zusammen und auch in Deutschland wurden kleinere Zeitschriften publiziert (»Merlin«, »Die andere Welt«), aber gemessen an der Zeit vor dem Krieg war die Aktivität bescheiden. Der Umschwung ging dann aber nicht aus den alten Riegen der magisch-rosenkreuzerischen Orden und Theosophenzirkel hervor. Er kam mit dem großen Aufbruch der Jugend in den sechziger Jahren aus den USA: die Hippies und die *flower-power*-Bewegung mit ihrer Begeisterung für asiatische Philosophien und Naturromantik; die Rockmusik mit ihren vielfach okkulten und religiösen Texten; die Drogenkultur mit ihrer Vielfalt an psychischen Erlebnissen; die großen Hoffnungen der sozialen Bewegungen auf eine menschlichere Gesellschaft; die sexuelle Revolution mit einer veränderten Sinnlichkeit, einer anderen Einschätzung des Körpers und neuen Maßstäben für die menschliche Intimsphäre. Aus dieser Subkultur kam die neue Generation der esoterisch Interessierten. Sie brachte eine neue Einstellung zum Leben mit, vor allem ein starkes soziales, ökologisches und feministisches Bewußtsein, das der Hermetik des 19. Jahrhunderts fast völlig gefehlt hatte – abgesehen wieder von der Theosophie.

Damit war vor allem auch das ausgeprägte Traditionsbewußtsein der europäischen Esoteriker verlorengegangen. Ob etwas traditionell ist oder nicht, ob christlich, ägyptisch oder hinduistisch, interessiert die neue Generation nur am Rande. Hauptsache, es funktioniert und bringt die erwünschte psychische Wirkung hervor. In den angelsächsischen Ländern war die Bedeutung der Hermetik von Anfang der Jugendbewegung an größer, im deutschsprachigen Bereich dauerte es zwanzig Jahre länger. Und die Welle breitete sich auch in die Ostblockländer hinein aus, wenn auch mit Schwierigkeiten. Heute ist es längst keine Strömung der jüngeren Generation mehr. Sie durchzieht alle Alters- und Bildungsschichten.

Während früher die hermetische Esoterik die einzige praktische Alternative zum kirchlichen Christentum war, hatte sie jetzt Konkurrenz anderer esoterischer Strömungen bekommen. Unser Jahrhundert hat der Esoterik mehrere entscheidende geistige Begegnungen gebracht: mit der Tiefenpsychologie C. G. Jungs, mit den asiatischen Religionen und mit den Naturreligionen.

C. G. Jung hat mit seinen psychologischen Arbeiten die allen Menschen gemeinsame seelische Basis des mystischen Erlebens und der religiösen Symbole erwiesen. Die Strukturen des Seelenlebens, die er als Archetypen bezeichnete, konnte er in Träumen, Visionen, Wahnvorstellungen, Mythen, Märchen, religiöser Kunst und mystischen Erfahrungen aller Kulturen gleichermaßen finden. Neben seiner psychotherapeutischen Arbeit beschäftigte er sich auch mit Alchemie und östlichen Religionen. Er war es, der die Alchemie vom Ruf der Goldkocherei befreite und ihre Funktion als mystischen Weg aufzeigte. Mit diesem Ansatz öffnete er die Möglichkeit zu einem Verständnis bislang fremd erscheinender Religionen. Der Preis für diese kulturverbindende Idee war allerdings eine Reduktion auf das psychologisch Erfaßbare. Jung selbst hat diese Gefahr gesehen, konnte sie aber nicht ganz vermeiden. Seine Archetypen rutschen leicht auf die »Ebene des Eigentlichen«. Aphrodite ist nicht mehr die wirkliche Göttin, sondern *eigentlich* eine Personifikation des Archetyps der Anima, Christus die des Selbst und so weiter. Endlich sind wir schlauer als die naiven Leute von früher und haben trotzdem ihre bunte Bilderwelt gerettet. So simpel meinte Jung es nicht, aber das Mißverständnis liegt leider nahe.

In seinen umfassenden Kulturvergleichen konnte Jung bereits auf eine Fülle von Texten aller Weltreligionen zurückgreifen, wie sie der Menschheit noch nie zur Verfügung gestanden hatten: Ende des vorigen Jahrhunderts waren die ägyptischen Hieroglyphen entziffert worden und erstmalig in Originaldokumenten zugänglich; in Oxford wurden zwischen 1879 und 1910 in fünfzig Bänden die »Sacred Books of the East« unter Max Müller herausgegeben, die lange Zeit Hauptquelle asiatischer Texte waren; Richard Wilhelm gab seine berühmten Übersetzungen des »I Ging« und des »Tao Te King« heraus. So stehen unserem Jahrhundert Quellen aus allen Erdteilen und allen Epochen offen, aus denen sich natürlich ein verändertes Bild der Geistesgeschichte ergeben mußte. Bis heute ist diese Auseinandersetzung noch nicht abgeschlossen. Hinzu kommen Reisemöglichkeiten in einem früher ungeahnten Ausmaß. Und viele religiöse Lehrer sind aus Asien in die USA oder nach Europa ausgewandert. Viele Tibeter flüchteten vor der chinesischen Besetzung ihres Landes. Vivekananda ging in die USA, um dort um Verständnis für den Hinduismus zu werben. Die Persönlichkeit Mahatma Gandhis beeindruckte Menschen in aller Welt. Aus dem romantischen Bild des fernen Indien und China entwickelte sich so eine intensive Begegnung mit Zeugnissen und Vertretern ihrer Kulturen. Diese Begegnungen wirkten sich natürlich nicht nur in esoterischen Kreisen, sondern auch in Kirchen und Geisteswissenschaften aus, obwohl sich die akademische Wissenschaft des Westens gegen neue Ideen als bewundernswert resistent erwiesen hat. Die Alternativkultur begeisterte sich jedenfalls schnell für die asiatischen Leh-

114

rer, oft auch sehr unkritisch, wie die Guru-Welle zeigte. Früher oder später mußte aus dieser Begeisterung aber die Einsicht hervorgehen, daß man einer fremden Kultur nur dann wirklich begegnen kann, wenn man sich seiner eigenen bewußt ist. Alles andere erzeugt blinde Abhängigkeit. Die Suche nach der eigenen, europäischen Spiritualität begann. Viele fanden mit erneuertem Verständnis zurück zum Christentum, andere forschten nach dem esoterischen und heidnischen Untergrund Europas.

Dieser Trend – in Deutschland erst in den achtziger Jahren deutlich sichtbar – wurde auch durch den Kontakt mit den naturbezogenen Religionen der Indianer gefördert. Es war dies nicht der erste Aufbruch in eine heile, natürliche Welt, es war auch nicht das erste Bild vom »edlen Wilden«, durch das die zivilisationsmüden Europäer sich an ihren eigenen Wunschphantasien ergötzten. Romantik und Wandervogel hatten ganz ähnliche Züge getragen. Aber mit den Hippies, die zu den indianischen Stämmen zogen, und den Workshop-reisenden Schamanen[87] kam es zu vielen persönlichen Begegnungen mit deren Kultur, auch wenn sie in der Seminar-Szene kräftig verzerrt worden ist. Das Interesse hatte auch die für die Konsumgesellschaft typische Kehrseite: »Wie unmittelbar vor der Ausrottung stehende Pflänzchen auf (fast) jeden Botaniker eine proportional zu ihrer Seltenheit steigende Anziehungskraft ausüben, fliegen Ethnologen und Alternativkultur gleichermaßen auf die und mit den letzten paar exotischen, weisen Individuen [Schamanen].«[88] Der marktgerechte indianische Weise und Magier wurde dann von Carlos Castaneda entworfen und hielt einen Siegeszug durch die ganze westliche Welt. Die ersten von Castanedas Romanen[89] waren mit einem derart feinen Gefühl für seelische Erfahrungen, genauer Kenntnis magischer Techniken und vor allem Gespür für den Zeitgeist geschrieben, daß Don Juan der Musterschamane der suchenden Europäer wurde. Sein Streben nach individueller Macht ohne Kontakt mit einer menschlichen Gemeinschaft ist jedoch gänzlich untypisch für die wirklichen Schamanen der indianischen Völker. Trotzdem oder deswegen war Castaneda in den siebziger Jahren der bei weitem einflußreichste Faktor in der Auseinandersetzung mit der indianischen Religion. Die wirklichen Schamanen der Indianer rieten den jungen Weißen im Gegensatz zu Castaneda nicht zum Rückzug in magische Jenseitswelten und zum Ausmerzen ihrer persönlichen Vergangenheit. Sie brachten sie vielmehr auf die Suche nach den Wurzeln ihrer eigenen naturnahen Kulturelemente und riefen dazu auf, die Erde wieder als heilig anzusehen und sich für das Leben der Gemeinschaft einzusetzen.[90]

Es gibt auf dem Boden abendländischer Esoterik eine Bewegung, an die sich bei dieser Suche nach einer naturgemäßen Religion leicht anknüpfen läßt: den *Wicca-Kult*. Das Wort »Wicca« leitet sich vom altenglischen *wiccian* ab, was »hexen« bedeutet und auch die Wurzel für *witch*, Hexe, bildet. (Im Niederdeutschen gibt es die alten Begriffe »Wickerin« oder »Wenderin« für Weise Frauen.) Der Kult wird demnach auch oft als Hexenkult bezeichnet. Es ist allerdings äußerst zweifelhaft, ob die behauptete Kontinuität zu den Hexen der Neuzeit und weiter zurück zu den alten heidnischen Einweihungskulten besteht. Die Selbstbezeichnung »Alte Religion« ist daher nicht als historische, sondern als eine ideelle Anknüpfung zu verstehen. Der feststellbare Beginn der Bewegung liegt etwa Ende des vorigen Jahrhunderts in volkskundlich interessierten Kreisen in Südengland. Anknüpfend an noch bestehende Volksüberlieferungen und Elemente der hermetischen Tradition aus der SRIA und eventuell dem *Golden Dawn* bildeten sich kleine Hexenzirkel, die gemeinsam die alten Jahresfeste feierten und Vollmondriten durchführten. Befruchtet wurden diese Ansätze durch Margaret Murrays Buch »The Witch-Cult in Western Europe«, das 1921 erschien, und durch Charles Lelands »Aradia«, das die Reste des italienischen Hexenkultes beschreibt. Als 1951 das englische Hexengesetz *(witchcraft act)* abgeschafft wurde, traten mehrere Personen an die Öffentlichkeit und bekannten sich als praktizierende Hexen. Unter diesen ist besonders Gerald B. Gardner (1884–1964) wichtig, der das Buch »Witchcraft Today« herausgab und an dem sich ein Teil der heutigen Wiccas orientiert *(Gardnerian Wicca)*. Möglicherweise stimmt die mehrfach aufgestellte Behauptung, daß einzelne englische Familienkreise sehr alte Rituale und Texte tradiert haben und daß manche *Coven* (Hexengruppe zu 13 Personen) eine bis in die Neuzeit zurückgehende Geschichte haben. Sichere Informationen gibt es darüber keine.[91] Ich nehme eher an, daß der Kult nicht älter als hundert Jahre ist. Jedenfalls sind die meisten heute wichtigen Gruppen erst in den letzten zwanzig Jahren entstanden. Wicca ist ein Kult mit ausschließlich kleinen, informell organisierten Gruppen, die in den letzten Jahren gegenüber anderen esoterischen Richtungen sehr an Attraktivität gewannen, weil Frauen darin eine gleichberechtigte

116

Rolle spielen, weil es keine hierarchischen Strukturen gibt, weil die Natur verehrt wird und das ökologische und politische Engagement vergleichsweise groß ist. Den stärksten Zulauf hat dieser Kult wohl aus der Frauenbewegung bekommen, die natürlich die größten Schwierigkeiten mit der Kirche und ihrer Ideologie hat. Wicca wird dort oft zur Religion der Göttin.

Wicca und Neo-Schamanismus breiteten und breiten sich besonders in der Alternativszene aus, wo Esoterik nicht nur ein Freizeitspaß ist, sondern wo nach neuen Lebensformen und Lebensgemeinschaften gesucht wird, in denen der Bezug zur Natur im Mittelpunkt des religiösen wie auch des praktischen Lebens steht. Im Gegensatz zu vielen anderen modernen Formen der Esoterik bietet dieses Neuheidentum neben rituellen Techniken und spirituellen Erfahrungen auch einen religiösen Hintergrund. Will man die vielen Richtungen zwischen Wicca und Indianer-Schülern zusammenfassen, so könnte man unter Verwendung eines Begriffs aus der Szene von »Erdreligion« reden.

Da es über esoterische Gruppierungen nur wenig Zahlen gibt, ist es nicht leicht, die heutige Situation zu überblicken. Alle in diesem und dem vorigen Kapitel genannten Strömungen sind heute noch aktiv. Da aber sehr viel in Bewegung geraten ist, kann der heute wichtigste Trend morgen schon zur Randerscheinung geworden sein. Was aus der Esoterik-Welle wird, zeigt sich erst in den nächsten zehn bis zwanzig Jahren. Als stetig vorhandene Strömungen kann man annehmen:

Verschiedene theosophische Gesellschaften, in Deutschland vor allem die Anthroposophie mit sehr vielen Mitgliedern und großem Einfluß.

Die spiritistischen Kreise, die sich jeweils um die Lehre einzelner »Geistwesen« gruppieren (Seth, White Eagle, Saint Germain, Ramala-Lehrer, Maitreya) oder um bestimmte Propheten wie Lorber, Greber, Swedenborg. Diese Gruppen sind meist christlich, ebenso die Anhänger des religiösen Spiritismus englischer Prägung. Ob die daraus entstandene Modeströmung des Channeling mehr ist als ein Kommerz-Gag, wird sich zeigen.

Die Erdreligion: Anhänger verschiedener indianischer Lehrer und Schamanen, neuerdings auch afrikanischer Medizinmänner, Wicca-Kult, Göttin-Kult, Hexengruppen.

Die Orden: kabbalistische, besonders im englischsprachigen Bereich, im Anschluß an den Golden Dawn; thelemitische Orden in Nachfolge Crowleys; die Chaos-Magier; Rosenkreuzer-Orden, die meist aus theosophischen Kreisen stammen; einige Hochgrad-Logen, die ihre esoterische Arbeit noch bewußt durchführen; sonstige Orden wie Mazdaznan, Gralsbewegung, Ariosophen.

Die Unorganisierten: Als weit größte Gruppe all diejenigen, die keiner Organisation oder verbindlichen Lehre angehören, sondern verschiedenste esoterische Systeme und Techniken zur Lebenshilfe und geistigen Orientierung verwenden, Seminare besuchen und so weiter. Hier ist Astrologie ein Dauerbrenner, seit einigen Jahren auch Tarot. Meditations- und Entspannungsübungen sind schon selbstverständlich geworden.

Die Trends der letzten Jahre waren meiner Beobachtung nach, in dieser Reihenfolge: indische und Zen-Meditation, T'ai Chi, Indianer, Schamanen, Tarot, Hexen, Channeling und Spiritismus. Interessanterweise scheiterten aber auch kommerzielle Versuche, Trends zu *machen*: Der Dianus-Trikont-Verlag beispielsweise ging mit seinem Metapolitik- und Kelten-Programm unter. Ein wichtiger Faktor bei der Verbreitung esoterischen, magischen und mythischen Gedankenguts ist die Fantasy-Literatur (zum Beispiel J. R. R. Tolkien, Michael Ende, R. A. Wilson).

Als wesentlicher Trend ist vor allem noch die *New-Age-Bewegung* zu nennen, die in den letzten zwei bis drei Jahren ständig im Gespräch war und oft für alle neuen religiösen Strömungen steht. Die globalen Krisen der letzten Jahre brachten eine Vielfalt apokalyptischer Bewegungen hervor, deren Spektrum vom fatalistischen Warten auf den Weltuntergang bis zur begeisterten Erwartung eines neuen Goldenen Zeitalters reicht. Der sogenannte New-Age-Mythos bezieht sich auf die alte astrologische Lehre von den Zeitaltern des platonischen Jahres, die je etwa 2200 Jahre lang dauern. Danach befindet sich die Menschheit zur Zeit im Übergang vom Fische- zum

Wassermannzeitalter (»the age of aquarius« im Musical »Hair«). Alle weltweiten Veränderungen und kulturellen Impulse werden von Anhängern dieses Mythos als Anzeichen für den Beginn dieser Epoche angesehen. Die apokalyptische Hoffnung auf ein neues und besseres Zeitalter ist so alt wie der Verdruß am Vorhandenen und auch in der christlichen Religion fest verankert. So wird der Mythos vom Wassermannzeitalter oft verbunden mit der Hoffnung auf die versprochene Wiederkehr Christi. Neu ist auch nicht, daß man sich diese als Einbruch in unsere raum-zeitliche Wirklichkeit vorstellt.

Im Grunde ist die New-Age-Erwartung in der heutigen spirituellen Szene nicht maßgeblich. Manche finden darin offenbar eine Möglichkeit, ihre berechtigten Zukunftsängste zu ertragen. Viele halten einen großen Umbruch für wahrscheinlich, aber die Vorstellung hat in ihrem Alltag kein großes Gewicht. Kaum jemand würde von sich sagen, er oder sie gehöre der New-Age-Bewegung an. Der Begriff hat sich nur bei Kritikern und Journalisten eingebürgert, die nicht so genau wissen, womit sie es zu tun haben, und deshalb ein sachlich falsches, aber plastisches Feindbild einer differenzierten Analyse vorziehen. Will man den Begriff New-Age-Bewegung als Oberbegriff für die sehr bunte Vielfalt von Menschen benutzen, die sich heute für neue religiöse Strömungen interessieren, so darf man nicht vergessen, daß es sich dabei nicht um eine einheitliche Bewegung handelt, die bestimmte Glaubenssätze vertritt. Jeder Versuch, die Überzeugungen der New-Age-Bewegung zu beschreiben, ist zum Scheitern verurteilt, weil er Christen und Buddhisten, Heiden und Hindus, Astrologen und Spiritisten und noch viele andere unter einen Hut bringen müßte. Die sogenannten Vordenker der New-Age-Bewegung (Ferguson, Capra, Wilber, Grof und andere) halte ich dabei für wenig maßgeblich. Hauptsächlich die Kritiker und Journalisten beziehen sich auf sie. In meinem persönlichen Bekanntenkreis, in dem sich die meisten für religiöse und philosophische Fragen interessieren, hat kaum jemand die genannten Autoren gelesen oder interessiert sich für deren Thesen. Gerade das, was immer wieder für »typisch New Age« ausgegeben wird, halte ich für untypisch.[92]

Vielleicht sollte man »New Age« für eine neue weltanschauliche Grundstimmung verwenden – wie es vor 200 Jahren etwa die Aufklärung war –, ein neues Interesse am Religiösen und ein starkes Krisenbewußtsein. Davon sind mehr oder weniger alle modernen Menschen betroffen, die sich mit den neuen Ideen auseinandersetzen, unabhängig von ihrer jeweiligen Religion. Die abendländische Esoterik, der dieses Buch gilt, ist darin nur eine philosophische Richtung.

Am häufigsten wird der neuen religiösen und esoterischen Strömung ihre Konsumorientierung vorgeworfen. Das liegt aber nicht in der Sache, sondern in unserem Umgang damit: In der heutigen Gesellschaft, in der alles vermarktet wird, ist auch die Esoterik mit auf den Ladentisch geraten. Die Seminarszene blüht: Man kann in Wochenendkursen so ziemlich alles »lernen«, von der Visionssuche über das Aurasehen bis zum Zaubern. Astrologie, Tarot, I Ging, Kabbala, Medialität, Heilrituale und Meditation, alles wird feilgeboten – losgelöst vom jeweiligen religiösen Zusammenhang, in dem diese Praktiken ursprünglich alle gestanden haben. Wo Esoterik sich aber von ihrem religiösen Hintergrund löst, macht sie süchtig, weil sie – wie jedes suchterzeugende Mittel – nicht befriedigen kann, was sie verspricht, aber nach weiteren Reizen gierig macht. Mit den psychedelischen Drogen ergab sich ein vergleichbares Problem: In vielen Völkern in aller Welt waren sie seit Menschengedenken angewendet worden, immer rituell eingebunden in die jeweilige Religion. Bei uns verkamen sie in wenigen Jahren zum inzwischen sprichwörtlichen »Trip«: Psychokonsum aus der Pille oder aus dem Wochenendseminar. Die Menschen sehnen sich nach einem sinnerfüllten Leben und werden mit Spiritualitäts-Surrogaten abgespeist. So wie mit der physischen Nahrung gehen wir auch mit der geistigen um: schnell und billig, am besten Plastik. Da drängt sich förmlich das Gleichnis von den Kindern auf, die nach Brot fragen und Steine gereicht bekommen.

In diesem Zusammenhang muß auch auf das derzeitige Modethema Jugendokkultismus und -satanismus eingegangen werden. Im Gegensatz zu den sogenannten Jugendsekten handelt es sich hierbei offenbar um ein wirklich für Jugendliche typisches Phänomen: Überall in der Republik scheinen Jugendliche und Schüler in ihrer Freizeit dem Tische- und Gläserrücken zu frönen und Schwarze Messen zu feiern, will man der Sensationspresse glauben. Ganz so blutrünstig wie auf den Illustriertenseiten und im Fernsehen[93] geht es in deutschen Schulen und Kinderzimmern nicht zu. Im Materialdienst der Evangelischen Zentralstelle für Weltanschauungsfragen (10/88) belegt eine Studie der Psychiatrischen Klinik der Universität Düsseldorf, daß mit den Behauptungen der Presse vorsichtig umzugehen ist: »In den Printmedien finden sich zum Thema Okkultismus/Spiritismus/Satanismus alle durch die Sozialpsychologie erforschten Kennzeichen der Gerüchteproduktion und -verbreitung: Durch stete Wiederholung Verselbständigung von Behauptungen zu Tatsachenaussagen; Übertragung von Einzelfällen auf Gruppen, somit ›Beweis‹-Suggestion eines ›Trends‹; der Sache nach sollen Fakten des Ok./Sp./Sat. im Dunkeln verharren, bieten der Ausdeutung Raum und erleichtern den Verzicht auf Beweisführung.« Die Jugendlichen selbst beziehen ihre Vorstellungen über Geister- und Teufelsbeschwörungen hauptsächlich aus Horrorvideos und -romanen und eben jenen Presseberichten, die sich angeblich dagegen wenden. In fast allen Presse- und Fernsehberichten werden die spiritistischen und satanistischen Praktiken in Zusammenhang mit der esoterischen Tradition gebracht. Blutrituale und Tarotkarten oder Astrologiebücher werden derart nebeneinander abgebildet, daß der unbefangene Leser meinen muß, es gäbe da einen Zusammenhang. Da drängt sich förmlich der Verdacht auf, unter dem Vorwand der Sorge um gefährdete Jugendliche werde Stimmung gegen mißliebige Weltanschauungen gemacht, während die Lust an Sex und Blut mit denselben Berichten weiter geschürt wird, auf daß das Karussell von Profit und Hetze nicht stillstehe. Die oben angeführte Studie nennt das: »Vermarktung mit Hilfe gängiger Techniken voyeuristischer Darstellungskombinationen von Gewalt, Blut, Sexualität« und spricht von »›Stellungnahmen‹ von Experten zur Sache, wobei sich über die Zeit ein Wandel der Expertenaussagen in Richtung auf Leser-Vorstellungen konstatieren läßt«.

Satan verspricht auf diesem Vorstellungsniveau vor allem Macht, die sich in blanker Gewalt und hemmungsloser Sexualität ausdrükken darf. Macht aber ist ein Ziel, das die Jugendlichen täglich als gesellschaftliches Leitbild vorgehalten bekommen. Die Porno- und Horrorindustrie zeigt deutlich, auf welchem Phantasieuntergrund dieses Leitbild der Macht in unserer Gesellschaft schwimmt. Täglich lockt die Werbung mit dem noch potenteren Auto und als Beigabe die vollbusige Dame auf dem Kühler: der Preis für angepaßtes Verhalten, der Ausdruck von Macht in der Konsumwelt. Angeprangert werden aber nicht die skrupellosen Geschäftemacher, Industriellen und Politiker, die solcher Macht-, Gewalt- und Sexphantasie ständig Nahrung geben, sondern eine Handvoll verwirrter Jugendlicher, denen der legitime Zugang zu den Szenarien verwehrt ist, die ihnen ständig vorgegaukelt werden, und die beim tragisch-naiven Versuch, sich mit magischen Tricks ein Stück vom Kuchen abzuschneiden, leicht ihre seelische Gesundheit verspielen.

Die wenigen Gruppierungen, in deren magischen Ritualen auch sexuelle Akte eine Rolle spielen – OTO, Fraternitas Saturni, manche Wicca-Kulte – nehmen grundsätzlich keine Jugendlichen auf und machen keine Werbung. Ideen aus diesem Umkreis haben aber auf Umwegen die Trivialliteratur angeregt, ganz sicher haben sie bei den ersten satanisch orientierten Rockgruppen Pate gestanden, und auch der Mörder Charles Manson hat seine Wahnideen dem Umkreis Crowleyscher Gedanken entnommen. Es ist schlimm genug, daß derart gewaltverherrlichende und menschenverachtende Ideologien überhaupt verbreitet werden. Man muß aber sehen, daß sie in der esoterischen Szene extreme und untypische Randerscheinungen bilden. Es geht nicht an, wegen der Verbrechen einzelner Fanatiker oder Irrer eine ganze Tradition zu diffamieren. Wie stünden Christentum oder Islam da, wollte man solche Maßstäbe anlegen?

So steht der heutige Betrachter der Esoterik vor der seltsamen Situation, daß eine jahrtausendealte Überlieferung sachlich und historisch so gut zugänglich ist wie noch niemals zuvor. Gleichzeitig wird damit aber sehr oberflächlich und unverständig umgegangen. Die Kritiker können es sich leichtmachen, indem sie ein paar skurrile und lächerliche Beispiele, derer es genug gibt, herausgreifen und als typische Vertreter einer insgesamt bedenklichen Strömung darstellen. Trotz dieser Verflachung und konsumorientierten Exotik zieht die esoterische Tradition immer mehr Menschen an und tritt als Alternative neben Kirchen und asiatische Religionen. Leider ist es oft schwer, darin das Mystische zu finden, das man sucht – allzu dicht ist das Gestrüpp des Mysteriösen.

Damit soll kein Gegensatz zwischen der angeblichen Tiefe der früheren Meister und der heutigen verflachten Konsum-Esoterik aufgebaut werden. Banale Horoskopaussagen und käufliche Blechtalismane wurden nicht erst gestern erfunden. Wie in den vorigen Kapiteln deutlich wurde, ist die Geschichte einer Tradition auch immer mit die Geschichte ihrer Verirrungen. Und jede Tradition bringt Fehlgriffe hervor, die für sie ebenso typisch sind wie ihre Leistungen.

In den weltanschaulichen Auseinandersetzungen der europäischen Geschichte befanden sich esoterische Richtungen fast stets auf der Verliererseite, sei es auf dem Scheiterhaufen oder bei der Pressekampagne. Da aber Geschichte bekanntlich von den Siegern geschrieben wird, ist es oft dabei geblieben, die Fehlgriffe esoterischen Denkens herauszustellen, falls es nicht überhaupt totgeschwiegen wurde. Oder hätten Sie gewußt, daß Goethe sehr engagierter Esoteriker war?

Auf der anderen Seite erliegen Vertreter esoterischer Richtungen, besonders der neuheidnischen, oft der Versuchung, sich auf die Seite der »Guten« zu stellen und alles Übel der Menschheitsgeschichte den anderen (im Zweifelsfalle dem Christentum und den Naturwissenschaften) anzulasten. Angesichts der begangenen Verbrechen ist es nur zu leicht, die »Gut«- und »Böse«-Etiketten so einseitig wie früher, nur eben umgekehrt zu verteilen: Christen böse, Heiden gut, Dogmatiker böse, Mystiker gut, Mönche böse, Hexen gut und so weiter. Damit legen heutige Esoteriker und Heiden aber die Verantwortung für die eigene Geschichte ab. Wir alle sind die Nachfahren der Verfolger, nicht der Verfolgten. Wir stehen heute – zumindest alle, die irgendwo Bücher veröffentlichen können – auf seiten der Privilegierten. Es hat schon etwas Zynisches, im reichsten Land der Erde zu leben und sich mit der Tradition der Unterdrückten zu schmücken.

Gerade in der heutigen Zeit, wo die Kirchen sich an der Basis öffnen und die Naturwissenschaftler über ihre eigenen Grundlagen nachdenken, wäre es völlig verfehlt, wenn sich nun die Esoteriker und frisch bekehrten Heiden zu Richtern über die Weltgeschichte aufspielen wollten und damit die Chance zu einer gemeinsamen Arbeit an den drängenden Problemen verspielten.

5. Esoterik und Christentum

Obwohl die Konflikte zwischen Kirchen und Esoterikern im Laufe dieses Kapitels immer wieder anklangen, ist die Frage der Rolle der Esoterik im Christentum wichtig genug, um ihr einen eigenen Abschnitt zu widmen, ist sie doch von beiden Seiten her mit erheblichen Mißverständnissen belastet.

Die großen Kirchen haben tausend Jahre lang Esoteriker und Heiden als Andersgläubige verfolgt und ermordet, wo immer sie es vermochten, und sind auch heute nicht immer fair in der Auseinandersetzung mit den Randgruppen, wenn sich in den letzten Jahren auch eine wachsende Gesprächsbereitschaft zeigt. In Anbetracht dieser Tatsache ist sicher nicht zu erwarten, in esoterischen Kreisen allzu große Begeisterung für die kirchliche Macht zu finden. Gleichwohl war und ist der weitaus größte Teil der abendländischen Esoteriktradition christlich, denn Kirche und Christentum sind keineswegs miteinander gleichzusetzen. Ein unbeteiligter Beobachter würde vermutlich die Geschichte der abendländischen Esoterik zu einem großen Teil der christlichen Religionsgeschichte zuordnen.

Bei der Besprechung der antiken Wurzeln der Esoterik war auffällig, daß es sich fast um die gleichen handelt, von denen auch das kirchliche Christentum ausging. Beim Christentum ist gewiß die Basis im Judentum über das Alte Testament stärker, das volksmagische Element dagegen schwächer. Aber abgesehen von unterschiedlichen Gewichtungen springt doch das historisch Gemeinsame sehr ins Auge. Man ist versucht zu sagen: Wären Christentum und Gnosis/Hermetik sich nicht so ähnlich, hätten sie niemals derart verfeindet sein können. Denn in der Tat ist seit der Zeit der Kirchenväter, ja seit Philippus zum Zauberwettkampf gegen Simon Magus (Apostelgeschichte 8,13) antrat, die gnostisch-hermetische Tradition aus kirchlicher Sicht der Hauptfeind des wahren Glaubens. Das setzte sich fort über die Ketzerverfolgungen bis zur heutigen Kampagne der Kirchen und Medien gegen den »Okkult-Boom«. Bevor hermetische Ansätze besprochen werden, die sich aus dem Christentum ergeben, soll zunächst die Geschichte der Gegnerschaft skizziert werden, soweit dies in den vorigen Abschnitten noch nicht geschehen ist.

Seit Alexander der Große das griechische Reich für kurze Zeit bis nach Indien und Ägypten ausgedehnt hatte, war der Horizont der hellenischen Welt weit und offen geworden. Das galt nicht nur für die räumliche Weite, sondern betraf auch die religiöse und geistige Toleranz und Weltoffenheit. Die Römer übernahmen mit der Vorherrschaft über den Mittelmeerraum die ihnen überlegene griechische Kultur und deren Toleranz.

Die Zeit von 50 v. Chr. bis 180 n. Chr. war eine Epoche relativer Ruhe, in der sich zahlreiche Kulte frei entfalten konnten. Im dritten und vierten Jahrhundert jedoch wurde das Römische Reich von inneren Unruhen, dann den einfallenden Germanenstämmen und den Perserkriegen erschüttert. Allgemeine Unsicherheit breitete sich aus, die unter anderem dazu führte, daß die Anbetungsreligionen gegenüber den freien Philosophien wichtiger wurden; denn sie gaben dem Gläubigen im äußeren Durcheinander seelische Geborgenheit. Um seine politische Einheit zu wahren, bemühte sich Rom, die Symbolkraft einer gemeinsamen Religion zu nutzen. Wie in Ägypten schon die Pharaonen, war der Kaiser als fleischgewordener Gott Inbegriff der geistigen und politischen Staatsgewalt. Das Römische Reich mußte sich mit der schnell wachsenden christlichen Kirche auseinandersetzen, weil diese die Göttlichkeit des Kaisers nicht anerkannte und damit staatsgefährdend wirkte. Rom tat dies in blutigen Christenverfolgungen. Andererseits bildete die christliche Kirche die erste international und hierarchisch organisierte Religion und bot deshalb die Möglichkeit, sich ihrerseits in die Dienste der staatlichen Einheit stellen zu lassen, wie es seit Konstantin geschah, dem ersten christlichen Kaiser (312). Das rief zeitweilig eine heidnisch-neuplatonische Gegenkirche auf den Plan, die der Plotinschüler Jamblichus gründete. Die christliche Kirche erwies sich als mächtiger. Sie verstand es, die Macht und Größe des Römischen Reiches für sich zu nutzen und zum Träger ihres nach Weltherrschaft strebenden Missionswillens zu machen. Gegen Ende des vierten Jahrhunderts war das Römische Reich christlich. Alle anderen Kulte wurden unterdrückt und verboten. Auf diese Weise war aus der Vielfalt der römisch-griechischen Ökumene ein christliches Reich geworden, in dem nur noch eine Lehre gelten durfte. Die soeben noch verfolgten Christen wurden zu Verfolgern und blieben es weit über tausend Jahre lang.

Allerdings wurden die anderen Religionen und Kulte nicht nur ausgerottet, sondern auch assimiliert. Gerade in der Assimilationskraft lag eine der Stärken des Christentums gegenüber den Konkurrenzreligionen (wie etwa dem nicht anpassungsfähigen Mithras-Kult, der im vierten Jahrhundert fast die Stellung der Kirche übernommen hätte). Die Figur Christi bot genug symbolischen Raum, um die Rolle des menschlichen Erlösers (Messias), des sterbenden und auferstehenden Gottes (Dionysos, Iakchos, Osiris), des göttlichen Kindes (Horus), des fleischgewordenen Gottes (Pharao, Cäsar) und des kosmischen Gotteswortes (Lógos) gleichzeitig zu tragen und zu füllen. Die Muttergottes und der Heilige Geist sorgten außerdem für eine hinreichende Lockerung des Monotheismus, um in weiten Kreisen akzeptiert zu werden.

In den ersten Jahrhunderten hatten die Christen lernen müssen, sich in Begriffen und Zusammenhängen der griechischen Philosophie auszudrücken, um unter den Gebildeten der römisch/griechischen Kultur ernstgenommen zu werden. In der Zeit nach dem vierten Jahrhundert mußten nun die Vertreter aller anderen Weltanschauungen lernen, sich christlicher und damit unverdächtiger Begriffe zu bedienen. Auf diese Weise erhielt die europäische Ökumene einen gemeinsamen Maßstab, gewollt oder ungewollt. Dieser Maßstab war die Einheit der kirchlichen Lehre, die erst später aufgrund der Machtanmaßung des römischen Patriarchen zerbrach. Auch die mehr gnostisch, platonisch und esoterisch orientierten Richtungen traten von nun an in christlichem Gewand auf.

Doch wäre es unfair zu behaupten, die hermetische Lehre hätte sich nur im christlichen Mäntelchen versteckt. Für die meisten Vertreter der klassischen Hermetik war die christliche Religion Ursprung, Mitte und Ziel ihres geistigen Bemühens. Sie deuteten das Wesen des Christentums oft anders als die Kirchen, die es ihrerseits nicht verstanden, solche Strömungen für sich fruchtbar zu machen, wie es etwa das Judentum mit der Kabbala tat. Vielmehr machten die Kirchen daraus eine Machtfrage und erklärten abweichende Interpretationen ihrer Mythen schlichtweg als Abfall von Gott.

Besonders seitdem sich christliche Kreise um natur- und körperfreundlichere Deutungen bemühen, etwa in der feministischen Theologie, der Kirche von unten und der christlichen Friedensbewegung, wäre eine offenere Begegnung durchaus möglich. In der esoterischen und mystischen Tradition des Christentums stecken viele Ansätze, die zu einem zeitgemäßen Gesicht dieser alten Religion beitragen könnten. Zudem ist auf esoterischer Seite oft Interesse an einem freundlicheren Verhältnis vorhanden. So schreibt etwa der Hermetiker Fritsche:

»Mit ihren Heiligen, ihren Mirakeln, ihren Exerzitien (Ignatius von Loyola, die systematischen Heiligungspfade der Rosenkranz- und der Kreuzwegsandacht usw.) und vor allem mit ihren Sakramenten hat diese Kirche gewaltigen Anteil an der hohen und heiligen Magie. Esoteriker von Rang haben auch in neuerer Zeit den Boden des Römischen Kirchentums zu ihrem Existenzboden gemacht bzw. sind zu ihm zurückgekehrt, so z. B. . . . . der Jakob-Böhme-Schüler Franz von Baader, der magische Eingeweihte Eliphas Lévi, der Rosenkreuzer Josephin Peladan u. a.«[94]

Im Christentum selbst lassen sich von Anfang an Elemente feststellen, die auch typisch für die esoterische Tradition sind: Die Lebensgeschichte Jesu, der Apostel und Heiligen sind voll mystischer Erfahrungen, voll magischer Heilungen und Wunder; Paulus wird durch eine Vision berufen und entwickelt Ansätze zur Lehre von einem kosmischen Christus; die Sakramente der Taufe und des Abendmahles wurden ursprünglich als Mysterienfeiern, das heißt in einem durchaus esoterischen Sinn als Einweihungen verstanden[95]; viele apokryphe Evangelien zeigen die enge Verflechtung von Christentum und Gnosis; auch innerhalb des Kirchenchristentums entwickelten sich kosmologische Systeme auf visionärer Grundlage, etwa bei Hildegard von Bingen und Teilhard de Chardin. Die Liste ließe sich endlos verlängern und zeigt, daß Esoterik auch im Christentum ihren Platz hat, auch wenn verschiedene kirchliche Apologeten es gern anders darstellen möchten. Die esoterische Sichtweise ist vielmehr eine mögliche Deutung der christlichen Botschaft, und umgekehrt ist das Christentum eine der Religionen, auf deren Boden die esoterische Philosophie gewachsen ist und noch wächst. Das Christentum lebt ja seit jeher mehr aus der Volksfrömmigkeit mit ihrer Heiligenverehrung, ihrem Glauben an Wunderheilung und Segenszeichen, an Engel und Muttergöttin, ihren Jahresfesten und Totenbräuchen, als aus den trockenen theologischen Abhandlungen.
Angesichts dessen und angesichts der wirklich dringenden Probleme unserer Zeit ist es eine merkwürdige Entwicklung, daß die Kirchen als Institutionen sich auf die Seite der Konsumgesellschaft und des mechanistischen Weltbildes stellen und gegen andere religiöse Überzeugungen Stimmung machen, sie als »Aberglauben«

diffamieren, statt sich gemeinsam mit ihnen Gedanken über eine friedliche Überwindung von Militarismus, Folter, Hunger, Naturzerstörung, Konsumterror, Verflachung des Lebens und Vereinsamung der Menschen zu machen. Das Gleichnis vom Splitter im Auge des anderen und dem Balken im eigenen scheint sich noch nicht herumgesprochen zu haben.

Abgesehen von den offiziellen Positionen läßt sich aber beobachten, daß sich (neben den zunehmenden Kirchenaustritten) an der Kirchenbasis, bei vielen überzeugten Christen, Tendenzen und Interessen entwickeln, die in die gleiche Richtung weisen wie in den neuen religiösen Strömungen. Eine vertiefte persönliche Frömmigkeit nimmt zu, die Wallfahrten werden nach jahrzehntelangem Rückgang wieder beliebt, kontemplative Orden erhalten Zulauf, die Kritik an der Hierarchie und ihrem Machtmißbrauch wächst, die katholischen Frauen fordern religiöse Gleichberechtigung, und die Offenheit für andere religiöse Ansichten wird größer.

III

»Die Dinge zwischen Himmel und Erde« – Esoterische Weltbilder

Wer wollte es ernsthaft bezweifeln, daß es mehr Dinge zwischen Himmel und Erde gibt, als unsere Schulweisheit es sich träumen läßt – wie Shakespeare so treffend formulierte? Doch geht jemand hin und macht sich Gedanken darüber, was es da im einzelnen gebe, zwischen Himmel und Erde, gerät er in die Ecke der Spinner und ist akademisch allemal disqualifiziert. Da die Esoterik, wie im vorigen Kapitel beschrieben, in Europa seit gut 300 Jahren in den kulturellen Schatten abgedrängt wurde, ist heute eine wirklich sachliche Betrachtung und Diskussion des Themas schwer.

Zunächst einmal gibt es nicht *die* esoterische Lehre, obwohl von Anhängern wie Gegnern oft das Bild vermittelt wird. Esoterik ist nicht eine Weltanschauung, der man sich anschließen könnte wie einer Sekte.

Sucht man nach einem Bild, so könnte man die Esoterik mit einer Arena vergleichen, in der ganz bestimmte geistige Auseinandersetzungen ausgetragen werden – wie auch in den verwandten Arenen der Philosophie, der Kunst oder der Naturwissenschaft. Man kann diese Arena von verschiedener Herkunft her besuchen und an dem dort stattfindenden Ringen teilnehmen. Dies kann aktiv getan werden; dann kann man geistig daran wachsen und reifen. Man kann auch als Konsument dabeisein; dann hat man seine Freude an dem dargebotenen Schauspiel und lernt vielleicht etwas daraus. Sogar als Reporter kann man diese Arena aufsuchen und anderen davon berichten, ohne jedoch selbst berührt zu werden. – Nur wohnen sollte man in einer Arena besser nicht.

Die Esoterik hat sich als eine Art Spezialwissenschaft des Heilsweges, der Seele und der Zwischenwelt entwickelt und ist als solche immer auf eine zugrundeliegende Religion bezogen. Esoterische Darstellungen bestehen also immer aus zwei Aspekten: aus dem Heilswissen, dem religiösen Bekenntnis, und aus dem Erfahrungswissen über den Menschen und die geistige Seite der Welt. Das Heilswissen läßt sich nicht direkt in der Erfahrung begründen und ist kulturell gebunden. Erfahrungen lassen sich aber religionsübergreifend vergleichen und können auch im außerreligiösen Bereich interessant sein. Nachdem im geschichtlichen Kapitel deutlich wurde, in welche kulturelle Überlieferung die europäische Esoterik eingebunden ist, soll nun auf die für sie typischen Weltbilder und Begriffe eingegangen werden.

1. Wichtige esoterische Grundbegriffe

Eine vorherrschende Weltanschauung prägt Begriffe, die den Menschen der betreffenden Kultur so in Fleisch und Blut übergehen, daß ihnen nicht mehr bewußt ist, daß diese Begriffe nur zu einem Modell der Wirklichkeit gehören und nicht zur Wirklichkeit selbst. Nimmt man etwa den Begriff »Schwerkraft«: In dem Sinne, wie das Wort heute benutzt wird, ist es von Newton für seine mathematische Beschreibung der Planetenbewegungen und des freien Falls erfunden worden. Es wäre sinnlos zu sagen, daß es Schwerkraft *gibt*. Das Wort bezeichnet eine nicht weiter erklärbare Fernwirkung, die ohne sichtbaren Zusammenhang stattfindet. Nur ihre Auswirkungen lassen sich berechnen. Noch vor nicht allzu langer Zeit galten solche Vorstellungen als absurd. »Keplers Hinweis, daß Gezeiten von der Anziehungskraft des Mondes herrühren, tat sein Zeitgenosse Galilei achselzuckend als ›okkulte Wahnvorstellung‹ ab, weil Kepler eine Fernwirkung ohne Kontakt voraussetzte und somit den ›Naturgesetzen‹ widersprach.«[96] Heute beruht die ganze Physik auf solchen Fernwirkungen ohne Kontakt. »Okkulte Wahnvorstellungen«? Sicher nicht. Die physikalischen Begriffe haben sich hervorragend zur Beschreibung eines bestimmten Aspektes der äußeren Welt bewährt. Aber es bleiben Modellvorstellungen.

Unser ganzes Bild von der Welt setzt sich aus den Begriffen zusammen, mit denen wir sie beschreiben: Materie, Energie, Raum, Zeit, Elektrizität, Schwerkraft, Zellen, Moleküle, Emotionen, Unbewußtes und so weiter – alles gängige Wörter, mit denen jeder umgeht und meint, sich etwas darunter vorstellen zu können. Andere hingegen, die früher zu solchen Zwecken dienten und ebenso allgemeinverständlich waren, sind für uns völlig sinnentleert und scheinen nichts zu bezeichnen als veraltete Mythen: Dämonen, Engel, Segen, Äther, Unterwelt und so weiter. Die »Gott-ist-tot-Theologie« zeigt, daß vielen Menschen auch der Begriff Gott verlorengegangen ist und auf keine Erfahrung mehr hindeutet. Im Mittelalter wäre ein Weltbild, das sich nicht um das Göttliche dreht, nicht einmal eine Denkmöglichkeit gewesen. Die Begriffe, die sich in der Esoterik gebildet haben, sind uns auf den ersten Blick ebenfalls schwer verständlich und scheinen sich auf Erfahrungen zu beziehen, die uns sehr fremd sind.

Ein Telefongespräch: »Na, wie geht's?« – »Ach, nicht so toll. Habe gestern 'ne Sylpheninvokation versucht.« – »Und?« – »Dabei konnte ich bei der Imagination am Anfang die Tattwa-Farbe nicht halten und bin ins Erdelement gerutscht. Seitdem ist mein Wurzelchakra völlig blockiert. Weißt ja, wie das ist! – Ich hab's auch selbst nicht frei gekriegt. Die Energie ließ sich einfach nicht erden.« – »Dann komm doch mal vorbei. Lisa ist gerade da. Die kann dir das Chakra freimachen und die Aura versiegeln; sonst behältst du dauernd den Odverlust.« – »Ja, prima, die wollte mir sowieso noch ein paar Tips geben, wie ich aus dem luziden Zustand ganz in die Astralebene komme.«

Na, alles verstanden? – Wenn Sie aber meinen, so ein Gespräch würde schon zeigen, daß es sich um Unfug dreht, dann hören Sie doch mal einer Diskussion zwischen Chemikern zu.

Es handelt sich bei esoterischen Begriffen zumeist um Ausdrücke, die den meisten Menschen nicht geläufig sind und mit denen sie keine eigenen Erfahrungen verbinden können. Manche Wörter kennt man bereits aus anderen Zusammenhängen (Ich, Evolution, Energie usw.) und mißversteht dann um so leichter ihre ganz andere Verwendung durch esoterische Autoren. Noch irreführender als Unverständnis ist vielleicht die falsche Annahme, man hätte schon etwas verstanden, wo in Wirklichkeit noch große Unklarheit herrscht. Die Unsitte esoterischer Autoren, ihre Begriffe möglichst schwammig zu benutzen und sich darauf zurückzuziehen, man müsse sich auf die Sache eben einlassen, fördert diese Mißverständlichkeit. Wenn ich mich auf etwas einlassen soll, muß ich wenigstens wissen worauf. Mystische Erfahrungen werden keineswegs durch mystifizierende Erklärungen gefördert.

Da esoterische Systeme immer wieder den Anspruch erheben, sich aus Erfahrungen herzuleiten, müssen sich auch ihre Begriffe an der Erfahrung[97] messen lassen. Da es sich um spezialisierte Systeme handelt, kann man natürlich nicht erwarten, daß jeder Begriff sofort zugänglich ist oder einleuchtet. Aber auch in den Naturwissenschaften, die ihre Modellvorstellungen möglichst weitgehend an der Erfahrung orientieren, lassen sich die meisten Begriffe auch nicht in fünf Minuten erklären, sondern setzen ein eingehendes Studium der Sache voraus. Dann sollten sie aber jedem ernsthaft bemühten Menschen nachvollziehbar sein. Gleiches muß man auch von den esoterischen Systemen erwarten können.

Deshalb sollen die Grundbegriffe soweit wie möglich aus Erfahrungen hergeleitet werden, die jeder Mensch gemacht hat oder wenigstens machen könnte. Dieses Verfahren ist leider in der esoterischen Literatur recht unüblich, weshalb es immer wieder zu leicht vermeidbaren Begriffsverwirrungen kommt. Selbst derart grundlegende Ausdrücke wie *Geist* und *Seele* werden von verschiedenen Lehrrichtungen genau gegensätzlich verwendet.

Dabei werden sich zwei Arten Schwierigkeiten ergeben: Zum einen sind für viele Erfahrungen der Esoterik bestimmte Bewußtseinsübungen notwendig. Gewebszellen kann man nur erkennen, wenn man durch ein Mikroskop schaut. Eine Aura kann man im allgemeinen nur erkennen, wenn man sich in einer bestimmten Art von Trancezustand befindet. Die Leser dieses Buches werden sicherlich einen großen Teil der fraglichen Erlebnisse nicht gemacht haben und vielleicht auch gar nicht für möglich halten. Und selbst wenn man durch ein Mikroskop schaut, wird man ohne besondere Erklärung auch keine Zellen sehen, sondern nur ein buntes Spiel von Farben. Ebenso müssen auch bestimmte Strukturen erlernt werden, um die Innenerfahrung des Bewußtseins sinnvoll deuten zu können. Solches kann ein Buch nicht leisten, bestenfalls andeuten.

Zum zweiten besteht das größere Problem, daß viele esoterische Autoren über Erfahrungen schreiben, die sie gar nicht selbst gemacht haben. Haben sie Erfahrungen gemacht, so geben sie dem Leser meist nur die Deutung ihrer Erfahrung an, nicht aber den genauen Inhalt, geschweige denn die Bedingungen, unter denen das Erlebnis zustande gekommen ist. Darüber hinaus werden immer wieder metaphysische Vorstellungen aus der Tradition entweder zur Deutung von Erfahrungen benutzt oder aber ohne Erfahrungsbasis mit in die Ausführungen gemischt, ohne daß deutlich wird, wo Beschreibung in Spekulation übergeht. Kritische Reflexion der eigenen Begrifflichkeit oder gar erkenntnistheoretische Überlegungen finden sich so gut wie nie. Gerade dem philosophisch oder wissenschaftlich geschulten Leser kräuseln sich oft die Haare, wenn er mit esoterischen Theorien zu tun bekommt. Man wird jedoch nur einen Gewinn aus der Beschäftigung mit diesem Gebiet ziehen, wenn man von einer erkenntnis- oder wissenschaftstheoretischen Kritik zunächst absieht, wenn man die Theorien – entgegen dem Anspruch der jeweiligen Autoren – als vorläufige

Modellvorstellungen behandelt und versucht, zu dem durchzustoßen, was an echten Erfahrungen und Erkenntnissen dahintersteckt.

Der Leser steht bei esoterischer Literatur immer wieder vor dem Problem, sich mit viel gutem Willen durch ein Dickicht von Begriffen und Scheinbegriffen wühlen zu müssen, um herauszubekommen, worum es bei den Ausführungen letztlich geht. Dazu möchte ich durch die nun folgenden Beschreibungen einige Hilfestellungen geben, denn ich meine, daß sich das mühevolle Wühlen oft lohnt.

Wenn trotz der Vielfalt esoterischer Lehrgebäude immer wieder verallgemeinernd von *den* esoterischen Systemen, *den* Esoterikern oder *der* Esoterik die Rede ist, so bitte ich dies zu entschuldigen. Ich muß versuchen, einige *typische* Begriffe und Strukturen zu erklären, damit es nicht zu unübersichtlich wird. Mehr kann eine Einführung nicht leisten. Dabei kommen die Differenzen ein wenig zu kurz.

a) Körper, Seele, Geist – das innere Wesen des Menschen

Es kann heute von *Geist* und *Seele* nicht mehr geredet werden, als wüßte jeder, was damit gemeint ist. Klar dürfte zumindest sein, daß mit diesen Begriffen nichts Gegenständliches gemeint ist, nicht ein Ding, das man zwar nicht sehen, das aber im Prinzip wie ein Ding behandelt werden kann. Doch gerade in der esoterischen Literatur wird von der Seele oder den Geistern oft so geschrieben, als seien sie unsichtbare, »feinstoffliche« Gegenstände.

Das Reden von Seele und Geist ist aus unserem Alltagsgebrauch fast verschwunden. Geht es um unser »Inneres«, so sprechen wir meist von der Psyche oder vom Gefühl. In der Umgangssprache bezeichnen wir die Gefühle und Empfindsamkeit manchmal als seelisch, Intellekt, Wille und Vorstellungskraft eher als geistig. Wir können an unserer Person leicht eine körperliche und eine seelisch/geistige Seite wahrnehmen, deren Bewußtseinsmittelpunkt unser *Ich* wäre. Es erscheint aber als ungewöhnlich, in diesem Bereich größere Differenzierungen vorzunehmen. Sogar in der Philosophie, deren Domäne dies lange war, macht sich heute kaum mehr jemand Gedanken darüber. Wo allerdings der seelisch/geistige Bereich so stark mit ins Weltbild einbezogen wird wie in der Esoterik, ist es durchaus notwendig, einen umfangreicheren Begriffsapparat dafür aufzubauen. Die Schwierigkeit besteht aber darin, daß verschiedene philosophische, esoterische und religiöse Schulen die Begriffe recht unterschiedlich und vor allem nicht immer eindeutig und konsequent verwenden.

Zu den bei einiger Aufmerksamkeit erfahrbaren Bereichen des menschlichen Systems kommen in der Esoterik auch weitere hinzu, die dem Erleben des gewöhnlichen Sterblichen entzogen sind. Das ist, um es vorerst mit dem Ausdruck des Christentums zu bezeichnen, unsere »unsterbliche Seele«. Außer im streng theologischen Zusammenhang scheint diese Seele niemanden mehr recht zu sorgen; die meisten würden ihre Existenz überhaupt in Zweifel ziehen. Und fast unbemerkt wird sie mit der wissenschaftlich beschriebenen »Psyche« verwechselt und verschwindet aus der Sprache.

Außerdem wird esoterisch das Lebendige vom Körper als materiellem Gegenstand abgetrennt und zu einem eigenen Prinzip gemacht – eine Art Vitalseele. Dieser Ansatz wurde in den ersten Jahrzehnten dieses Jahrhunderts in der Biologie heftig diskutiert (der Vitalismus-Streit), konnte sich aber in den offiziellen Wissenschaften nicht durchsetzen.

Bei den verschiedenen esoterischen Menschenbildern sind zwei Pole feststehend: Der eine liegt im Körper als materiellem, leblosem Gegenstand, der andere in dem Anteil, den der Mensch am Absoluten hat. Dieser Pol des Menschenwesens wird als *Geist*, als *Atman*[98] oder auch als *Geistfunke* bezeichnet; er liegt völlig außerhalb der menschlichen Persönlichkeit, ist unaussprechlich, überindividuell und deutet nur die letztliche Heimat des Menschen im Göttlichen an.

Für die dazwischenliegenden Prinzipien hat sich die aus der Theosophie stammende Einteilung weitgehend durchgesetzt, auch wenn diese Herkunft der Begriffe vielen Autoren nicht mehr bewußt ist. Als Ausgangspunkt der esoterischen Wesensgliederung des Menschen wird hier eine vereinfachte theosophische Gliederung vorgestellt, ohne die von Theosophen meistens benutzten indischen Begriffe einzuführen oder die Feinheiten näher zu diskutieren.

Das dem Körper nächstliegende Prinzip ist der *Ätherkörper*, der ihm nicht nur die Lebendigkeit, sondern auch die Form verleiht. Die hinter dem »Äther« stehende Vorstellung wird im Abschnitt b) weitergehend erläutert. Der Ätherkörper stellt die unmittelbare Verbindung zwischen Bewußtsein und Materie her. Den Ätherkörper haben auch Tiere und Pflanzen, da sie lebendig sind, wachsen und eine organische Form haben.

Dasjenige Prinzip, in welchem die Gefühle, Empfindungen, Wünsche, Leidenschaften und Triebe entstehen, wird als *Astralkörper* bezeichnet. Diesen haben auch Tiere, weshalb er vielen Esoterikern als ein *niederes* Prinzip gilt. Auf den Astralkörper wird in Abschnitt c) näher eingegangen.

Verstand und Selbstbewußtsein gehören dem *Mentalkörper* an, der allein für den Menschen typisch ist. Astralkörper und Mentalkörper zusammen bilden die eigentliche menschliche Persönlichkeit, die in diesem Zusammenhang oft auch als *Seele* bezeichnet wird. Unsterblich wird diese Seele allerdings erst, wenn sie sich dem höheren Prinzip, dem »Geist«, dem »göttlichen Willen«, öffnet. Diese Verbindung des Geistigen mit der menschlichen Seele wird in der Theosophie als *Kausalkörper* bezeichnet, sonst auch oft als *Höheres Selbst*. Dieses steht im Gegensatz zum *Ego* oder *niederen Ich*, das heißt, dem Mentalen, das sich auf die triebhafte Sphäre hin ausrichtet.

Die nebenstehende Übersicht stellt Bezeichnungen verschiedener esoterischer Lehrrichtungen einander gegenüber. Die weiteren Einteilungen sollen hier nicht im einzelnen erklärt werden.[99]

Auf einiges möchte ich besonders hinweisen, was eventuell mißverständlich oder auf den ersten Blick nicht deutlich ist:

Das *Ich*-Bewußtsein des Menschen liegt, je nach Entwicklungsgrad, im Astralen, Mentalen oder höher Mentalen. Es orientiert sich somit mehr zum »Ego« oder mehr zum »Selbst« hin, man könnte auch sagen: mehr zum Weltlichen oder zum Geistigen. Es wird von den Leidenschaften bestimmt oder von der höheren Vernunft (nicht mit dem Verstand zu verwechseln) und dem göttlichen Willen. Normalerweise richtet unser Ich-Bewußtsein sich auf die »niederen« Wesensanteile, den Verstand, die Gefühle und den Körper. Unsere Persönlichkeit und unsere unsterbliche Seele beziehungsweise der »Geist« sind verschiedene Anteile des Menschen. Was wir normalerweise für unsere Persönlichkeit halten, ist nicht die Seele, die sich verkörpert, sondern ihre Hülle, ihre Verkörperung. Aus dieser Lehre läßt sich folgern: *Ich* bin nicht unsterblich. Vielmehr ergibt sich *meine* Unsterblichkeit, mein Anteil am Ewigen allein aus der Verbindung des Bewußtseins mit dem Geist. Es kann nach diesen esote-

Schematische Übersicht über die menschlichen Wesensprinzipien nach verschiedenen esoterischen Lehren[100]

	theosophische Bezeichnungen	nach R. Steiner	klassische Dreiteilung	kabbalistische Bezeichnung	nach Paracelsus	umgangssprachliche Bezeichnung	Spiritismus
göttlicher Funken	Atma } Höheres Selbst	Geistesmensch		Jechida		unsterbliche Seele	spiritueller Körper
unsterblicher Wesenskern des Menschen	Buddhi }	Lebensgeist	Geist	Chaija			
	Kausalkörper Manas (höher)	Geistselbst		Neschama	Seele		
Verstand	Mentalkörper (nieder) } Persön-	Ich (Bew.-seele Verst.-seele Empf.-seele)	Seele (rationale -)	Ruach	Geist (siderischer Leib)	geistiges Vermögen	
Gefühle und Triebe	Kamarupa (Astralkörper) } lich-	Astralkörper	(tierische -)	Nefesch		seelischer Bereich (Psyche)	
Lebenskraft	Ätherkörper } keit	Ätherkörper	(Vitalseele)			Körper	
physischer Körper	physischer Körper	Körper	Körper	physischer	Körper		physischer Körper

rischen Systemen nicht von einer persönlichen Unsterblichkeit oder Göttlichkeit des Menschen die Rede sein, sondern nur von einer prinzipiellen oder potentiellen.

Ein gedankliches Problem ergibt sich aus einer wie räumlich gedachten Schichtung von Wesensgliedern, die jedoch nicht räumlich sein können oder zumindest nicht in dem uns bekannten, physikalisch geprägten Raumverständnis – da würde sich allenfalls der Ätherkörper unterbringen lassen. Auch wenn die Wesensglieder als »Kraftfelder« oder »Seinsprinzipien« definiert werden, ändert sich an dem Problem nichts. So Grundverschiedenes wie Gefühle, Gedanken, Körper und absoluter Geist (was immer das sei) läßt sich nicht in Schichten denken wie Zwiebelschalen.

Besonders irreführend wird das Zwiebelbild, wenn darin auch »das Ich« auftaucht und somit das Subjektive zu einem Wesensprinzip erklärt wird. Strenggenommen, kann man »ich« nur von sich selbst sagen. Es lassen sich zwar Eigenschaften des Ich-Bewußtseins beschreiben, aber niemals läßt sich »das Ich« zu einer objektiven *Sache* machen. Dabei geht das Besondere des Subjektiven verloren und das Bewußtsein wird zu einem Ding oder einer Energie reduziert. Das widerspricht aber dem Erleben und ist philosophisch allemal Unsinn.

Um zum guten Schluß des Abschnitts die Lage wieder übersichtlicher werden zu lassen, sei gesagt, daß man sich die zahlreichen Wesensglieder nicht unbedingt zu merken braucht. In solcher Fülle kommen sie nur in wenigen speziellen Texten vor – und dafür gibt es solche Tabellen wie die obige[100]. Für den esoterischen Hausgebrauch reicht es völlig aus, wenn man sich merkt, daß der Mensch meist in ein Höheres Selbst und eine niedere Persönlichkeit (Ego) unterteilt wird. Letztere besteht aus:

dem Mentalkörper – Verstand, Denken – typisch menschlich
dem Astralkörper – Gefühle, Träume, Leidenschaften – auch tierisch
dem Ätherkörper – Lebensträger, Form, Wachstum – auch pflanzlich
dem stofflichen Körper – materielle Basis – auch mineralisch

b) Energie/Od/Äther, Feinstofflichkeit

Wie in allen dualistischen Systemen, die im Menschen den materiellen und den geistigen Aspekt als getrennte Prinzipien auffassen, ergibt sich das Problem, wie der Geist auf den Körper einzuwirken vermag.

Ohne das Problem wirklich zu lösen, nehmen viele esoterische Lehrsysteme einen Grenzbereich zwischen Geist und Stoff an, der als *feinstofflich* bezeichnet wird. Es gibt zwar unzählige Namen des Feinstofflichen, aber keine befriedigende Erklärung dafür, in welchem Verhältnis Fein- und Grobstofflichkeit zueinander stehen sollen und inwiefern überhaupt von Stofflichkeit die Rede sein kann, wenn physikalisch nichts Stoffliches nachzuweisen ist. Das eigentliche Geist-Materie-Problem bleibt offen.

Die Vorstellung einer unsichtbaren Materie oder Kraft am Rande des Körperlichen ist in den meisten Kulturen der Welt verbreitet. Man findet sie unter den Bezeichnungen: Prana, Orenda, Manitu, Mana, Äther, Ki, Chi, Od, Orgon, Bioenergie, Fluidum, Astrallicht, animalischer Magnetismus.

In unserer Alltagserfahrung läßt sich auf verschiedene Weise erleben, was mit dem esoterischen Begriff *Energie* gemeint ist: Der Orgasmus beispielsweise wird esoterisch als eine kräftige Energieentladung über das untere Chakra (Energiezentrum) beschrieben. Krankheiten künden sich oft als ein Gefühl der Leere im Körper, als Kraftlosigkeit oder Gliederschwere an, esoterisch gedeutet als Störung des Energiesystems. Die Beispiele zu Beginn des Abschnittes c) sind ebenfalls in Zusammenhang mit der *Energie* zu sehen.

Das Modell der *Energie* wird überall dort verwendet, wo es um den Bereich zwischen Gefühl und Körper, zwischen Bewußtsein und Materie geht. Um die offenbare Kluft der Bereiche zu überbrücken, wird ein Schwingungsmodell angenommen, nach welchem das ganze Universum schwingende kosmische Energie ist – Materie mit niedriger Frequenz, Geist und Bewußtsein mit höherer Frequenz.

»Wir können uns leicht vorstellen, daß zwischen unserem reinen Lebensquell und unserem jetzigen Körper entwicklungsmäßig ein riesiger Abstand besteht, eine Entfernung, die nicht räumlich ist. Diesen Abstand kann man sich bildlich vor Augen führen, indem man sich das Göttliche als schwingungslos, als das einfach Seiende vorstellt und sich unser heutiges Sein als große Schwingung ausmalt . . . Alle diese Schwingungsbereiche sind für uns normalerweise nicht wahrnehmbar. Lediglich in der Meditation können wir in diese Bereiche hineinsehen und -fühlen . . . Sterben = Übergang von einer Schwingung zu einer anderen.«[101]

Da sich diese Energie und Schwingung physikalisch nicht messen läßt, ist der Ausdruck als Metapher zu verstehen. Abgesehen davon wird hier ein völlig unsinniger Frequenzbegriff angewendet, der sich auch metaphorisch kaum handhaben läßt. In anderen Zeiten benutzte man die Begriffe *Feinstofflichkeit* oder auch *Magnetismus*. Auch dieser (Mesmersche) Magnetismus hat mit dem physikalischen nichts gemein. Es handelt sich bei solchen Wörtern um Versuche, sich an die physikalische Terminologie anzulehnen, solange das betreffende Gebiet der Physik noch unerforscht genug ist, um die Parallele nicht von vornherein auszuschließen (wie heutzutage beim Magnetismus).

Man muß sich also bei esoterischen Abhandlungen stets vor Augen halten, daß die »Schwingungen« und »Energien« bloße Bilder für etwas sind, wofür es in unserer Sprache keine eindeutigen Begriffe gibt, was aber schon immer in den menschlichen Erfahrungsbereich gehörte.

Die genauesten Modelle für die *Energie* sind wohl im Fernen Osten mit der Akupunkturlehre aufgestellt worden. Daß im Abendland keine so rationalen und praktikablen Modelle entwickelt wurden, gehört wohl auch zu den nachteiligen Folgen der Trennung von wissenschaftlichem und esoterischem Denken. Gerade hier könnte aber die Tradition esoterischer Beobachtungen am Menschen zu einem besseren Gesamtbild unseres Wesens beitragen, wenn sachlich und nüchtern Ergebnisse zusammengetragen würden. Der ständige, schlampige Gebrauch von Begriffen wie Energie, *vibrations* und *power* in der Esoterik- und Therapieszene trägt dazu nicht bei. Rationalität entsteht noch nicht durch den Gebrauch technisch klingender Vokabeln. Da ist es – bei aller Naivität des Ausdrucks – angemessener, von den »Kundgaben eines Engels« zu sprechen als von »Informationen aus einer höheren Schwingungsebene«, denn es entspricht in fast allen Fällen besser dem wirklich Erlebten.

Metaphern aus dem Bereich der Technik zu wählen, ohne ihren Geltungsbereich klar einzugrenzen, bringt die zusätzliche Gefahr mit sich, daß auch Gefühle und andere menschliche Gegebenheiten sprachlich und gedanklich technisiert werden. Liebe wird plötzlich auf starke Schwingungen der Herzebene verstümmelt, und Verantwortungslosigkeit maskiert sich als Energiestörung im dritten Chakra.

Wo es um konkrete psychophysische Zusammenhänge geht, leisten die Energiemodelle einiges, besonders wenn sie so differenziert sind wie die chinesische Akupunkturmedizin. Das euphorische »Alles ist Energie« jedoch beantwortet keine Fragen und ist letztlich eine Art »okkulter Materialismus«, in dem der Geist eine Art verdünnter Stoff ist. Ein »feinstofflicher« Geist ist aber überhaupt kein Geist, sondern bestenfalls ein Gespenst. Das Wesen des Subjektiven und Geistigen wird dabei unterschlagen.

Aus der esoterischen Tradition, aus der Theosophie stammt die Vorstellung, der absolute Geist habe sich mit verschiedenen, dichter werdenden Hüllen umgeben. Die dichteste, die wir wahrnehmen können, nennen wir Materie. Das sieht auf den ersten Blick recht ähnlich aus wie die »Alles-ist-Energie«-Phrase. Doch steckt eine ganz andere Haltung dahinter, die letztlich in der indischen Lehre ihre Wurzeln hat: daß alles manifestierte Sein eine bloße Illusion sei, der Schleier der Maya. Extremer Idealismus und extremer Materialismus werden hier gern verwischt.

Wird die Energiemetapher nicht als Theorie mißverstanden, so kann sie zur Beschreibung meditativer Erfahrungen besonders im Heilungsbereich gute Dienste leisten; denn allgemeinverständliche esoterische Begriffe gibt es bei uns noch nicht.

c) Aura und Astralleib, Chakren

Nehmen Sie an, Sie sitzen in einem Zimmer, ein wenig in Gedanken versunken. Eine Ihnen bekannte Person betritt den Raum. Mit dem ersten, unreflektierten Eindruck spüren Sie: Ihrer Bekannten geht es nicht gut – Beziehungsprobleme. Gewiß beruht ein großer Teil des Eindrucks auf der unterschwelligen Wahrnehmung der Körperhaltung, Mimik und Gestik. Aber es ist Ihnen sicher auch schon mal passiert, daß Sie das Haus von Freunden betreten und gleich spüren: Es gibt Stunk, da sind Spannungen in der Luft – das sprichwörtliche Knistern. Wir denken meist nicht weiter über solche Wahrnehmungen nach. Vielleicht würden wir sie als unterschwellige atmosphärische Eindrücke bezeichnen. Doch bleiben die Eindrücke meist so diffus wie in den Beispielen. Kaum jemand bemüht sich darum, diese Wahrnehmungsweise zu trainieren.

Wären solche Eindrücke trainierbar und zu hochdifferenzierten Wahrnehmungen zu entwickeln, so würde das den betreffenden Menschen einen Einblick in die Umgebung ermöglichen, wie er uns gewöhnlich fremd bleibt. Allgemein bekannt ist, daß Eskimos bis zu elf Arten Schnee unterscheiden können, wo wir nur eine weiße Masse wahrnehmen. Könnte nicht auch die allgemein menschliche Fähigkeit, atmosphärische Gesamteindrücke wahrzunehmen, entwickelbar sein? Sie ist es und hat in der esoterischen Tradition auch einen Namen: »Auralesen«. Unter *Aura* wird – in diesem Sinne – die oben angedeutete Gefühlsatmosphäre verstanden. Sie findet sich bei Menschen, Tieren, Orten und Gegenständen. Geschulte Personen können der Aura eine beachtliche Menge Informationen entnehmen. Diese Eindrücke stellen einen praktischen Zugang zur außersinnlichen Wahrnehmung dar. Jung-Stilling (Theorie der Geisterkunde, 1808) sprach noch von »ausgebildetem Ahnungsvermögen«, wo wir vom ASW, Telepathie, Hellsicht und so weiter sprechen.

Um an das obige Beispiel anzuknüpfen: Wir spüren bei anderen oftmals, daß sie sich nicht recht wohl fühlen oder daß ihnen eine Krankheit in den Knochen steckt. Geschulte Auraleser können darüber hinaus genau angeben, um was für eine Krankheit es sich dabei handelt, welche Organe betroffen sind, und *spüren* oft genug auch die Ursache.

Die Aura des Menschen wird meist als ein ihn umgebendes Feld dargestellt, das einen bestimmten Raum einnimmt. Verdeutlichen läßt sich das an einem Gefühl, das jeder wohl schon einmal im Bus oder Wartezimmer gehabt hat: Es setzt sich jemand auf die gleiche Bank mit Ihnen, aber in einiger Entfernung. Die Person scheint Ihnen unsympathisch, stört aber nicht. Der Bus oder das Zimmer füllt sich, die betreffende Person muß aufrücken und kommt Ihnen näher. Irgendwo ist für Sie der Bereich des Erträglichen überschritten, und Sie warten sehnsüchtig auf die Erleichterung, aussteigen zu können. Der persönliche Freiraum, den Sie brauchen, ist überschritten worden. Menschen sind darin sicher unterschiedlich empfindlich, aber jeder braucht ein bestimmtes Maß an Intimsphäre – auch räumlich, sonst bekommen wir das Gefühl, seelisch nicht atmen zu können.

Dieses Gefühlsumfeld des Menschen wird allgemein als *Astralleib* bezeichnet. Dieser seltsame Ausdruck leitet sich vom lateinischen *astra* (Sterne) ab. Der Astralleib – der Sternenkörper des Menschen (bei Paracelsus auch siderischer Leib genannt) – wurde als das Abbild seiner Gestirnskonstellation gedacht und stand damit im astrologischen Deutungszusammenhang. In der modernen Esoterik ist das nicht mehr so wichtig. Vielmehr wird der astrale Körper als der Träger von Gefühlen und der damit zusammenhängenden Charaktereigenschaften und Erinnerungen angesehen.

Das Wort Aura ist mehrdeutig und kann neben dem Astralkörper auch die ätherische Ausstrahlung des physischen Körpers bezeichnen. Die Kirlianfotografie (Belichtung mittels hochfrequenter Spannungsfelder) soll diese ätherische Aura abbilden können. Manche sehen das begeistert als Beweis für die Aura an, andere bestreiten energisch, daß es irgend etwas mit der Aura zu tun habe, da der ätherische Bereich nicht-materiell sei und sich prinzipiell nicht fotografisch darstellen lasse. Physikalisch wird die Kirlianfotografie erklärt als der fotografische Nachweis sogenannten »kalten Plasmas«, frei beweglicher Elementarteilchen in einem Hochspannungsfeld. Über diesen Grenzbereich des Materiellen ist nicht genug bekannt, um endgültige Aussagen machen zu können.

Manche Esoteriker benutzen den Begriff Aura für alle feinstofflichen Bereiche des Menschen, so daß eine ätherische (Lebensträger), astrale (Gefühlskörper), mentale und spirituelle Aura unterschieden werden können. Steht »Aura« für sich, so kann man meist davon ausgehen, daß der Astralkörper gemeint ist, also der Träger der Leidenschaften, aber auch der Visionen und Träume.

Nach dem esoterischen Modell des Schlafes nämlich tritt der Astralkörper etwas aus dem physischen heraus, was die herabgesetzte Bewußtheit zur Folge hat. Die fortlaufende Tätigkeit des Astralkörpers wird vom Gehirn als Traum registriert. Wird man im Astralkörper bewußt, so kann man sich in diesem frei bewegen, sowohl in der materiellen Welt, wie auch in Traumwelten: das sogenannte außerkörperliche Erlebnis (AKE) oder *out-of-body-experience*.[102]

Wie der physische Körper verfügt auch der astrale über Organe, die seine Tätigkeit ermöglichen und differenzieren. Nach der indischen Psychologie werden sie auch in der modernen Esoterik meist als *Chakren* bezeichnet. Es sind die Zentren der seelischen Energie. Die wesentlichen Chakren befinden sich über dem Scheitel, zwischen den Augenbrauen (das »dritte Auge«), am Kehlkopf, am Herzen, am Solarplexus (Sonnengeflecht), unterhalb des Nabels und am Ende der Wirbelsäule. Die Chakren (bei Steiner: Lotusblüten) sind es, mittels derer die Wahrnehmung auf der astralen Ebene stattfindet, die aber auch die Verteilung der Lebensenergie durch den Ätherkörper bis hinein in die Hormondrüsen und Nervengeflechte regeln. Die Funktionsweise der Chakren kann durch bestimmte Meditationsübungen oder Yoga beeinflußt werden, und sie spielen eine wichtige Rolle bei verschiedenen Heilungstechniken.

Eine weitere Differenzierung der Aurawahrnehmung liegt in den verschiedenen Aurafarben, mit denen sich ganze Bücher beschäftigen. Auffallend daran ist, daß jeder Autor ein eigenes System von Aurafarben entwickelt, das er (oder sie) als das allgemein gültige hinstellt. Von »Farben« kann natürlich nur im übertragenen Sinne die Rede sein, da es sich bei der Aura offensichtlich nicht um eine optische Erscheinung handelt. Geht man von der oben angedeuteten Erklärung der Aurawahrnehmung als hochdifferenziertem atmosphärischen Gespür aus, so wären die Farben als Medium zur Beschreibung dieser erahnten Wahrnehmung anzusehen. Der oder die Hellsichtige nimmt also unmittelbar Eindrücke über andere Personen auf, die aber nur über die Vermittlung eines bekannten Wahrnehmungsvermögens (Farben, Stimmen, Temperatur) ins Bewußtsein treten können. Bei Eidetikern (Menschen mit starkem bildlichen Vorstellungsvermögen) treten Aurawahrnehmungen pseudooptisch auf: Sie werden mit dem »inneren Auge« gesehen.

d) Höheres Selbst und Schutzgeist

Bei diesen Begriffen ist es schwierig, an allgemein bekannte Erfahrungen anzuknüpfen, weil ihr Geltungsbereich gerade so definiert ist, daß er sich der normalen menschlichen Erfahrung entzieht. Darum sind sie auch schwer genau zu fassen oder gegeneinander abzugrenzen. Oft werden sie einfach gleichgesetzt: der *heilige Schutzengel* oder *Genius* oder *Schutzgeist* oder das *Selbst* oder das *kosmische Bewußtsein* oder das *Christusbewußtsein*. Solche Gleichsetzungen zeigen an, daß die menschliche Erfahrung in den betreffenden Bewußtseinsbereichen noch nicht sehr differenziert ist. Wo aber das Erfahrungsmaterial diffus ist, läßt sich begrifflich nicht viel ausrichten.

Im modernen Spiritismus werden als Schutzgeister *(spirit guides)* diejenigen Wesen verstanden, die durch ein Trancemedium sprechen oder für ein mentales Medium die Kontakte zur Welt der Verstorbenen herstellen. Der persönliche Schutzgeist hat für das Medium oft eine Lehr- und Führungsfunktion. Im Prinzip kommt jedem Menschen ein solcher Schutzgeist oder -engel zu, der ihn das ganze Leben lang begleitet und behütet. Doch können die Menschen diese Geistwesen normalerweise nicht wahrnehmen.

Ein schönes und gut bekanntes Beispiel für den Umgang mit dem Schutzgeist – auch außerhalb des spiritistischen Umfeldes – bietet Sokrates mit seinem *daimon* (als *daimon* galt in der Antike jedes göttliche Wesen; wir würden eher Genius sagen). Bei allen möglichen Gelegenheiten, Kleinigkeiten oft, meldete sich »die göttliche Stimme« und hinderte Sokrates daran zu tun, was er gerade tun wollte[103] und was nachteilig für ihn gewesen wäre. Die entscheidenden Fragen seines Lebens aber klärte Sokrates frei aus eigenem Nachdenken – und das unterscheidet seine Haltung vom spiritistischen Geisterbefragen.

In stärker psychologisch orientierten Richtungen gilt als Quelle der Inspiration und Weisung nicht ein Genius oder Geist, sondern das *Höhere Selbst.* Der Begriff des Selbst ist besonders durch die Übernahme des Modells von C. G. Jung in die Esoterik gekommen und hat sich mit dem theosophischen Konzept der göttlichen Instanz im Menschen vermischt.

Bei Jung ist das Selbst der Archetyp der völlig ausgereiften Persönlichkeit, in der männlich und weiblich, unbewußt und bewußt, Gefühl, Verstand, Intuition und Sinnlichkeit im Gleichgewicht sind. Das Selbst bezeichnet die Wesensmitte des Menschen, auf die hin alle anderen seelischen Funktionen orientiert sind. Jung hat das Selbst allerdings nicht metaphysisch konzipiert, sondern als Modellbegriff, der verschiedene typische Bilder der Seele (Mandala, Heiland, göttliches Kind, Goldschatz) zusammenfaßt. Er schließt metaphysische Deutungen aber auch nicht aus.

Den meisten Menschen geschieht der Kontakt mit dem Schutzengel oder sonst eine »höhere« Bewußtseinserfahrung als ein Einbruch ins Alltagsbewußtsein, als Vision (Bilder) oder Audition (Stimmen). Es findet also schon im Wahrnehmungsvorgang eine Reduktion ins Normalbewußtsein und eine Deutung statt. Dabei läßt sich nur mit viel Erfahrung unterscheiden, ob man der eigenen Phantasie aufsitzt, die sich ebenso in Bildern und Stimmen äußert, oder ob man wirklich Zugang zu einem geistigen Bereich hat, der außerhalb der eigenen Persönlichkeit liegt. Selbst wenn letzterer angenommen werden kann, ist über dessen Qualität noch nichts ausgesagt.

Dieses Problem entsteht dadurch, daß das Alltagsbewußtsein oder das mediale Trancebewußtsein der Subtilität höherer Bewußtseins- oder Seinszustände nicht angemessen ist. Es kann immer nur eine auf Bilder oder Gedanken reduzierte Version wahrnehmen. Um die Kontakte mit dem »Selbst« oder dem »Engel« direkt auf der gleichen Ebene zu erleben, müßte das Ich-Bewußtsein überwach bis hinter die Wurzeln der Gedanken und Gefühle ausgedehnt werden. Statt Eindrücke und *Einfälle* zu empfangen, müßte es sich in den vorgedanklichen, bildlosen Bewußtseinsbereich aufschwingen, in dem die Gedanken gebildet werden.[104]

e) Leben nach dem Tode, Medialität

Wie alle Religionen nehmen auch alle esoterischen Richtungen ein Leben nach dem Tode an. Dabei gibt es sehr unterschiedliche Vorstellungen darüber, ob dieses Weiterleben ein persönliches oder unpersönliches ist, ob es in einem Jenseits verläuft oder nach einem gewissen Jenseitsaufenthalt zu einer Wiederverkörperung derselben Seele auf der Erde kommt.

Auch in religiösen und esoterisch orientierten Kreisen ist heute klar, daß die Vorstellung eines Jenseits als Ort, Himmel oder Unterwelt, in die Mythologie gehört. Das Weiterleben der Toten stellt man sich nicht irgend*wo*, sondern irgend*wie* vor, in einem anderen Daseins- oder Bewußtseinszustand. Dennoch wird die geistig/seelische Ebene meist nicht als eine Metapher angesehen, sondern als völlig selbständige Welt – das Jenseits. In dieser »geistigen Welt« existieren nach Auffassung der meisten esoterischen Richtungen einerseits die Seelen aller lebenden Menschen, aber auch die Seelen der Verstorbenen und noch nicht Geborenen. Und außer den Menschen hat auch jedes andere Wesen, Mineral, Pflanze oder Tier, eine geistige Seite, wenn auch nicht unbedingt eine selbstbewußte Seele. Weiterhin existieren in der Geisteswelt auch Wesenheiten, denen keine körperliche Seite entspricht.

Diese Vorstellung ist an sich noch nicht spezifisch esoterisch, sondern in allen Religionen und überhaupt fast allen Kulturen der Welt verbreitet. Körperlose Wesen sind unter den Namen Engel, Teufel, Totengeister, Götter und so weiter bekannt. (»Gott« als das Absolute gehört natürlich ebensowenig in die geistige wie in die körperliche Welt. Trotzdem findet sich manchmal die naive Vorstellung, der seelenreisende Esoteriker könnte Gott, Christus und den Heiligen Geist in der »höchsten Sphäre« der Geisteswelt antreffen, wie auf den niederen Ebenen die Totengeister.)

Das spezifisch Esoterische besteht in der Annahme, daß dem Menschen zu den seelisch/geistigen Bereichen der Existenz bei entsprechender Schulung oder Begabung ein Zugang möglich ist. Dazu befähigte Menschen bezeichnet man als *Medien*. Gute Medien können zwischen gewöhnlichen außersinnlichen Wahrnehmungen (die sich allein aus dem seelischen Vermögen lebender Menschen erklären lassen) und Kontakten zur »geistigen Welt« (also zu Toten und Geistwesen) unterscheiden und geben nicht nur Durchsagen von Verstorbenen weiter, sondern identifizieren diese zunächst durch genaue Personen- oder Charakterbeschreibungen.

Aufgrund der Angaben von Medien beziehungsweise derer jenseitigen Informanten, haben sich die verschiedensten Vorstellungen der jenseitigen Welt gebildet. Bei den einfachsten spiritistischen Entwürfen gleicht das Jenseits im wesentlichen unserer diesseitigen Welt, es gibt dort jedoch nichts Unangenehmes mehr. Die Toten gehen weiter verschiedenen Beschäftigungen nach, lernen und arbeiten an ihrer geistigen Entwicklung. Ihr geistiger Körper soll aussehen wie ihr physischer in den besten Zeiten oder kurz vor dem Tode. Sie haben oft großes Interesse daran, mit den Lebenden Kontakt aufzunehmen, und scharen sich um die Medien, die dazu in der Lage sind.

Komplexere spiritistische und theosophische Modelle nehmen verschiedene Sphären des Jenseits an, in denen sehr unterschiedliche Bewußtseinszustände gegeben sind. Je nach dem Reifegrad einer Persönlichkeit gerät sie in die ihr zugehörige Sphäre. Für sehr unreife Wesen (die »Bösen«) gibt es die Sphären der Reinigung (»Fegefeuer«), in denen sie genau den Eigenschaften begegnen, die ihr Leben bestimmt haben und sich damit auseinandersetzen müssen. Anschließend findet ein Aufstieg in angenehmere Jenseitsbereiche statt.

Daraus ergibt sich, daß es auch erdverhaftete Seelen gibt, die sich von den Zuständen ihres körperlichen Lebens nicht lösen wollen oder können und versuchen, über lebende Menschen noch daran teilzuhaben. So erklären die Spiritisten zum Beispiel Besessenheit: Ein unreifer Geist schafft es, das Bewußtsein eines Menschen aus dem Körper zu verdrängen und nimmt dessen Stelle ein.

Ist schließlich aber die Seele von allen Problemen und Konflikten des vergangenen Erdenlebens gereinigt, so löst sich – nach theosophischer Ansicht – die Persönlichkeit völlig auf. Was bleibt, ist die Essenz des Lebens im Gedächtnis der Seele, die nun zu einem neuen Leben in der Verkörperung bereit ist. Dieses sucht sie sich nach den für ihre Weiterentwicklung erforderlichen Erfahrungsmöglichkeiten aus. Andere Auffassungen gehen nicht von der Auflösung der Persönlichkeit aus, sondern nehmen nur eine Löschung aller Erinnerungen an das Vorleben an, bevor der Mensch sich neu inkarniert.

Der Tod besteht nach diesen Lehren darin, daß der physische Körper abgelegt und der ätherische Lebensträger aufgelöst wird. Der Astralkörper als nächste Schicht bleibt dann der Bewußtseinsträger des Verstorbenen im Jenseits. Das Jenseits gilt als identisch mit der Astralebene. Die Verstorbenen leben dort in dem Astralkörper weiter, der schon auf Erden Träger ihrer Gefühle und ihres Charakters war.

Gern wird in der neueren esoterischen Literatur darauf hingewiesen, heutzutage sei endlich das Leben nach dem Tode bewiesen. Das ist aber ein Fehlschluß: Die Ergebnisse der Sterbeforschung und der Parapsychologie haben lediglich sehr wahrscheinlich gemacht, daß es Bewußtsein unabhängig vom Körper gibt. Ob dieses auch weiterexistiert, wenn der Körper endgültig tot ist, bleibt damit offen. Auch die erstaunlichen Ergebnisse medialer Jenseitskontakte können prinzipiell nicht ein Leben nach dem Tode *beweisen*, sondern diese Annahme nur sehr plausibel machen.

Die ständige Suche nach Beweisen für ein Weiterleben nach dem

Tode zeigt deutlich, wie groß die Angst vor diesem Übergang ins völlig Unbekannte ist, vor diesem radikalen und unvermeidlichen Ende von allem, was uns vertraut und lieb geworden ist. Gerade aus esoterischer Sicht wäre es noch eine Frage, ob wir wirklich etwas damit gewonnen hätten, wenn sich über den *Zustand danach* etwas beweisen ließe. Wo der Tod sein Geheimnis verliert, in dem sich Angst und Hoffnung begegnen, verliert auch unser Schicksal an Schärfe und unser Leben an Kraft und Sinn. Vertrauen ins Dasein, diesseits und jenseits der Schwelle, erlangen wir jedenfalls nicht durch Beweise.

»Die zeitliche Unsterblichkeit der Seele des Menschen, das heißt also ihr ewiges Fortleben nach dem Tode, ist nicht nur auf keine Weise verbürgt, sondern vor allem leistet diese Annahme gar nicht das, was man immer mit ihr erreichen wollte. Wird denn dadurch ein Rätsel gelöst, daß ich ewig fortlebe? Ist denn dieses ewige Leben dann nicht ebenso rätselhaft wie das gegenwärtige? Die Lösung des Rätsels des Lebens in Raum und Zeit liegt außerhalb von Raum und Zeit.«[105]

f) Reinkarnation und Karma

Wohl am bekanntesten unter den esoterischen Konzepten ist die Vorstellung der *Reinkarnation*, der wiederholten Verkörperung der menschlichen Seele. Gerade ihre weite Verbreitung und oftmalige Verflachung hat zu mannigfaltigen Mißverständnissen um diese Theorie geführt.

Längst ist gezeigt worden, daß sich die Annahme wiederholter Verkörperungen nicht beweisen läßt; sie läßt sich allenfalls subjektiv plausibel machen. Erinnerungen an das Leben verstorbener Menschen zu haben, ist, wenn sich diese verifizieren lassen, nur ein Beweis für die Übertragung von Erinnerungen und Informationen, nicht aber für Wiederverkörperung. Meistens handelt es sich bei den »Rückführungen« um nichts weiter als geleitete aktive Imagination, eine Technik, die therapeutisch hilfreich sein mag, deren Phantasiegeschichten aber nichts mit früheren Leben zu tun haben.

Bemerkenswert ist jedoch die Tatsache, daß die meisten Kulturen der Menschheit in der einen oder anderen Form von der Wiederverkörperungsmöglichkeit der Seele ausgehen. Es scheint also eine allgemein menschliche Erfahrung dahinter zu stehen, wie immer auch diese zu deuten ist. Nebenbei bemerkt, spielt die Reinkarnation in der jüdisch-christlichen Traditionslinie kaum eine Rolle, auch wenn in der esoterischen Literatur immer wieder das Gegenteil behauptet wird. Diese Behauptungen beruhen durchgehend auf falschen Annahmen. Lediglich in der jüdischen Kabbala und in gnostisch-christlichen Gruppen gab es vereinzelt die Wiederverkörperungslehre.

Das typische Mißverständnis in der Auseinandersetzung um die Frage der Reinkarnation liegt darin, daß in der Vulgäresoterik immer wieder behauptet wird, wir selbst seien es, die sich erneut verkörpern. Nach allen mir bekannten Systemen, die sich einigermaßen um Genauigkeit bemühen, ist es aber stets die Seele des Menschen, die sich verkörpert, der göttliche Funke in ihm. »Ich« bin die Verkörperung, nicht das, was sich verkörpert.

Wird also von christlicher Seite an der Reinkarnationstheorie kritisiert, sie nähme dem Menschen die Einmaligkeit als Geschöpf (was ja noch keine Widerlegung wäre), so gilt das nur gegenüber einem üblichen Mißverständnis. Ich – als Verkörperung einer Seele – bin einmalig und unwiederholbar. Daran würde sich auch nichts ändern, wenn mein Schicksal in einem Zusammenhang mehrfacher Verkörperungen stünde, in denen die göttliche Seele, deren Ausdruck ich bin, andere Aspekte auszudrücken versucht.

Sieht man einmal von einem ganz naiven Reinkarnationsverständnis ab, nach welchem die Seele ein *Ding* ist wie ein Fuß, der nacheinander verschiedene Schuhe trägt und verschleißt, so ist das Konzept schwer zu verstehen. Denn ist die Seele unabhängig von Raum und Zeit, so wäre es sinnlos anzunehmen, Inkarnationen fänden *nach*einander statt. Nacheinander können sie nur aus der Perspektive des menschlichen Bewußtseins sein, nicht aber aus der seelischen. Gerade wenn die Zeit als eine Illusion angesehen wird, die nur im verkörperten Bewußtsein besteht, fällt damit die ganze Reinkarnationstheorie.

Was auch immer mit dem Gesetz der mehrfachen Verkörperungen einer Seele gemeint sein soll: Bei näherem Nachdenken steht man vor einem Rätsel. Was bleibt, ist die Einsicht, daß unsere seelische und körperliche Existenz ein Wunder ist, ob sie nun eine oder mehrere Ausdrucksformen findet.

Die europäische Esoterik hat den Reinkarnationsgedanken aus dem Hinduismus und Buddhismus übernommen, hauptsächlich durch Vermittlung der Theosophie. Das letzte Ziel dieser Religionen ist, sich vom Rad von Tod und Wiedergeburt zu befreien. Die Seele erlangt dann Befreiung und muß nicht mehr inkarnieren, wenn sie sich aus der Verflechtung von Ursache und Wirkung ihrer Leben gelöst hat. Diese Verflechtung wird durch das Gesetz des *Karma* beschrieben, das bestimmt, daß ein Mensch die Folgen seiner Handlungen zu tragen hat, in diesem oder einem folgenden Leben. Wenn im Zusammenhang mit Karma von »Gesetzmäßigkeit« die Rede ist, so liegt für uns nahe, an einen Mechanismus zu denken – als wäre unser Leben, unser Schicksal ein Uhrwerk, das nach dem Karmagesetz abliefe. Die Vorstellung vom Karma ist jedoch uralt und entstand in einer Zeit, als mechanistische Abläufe kaum gedacht wurden. Vielmehr muß man sich Karma als das Gesetz der sinnvollen Zusammenhänge im Schicksal vorstellen. Aus dem Gesetz des Karma folgende schicksalhafte Begebenheiten sind nicht als Lohn oder Strafe zu deuten, sondern als natürliche Folgen für die Seele, die allerdings aus der Sicht der menschlichen Person ebenso unbegreiflich bleiben müssen, wie ein als willkürlich oder zufällig angenommenes Schicksal. Denn nach der Theorie von Karma und Reinkarnation gelten Wiederverkörperung und karmisches Gesetz nicht für die menschliche Persönlichkeit, sondern nur für die unsterbliche Seele.

Der Vorstellung eines karmischen Gesetzes wird oft auch entgegengehalten, sie würde sich nicht mit dem Ideal der menschlichen Freiheit vertragen. Darin liegt jedoch ein grundlegendes Mißverständnis: Wie jede Gesetzmäßigkeit gibt auch das karmische Gesetz einen Rahmen vor, innerhalb dessen die menschliche Bewegung stattzufinden hat. Gleiches gilt für andere Gesetze, die unsere Freiheit einschränken – ich kann zum Beispiel nicht ohne Hilfsmittel fliegen. Bei der oben genannten Entgegnung wird das karmische Gesetz nicht an der menschlichen Freiheit, sondern an einer kindlichen Allmachtsphantasie gemessen, die natürlich erheblich eingeschränkt wird. Es läßt sich aber auch eine ganz andere Perspektive denken: Das Gesetz des Karma stellt den Menschen in die Verantwortung seines Handelns; es bedeutet, daß er den Folgen und Zusammenhängen seiner Handlungen wieder begegnen wird. (Der Gedanke läßt sich übrigens auch anwenden, ohne dabei die Idee der Reinkarnation anzunehmen.) So betrachtet ermöglicht das Schicksalsgesetz überhaupt erst eine »Freiheit«, die sich von Beliebigkeit und Willkür unterscheiden läßt. Frei handeln kann nur, wer sich der Verantwortung für sein Handeln bewußt ist. Und diese Verantwortung dehnt sich mit der Reinkarnationsidee über das eigene Leben hinaus aus auf die folgenden Leben der Seele.

Die Art dieser Verantwortung wird allerdings oft nach dem einfachen Lohn/Strafe-Modell mißverstanden. Zur Erläuterung der »karmischen Wirkungen« finden sich immer wieder banalisierende Beispiele: daß ein Folterer sein nächstes Leben als Gefolterter zubringen müßte und ein Metzger oder Jäger als Tierschützer. Das ist jedoch eine erbärmliche Verflachung des Schicksalsgedankens.

Von christlichen Kritikern wird oft ins Feld geführt, das Gesetz des Karma sei unbarmherzig und mit der christlichen Gnadenvorstellung nicht zu vereinbaren. Dieses Argument müßte aber auch für alle anderen Gesetzmäßigkeiten gelten. Doch wenn ich aus dem Fenster springe, wird mich die göttliche Gnade nur in den seltensten Fällen vor dem Wirken der Schwerkraft bewahren. Die Gnade im christlichen Sinne ist eigentlich nur denkbar als das unverfügbare Einbrechen in eine vorhandene Gesetzmäßigkeit. Die befreiende Gnade kann den Menschen überhaupt nur im Bewußtsein seiner Verantwortung erreichen. Gnade wird als ein Geschenk empfangen und läßt sich nicht wie ein Vertragsgegenstand einfordern. Es besteht also kein Widerspruch zwischen Gesetz und Gnade, sondern nur zwischen Gesetz und Zufall. Die Frage des Schicksalsgesetzes dreht sich darum, ob das Leben einen sinnvollen Zusammenhang bildet oder ob es dem blinden Zufall oder der Willkür irgendwelcher Gottheiten unterworfen ist. In einem Leben ohne Gesetzmäßigkeit wäre Verantwortung ein ebenso sinnloses Konzept wie Gnade. Ob man diese Gesetzmäßigkeit dann auch im Sinne des Karma auf mehrere Leben ausdehnt, wäre eine ganz andere Frage.

Die Idee der Reinkarnation wird in den asiatischen Religionen stets als ein ausschließlich leidvoller Kreislauf gedeutet. Wo das irdische Leben aber als positiv empfunden wird, kann es dagegen auch zum Ziel werden, bewußt karmische Verflechtungen einzugehen, um gezielt folgende Verkörperungen vorzubereiten. In der europäischen Version wird das Rad des Leidens zur Spirale der Evolution, auf der alle Wesen durch unzählige Inkarnationen zu immer größerer Vollkommenheit und Bewußtseinsfülle reifen. Karma oder Schicksal wird dann als Führer durch die Lektionen verstanden, die im jeweili-

152

gen Leben zu lernen sind. Die Welt gilt der modernen Esoterik in diesem Sinne als eine Schule der Seelen, die die verschiedenen Klassen so lange durchlaufen müssen, bis alle Lektionen gelernt sind.

Dieses Bild paßt natürlich ausgezeichnet in die moderne Leistungsgesellschaft: Dir wird hier nichts geschenkt – auch die Existenzberechtigung deiner Seele mußt du dir noch verdienen.

g) Geistige Evolution und Meister, Einweihung (Initiation) und Erleuchtung

Wird der Kosmos als Schule gesehen, so braucht diese natürlich Lehrer. Sie ergeben sich aus dem Modell der fortschreitenden Lernerfahrungen, denn auf der Leiter der kosmischen Evolution gibt es sehr unterschiedlich weit fortgeschrittene Wesen. Die Reihe führte von Mineralien über Pflanzen, Tiere und Menschen weiter zu den Engeln, Erzengeln, Seraphim, Cherubim und so weiter bis zu den ersten Manifestationen des göttlichen Urwesens. Diejenigen Wesen der menschlichen Lebenswelle, die schon so weit fortgeschritten sind, daß sie nicht mehr oder nur nach eigenem Ermessen verkörpert sind, werden als *Meister* bezeichnet. Von den Weisungen dieser Meister leiten sich gern esoterische Gruppierungen ab.

Neben der natürlichen Evolution, innerhalb derer jedes Wesen im Laufe der Äonen reift, gibt es die Möglichkeit, durch bewußte Schulung und durch »Einweihungen« den Reifungsprozeß zu beschleunigen. Darin liegt eine wesentliche Motivation für esoterische Übungen und die Bildung von Orden. Als *Einweihung* oder *Initiation* wird esoterisch die rituelle oder meditative Beförderung zu einer neuen Art Lektionen verstanden. Die Einweihung im esoterischen Sinne bewirkt Veränderungen im seelischen Bereich und gibt Reifungschancen, die der Alltagsmensch nicht hat. Solche Einweihungen können entweder im Rahmen eines Ordens durch Zeremonien oder auch in der stillen Meditation durch geistige Wesen erteilt werden. Mit erfolgter Einweihung gehen im allgemeinen ein erweitertes Erkenntnisvermögen und eine größere ethische Verantwortlichkeit einher. Die seelischen Veränderungen werden esoterisch gedeutet als die Erweiterung des Bewußtseins des Initianden auf höhere Wesensaspekte. Ist der Durchschnittsmensch im astralen (Gefühle) und mentalen (Denken) Bereich einigermaßen bewußt, so kann durch geeignete Übungen und Einweihungen eine Bewußtheit auch in den rein geistigen Seinsbereichen erlangt werden. Das bringt zum Beispiel mit sich, daß der Adept oder die Adeptin in den Träumen und dann auch im Tiefschlaf bewußt wird. Dieser Prozeß wird in den esoterischen Orden stufenweise vorgenommen. Die Ordensmitglieder bearbeiten eine Reihe von Graden, in die sie jeweils durch Einweihungen eingeführt werden. Die Anzahl solcher Ordensgrade reicht von den drei Graden der Johannis-Freimaurerei bis zu 99 Graden der Hochgradsysteme. Die Gradsysteme anderer Rosenkreuzer- oder magischer Orden sind meist an das freimaurerische Gradsystem angelehnt. Es braucht sicherlich nicht betont zu werden, daß die Verleihung von Ordensgraden oft mit völlig anderen als den hier genannten esoterischen Motiven verfolgt wird.

Rituale der Initiation sind aus allen Völkern bekannt. Allerdings taucht in den mir bekannten Religionen nicht die Idee einer Evolutionsleiter auf, auf der man durch entsprechende Zeremonien höher klettern kann. Die Einweihung (Initiation) führt vielmehr in eine bestimmte Kultgemeinschaft ein und intensiviert die Beziehung zur Gottheit. Allerdings gibt es auch bei vielen Naturvölkern geheime Männer- und Frauenbünde oder Klans, in die man durch Initiationen eingeführt wird und damit bestimmte magische Fähigkeiten und rituelle Pflichten übernimmt.

Im Zusammenhang mit dem Aufstieg zu höheren Erkenntnismöglichkeiten fällt auch immer wieder der Begriff *Erleuchtung*. Die Formen der Erleuchtung, die aus den asiatischen Religionen als Satori und Samadhi bekannt sind, bezeichnen die Vereinigungen mit der Gottheit oder das Erlebnis existentieller Befreiung, weniger aber die Absolvierung des nächsten Klassenziels in der Evolution.

Reste von Einweihungszeremonien sind in unserem Kulturkreis noch in Form von Taufe und Kommunion bekannt. Diese spielten ursprünglich auch die Rolle der Initiation in einen engeren Kreis der Gläubigen, die damit Zugang zu Glaubensgeheimnissen und der Kultfeier bekamen.

Da Taufe und Erstkommunion bei uns an Kindern vollzogen werden und sich die meisten kaum daran erinnern können, gibt es nur wenige bekannte Beispiele dafür, wie man sich – in einer Analogie – die Einweihungserfahrung vorstellen kann. Einen schwachen Vergleich bietet vielleicht ein Aha-Erlebnis nach langem gedanklichen

Ringen, der plötzliche Durchbruch einer Idee zur Lösung eines lang-
gewälzten Problems.

h) Veränderte Bewußtseinszustände

Abgesehen von Aha-Erlebnissen, Träumen, Dösen und Verliebtheit
sind dem heutigen Durchschnittseuropäer veränderte Bewußtseinszustände kaum geläufig. Erst in jüngster Zeit verbreiten sich Ent-
spannungs- und Meditationsübungen, Autogenes Training und verwandte Techniken in breiten Kreisen, so daß diese wichtigen
Bereiche menschlichen Erlebens zugänglicher werden.

In der esoterischen Schulung und Theorie haben veränderte Zustände des Bewußtseins eine zentrale Rolle gespielt, seit man überhaupt angefangen hat, vom menschlichen Bewußtsein als einer ver-
änderbaren Größe zu reden. Und von jeher war es allen Völkern
bekannt, daß man durch intensives Gebet, ekstatischen Tanz, gewisse Pflanzensäfte, Schmerz oder Fasten die außergewöhnliche Fähigkeit erlangt, in die Ober- oder Unterwelt zu reisen, mit den Tieren
zu reden, wahrzusagen, zu heilen, zu zaubern oder den Göttern näher zu sein.

Es gibt inzwischen recht umfangreiche Forschungen zu den physiologischen Begleiterscheinungen solcher Zustände – Gehirnwel-
len, Herzrate, Blutdruck, Hautwiderstand und so weiter ändern sich
mit. In verschiedenen Therapieformen wird auch damit gearbeitet:
beim Rebirthing, der aktiven Imagination, der freien Assoziation,
der Traumdeutung. Der bewußte und aktive Umgang mit diesen Zuständen ist jedoch noch immer die Domäne der esoterischen Schulen und Orden geblieben.

Im Zuge der Drogen- und Psychowellen hat sich der Eindruck
ergeben, als sei Bewußtseinsveränderung an sich schon etwas Erstre-
benswertes. Doch kommt es immer darauf an, *wie* sich das Bewußtsein verändert und ob dieser Prozeß dem jeweiligen Subjekt verfüg-
bar bleibt. Eine Psychose ist auch eine Bewußtseinsveränderung.

Im folgenden sollen kurz einige Bewußtseinszustände beschrieben
werden, die in der esoterischen Literatur oft genannt werden:
Trance – Ein eingeschränkter Bewußtseinszustand, in dem das
Subjekt nur begrenzt über sich verfügen kann, dafür aber eine stark

155

erweiterte Innenwahrnehmung hat. Starke Konzentration ist eine milde Form der Trance. Man kennt das zum Beispiel von Kindern, die so intensiv lesen, daß sie die Außenwelt völlig vergessen, oder auch von hoher Konzentration am Arbeitsplatz. Jede monotone Tätigkeit führt nach gewisser Zeit zu einer leichten Trance, die deshalb gut durch Trommeln, Tanzen und Singsang (Mantras) induziert werden kann. Mit Hilfe von Trancezuständen können beispielsweise körperliche Schmerzen ausgeblendet werden; oder die Erinnerung kann derart intensiviert werden, daß zuvor Vergessenes wieder auftaucht. Unser alltägliches Bewußtsein – beim Autofahren, Kochen, Essen und vielen Routinearbeiten – entspricht eher einer leichten Trance, einem etwas verengten Bewußtsein, als dem voll wachen Zustand. Im Alltag stets voll wach zu sein, ist schon ein erheblicher Entwicklungsschritt.

Hypnose – Als hypnotisch (griechisch: *hypnos* – Schlaf) wird meist ein tiefer Trancezustand bezeichnet, der durch Suggestion eingeleitet wurde. In hypnotischer Tieftrance ist sich das Subjekt nicht mehr oder kaum seiner selbst bewußt und kann sich anschließend nicht an das Vorgefallene erinnern (posthypnotische Amnesie).

Tagtraum – Natürlich auftretender leichter Trancezustand, in dem traumähnliche Bildfolgen auftreten. Tagträume werden in der aktiven Imagination (eine Technik der Analytischen Psychologie) bewußt eingesetzt, um bewußten und teilweise lenkbaren Zugang zur Phantasie und zum Traumgeschehen zu bekommen.

Luzider Traum, Klartraum – Bewußtwerden im normalen Traum, so daß dem Träumer auffällt, daß er träumt, und er weiß, daß der Körper im Bett liegt und das wahrgenommene Geschehen auf der Traumebene stattfindet. Dieser Vorgang läßt sich einüben, oder er tritt spontan auf. Allerdings gleitet man leicht in einen normalen Traum ab und verliert das Selbstbewußtsein wieder. Aus dem luziden Traum heraus kann es zu einem

Astralaustritt kommen, in welchem der Träumer seinen eigenen physischen Körper im Bett liegen sieht, sich darüber bewußt ist, daß er schläft und sich in einem Traum- oder Astralkörper frei in der physischen Umgebung seines Zimmers oder – oft übergangslos – in einer Traumwelt bewegen kann.

Meditation – Im Gegensatz zur Trance ein überwacher Zustand mit erhöhter Wahrnehmung nach innen und außen. Vorrang des beobachtenden Bewußtseins vor dem handlungsbezogenen. Geht einher mit tiefer Entspannung und großer geistiger Klarheit. Öffnet für Inspirationen und einen aktiven und unmittelbaren Zugang zu Gedanken und Gefühlen. Oft wird das geistige Wandern in Phantasiewelten und das Versenken in Bilder oder Musik ebenfalls als Meditation bezeichnet; es handelt sich dabei aber um leichte Trancezustände mit einer Verengung der Aufmerksamkeit auf einen bestimmten Bereich.

Ekstase – Eine rauschhafte euphorische Variante der Trance, allen bekannt aus dem Orgasmus oder sehr intensivem Aufgehen im Tanzen oder Laufen. Verliebtsein ist eine milde Form (je nachdem) der Ekstase (griechisch *ekstásis* – »außer sich geraten, Verzückung«).

Trance und Meditation öffnen den Zugang zum Unbewußten, wie auch Traum oder Drogenrausch. Der Bewußtseinszustand unter Drogeneinfluß ist jedoch nicht ein bestimmter, sondern hängt sehr von der Droge ab sowie von der Verfassung und Aufmerksamkeit des Drogennehmers. Dabei kann es zu tranceartigen, zu euphorisch-ekstatischen oder auch überwachen, klaren Zuständen kommen. Fast immer aber setzt eine Droge die Einflußmöglichkeit des Subjekts stark herab. Das auch in esoterischen Kreisen starke Interesse an Drogen während der psychedelischen Welle der siebziger Jahre ist wohl aus diesem Grund stark zurückgegangen.

Ebenso wichtig wie die oben beschriebenen Begleitumstände und die Ausrichtung veränderter Bewußtseinszustände ist deren Tiefe, die von leichten Tagträumen bis zu tiefen mystischen Erlebnissen reichen kann. Zur Bestimmung der Tiefe eines Zustandes leisten die esoterischen Systeme (als »Landkarten«) oft gute Dienste, sofern man Erfahrung damit hat.

i) Magie

Das Wort *Magie* ist ein sehr schillerndes, das oft gerade wegen seiner plakativen Wirkung verwendet wird. Abgesehen davon spielte und spielt Magie eine große Rolle in der Esoterik. Im weitesten Sinne wird oft jeder gezielte Umgang mit den oben genannten Bewußtseinszuständen als Magie bezeichnet. Da unter eine solche Definition aber auch manche Formen der künstlerischen Arbeit und

Psychotherapie fallen würden, scheint sie nicht sehr sinnvoll. Hier soll Magie verstanden werden als angewandte Esoterik, als ein Handeln in analogen Zusammenhängen.

Grundlage des Analogiedenkens ist die Annahme, daß verschiedene Ereignisse durch ihren gleichen Sinn- oder Symbolgehalt zusammenhängen oder aufeinander bezogen sind. Es wird eine Kausalität vorausgesetzt, die nicht auf physikalisch/mechanischen Wirkungen, sondern auf einer Sinnverbindung beruht. Daraus ergibt sich die Möglichkeit, Wirkungen durch bewußt hergestellte Sinnbezüge zu verursachen. Derartige Wirkungen werden im folgenden als magisch bezeichnet.

Im Gegensatz zur üblichen Gepflogenheit, Magisches und Religiöses in Kontrast zu setzen, muß man feststellen, daß Magie ein wesentlicher Teil auch der religiösen Praxis ist. (Ein Priester würde das Abhalten einer heiligen Messe sicherlich nicht als magischen Akt verstehen, da für ihn Magie als etwas Negatives gilt. Unvoreingenommen betrachtet jedoch ist die Messe durchaus ein typisches Beispiel eines magischen Rituals.) Jede Zeremonie ist eine Form magischen Handelns. Dabei könnte man magische Handlungen im engeren Sinne als solche ansehen, die die (heilende oder störende) Manipulation der (subjektiven oder objektiven) Welt zum Ziel haben – man spricht auch oft von Niederer Magie. Von Hoher Magie oder religiösem Handeln (im zeremoniellen Sinne) wird in der Esoterik dann gesprochen, wenn das Ziel die Reifung der Persönlichkeit, die Erhebung des menschlichen Bewußtseins zum Göttlichen ist oder die Gottheit gebeten werden soll, eine Verbindung zum Menschen herzustellen.

In einem eher technischen Sinne lassen sich folgende Formen der Magie unterscheiden:

Als *Sympathiemagie* bezeichnet man Bild- und Symbolzauber. Das Grundprinzip solcher Magie ist, daß ein Bild oder Symbol für eine Sache steht (analoge Verbindung). Was mit dem Bild geschieht, geschieht auch mit der Sache. Bekannt dafür ist der Voodoo-Zauber mit der Puppe, die auf den Namen eines Feindes getauft und dann erstochen oder verbrannt wird. Mit der gleichen Methode lassen sich auch über ein Foto Heilungen vermitteln. Die Symbole können auch künstlich hergestellt werden durch die Verbindung anderer Symbole oder durch Verbindung von Buchstaben oder grafischen

Zeichen (Sigel). Zur Sympathiemagie gehört die Anwendung von Talismanen und Amuletten.

In der *Wortmagie* dienen nicht Bilder, sondern Zaubersprüche oder einfache Sätze als Ausdruck der magischen Absicht. Dahinter steht die Auffassung, daß der Name eines Dinges Macht über es hat – Nomen est Omen. Eine modernere Fassung sagt, daß unser Denken unsere Wirklichkeit bestimmt – Gedanken als Kräfte. Diese Ansicht ist eine kaum veränderte Neuauflage des alten Glaubens an die Magie des Wortes und auch nur im Sinne des Analogiedenkens verständlich. Positives Denken oder Gesundbeten sind ebenfalls typische wortmagische Akte.

Bei der *Beschwörungsmagie* wird nicht direkt über eine Symbolverbindung Einfluß genommen, sondern unter Anrufung einer geistigen Wesenheit, einer Gottheit oder eines Dämons.

Die Frage nach dem Funktionieren der Magie wird meist unter falschen Voraussetzungen betrachtet. Unter mechanistischem Blickwinkel wird man ihrem System nicht gerecht. Wenn jemand einen Regenzauber macht und es tatsächlich regnet, kann man natürlich leicht einwenden, es hätte sowieso geregnet, das Tief sei schon seit zwei Tagen auf dem Weg zu dieser Stelle gewesen. Abgesehen davon, ob das so ist oder nicht, und auch abgesehen davon, daß manche Schamanen angeblich auch mitten in der Trockenzeit einen Schauer herbeigezaubert haben, geht das Argument am magischen Ansatz prinzipiell vorbei. Der magische Akt soll keineswegs unter Umgehung der physikalischen Gesetze wirken, sondern – um es geometrisch auszudrücken – senkrecht zur physikalischen Wirkungsebene. Wenn ein magischer Heiler eine Warze »bespricht«, so sind am Verschwinden der Warze gewiß physiologische Abläufe beteiligt, es geschieht kein »Wunder« außerhalb der Naturgesetze. Die moderne Bezeichnung als »psychosomatischer Zusammenhang« kann aber nicht darüber hinwegtäuschen, daß die Verbindung zwischen Psyche und Soma mechanistisch auf keine Weise zu erklären ist. Die medizinisch inzwischen unbezweifelte Auswirkung der seelischen Verfassung auf das Immunsystem ist dafür ein charakteristisches Beispiel.

Die magische Wirkung steht also nicht in Konkurrenz zu den bekannten Naturgesetzen, sondern in Konkurrenz zum Konzept des *Zufalls*. Der zeitgenössische Magier Frater V∴ D∴ nannte das magische Wirken einmal ganz treffend »Lenken von Zufällen«. Was sonst als Zufall gilt, bekommt im magisch-esoterischen Weltbild einen Sinn.

Die Frage, ob die Magie nun *wirklich funktioniert* oder nicht, läßt sich also nicht beantworten. Es kommt darauf an, für welches Weltbild man sich entscheidet. Im mechanistischen Weltbild wäre Magie einfach eine sinn- und wirkungslose Spielerei, im magischen Weltbild dagegen eine vernünftige und erklärbare Handlung. Daß auch im magischen Weltbild magische Rituale oft nicht die erwünschte Wirkung zeitigen, ist eine ganz andere Sache. Ein fehlgeschlagenes Ritual widerlegt ebensowenig die Magie wie ein defekter Motor die Physik.

Es ist naheliegend, daß das magisch-esoterische Weltbild in der praktischen Anwendung breiten Raum dafür läßt, daß der Wunsch zum Vater der Deutung oder gar Beobachtung wird. Der Weg von der sinnvollen esoterischen Deutung von Alltagsereignissen zum Beziehungswahn ist nicht weit. Ein selbstironisches Verständnis dieser Gratwanderung hat in der esoterischen Szene den Spruch geprägt: Mein Gott, ist das beziehungsreich; ich glaub', ich übergeb' mich gleich. Daß die Angelegenheit auch eine ernste Seite hat, braucht nicht betont zu werden. Manch einer wittert hinter jeder Magenverstimmung und jeder Pechsträhne einen magischen Angriff oder gar den Einfluß böser Geister.

j) Unbewußtes oder Geisterwelt?

Einige Leser haben sich vielleicht die Frage gestellt, was denn die Rede von einer »seelisch/geistigen Seite« der Welt soll, wenn doch die Psychologie längst gezeigt hat, daß die diesbezüglichen Erfahrungen eigentlich dem menschlichen Unbewußten angehören. Besonders die Psychologie C. G. Jungs wird gerne angeführt, weil er sich besonders mit mythologischen und religiösen Vorstellungen befaßt und ihre Ursprünge im Unbewußten aufgezeigt hat. Allerdings muß dabei beachtet werden, daß auch Jung von einem kollektiven Anteil des Unbewußten redet und von Archetypen, die sich in bezug auf das Subjekt autonom verhalten.

Das beliebte Argument, die Geister und Dämonen von gestern seien heute als archetypische Strukturen der Psyche entlarvt, also

Teil des menschlichen Innenlebens, beruht darauf, daß mit sehr unklaren Begriffen von *Psyche* und *Innen* operiert wird. Der menschliche Körper wäre demnach als ein Sack vorzustellen, in dem die Psyche steckt, so daß alles, was man nicht sehen kann, Teil des Innenlebens ist. Dahinter steckt letztlich der Glaube, daß menschliche Gedanken und Gefühle vom Gehirn produziert werden und insofern *innen* sind. Das ist jedoch keine Theorie, die von der Erfahrung ausgeht, sondern ein materialistischer Glaubenssatz.

Angesichts dieser Begriffsverwirrung um innen und außen ist es sinnvoll, die möglichen Erfahrungen in diesem Bereich ohne Verwendung des schwierigen Begriffspaares zu beschreiben, da es zum Verständnis nicht wirklich beiträgt.

Die Aufmerksamkeit kann sich über die fünf Sinne auf die körperliche Seite richten. Dort verfügen wir über eine relativ konsistente Wahrnehmung dessen, was wir als unseren eigenen Körper bezeichnen. Um diesen herum erleben wir die materielle Welt ebenfalls mittels unserer fünf Sinne. Andererseits können wir unsere Aufmerksamkeit auf die seelische Seite richten, die sich in Gefühlen, Gedanken, Vorstellungen und Absichten ausdrückt. (Daß die Gefühle eng mit Körperempfindungen verbunden sind, beeinträchtigt das Argument nicht.) Die seelische Seite erleben wir nicht so konsistent wie unseren Körper und die körperliche Welt: Ich wache stets mit den gleichen Armen und Beinen im gleichen Zimmer auf. Ich gleite jedoch in unvorhergesehene Träume und Phantasien, die ich höchstens durch anschließende Deutungen mit meinem Leben in Zusammenhang bringen kann. Trotz dieser Unschärfe sehen wir diesen Erfahrungsbereich als *unsere Psyche* an, die eindeutig mit unserem Leben, unseren Erinnerungen und unserem Körper verbunden ist. Auch vieles, was mir nicht bewußt ist, kann ich zum Teil als mein persönliches Unbewußtes identifizieren, wenn es bewußt wird: Vergessenes, Wünsche, Ängste und so weiter. Dieser Bereich unserer Psyche läßt sich also mit unserem Körper vergleichen als mehr oder weniger fester Bestandteil der Person.

Wie es nun auf der körperlichen Seite eine Umgebung gibt, die als nicht zur Person gehörig erfahren wird (Gegenstände, andere Menschen), so gibt es auch auf der seelischen Seite einen Bereich, der nicht als zur Person gehörig erfahren wird. In der Tiefenpsychologie wird mit C. G. Jung auch vom »Objektiv-Psychischen« gesprochen.

Die Analytische Psychologie bezeichnet diesen objektiv-psychischen Bereich als *kollektives Unbewußtes*, dessen Strukturen als *Archetypen*. Das kollektive Unbewußte ist nicht Teil der persönlichen Psyche, sondern es hat umgekehrt die Psyche des Einzelmenschen Anteil am kollektiven Unbewußten, ebenso wie die Welt nicht Teil der fünf Sinne ist, mit Hilfe derer wir sie wahrnehmen, sondern unser Körper ein Teil der Welt.

Mit der Feststellung einer Umgebung der Seele, die nicht zur Person gehört, ist zunächst noch nichts darüber ausgesagt, wie man sich diese Umgebung als Seinszustand vorzustellen hat. Jung enthielt sich völlig einer Aussage dazu und prägte seine Begriffe als bloße Benennung für Beobachtungen, die er in der psychologischen Praxis und der interkulturellen Forschung gemacht hat. Auf diese Einschränkung legte er stets großen Wert. Esoterische Ausdrücke hingegen sind meist metaphysisch gemeint. Das unterscheidet – philosophisch gesehen – das Konzept des »kollektiven Unbewußten« grundlegend von der »geistigen Welt« der Esoterik oder dem »Jenseits« der Religion. Doch bezeichnen beide Ausdrücke die gleiche menschliche Erfahrung – der eine auf methodischer, der andere auf metaphysischer Ebene.

Es ist also falsch anzunehmen, das Konzept des Unbewußten wäre eine bessere oder modernere Erklärung für das Jenseits oder die Anderswelt. Das »Unbewußte« ist eine reine Benennung und erklärt nichts. Die rein methodisch geprägten Begriffe der Analytischen Psychologie schließen eine metaphysische Deutung nicht aus. Sie rufen geradezu danach, da es – außerhalb des streng wissenschaftlichen Kontextes – unbefriedigend ist, Beobachtungen und Tatsachen nur zu benennen, ohne ihnen einen plausiblen Platz in der Welt zuzuweisen.

Trotz der methodischen Zurückhaltung der wissenschaftlichen Psychologie hat das »Unbewußte« längst Einzug in die esoterischen Theorien gehalten und ist zur metaphysischen Instanz geworden. Vieles, wofür früher okkulte Fähigkeiten oder magische Kräfte bemüht wurden, wird jetzt schlicht und einfach dem Unbewußten untergeschoben, als sei damit etwas erklärt. Unversehens kann so aus einem beschreibenden Ausdruck, der nur ausschließend das andeutet, was uns nicht bewußt ist, eine eigene Wesenheit mit außergewöhnlichen Fähigkeiten werden.

Geht man mit diesen Überlegungen an die Frage heran, ob es denn *Geister* gibt, so kann man folgendes feststellen: Erstens ist es erwiesen, daß viele Menschen solche wahrnehmen. Zweitens haben tiefenpsychologische Forschungen gezeigt, daß solche Erscheinungen in vielen Fällen nicht Teil der Person des Wahrnehmenden sind. Sie sind vielmehr objektiv-psychisch, sogenannte archetypische Strukturen des kollektiven Unbewußten. Sie sind relativ stabil, das heißt, sie können bei einer Person, bei mehreren Personen oder in ganzen Kulturen immer wieder spontan auftauchen. Sie sind autonom, verhalten sich also unabhängig vom Willen dessen, der sie wahrnimmt. Drittens macht die Analytische Psychologie keine weiteren Aussagen dazu, in welchem Sinne diese »Strukturen« existieren. Viertens behaupten die Religionen und esoterischen Philosophien, ohne irgendwelche sonstigen Eigenschaften hinzufügen zu müssen, die personale Existenz dieser archetypischen Strukturen und nennen sie Geister, Götter oder Dämonen.

Fazit: Das »Unbewußte« unterscheidet sich von der »Geisterwelt« dadurch, daß es keine metaphysische Aussage impliziert, durch nichts sonst. Die Archetypen oder »unbewußten Abspaltungen« sind in keiner Bedeutung des Wortes innerlicher als die Götter und Geister.

Damit soll nicht gesagt sein, das Modell der Tiefenpsychologie hätte nichts Neues gebracht und wäre verzichtbar gewesen. Zum einen ist durch dieses Modell eine Fülle menschlicher Erfahrungen und Beobachtungen neu geordnet und auch therapeutisch nutzbar geworden. Nicht nur psychologisch, sondern auch kulturgeschichtlich haben sich ganz neue Einsichten und Deutungsmöglichkeiten ergeben. Zum anderen hat das Jungsche Modell vielen Menschen einen begrifflichen Zugang zum Seelenleben und zu religiösen Erfahrungen geebnet, denen all die metaphysischen und oft auch moralischen Implikationen des »Jenseits«, der »Engel« und »Geister« Unbehagen bereiteten.

Man darf jedoch nicht aus den Augen verlieren, daß die Tiefenpsychologie und auch – im praktischen Bereich – viele Therapiemethoden allerlei nur neu benannt haben, was in der Esoterik vieler Völker schon lange bekannt war – und das würden viele heutige Tiefenpsychologen sicherlich bestätigen.

2. Landkarten der Seele

Seit Jahrtausenden und länger machen Menschen Erfahrungen mit ihrer eigenen Seele, Erfahrungen im Wachen und Träumen, im Rausch, im Gebet und in der Vision. Und solange die Menschen denken, haben sie versucht, diesen Erfahrungen eine begriffliche oder symbolisch-bildliche Struktur zu geben.

Im folgenden Kapitel sollen einige wichtige Systeme und Denkweisen der abendländischen Esoterik vorgestellt werden. Dabei wird weder Vollständigkeit angestrebt, noch ins Detail gegangen. Ziel ist, einen Überblick über die typische Denkweise und die Schwerpunkte der jeweiligen Theorien zu geben. Besonders Hermetik, Theosophie und Kabbala bilden den Grundbestand der abendländischen Esoterik. Alle Systeme können sich durchaus gegenseitig ergänzen und haben bereits viele Mischformen gebildet. Es gibt zwar Kabbalisten, die nie etwas über Theosophie gelesen haben, oder Theosophen, die nichts von Astrologie verstehen. Aber in der Regel ist es so, daß man alle Systeme leidlich gut kennt und sich für die Praxis auf eines spezialisiert.

Dabei gibt es unterschiedliche Gewichtungen: Die Kabbala scheint mir lange Zeit im englischsprachigen Bereich viel bekannter gewesen zu sein als im deutschsprachigen, wo erst in den letzten Jahren aufgeholt wird. Das theosophische Menschen- und Weltbild andererseits ist so weit verbreitet, daß es viele schon nicht mehr als theosophisch erkennen. Der heutige Spiritismus zum Beispiel ist im wesentlichen eine stark vereinfachte Fassung der Theosophie.

Es gibt etliche Anhänger esoterischer Weltanschauungen, die an ihr System glauben, das heißt, die darin *die* gültige Welterklärung sehen. Werden aber nur Modelle auswendig gelernt und schematisch auf die Wirklichkeit gepreßt, die zuvor nicht von der Intuition durchdrungen wurde, so wirkt das oft peinlich, weil es für den Außenstehenden natürlich überhaupt nicht nachvollziehbar ist und sich nicht beweisen läßt. Der Wert esoterischer Systeme liegt vielmehr darin, daß man sie benutzt.

Wirklich fruchtbar zeigen sich diese Entwürfe als Bezugssysteme für Analogiedenken und psychische Erfahrungen. Sie können als eine Art Landkarte der Seele dienen. Natürlich darf die Landkarte nicht mit der Landschaft verwechselt werden. Aber selbst wenn dies nicht geschieht, ist eine Landkarte nur für zwei Sorten von Menschen nützlich: für die Reisenden und diejenigen, die sich aus Versehen verlaufen haben. Wer bleiben will, wo er oder sie ist und sich dort leidlich auskennt, kann mit Landkarten nichts anfangen. Aus dem Vergleich ergeben sich direkt die beiden möglichen Anwendungsgebiete: in der Therapie und in der Arbeit mit dem Bewußtsein.

Auch die moderne Psychologie hat Landkarten des Bewußtseins und des Unbewußten entwickelt. Doch sind diese nicht annähernd so differenziert und vielfältig wie die esoterischen, ganz gleich, was man sonst davon denken mag. Immerhin blicken die verschiedenen esoterischen Traditionen auf Jahrhunderte mehr oder weniger systematischer Beschäftigung und Erfahrung mit psychischen Vorgängen zurück, die sich in den jeweiligen Systemen niedergeschlagen haben.

Die esoterischen Landkarten werden für zwei Sachbereiche entworfen:

a) Systematisierung von Analogien; dazu dienen die Astrologie, das Tarot, die Elementenlehre und der kabbalistische Lebensbaum.

b) Systematisierung psychischer Erfahrungen und Phänomene; dazu dienen die theosophische und die kabbalistische Lehre der feinstofflichen Körper und Weltebenen und die Chakrenlehre.

Wie es für Analogiesysteme typisch ist, werden all diese verschiedenen Systeme, auch zwischen a) und b), miteinander in Beziehung gesetzt. So lassen sich zum Beispiel mühelos die Planeten den feinstofflichen Körpern der Theosophie zuordnen, das Tarot dem kabbalistischen Lebensbaum, die Tierkreiszeichen den Elementen und so weiter.

Daraus ergibt sich ein gewaltiges System von Analogien (auch: Korrespondenzen, Entsprechungen), dessen Schlüssigkeit sich erst nach längerer Beschäftigung der geschulten Intuition ergibt.

Die verschiedenen Bestandteile der Modelle, die Planeten, Elemente, Sefiroth oder Tierkreiszeichen sind Symbole, die sich nicht an die Logik, sondern an die Intuition wenden. Ihre Bedeutung ist stets vielschichtig und nicht definierbar. Gerade in dieser Vielschichtigkeit sind sie dem Gebrauch im seelischen Bereich angemessen. Das Gemeinte läßt sich mit Hilfe von Symbolen oft viel genauer treffen als in diskursiver Rede – vorausgesetzt beide Gesprächspartner sind mit den Symbolen vertraut. Die astrologische Symbolik wird in ihrer Differenziertheit zum Beispiel durch kein anderes sprachliches Mittel erreicht.

a) Wie oben, so unten – Hermetik

Das Analogiegesetz, das »Grundgesetz der abendländischen Esoterik« – *Wie oben, so unten* –, stammt aus der »Tabula Smaragdina«, einem vermutlich spätantiken Text mit älteren Wurzeln[106]:

Tabula Smaragdina

1. Es ist wahr, ohne Lüge, sicher und gewiß.
2. Was unten ist, ist gleich dem, was oben ist;
und was oben ist, ist gleich dem, was unten ist;
um die Wunder des Einen zu vollbringen.
3. Und wie alle Dinge aus Einem sind, aus dem Denken des Einen, sind auch die gewordenen Dinge durch Entsprechung aus diesem Einen entstanden.

166

4. Sein Vater ist die Sonne, seine Mutter ist der Mond. Der Wind hat es in seinem Bauch getragen; die Erde ist seine Ernährerin.

5. Dies ist der Vater der ganzen Vollkommenheit der Welt.

6. Seine Kraft ist ungeteilt, wenn sie in Erde verwandelt ist.

7. Trenne sanft und sehr sorgfältig die Erde vom Feuer und das Feine vom Groben.

8. Es steigt zum Himmel auf und von dort wieder herab zur Erde; und es nimmt die Kraft des Oberen und des Unteren auf. So erlangst du allen Ruhm der Welt, und deshalb wird alle Dunkelheit von dir weichen.

9. Hier liegt die Kraft aller Kräfte, da sie alles Feine überwindet und alles Feste durchdringt.

10. So wurde die Welt erschaffen.

11. Hierher stammen die wunderbaren Entsprechungen, deren Art und Weise die hier genannte ist.

12. Darum werde ich dreimalgrößter Hermes (Trismegistos) genannt, der die drei Teile der universellen Philosophie besitzt.

13. Was ich über das Werk der Sonne sagte, ist damit vollendet.[107]

Mit *oben* und *unten* sind hier Gestirnsphäre und irdische gemeint, oder auch Makrokosmos – Welt und Mikrokosmos – Mensch. Später verschob sich die Einteilung dahin, daß »oben« für die Außenwelt und »unten« für die menschliche Innenwelt galt.

Darin besteht die Grundlage des Analogiedenkens. Mikrokosmos (Mensch) und Makrokosmos (Welt) entsprechen sich, so daß Veränderungen im Menschen sich mittels der Astrologie wie an gigantischen Zeigern an den Sternen ablesen lassen. (Dabei ist von einer *Wirkung* der Sterne keine Rede.) Und mittels der Magie lassen sich durch symbolische Anordnungen im Mikrokosmos (magisches Ritual) analoge Veränderungen in der Außenwelt (Makrokosmos) hervorrufen.

Die hermetische Korrespondenzenlehre arbeitet mit folgenden Bezugsmustern: den vier Elementen (Feuer, Wasser, Luft, Erde), den sieben Planeten (Sonne, Mond, Merkur, Venus, Mars, Jupiter, Saturn), den zwölf Tierkreiszeichen und den drei alchemistischen Grundstoffen (Sal, Merkur, Sulfur). Das »Eine«, von dem in der »Tabula« die Rede ist, bedeutet wohl die Quintessenz, die kosmische Urkraft im Stein der Weisen, die *Prima Materia*, also das Prinzip, das allen anderen Entsprechungen nicht unterliegt.

Es fehlt hier natürlich der Raum, die Bezugsysteme im einzelnen auszuführen. Dazu gibt es dicke astrologische und (seltener) alchemistische Lehrbücher.

Als Beispiel für eine Anwendung sei die alte medizinische Lehre von den Säften und Temperamenten genannt (Humoralpathologie). Diese orientiert sich nicht an physiologischen Forschungen, sondern an dem Analogiensystem der Elemente. Der Choleriker zum Beispiel hat einen Überschuß an feurigem Temperament (gelbe Galle), der Sanguiniker an luftigem (Blut)[108] und so weiter. Ziel der Therapie war es nicht, einem Symptom entgegenzuwirken, sondern ein verlorenes Gleichgewicht wiederherzustellen. Der medizinische Eingriff erfolgte ebenfalls entlang der analogen Muster zur Stärkung oder Schwächung eines der Elemente.

Nach einem ähnlichen Prinzip verfuhr die Signaturenlehre zur Auffindung des passenden Heilkrautes. Das Kraut, das auf ein bestimmtes Organ wirkt, erkennt man demnach an einer gewissen morphologischen Ähnlichkeit. Daß es dabei unter Laien zu plumpen Fehldeutungen kam, liegt auf der Hand. Aber für erfahrene Heilkundige hat dieses Analogiensystem offenbar eine Möglichkeit geboten, ihren Beobachtungen eine Struktur zu verleihen und auch ihre Intuition in bezug auf wirksame Pflanzen und Substanzen zu lenken. Eine sehr ausdifferenzierte Version der Analogie-Medizin ist die Homöopathie. Auch sie denkt nicht in physiologischen, sondern in morphologischen Kategorien. Als wirksam beim Kranken gilt ein Mittel, das beim Gesunden ähnliche Symptome hervorruft. Die Potenzierung der homöopathischen Medikamente beruht auf der alchemistischen Anschauung, daß ein Stoff eine Essenz hat, die sich von seinem äußeren Erscheinungsbild trennen läßt. So trennt der Potenzierungsvorgang die wirksame Essenz eines Stoffes von seinem stofflichen Vorhandensein.

Zum hermetischen Weltbild gehören neben den Analogiestrukturen auch noch Klassen von Wesenheiten, deren differenzierte Unterscheidung uns heute nicht mehr geläufig ist: verschiedene Kategorien Engelwesen (Engel, Erzengel, Gewalten, Throne, Seraphim) und Dämonen-, beziehungsweise Teufelshierarchien, außerdem die Elementarwesen (Salamander – im Feuer, Undinen – im Wasser, Sylphen – in der Luft, Gnome – in der Erde).

Solche Entsprechungslehren machen natürlich noch kein ganzes Weltbild aus, wenn auch die Art, die Welt zu sehen, dadurch bis in die Lebenspraxis hinein geprägt wird. Über die Entwicklung des hermetischen Weltbildes und seine sonstigen philosophischen Hintergründe ist im historischen Kapitel bereits einiges gesagt worden. Die ursprünglichen Hermetiker waren Neuplatoniker oder Pythagoräer, standen also in der heidnischen Tradition der griechischen Philosophie. Nach der Antike und bis heute orientiert sich ein großer Teil der Hermetiker am christlichen Weltbild[109].

Typisch für den hermetischen Weg ist stets gewesen, daß seine Vertreter ihre Symbolik auch in der materiellen Welt wiedergefunden haben. Der Weg des Hermetikers zu Gott führt nicht aus der Welt heraus, sondern durch die Welt hindurch, ganz im Sinne des Goethewortes: »Alles Vergängliche ist nur ein Gleichnis.« Besonders deutlich wird das bei den Alchemisten, zeigt sich aber auch darin, daß viele hermetische Orden das Ritual der meditativen Versenkung vorgezogen haben.

Seit gut hundert Jahren ist in die Hermetik noch das System des Tarot integriert worden, das heute kaum daraus wegzudenken ist. Und bereits seit der Renaissance hat eine starke Rezeption kabbalistischer Mystik und Magie eingesetzt.

b) 'Ez Chajim – Kabbala

Bei der Rezeption der Kabbala durch nicht-jüdische Hermetiker und Magier ist im Laufe der Zeit das Symbol des Lebensbaumes ('Ez Chajim), das System der Sefiroth also, aus dem Rahmen der jüdischen Mystik herausgetrennt und in einen christlich-hermetischen gestellt worden. Man spricht oft von christlicher Kabbala, was sicherlich auch dann zutrifft, wenn nicht alle ihrer Vertreter überzeugte Christen waren oder sind.

In der ursprünglichen jüdischen Mystik standen Spekulationen um das offenbarte und das nicht offenbarte Gesicht Gottes im Mittelpunkt. In der Kabbalistik der heutigen esoterischen Literatur geht es dagegen fast ausschließlich um das an die Hermetik angepaßte Symbol des Lebensbaumes, also die verschiedenen Offenbarungsformen Gottes (Sefiroth). Diese sollen im folgenden näher erläutert werden.

Wie aus der nachstehenden Abbildung ersichtlich, ist der Lebensbaum eine Struktur aus zehn Kreisen (den Sefiroth) und 22 Pfaden dazwischen. Die zehn Sefiroth gelten als die zehn Erscheinungsformen der manifestierten Seite Gottes. Die 22 Pfade werden mit den 22 hebräischen Buchstaben bezeichnet und seit Eliphas Lévi auch

'Ez Chajim (Lebensbaum)

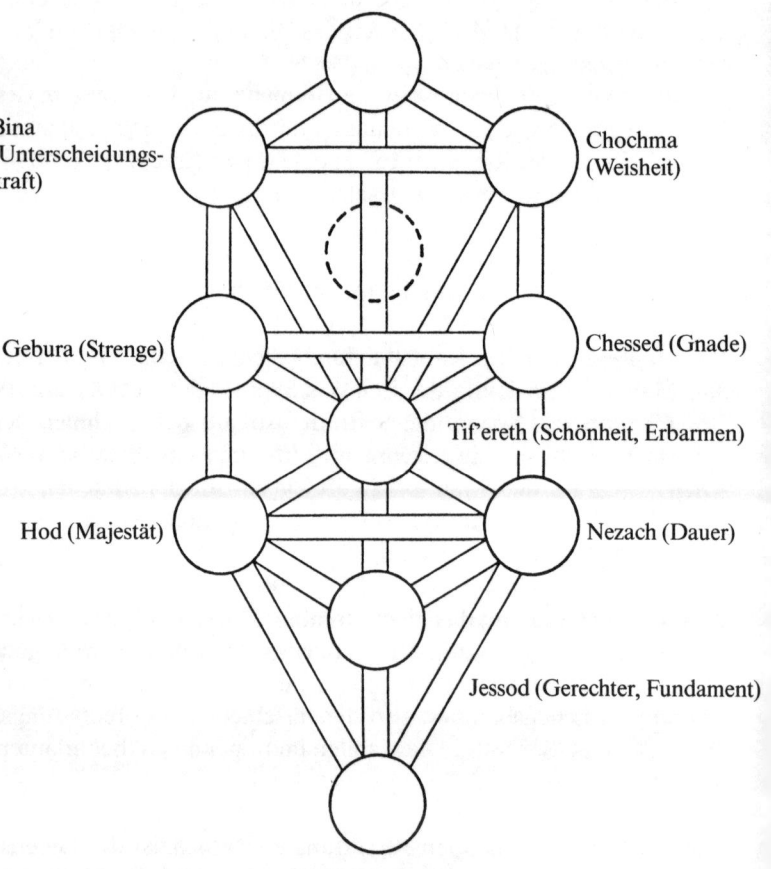

Kether (Krone oder Wille)

Bina
(Unterscheidungs-
kraft)

Chochma
(Weisheit)

Gebura (Strenge)

Chessed (Gnade)

Tif'ereth (Schönheit, Erbarmen)

Hod (Majestät)

Nezach (Dauer)

Jessod (Gerechter, Fundament)

Malchuth (das Reich)

parallel zu den 22 Tarottrümpfen gesetzt. Für den modernen Kabbalisten stellt dieser Baum den Lageplan für die systematische Entwicklung seines Bewußtseins dar. Ausgangspunkt ist dabei die unterste Sefira Malchuth; das Ziel ist, über Kether die Verbindung zur Absoluten Gottheit herzustellen, die sich begrifflich nur als Negative Existenz fassen läßt – *En Sof*, die Schleier des Absoluten. Der Weg dahin wird unterschiedlich auf meditative, spekulative und rituelle Weise begangen. Die Sefiroth markieren seine Stufen, die der oder die Reisende an bestimmten Charakteristika erkennen kann. Die in geistigen Visionen auftretende Grundstimmung und Farbe, die Wesenheiten und Landschaften deuten auf eine bestimmte Sefira hin. Weitere Differenzierungen sind leicht möglich, weil jede Sefira wiederum einen ganzen Lebensbaum in sich entfalten kann. Dadurch ergeben sich schon hundert Stationen des seelischen Weges, anhand derer sich die unterschiedlichen Bewußtseinszustände strukturieren lassen.

Ohne auf Einzelheiten einzugehen, lassen sich drei Hauptstufen am Lebensbaum zeigen, die jeweils durch ein Dreieck vertreten werden. (Malchuth steht etwas außerhalb als die rein materielle Ebene, die Manifestation aller anderen.) Das untere Dreieck (Jessod, Hod, Nezach) steht für die körperliche Person in ihrer Alltagstrance; das mittlere (Tif'ereth, Gebura, Chessed) für die ihrer selbst bewußte, ethisch verantwortliche Individualität; und das obere Dreieck (Bina, Chochma, Kether) für den erwachten Menschen, dessen Bewußtsein auf die Bereiche jenseits von Gedanken, Gefühlen und Vorstellungen ausgedehnt ist. Das Zentrum der menschlichen, verkörperten Individualität liegt in Tif'ereth, in der Analogie zu den Planeten der Sonne entsprechend. Zwischen dem mittleren und oberen Dreieck liegt der sogenannte Abgrund, der bei normalem Bewußtsein nicht zu überwinden ist, sondern durch die »dunkle Nacht der Seele« führt, wie Johannes vom Kreuz es nannte.

Diese drei Grundebenen (Dreiecke) der seelischen Entwicklung entsprechen den drei menschlichen Seelenprinzipien, die bereits im Abschnitt über Körper, Seele, Geist dargestellt sind: Neschama dem oberen, Ruach dem mittleren, Nefesch dem unteren. Damit ist auch der analoge Bezug zum theosophischen Menschenbild gegeben, das meiner Auffassung nach zum großen Teil der Kabbala entlehnt ist, auch wenn es von indischen Vorstellungen durchsetzt und in indischen Begriffen ausgedrückt ist.

Jeder Sefira entspricht außerdem ein Erzengel, der bei seinem Namen und unter Zuhilfenahme des Gottesnamens seiner Sefira zu magischen Zwecken angerufen werden kann.

Als magisch besonders wirkmächtig und als wesentliches Symbol zur Meditation galt stets der vierbuchstabige Gottesname: יהוה *(JHVH).*

In der Kabbalistik gibt es eine Fülle von Wesenheiten, die zu magischen Zwecken angerufen werden können. Ihre Namen, deren Zahlenwerte und daraus konstruierte Sigel werden in der kabbalistisch orientierten Magie vielfach verwendet.

So gibt es beispielsweise 72 Genien, deren Namen sich aus den (hebräischen) Buchstaben der Verse Exodus 14,19–21 ergeben, da jeder dieser Verse aus 72 Buchstaben besteht.

Neben den Analogien zwischen Wesenheiten, Namen und Buchstaben spielen in der kabbalistischen Magie auch die Zahlen eine große Rolle, denn jedem hebräischen Buchstaben entspricht ein Zahlenwert. Es gibt ein kompliziertes Verrechnungs- und Ordnungssystem (Gematria), mit Hilfe dessen aus Zahlenwerten und Buchstabenvertauschungen die mystische Bedeutung von Worten oder unklaren Textstellen der Bibel gefunden werden kann. Mit der gleichen Technik können umgekehrt auch Bedeutungen verschlüsselt und für Talismane benutzt werden (sogenannte »praktische Kabbala«).

Abschließend soll ein Zitat des bedeutenden christlichen Kabbalisten Papus die allgemeine Einschätzung ihrer Rolle Ende des vorigen Jahrhunderts zeigen:

»Die Kabbala ist die Wissenschaft von der Seele und von Gott und allen den Beziehungen, die zwischen ihnen bestehen. Sie lehrt und beweist, daß Alles in Einem ist und Eines in Allem, und vermöge des Grundsatzes der Analogie läßt sie zugleich vom Abbild zum Urprinzip emporsteigen und vom Urprinzip zur äußeren Form zurückkehren. Für den Kabbalisten ist ein hebräischer Buchstabe ein Universum mit allen seinen komplizierten Beziehungen im kleinen und das Universum mit seinen ineinander verketteten Lebensabstufungen ein kabbalistisches Alphabet. So ist nichts leichter zu verstehen und doch nichts schwerer zu studieren als die heilige Kabbala, die den wahren Kern aller abendländischen Mystik bildet.

Drei Ebenen des Daseins, auch die drei Welten genannt, offenbaren die schöpferische Einheit, wenn diese aus sich heraustritt. Diese drei Welten finden wir überall: in Gott, im Universum und im Menschen zeigt sich die dreifache Daseinsebene. Wir finden die drei Welten in entsprechendem Maßstab in einem Getreidekorn ebenso wie in einem Planeten, in einem Wurm wie in einer Sonne, in einem gesprochenen Wort wie in einem Schriftzeichen.«[110]

172

Für praktizierende Kabbalisten ist der Lebensbaum die Jakobslei-
ter, die den Weg durch die unbekannten Gefilde der Seele bis zur Einheit mit Gott ermöglicht. Die mystische Philosophie der Kabbala
wurde in der modernen Esoterik weitgehend durch die theosophische abgelöst. Etwa die einflußreiche Kabbala-Autorin Dion Fortune stellt den kabbalistischen Weg auf dem Hintergrund einer theosophischen Metaphysik dar, die sie wohl für kabbalistisch hält.

c) Kosmische Evolution – Theosophie

Anders als die beiden bisher behandelten Systeme beschäftigt sich
die Theosophie wenig mit Analogiemustern. Ihre Schwerpunkte liegen in drei Gebieten: der Entwicklungsgeschichte der Erde und der
Menschheit, der Struktur und dem Schicksal der menschlichen
Seele, der praktischen Ethik.

Das ganze umfangreiche Werk der »Geheimlehre« Blavatskys ist
fast ausschließlich dem ersten Punkt gewidmet: der Entwicklungsgeschichte. Dieser Interessensschwerpunkt besteht heute so nicht
mehr, erklärt sich aber aus dem Entstehen der Theorien im ausgehenden 19. Jahrhundert, wo die Diskussionen um Schöpfung und
Darwinismus die Gemüter noch ganz anders erregten als heute. Blavatskys und Steiners umfangreiche Modelle der Planetenzyklen, der
menschlichen Rassen, der untergegangenen Kontinente und so weiter brauchen hier nicht besprochen zu werden.[111]
  Für die moderne Esoterik sind noch immer das Emanations- und
das Evolutionsmodell der kosmischen Entwicklung von Bedeutung.
Am Anfang und Ende eines jeden kosmischen Zyklus steht der
reine, absolute, verborgene Geist *(atma/brahma)*, der während
eines Weltentages das Universum aus sich hervorgehen läßt. Diese
Emanation der Welt erfolgt in vielen Stufen, von der Urkraft *(logos)*
über die höchsten geistigen Wesenheiten, die sieben Quellgeister, bis
zur gröbsten Materie. Letztlich ist jedoch diese ganze manifestierte
Welt als Illusion *(maya)* anzusehen, die sich am Ende eines Weltentages wieder auflöst. Während dieser ungeheuren Zeiträume streben
alle Wesen nach immer größerer Vervollkommnung. Vom Mineral
über Pflanzen, Tiere, Menschen geht die Reihe weiter über die Engel
bis zu den höchsten Göttern und Urkräften des Universums. Durch

zahllose Inkarnationen sammeln die Seelen, die »Funken aus kosmischer Flamme«, Erfahrungen in der Welt und reifen daran. Der Weg führt also im Normalfall immer weiter nach »oben«, das heißt also, zu einem reiferen, umfassenderen Bewußtsein und größerer Verantwortung im Weltenlauf.

Über der Menschheit gibt es Hierarchien weiterentwickelter Wesen, die Meister, die hilfreich wirken können und Chancen für eine beschleunigte Evolution zu öffnen versuchen, da sie mit zur menschlichen Lebenswelle gehören. Andere »höhere« Wesen, auch als *devas* bezeichnet, sind für andere Naturreiche zuständig und haben mit der menschlichen Evolution nicht unmittelbar zu tun. Zu den Meistern werden auch die großen Religionsstifter gezählt. Welche derselben in der Rangfolge höher stehen, richtet sich gewöhnlich nach der Hausreligion des jeweiligen Autors, manche favorisieren Buddha, andere Christus. Immer aber sind die Gottheiten und Heiligen der verschiedenen Weltreligionen irgendwo in den Hierarchien der Theosophie angesiedelt. Auf die höchste, abstrakte Gottheit, die unerkennbar und unbenennbar ist, können nach theosophischer Deutung nur die Eingeweihten Bezug nehmen, nicht jedoch die gewöhnlichen Gläubigen.

Die Grundlagen der theosophischen Psychologie sind bereits erläutert worden, ebenso ihre Sicht des Schicksals im Hinblick auf Reinkarnation und Karma. Das folgende Zitat von H. P. Blavatsky soll einen Aspekt beleuchten, in dem sich spiritistische und theosophische Modelle sehr unterscheiden, obwohl beide von den gleichen Phänomenen reden. Das Zitat beleuchtet auch gut, wie verwirrend die unterschiedliche Verwendung der Begriffe sein kann, die oft nicht einmal innerhalb einer Richtung konsistent ist.

»Die Spiritisten sind der Auffassung, daß alle diese Erscheinungen von den ›Geistern‹ verstorbener Menschen hervorgerufen werden, meist von ihren Verwandten, von denen sie sagen, daß sie zur Erde zurückkehren, um mit jenen, die sie geliebt haben und denen sie ergeben sind, Verbindung aufzunehmen. Dies bestreiten wir absolut. Wir behaupten, daß die Geister der Verstorbenen nicht zur Erde zurückkehren können, außer in seltenen Ausnahmefällen, über die ich später sprechen werde; sie können sich auch Menschen nicht mitteilen, außer auf eine rein subjektive Weise. Was objektiv erscheint, ist nur das Trugbild des nicht mehr physischen Menschen ... Die Ursachen für solche Erscheinungen sind durchaus nicht so einfach, wie die Spiritisten es glauben möchten. Vor allem ist der deus ex machina der sogenannten ›Materialisationen‹ gewöhnlich der

Astralkörper oder ›Doppelkörper‹ des Mediums oder irgendeines Anwesenden ... Manchmal sind es die astralen Überbleibsel, die in Kamaloka verbliebenen ›Hüllen‹ der dahingegangenen Persönlichkeiten; manchmal sind es auch Elementale (halbintelligente, nicht-menschliche Geistwesen). ›Geist‹ ist ein Wort von vielfältiger und umfassender Bedeutung. Ich weiß wirklich nicht, was die Spiritisten damit meinen ... Die bewußte Individualität des Entkörperten kann sich nicht materialisieren, und sie kann auch nicht aus ihrer eigenen mentalen devachanischen (paradiesischen) Sphäre auf die Ebene irdischer Objektivität zurückkehren.«[112]

Blavatsky unterscheidet oft zwischen den gewöhnlichen Theosophen, die sich mit den Lehren beschäftigen und versuchen, ein diesen entsprechendes ethisches Leben zu führen, und den Okkultisten, die mit den Kräften der höheren Seelenprinzipien umgehen lernen. Zu diesem Zweck gab es in der Theosophischen und der Anthroposophischen Gesellschaft »innere Sektionen«, die sich mittels Meditationen und Übungen okkulte Fähigkeiten anzueignen und damit zu forschen suchten. Im Gegensatz zu den theosophischen Schriften gibt Rudolf Steiner in seinen Werken wiederholt genaue Anleitungen, wie derartige Übungen durchzuführen sind. Der anthroposophische Übungsweg stellt die praktische Anwendung der beschriebenen theosophischen Psychologie dar; die Übungsschritte sind daran orientiert. So unterscheidet Steiner die Bewußtseinsfähigkeiten der Imagination, der Inspiration und der Intuition, die sich auf die Prinzipien Manas, Buddhi und Atma (Geistselbst, Lebensgeist und Geistesmensch bei Steiner) beziehen, also auf den vergeistigten Astral-, Äther- und physischen Körper.

Praktische Magie und rituelle Übungen scheinen in theosophisch-anthroposophischen Kreisen hauptsächlich mit Mißtrauen betrachtet zu werden. (Daß Steiner lange rituelle Magie betrieben hat, ist den wenigsten bekannt.) Das ergibt sich unter anderem aus einer anderen Erklärung für Magie, die im theosophischen System nicht als ein natürliches Handeln aufgrund analoger Muster gilt. Magie ist hier der Eingriff aus einer höheren Bewußtseinsschicht in die materielle oder die Veranlassung eines nicht-verkörperten Wesens, das zu tun. Wer etwa auf der astralen Ebene der Wirklichkeit bewußt ist, kann die Gefühle anderer Menschen nach seinem Belieben steuern. Der Magier kann auf der mentalen Ebene willkürlich Gedankenformen erschaffen, diesen Lebensenergie geben und sie als selbständig handelnde, künstliche Elementale in seinen Dienst stellen.

Der theosophische Übungsweg hat vielmehr eine sehr auf Ethik ausgerichtete Seite. Besonders betont wird stets die hohe Eigenverantwortlichkeit des Menschen angesichts des Karma, seine Verpflichtung, anderen Menschen Gutes zu tun und seine eigene »niedere« Persönlichkeit zurückzustellen. Besonders betont wird immer wieder das selbständige Denken, das besonders dem unselbständigen Glauben der christlichen Religion gegenübergestellt wird. Für Steiner stellt das Denken den heute notwendigen Ausgangspunkt der geistigen Entwicklung des Menschen dar. Die höheren Bewußtseinszustände – so argumentiert er – liegen über dem Denken, das also zunächst völlig in sich durchschaut werden muß, bis dem Bewußtsein auch subtilere Geisteszustände erreichbar sind.

Das theosophische System ist hier und im Begriffsabschnitt so ausführlich vorgestellt worden, weil es heute in fast allen esoterischen Richtungen maßgeblich ist, in verschiedenen Abwandlungen zwar und oft, ohne daß jemand noch den Ursprung kennt. Aber man kann wohl sagen, daß man einen großen Teil der esoterischen Schriften mühelos verstehen und einordnen kann, wenn man die theosophische Begrifflichkeit und Denkweise einigermaßen kennt.

d) Sommerland – Spiritismus

Wie die historische Darstellung des Spiritismus bereits zeigte, handelte es sich dabei mehr um die Reaktion auf eine weltanschauliche Einseitigkeit als um die aktive Begründung eines Systems. Wohl aus diesem Grunde sind der Spiritismus und seine Literatur bis heute hauptsächlich mit dem Sammeln von Fallgeschichten und -studien über Geistererscheinungen und Außersinnliches beschäftigt. Die Theorien sind so schwach ausgeprägt, daß man sie kaum als Systeme darstellen kann, die um ein geistiges Zentrum herum aufgebaut sind. Dieser Zustand veranlaßte schon vor hundert Jahren die Theosophin Blavatsky und später den bereits erwähnten Adorno zum Spott.

Anderserseits muß man den Spiritisten zugute halten, daß sie – bei aller Schwäche ihrer Theorien – ausgezeichnete Praktiker sind, was die außersinnliche Wahrnehmung und den Kontakt mit Verstorbenen angeht. In spiritistischen Kreisen werden seit über hundert Jahren Medien geschult. Die Begabtesten haben die Möglichkeit, ihre Fertigkeiten in häufigen öffentlichen und privaten Demonstrationen und Sitzungen weiter zu üben und zu überprüfen. Diese fortdauernden, oft täglichen Erfahrungen der Profi-Medien bringen nach einigen Jahrzehnten Praxis natürlich eine beachtliche Sicherheit in der Deutung außersinnlicher und imaginativer Erlebnisse sowie in der Beurteilung von geschauten Symbolen. So wird man die spiritistischen Modelle vom Menschen und vom Jenseits als einfache, aber bewährte Hilfsmittel für die Praxis ansehen können.

Am Menschen wird ein physischer und ein Geistkörper unterschieden, die je verschiedenen Ebenen der Wirklichkeit angehören. Mit dem Tode löst sich der geistige vom physischen Körper und geht in die geistige Welt ein, oft als *das Sommerland* bezeichnet, wo er von den bereits verstorbenen Verwandten und Freunden erwartet wird. Dort wird der oder die Tote zunächst die Erlebnisse des vergangenen Lebens zu verarbeiten haben, um sich dann der weiteren Entwicklung zu widmen. Es herrscht keine einhellige Meinung darüber, ob die Geister sich nach einiger Zeit (mindestens ein paar hundert Jahre) wiederverkörpern oder nicht. Viele Spiritisten glauben daran, viele nicht, und viele haben keine feste Meinung dazu.

In der »geistigen Welt« gibt es verschiedene Gebiete, in denen sich Menschen gleicher Gesinnungsart zusammenfinden, sozusagen moralische Kontinente. Außer den verstorbenen Menschen gibt es dort auch eine Reihe anderer, nicht-verkörperter Wesen. Die wichtigsten für die Menschen sind die *Schutzgeister (spirit guides)* und die *Hilfsgeister (spirit helpers)*. Jedem Menschen kommt von Geburt an ein bestimmter Schutzgeist zu, der ihn sein Leben lang begleitet und seine geistige Entwicklung überwacht. Übernimmt jemand spezielle geistige oder mediale Aufgaben, so gesellen sich ihm Hilfsgeister zu, die für die nötige Inspiration sorgen oder bei Ausübenden der Heilberufe zum Beispiel auch direkt helfend eingreifen. Über den Schutzgeistern stehen noch viele andere höher entwickelte Wesenheiten, mit denen der Mensch aber gewöhnlich nicht in Kontakt kommt, so meinen manche Spiritisten. Andere hingegen empfangen »Durchsagen« von Maria, Jesus oder gar dem lieben Gott persönlich.

Durch natürliche Begabung oder Schulung haben Menschen schon auf der Erde die Möglichkeit, die Sinne ihres Geistkörpers zu öffnen, beziehungsweise ihren Geistkörper so weit über den physischen hinaus auszudehnen, daß er in der geistigen Welt Wahrnehmungen machen kann. Solche Wahrnehmungen sind Hellsichtigkeit, Hellhörigkeit und Hellfühligkeit. Das bezeichnet man als mentale Medialität. Trancemedien können sogar ihren Körper ganz ihrem Schutzgeist oder einem Hilfsgeist überlassen, der dann durch das Medium spricht.

Einige dieser Schutzgeister haben ihren Medien ganze Bücher diktiert oder eingegeben. Bekannte Beispiele sind: White Eagle, Seth, die Ramala-Lehrer. Andere Schutzgeister operieren mit Hilfe ihrer Medien, wie das bei einigen brasilianischen Ärzten und Geistheilern der Fall war und ist.

Die in spiritistischen Kreisen viel praktizierte Geistheilung wird dadurch erklärt, daß die Energie aus der geistigen Welt durch den Heiler in den Körper des Patienten fließt und sich dort an die Stellen verteilt – vom geistigen Körper des Patienten selbst gesteuert –, wo sie am meisten gebraucht wird.

Zum Weltbild der Spiritisten im angelsächsischen Raum *(spiritualists)* gehört auch die Überzeugung, daß die Medien ihre Kräfte nur von der geistigen Welt verliehen bekommen und sie sofort wieder verlieren, wenn sie persönlichen Gewinn daraus zu ziehen versuchen.

Da der Spiritismus auch als Religion in verschiedenen Vereinigungen auftritt (»Spiritualist National Union«, »Greater World Christian Spiritualist League«, »Spiritualist Association of Great Britain« u. a.), sollen hier noch die Grundprinzipien vorgestellt werden, die in diesem Fall zur Spiritualist National Union gehören, die 1901 gegründet wurde:

»1. Die Vaterschaft Gottes.
2. Die Bruderschaft der Menschheit.
3. Die Gemeinschaft der Geister und die Hilfestellung durch Engel.
4. Die Weiterexistenz der menschlichen Seele.
5. Persönliche Verantwortlichkeit.
6. Vergeltung und Ausgleich aller guten und bösen Taten des irdischen Lebens im Jenseits.
7. Ewige Weiterentwicklung als Möglichkeit für jede menschliche Seele.«

e) Alte Götter – Erdreligion

»Wir sind von der Alten Religion, geadelt durch die Zeit und geboren von unserer geliebten Erdenmutter. Zu lange schon gehen die Menschen einen steinigen Weg, der nur vorwärts führt, unter einem Himmel, der nur aufwärts führt. Der Gehörnte flötet auf einer einsamen Lichtung, denn seine Leute sind zerstreut in diesem öden Zeitalter; und der Wind trägt seine klagenden Töne über verlassene Heiden, feuchte Moore und in die einsamen Wiesen.

Wer kennt noch die alte Sprache des Mondes? Und wer redet noch mit der Göttin? Die Magie des Landes Lirien und die Alten Götter sind im Atem des Drachen geschwunden; die alten Wege der magischen Kunst sind in den Brunnen der Vergangenheit gesunken; und nur die Felsen erinnern sich, was einst die Mondin zu uns sprach und was wir von den Bäumen lernten, von den Stimmen der Gräser und der Blüten Duft.

Wir sind Heiden und verehren die Alten Götter, und unter unseren Leuten sind die Hexen, die mit der Mondin sprechen und mit dem Gehörnten tanzen. Aber eine Hexe ist ein seltener Heide dieser Tage, tief und unergründlich, nur ihresgleichen kenntlich – durch das Licht ihrer Augen und die Liebe in ihrem Herzen, durch die Magie in ihren Händen, den Schlag ihrer Zunge und ihr Wissen um das Wirkliche. Der Weg der Wicca ist ein Weg; und es gibt viele. Heiden in aller Welt wissen um die Erdmutter und den Himmelsvater, den Regengott und die Regenbogengöttin und das kleine Volk im Nebel auf der anderen Seite des Tales. Ein Heide ist jemand, der die Götter und Göttinnen der Natur verehrt: durch Beobachtung oder Lernen, durch Liebe oder Anbetung, an den geheimen Orten mit der Mondin oder bei den großen Festen der Sonne.

Wenn die Ströme klar fließen und die Winde rein wehen, wenn die Sonne nicht mehr unbeachtet sich erhebt, noch der Mond ungeliebt über den Himmel wandert; wenn die Steine vom Gehörnten erzählen und der Urwald wild wächst, sein eigen zurückzurufen, dann wird unsere Arbeit beendet sein; und der Heidnische Pfad wird zurückkehren in den geliebten Schoß der Alten Religion . . . zu den Göttinnen und Göttern der Natur.«[113]

Betont unsystematisch stellen sich die neuen naturreligiösen Richtungen der *Erdreligion* dar: Hexenkult, Wicca, Göttinnen-Religion, Neuheidentum[114], Neo-Schamanismus.

Da die Anhänger der Erdreligion die Selbsterkenntnis in der Naturbegegnung suchen, zeigen ihre »Landkarten der Seele« Naturlandschaften. Die Inhalte ihrer visionären Erfahrungen werden von den Elementen, verschiedenen Tieren und Naturgottheiten geprägt und gestaltet. Dazu gesellen sich meist auch Tarot und Astrologie aus der klassischen Esoterik.

Dieser charakteristische Naturbezug kommt in allen Ritualen, Festen, Symbolen und Mythen der Erdreligion zum Ausdruck. Alles Lebendige ist heilig, und zwar heilig in sich selbst, in seinem Lebendig-Sein, nicht durch etwas von außen Hinzukommendes. Die Welt ist erfüllt von einer universellen Lebenskraft, die noch jenseits der Götter steht, unfaßbar und allgegenwärtig. Das Heilige ist in der Welt als das Leben; und somit ist alles heilig, da alles zu einem gewissen Grade als lebendig gilt.

Es gibt gewisse Orte in möglichst unberührter Natur, an denen diese Lebenskraft besonders intensiv auftritt oder dem menschlichen Bewußtsein in einem erhöhten Maße zugänglich ist. Solche Plätze, die *Kraftorte*, sind oft schon alte Kultstätten und werden von Sensitiven an ihrer besonderen »Ausstrahlung«, Stimmung oder Atmosphäre erkannt. An ihnen treten auch gehäuft Naturgeister (Elfen, Zwerge, Nixen) auf.

Wenn irgend möglich werden erdreligiöse Rituale draußen, in freier Natur gefeiert. Aus dem Kontakt mit der Natur beziehen Hexen und Schamanen einen großen Teil ihrer seelischen und magischen Kraft. Das ist auch ein Grund dafür, daß manche Wicca-Coven ihre Riten nackt durchführen – *skyclad* nennen sie es, mit dem Himmel bekleidet.

Da man sich mit der Natur eins und in ihr geborgen fühlt, besteht kein Bedürfnis, sie zu transzendieren. Das Leben wird, wenn möglich, freudig genossen, und wenn es zu Ende ist, gibt man den Körper (im Idealfall) gern wieder in den ewigen Kreislauf zurück. Der Tod gilt ebenso als Bestandteil des Kreises wie das Leben, nicht als sein Widerpart. Der Gehörnte Gott ist sowohl der Gott der Wälder, der Tiere und der Fruchtbarkeit als auch der Herr der Toten. Die Reinkarnationslehre wird wohl allgemein akzeptiert, jedoch nicht mit dem ewigen Kreislauf des Leidens assoziiert. Die Wiederverkörperung gilt als ein natürlicher Ablauf, der Freude und Leid mit sich bringt. Oft werden die Götter um eine Wiedergeburt im Kreise derer gebeten, die man liebt. Meist wird das Konzept der Reinkarnation nicht besonders reflektiert, sondern schlicht eine persönliche Neuverkörperung angenommen. Trotz der oft behaupteten Wurzeln in den alten Religionen stammt die Wiedergeburtslehre nicht von den Kelten (die auch eine hatten), sondern aus der Theosophie, von deren Weltbild vereinfachte Fassungen esoterisches Gemeingut sind.

Es wird angenommen, daß die Toten in ihren Astralkörpern weiterexistieren, und man kann mit ihnen auch Kontakt aufnehmen. Mit dem *Samhain-Fest* (Allerheiligen) ist ihnen im Wicca-Kult ein eigenes Fest gewidmet. Das Totenreich ist identisch mit dem Reich der Elfen und der anderen Naturgeister beziehungsweise mit deren Bewußtseinszustand. Diese Identität läßt sich unschwer auch in keltischen Mythen und denen anderer Naturvölker nachweisen. In dieser Anderswelt herrscht der Gott, der (manchmal zweigesichtige) Gehörnte, als König der Toten oder die Göttin als Elfenkönigin oder, in ihrer Erscheinungsform als Hekate, dunkle Herrin der Geister und Dämonen.

Diese beiden Gottheiten werden im Hexenkult und bei den Neuheiden als polare Ausdrucksform der einen Ur- und Lebenskraft aufgefaßt, auf der höchsten Stufe des Bewußtseins, die der Mensch noch erfassen und erfahren kann. Die fundamentale Polarität des Kosmos wird also in den Bildern des männlichen und des weiblichen Prinzips erfaßt, die sich in unzähligen göttlichen Erscheinungsformen ausdrücken können, in einzelnen Gottheiten und nicht zuletzt auch als Polarität innerhalb der menschlichen Psyche und zwischen Mann und Frau. Jedoch ist diese Polarität nicht mit dem Gegensatz von Yin und Yang, + und −, hell und dunkel zu verwechseln. Es steht nicht der Gott für aktiv, die Göttin für passiv, der Gott für Geist, die Göttin für Materie. Die Götter sind vielschichtige Symbolfiguren und keine Abstraktionen philosophischer Prinzipien. Sie haben beide starke und schwache, helle und dunkle, dynamische und statische Aspekte.

Außer den Hauptgottheiten gibt es Wesenheiten, die als *Old Ones* oder *Ancient Ones* angerufen werden. Sie spielen im Wicca-Kult in etwa die Rolle, wie die Heiligen im Christentum. Sie werden besonders auch als Hüter der Himmelsrichtungen und Elemente angerufen, wenn der Ritualkreis gezogen wird.

Da es sich bei den modernen Hexenkulten um relativ junge Gestaltungen handelt, sind ihre Mythen von Abstraktionen geprägt, das heißt auffallend stimmig. Ihr behauptetes hohes Alter liegt nur in dem hohen Alter der verwendeten Namen für die Gottheiten.

Gleiches gilt vermutlich für die meisten neo-schamanischen Richtungen, die sich auf alte indianische Überlieferungen stützen wollen, aber oft verblüffend zeitgemäß und wohlstrukturiert sind. Ehrlich ist da ein »moderner Schamane« wie Sunbear, dessen Buch »Das Medizinrad« einer der Bestseller der »Schamanenwelle« war. Er meint, die älteren Systeme stammen von den Visionen der Menschen, die früher gelebt haben; sein System stammt aus seiner persönlichen Vision; warum sollte es schlechter sein als die alten, nur weil er heute lebt? Indianisch sei das Medizinrad nur insofern, als er gebürtiger Indianer sei.

Dieses Medizinrad des Sunbear läßt sich vielleicht am besten als eine indianische Fassung der Tierkreiszeichen beschreiben, deren Symbolik aus der (ehemaligen) Umwelt der nordamerikanischen Indianer genommen ist: Biber, Wapiti, Bussard, Rabe und so weiter. Ähnlich der astrologischen Psychologie ist auch damit die Vorstellung verbunden, daß der Mensch die Eigenschaften all dieser *Clans* in sich ins Gleichgewicht bringen muß, daß seine besonderen Begabungen und Probleme sich aber aus dem Clan ergeben, in den er hineingeboren ist. (Der Begriff »Clan« wird hier offenbar völlig anders verwendet als in den Stämmen, von denen er kommt. Dort hatte die Clan-Zugehörigkeit mit der Sippe oder mit einer besonderen Einweihung zu tun.)

Auch Harley Swiftdeer, ein Neo-Schamane, verwendet den Begriff des Medizinrades für seine Weltmodelle, die jedoch nicht auf einer Tierkreiszeichen-Struktur, sondern auf den Himmelsrichtungen aufbauen.[115]

Ebenfalls aus der engen Verbindung der indianischen Mythologie mit den Tieren geht die Vorstellung der *Krafttiere* hervor. Diese Krafttiere findet man durch visionäre Reisen in die Anderswelt, wo sie einem begegnen und sich durch ihr Verhalten als die persönlichen Begleiter des Visionssuchenden zu erkennen geben. Es gibt ein wesentliches Krafttier für jeden Menschen, in dem sich dessen Eigenschaften und Fähigkeiten spiegeln, und eventuell mehrere Hilfstiere.

Sehr wichtig in allen indianischen Religionen sind die vier Himmelsrichtungen, wo auch die *Großväter* wohnen. Die Verteilung der Himmelsrichtungen und der Elemente ist im einzelnen anders als in Europa, wird jedoch im Prinzip genauso gehandhabt. In Ritualen werden die Hüter der vier Richtungen, des Himmels und der Erde um Schutz angerufen.

Damit bilden die vier Richtungen und Elemente die erdreligiöse Grundstruktur, die sich auch in der Astrologie und im Tarot wiederfindet. Zentrale Symbole sind das keltische Kreuz und indianische Schild- oder Radstrukturen, wie etwa der Kreis der Hopi.

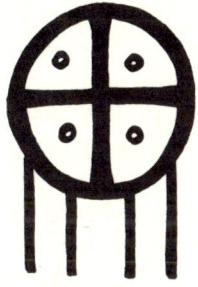

Das keltische Kreuz   Kreis der Hopi

Schlußbemerkung zu den seelischen Landkarten:

Bei allen Differenzen in den Einzelheiten scheinen mir doch fast alle heutige Esoteriker einige Auffassungen zu teilen: Das Universum bildet eine grundlegende Einheit, in der alles miteinander zusammen- und voneinander abhängt; der Kosmos ist lebendig, beseelt und von geistigen Wesenheiten der unterschiedlichsten Form und Bewußtseinsklarheit bewohnt, zu denen auch die Menschen gehören. Das Bewußtsein gilt als entwicklungsfähig und erweiterbar, worin auch eines der wesentlichen Ziele der menschlichen Evolution zu sehen ist.

Das läßt sich vielleicht auf den Nenner bringen, den Adolf Köberle für das magische Weltbild geprägt hat: Allbeseeltheit und Allverwandtschaft.

3. Legenden der abendländischen Tradition

Im Kapitel über die Geschichte der europäischen Esoterik zeigte sich, daß viele Zusammenhänge im unklaren bleiben mußten, weil die Quellen dazu unbekannt sind. Über rein mündliche und über Geheimüberlieferungen läßt sich naturgemäß nichts Sicheres sagen, sofern man nicht selbst Träger einer solchen Überlieferung ist. Und selbst was man dann weiß, würde nicht den Kriterien einer wissenschaftlichen Geschichtsforschung standhalten. Aus diesem Grund ist hier möglichst sauber getrennt worden, was Legenden der abendländischen Hermetik über den Ursprung der Tradition und die Geschichte der Menscheit überhaupt sagen, und dem, was Historiker darüber herausfinden können.

Dieses Kapitel soll nun den Legenden gewidmet sein, die sicherlich über das Selbstverständnis der esoterischen Tradition mehr aussagen als die Darstellung der rekonstruierbaren Geschichte. Da die Geschichte anhand nachprüfbarer Quellen bereits dargestellt worden ist, soll hier auf eine nähere Auseinandersetzung mit dem Wahrheitsgehalt der Legenden verzichtet werden. Sie werden im folgenden schlicht referiert.

Verschiedene Autoren würden diese Legenden recht unterschiedlich darstellen. Je nach persönlicher weltanschaulicher Ausrichtung und Vorliebe können sie christlicher oder heidnischer ausfallen (in der Mehrzahl wohl eher christlich), kann die Betonung mehr bei den Griechen oder mehr bei den Kelten oder bei indischen und tibetischen Einflüssen liegen. Ich habe mich hier an keine bestimmte Version gehalten, sondern – außer in Abschnitt b) – erzählt, was sich mir im Laufe der Jahre an Geschichten eingeprägt hat. Der Schwerpunkt liegt dabei auf theosophischen Versionen.

a) Die Geheime Überlieferung

Über die ganz frühen Zeiten, als die Menschen sich auf diesem Planeten zu verkörpern begannen, gibt es nur schwer verständliche Erzählungen und die schwer deutbaren Gesichte derer, die in der

Akasha-Chronik lesen können. (Die Akasha-Chronik ist jene geistige Sphäre, in der jedes astrale und materielle Geschehnis der Welt für alle Zeiten seine Spur hinterläßt.) Von Epochen vor Millionen von Jahren ist da die Rede, als die Menschen noch nicht in Geschlechter unterschieden waren und in nur ätherischen Körpern inkarnierten, sehr unähnlich unseren heutigen. Zeiten soll es gegeben haben, da die Menschen noch direkt Kontakt mit den führenden Geistern dieses Planeten hatten, die sie Götter nannten. Die Könige wurden von diesen eingesetzt und waren selbst wie Halbgötter. Damals hatten die Menschen noch auf natürliche Weise Fähigkeiten, die wir heute magisch nennen würden, und konnten hellsichtig wahrnehmen. Aber sie waren noch von dem Kontakt mit den Göttern abhängig und konnten nicht in unserem Sinne selbständig denken.

Nach und nach entließen die führenden Geister die Menschheit in immer größere Selbständigkeit und übergaben das Wissen über die Aufgabe der Menschheit, die Kenntnisse der Magie und die Zeremonien, mit denen der Kontakt zu den Göttern herzustellen ist, den Hohenpriestern und Eingeweihten, die diesen Weisheitsschatz jahrtausendelang hüteten und nur mündlich weitergaben. Doch mit zunehmender Selbständigkeit mißbrauchten die Menschen auch das ihnen anvertraute Wissen und rebellierten gegen den ihnen bestimmten Weg. Uralte Kulturen gingen in gewaltigen Katastrophen unter: Hyperboraea, Lemuria und Atlantis.

Die Kunde von Atlantis hat sich über die ägyptischen Priester bis zu den Griechen erhalten und wurde uns von Plato aufgezeichnet. Auch die Kelten wußten noch von den Inseln der Seligen weit im westlichen Meer, grüne Inseln mit einem weißen heiligen Berg in der Mitte. Die Atlanter hatten wohl noch großes Wissen aus der alten Zeit, als die Menschheitslehrer direkt mit ihnen verkehrt hatten. Doch sie gingen ihre eigenen Wege und versuchten, die Macht über die Lebenskräfte, die ihnen teilweise gegeben war, völlig an sich zu reißen und auszunutzen. Dadurch störten sie das Gleichgewicht ihrer Welt und riefen eine Katastrophe auf sich herab, die auch den Rest der Erde erschütterte und den Menschen als Sintflut im Gedächtnis blieb. In gewaltigen Erdstößen ging ihre Kultur mit fast allen Inseln im Atlantik unter, der ihren Namen bis heute bewahrt. Einige Atlanter jedoch konnten sich retten und landeten an den Küsten um den Atlantik. Dort vermittelten sie den Völkern Kenntnisse, die zuvor unbekannt waren, und ermöglichten in Mittelamerika und Ägypten den Bau der Pyramiden. Sie lehrten die Urvölker Europas den Umgang mit der Schwerkraft und neue Handwerkstechniken, so daß sie die riesigen Steinbauten errichten konnten, die wir heute als Megalithe kennen. Doch schon bald vermischten sie sich mit den einheimischen Völkern und wurden zur Legende der Götter, die von jenseits des Meeres kamen. Ihr Wissen bewahrten die Eingeweihten, besonders im schon weit entwickelten Ägypten. Aus den dortigen Tempelschulen wurde die Fackel der ursprünglichen Weisheit weiter in die sich entwickelnde griechische Welt getragen. Zu jener Zeit war die Urweisheit bereits in unzählige Religionen in verschiedenen Sprachen und Kulturen aufgesplittert.

Es kam die große Zeitenwende, als sich große Lehrer unter den Menschen verkörperten, um in die menschlichen Seelen die Saat zu legen, durch die sie ein persönliches Verhältnis zum Einen Gott und ein bewußtes, ethisch selbstverantwortliches Verhältnis zueinander finden würden: Zarathustra, Krishna, Buddha, Laotse, Jesaja, Plato und Pythagoras. Von nun an bestimmte die Urweisheit die Kulturen nicht mehr direkt, weil die Völker ihr Leben selbst gestalten sollten. Sie wurde jedoch in besonderen Orden bewahrt, unter den Griechen von den Pythagoräern und Orphikern, bei den Juden von den Essenern, bei den Kelten von den Druiden.

Vielleicht sollte hier eingeflochten werden, daß es neben dieser abendländischen Tradition eine ebenso wichtige im Osten gab. Ihre großen Meister lehrten zuerst in Nordindien und zogen sich später nach Tibet zurück, dem lange unzugänglichen Einweihungszentrum auf diesem Planeten. Zwar hatten die westliche und die östliche Überlieferung ihren je eigenen Auftrag; doch wußten sie stets voneinander und gaben sich oft Anstöße. Vieles, was im Westen nur im geheimen gelehrt wurde, wie Reinkarnation und Karma, war im Osten allgemein bekannt. Der Westen hingegen machte sich bereit zur Eroberung der Materie und Entwicklung des rationalen Vermögens.

Um dieses neue Verhältnis zur Welt ausbilden zu können, mußten die Menschen im Westen die direkte Schau der geistigen Welt verlieren, die geheime Tradition und ihre Schulungen möglichst vergessen und ganz in die Materie eintauchen. Bevor sich ein Teil der Menschheit auf diese schwierige und gefährliche Bewußtseinsreise machte, verkörperte sich das höchste Wesen dieses Weltsystems als Menschensohn. Von Juden und Griechen, den Eltern des Abendlandes, wurde seine Religion gestaltet. Sie sollte den Tod der alten Götter und Mythen in den menschlichen Seelen dadurch überleben, daß ein göttlicher Geist selbst als Mensch in die Geschichte trat und im Sinnbild seines Todes und seiner Auferstehung der Menschheit die Erlösung von den Fesseln der Materie verhieß. Denn nun, da sie die Materie und die Natur zu erobern und geistig zu durchdringen auszogen, begann sie ihnen immer bedrohlicher und dämonischer zu erscheinen.

Seine eigene Ausbildung zum religiösen Lehrer erhielt Jesus bei den Essenern, den damaligen Trägern der jüdischen Geheimtradition. Manche wissen zu erzählen, daß Jesus auch Kontakte zu indischen oder tibetischen Meistern gehabt hat und nach seinem scheinbaren Tode den Rest seines Lebens dort verbrachte. Jedenfalls hat sich Jesus nicht nur als ein großer Lehrer der Menschen gezeigt, sondern auch als Eingeweihter in den praktischen Künsten der Magie und der Heilung. Einen Teil der Lehre gab er in Gleichnissen an alle weiter, lehrte die wahre Tradition jedoch nur seine Jünger.

Nach diesem großen Licht kam die dunkle Zeit Europas, und der alte Strom der esoterischen Überlieferung wurde zu einem winzigen Rinnsal unter wenigen Eingeweihten, jahrhundertelang mal ein Ärgernis für die mächtigen Kirchen, mal fast versickert. Eine Gruppe gnostischer Adepten scharte sich um das mystische Symbol des Grals. Als heiliger Gralsorden hüteten sie die ganze finstere Zeit des Mittelalters hindurch die Kristallschale, die Christi Blut am Kreuz aufgefangen hatte. Von ihnen, die die keltische, gnostische und urchristliche Weisheit bewahrten, gingen Kenntnisse auf die Katharer, die Templer und die Rosenkreuzer über, die das esoterische Christentum danach weitertrugen. Aber die Situation wurde immer schwieriger: Die Kirche war zum Apparat erstarrt; nur einzelne Mystiker hielten den Glauben am Leben, waren jedoch meist keine Eingeweihten der hermetischen Tradition. Deren wichtigste Träger im Mittelalter, die Katharer und Templer, wurden ausgerottet; und die Alchemie verkam zum Aberglauben der Goldmacher. Da ging ein gewisser Christian Rosenkreuz in den Orient, um sich den Einweihungen zu unterziehen, die Überlieferung aufzufrischen und später an wenige ausgewählte Schüler weiterzugeben. Mehr als hundert Jahre lang bestand diese Bruderschaft insgeheim, bis kurz vor dem großen Glaubenskrieg das Grab des Christian Rosenkreuz wiederentdeckt wurde und seine Geschichte und Botschaft an die Öffentlichkeit gegeben werden durfte. Der Orden der Rosenkreuzer konnte christliche Ideale mit sozialen Reformbestrebungen, okkultem Wissen und dem gerade aufkeimenden naturwissenschaftlichen Forschungseifer verbinden und damit den Grundstein legen für eine Reihe von Geheimgesellschaften, die die Fackel des alten Wissens bis in die Neuzeit trugen.

Da der Weg des Menschen in die Materie heute bis zum äußersten Punkt fortgeschritten ist, kann der Gegenimpuls wieder stärker zum Tragen kommen. Seit etwa hundert Jahren tritt die geheime Tradition des Abendlandes wieder an die Öffentlichkeit und macht ihre Lehre nun so breiten Bevölkerungsschichten bekannt, wie es nie zuvor der Fall gewesen ist.

Im beginnenden Wassermannzeitalter wird die Esoterik eine allgemein zugängliche Lehre sein und in Verbindung mit einem neuen Wissenschaftsverständnis zu neuer Blüte kommen.

b) Wassermannzeitalter und Goldenes Zeitalter

Die Idee vom Wassermannzeitalter gehört in das astrologische Weltbild. Die Erde rotiert nicht genau senkrecht, sondern »eiert« in ihrer Umdrehung ein wenig. Diese sogenannte »Präzession der Erdachse« vollendet alle 25 800 Jahre einen Umlauf – *Großes Platonisches Jahr* genannt. Aufgrund dieser leicht gekippten Drehbewegung der Erdachse wandert auch die Bahn, die die Sonne – von der Erde aus betrachtet – vor dem Sternenhimmel beschreibt. Als Fixpunkt für diese scheinbare Sonnenbahn dient der sogenannte *Frühlingspunkt*, der Punkt, an dem die Sonne zur Tagundnachtgleiche im Frühling steht, meist der 21. März. Dieser Frühlingspunkt wandert also – immer von der Erde aus, »geozentrisch« betrachtet – in 25 800 Jahren einmal durch den Tierkreis. Das bedeutet, daß die Sonne in 12 600 Jahren am 21. März an genau dem gegenüberliegenden Punkt des Himmels stehen wird wie heute, und in 25 800 Jahren wieder genau da, wo sie heute steht.

Diese Präzession des Frühlingspunktes ist dafür verantwortlich, daß die Sonne heute, wenn sie mit dem 21. März in das Tierkreiszeichen Widder eintritt, sich nicht mehr am Anfang des Sternbildes Widder befindet. Als die Chaldäer vor dreitausend Jahren die Tierkreiszeichen nach den mythischen Sternbildern festlegten, lag der Frühlingspunkt ungefähr am Beginn des Sternbildes Widder, nach welchem unser Tierkreiszeichen heute noch benannt ist. Deshalb beginnt unser Tierkreis mit dem Widder. Mit dem Frühlingspunkt haben sich aber auch alle willkürlich in $30°$-Abständen auf der Sonnenumlaufbahn festgelegten Tierkreiszeichen verschoben und stimmen mit den ursprünglichen Sternbildern am Himmel nicht mehr überein. (Für die Astrologie ist das kein Problem, da sie sich ohnehin nicht auf die wirklichen Sterne am Himmel bezieht, sondern auf das zwar willkürliche, aber traditionelle Analogiesystem des Tierkreises.)

Nun kann man auch den Verlauf des Frühlingspunktes auf der Sonnenumlaufbahn (Ekliptik) nach den Sternzeichen benennen und erhält so zwölf Phasen innerhalb der 25 800 Jahre – sozusagen ein Weltenjahr mit zwölf Weltenmonaten von je 2150 Jahren. Der Frühlingspunkt bewegt sich nun gerade in unserem Jahrhundert vom Sternbild Fische zum Sternbild Wassermann. Wann genau das Wassermannzeitalter begonnen hat, darüber herrschen vielfältige Meinungen. Von 1492 bis 2640 sind zahllose Termine von Astrologen bestimmt worden.[116] Die heute gängigen Vermutungen liegen mehr zwischen dem Ende des 19. bis zum Beginn des 21. Jahrhunderts. Die meisten Datierungen werden jedoch weniger aufgrund solider astrologischer Überlegungen angesetzt, als um damit eine bestimmte Sekte oder Weltanschauung als besonders wichtig herauszustellen.

Die zunächst rein astronomischen Überlegungen werden von der Astrologie so gedeutet, daß jeder dieser Weltenmonate ein Zeitalter bildet, das der Menschheit ein charakteristisches Schicksal beschert. Mehr aus Wunschdenken als aus astrologischen Gründen knüpfen sich an das Kommen des Wassermannzeitalters große Hoffnungen auf eine Epoche des Friedens, der Verbrüderung aller Menschen, der sauberen und hochentwickelten Technik, der Spiritualität, der Freiheit, kurz all dessen, was man in unserer Zeit ganz zu Recht vermißt. Erfahrene Astrologen sehen dies vorsichtiger.[117] Das Symbol des Wassermannes könnte sich durchaus auch als kennzeichnend für Revolutionen, totalitäre Staaten und Unverbindlichkeit in menschlichen Beziehungen zeigen. Jedes Symbol hat angenehme und weniger angenehme Aspekte; und es wäre unsinnig, alles denkbare Gute ausgerechnet in ein bestimmtes Tierkreiszeichen zu projizieren.

Vor Anbruch des Neuen Zeitalters, des *New Age*, wie es modern genannt wird, erwarten manche große Umwälzungen, Katastrophen oder Kriege, die zunächst »die Erde reinigen«, bevor eine neue, glückliche Epoche der Menschheit anbrechen kann. Auch mit der Wiederkunft Christi rechnen viele. Diese wird ganz unterschiedlich erhofft: Rudolf Steiner meinte, der Christus würde sich nur ätherisch inkarnieren; Theosophen um Benjamin Creme erwarteten ihn sicher an einem bestimmten Tag vor wenigen Jahren unter den Palästinensern in einem bestimmten Londoner Vorort (laut Creme verschob Christus seine Ankunft kurzfristig); manche UFO-Gläubigen erwarten den intergalaktischen Flottenkapitän Jesus Christus gar mit einer in Kreuzformation fliegenden Raumschiffstaffel, um die frommen UFO-Gläubigen vor den irdischen Katastrophen in ein (im buchstäblichen Sinn) himmlisches Reich zu evakuieren.

Überhaupt scheinen sich viele auf die prognostizierten Umwälzungen und globalen Reinigungsprozesse zu freuen, statt ihnen mit Entsetzen entgegenzublicken. Die christliche Vorstellung von den Erwählten (zu denen man sich wie selbstverständlich immer selber zählt), die gerettet werden, und den Verdammten, denen man ein schlimmes Ende auch gönnen kann, scheint überall sehr fest zu sitzen. Dieses Muster wirkt sich auch noch bei jenen aus, die sich – fern von christlichen Gottesreicherwartungen und astrologischen Berechnungen – auf die Visionen der indianischen Völker stützen. Wenige nur scheinen ernsthaft in Betracht zu ziehen, daß die Krankheit, von der die Erde genesen soll, wir selber sein könnten, daß wir es sind, die da »weggereinigt« werden.

Sei dem wie es will, im allgemeinen wirkt sich die Vision vom Wassermannzeitalter inspirierend aus und gibt Hoffnung auf bessere Zeiten, wie die christliche Erwartung des tausendjährigen Reiches dies lange getan hat. Daß sich die Menschheit in einem Jahrhundert gewaltiger Umwälzungen befindet, wird niemand bestreiten können, und viele blicken gespannt voll Sorge oder Hoffnung in die Zukunft. Diese Stimmung vermag das Bild des Wassermannes, der segenspendend die Wasser des Geistes auf die dürstende Erde ergießt, zu einer gemeinsamen Vision zusammenzufassen und ihr einen Sinn zu verleihen. Wer sich darüber wundert, wie leicht solch ein neuer Mythos sich verbreitet, sollte daran denken, wie weitgehend diese Erwartung derjenigen vom Zeitalter des Heiligen Geistes entspricht, das Christus versprochen hat.[118] Auch dieser ergießt sich auf die Erde und erleuchtet die Herzen der Menschen, und auch er wurde nach schlimmen Katastrophen erwartet.

Ganz anders als der heute so populäre Mythos vom Wassermannzeitalter gibt sich die alte Lehre von den Weltaltern, die mit dem Goldenen beginnen und über das Silberne und Bronzene bis zum Eisernen, zum Schwarzen Zeitalter, immer weiter verfallen. Diese Lehre von den Zeitaltern findet sich in Indien als die vier *Yugas*, die ein *Manvantara* bilden, ein Weltenjahr. Nach der indischen Lehre leben wir zwar jetzt im *Kali-Yuga*, dem finsteren Zeitalter. Doch wird dieses noch endlos lange fortdauern und immer schlechtere Lebensbedingungen mit sich bringen. Ein »Neues Zeitalter« läßt sich daraus nicht ableiten.

Die griechischen Mythen sind, was die Zahlen angeht, nicht so genau wie die indischen. Doch nach all diesen Mythen befinden wir uns heute im schwärzesten Zeitalter (beziehungsweise meinten das auch die Griechen und Inder schon vor Jahrtausenden von sich) und sehen dem völligen Zusammenbruch entgegen, nach dem sich eine verjüngte Welt für ein Goldenes Zeitalter mit paradiesischen Zuständen erheben wird. Dramatische und schöne Bilder für die sich verjüngende Erde findet man auch in der *Edda*, in den isländischen Sagen von der Götterdämmerung.

c) Die große weiße Bruderschaft

ist eine legendäre Gruppe von vollendeten Menschen (Männern, wie könnte es anders sein), die ihr persönliches Schicksal erfüllt haben und allein zum Wohle der leidenden Menschheit auf der Erde weilen.

Die Begründer der Theosophie wie auch die des *Golden Dawn* haben sich auf sie berufen. Sie sind die geheimen Meister hinter den manifesten Orden. Von ihnen werden die Aufgaben verteilt und wird das Kraftfeld eines Ordens aufrechterhalten oder auch wieder fortgenommen.

Die Mitglieder der Bruderschaft geben sich nur sehr wenigen normalen Menschen als solche zu erkennen und bleiben sonst möglichst unauffällig, obwohl sie über alle seelischen und magischen Kräfte frei verfügen können.

Neben der Betreuung der esoterischen Orden unter den Menschen fällt der Bruderschaft auch die Aufgabe zu, hinter den Kulissen der äußeren Welt, in der Astral- und Mentalsphäre, für Ordnung zu sorgen und die ständig drohenden Machenschaften der Schwarzmagier, der Logen des linken Pfades, einzudämmen.

Der Graf Saint Germain, der berühmten Persönlichkeiten des 16. bis 18. Jahrhunderts in immer gleichem Alter begegnet sein soll, war Mitglied der geheimen Bruderschaft. Die Adyar-Theosophen sehen in ihm den »Meister des 7. Strahls«. Andere Meister weilen körperlich in geheimen Gebieten Tibets und erscheinen ihren Schülern nur ab und an körperlich oder astral.

Die Vorstellung von solchen »guten« Bruderschaften ist nicht erst in der Esoterik entstanden, sondern findet sich bereits in den Geheimbundlegenden von Naturvölkern. Die italienischen *Benandanti*[119] zum Beispiel waren bis zum 16. Jahrhundert ein Männerbund der Landbevölkerung, dessen Mitglieder nächtlich »ausfuhren« (im Doppelkörper hinausgingen) und gegen die bösen Dämonen kämpften, die die Ernte vernichten wollten.

Aus der christlichen Mythologie sind die Heiligen gut bekannt, die ebenfalls noch für das Seelenheil der Menschheit sorgen können, die angerufen werden und eventuell auch in Visionen erscheinen.

Die bekanntesten Geschichten um eine solche weiße Bruderschaft sind wohl die Legenden um den Gral: Lohengrin als der typische gute Ritter und Retter, der plötzlich auftaucht, selbstlos hilft und ebenso plötzlich wieder verschwindet, weil seine Identität nicht offenbar werden darf.

d) Der Gral

ist ein uralter Schatz, eine Schale, die von Engeln aus einem Smaragd geschnitten wurde, der Lucifer bei seinem Fall aus der Stirn fiel. Christus benutzte diese Schale bei der Einsetzung des Abendmahles. Später wurde darin das Blut aufgefangen, das ihm bei seinem Kreuzestod aus der Seite rann.

Josef von Arimathia brachte sie nach England zum Heiligtum der Druiden, Avalon, nahe dem heutigen Glastonbury. Die Druiden als Hüter der keltischen Weisheit hatten schon lange auf die Verkörperung des Gottessohnes gewartet. Ihnen war die Gralsschale eine gewandelte Gestalt des Kessels der Cerridwen, ihrer Großen Göttin. Schon dieser Kessel hatte lebenspendende und verjüngende Kräfte gehabt.

Auch nachdem das alte Avalon sich in die Anderswelt zurückgezogen hatte, blieb der Heilige Gral Mittelpunkt des keltischen Christentums. Er wurde im Mittelalter vom Gralsorden gehütet, dessen geheime Burg auf dem Berge Montsalvat lag und den kein gewöhnlicher Sterblicher finden konnte. Unzählige Ritter suchten in langen Fahrten und Abenteuern den Gral und damit irdischen Ruhm und ewiges Heil. Das ganze Hochmittelalter hindurch wurde Parzival besungen, der als junger Ritter auszog und nach langen Irrfahrten zum Gralskönig werden konnte.

Als die Kirche die Tempelritter und Katharer vernichtet hatte, bei denen man den Gral vermutete, verschwand er aus der offenbaren Geschichte der Menschen. Niemand weiß, was daraus geworden ist, wo und wer seine jetzigen Hüter sind und wann und wie er den Menschen wieder offenbart werden wird.

Dazu noch ein paar sachliche Anmerkungen: Die Gralslegende kam im Mittelalter (12. Jahrhundert) in Dichtungen von Robert de Boron und Chrestien de Troyes an die Öffentlichkeit, wird sich aber wohl auf ältere Legenden stützen. Abgesehen vom offenkundig christlichen Gehalt der Legenden, wird vermutet, daß sich in der Gralsschale auch ältere keltische Mythologeme verkörpern, daß die Gralsschale also ein Relikt des Kultes der Göttin im Christentum ist. Darauf deutet auch die Verflechtung der Gralssagen mit Merlin hin, dem typisierten letzten Priester des alten Kultes, dessen Legenden sich bis in vierte Jahrhundert zurückverfolgen lassen.[120]

Genaue Untersuchungen über die Geschichte der Gralsliteratur gibt es genügend. In der esoterischen Rezeption sind diese selten bekannt. Deshalb habe ich mich hier damit begnügt, eine Kurzfassung der Elemente der Gralsgeschichte zu geben, die mir bei meinen Begegnungen mit der Sage wesentlich erschienen. Besonders im angelsächsischen Sprachraum ist die Gralslegende in der Esoterik maßgeblich. In Glastonbury und Findhorn, wichtigen Zentren des esoterischen Christentums in Großbritannien, begegnet man ihr auf Schritt und Tritt – schon bevor das Buch »Die Nebel von Avalon« ein Bestseller wurde.

4. Symbole

Die Seele spricht zum Bewußtsein durch die Träume; und das Bewußtsein spricht zur Seele durch das Ritual. Die dabei benutzte Sprache ist die der Symbole. Diese müssen zum Teil erlernt werden, scheinen aber zum großen Teil bereits zu den Grundstrukturen des menschlichen Erlebens zu gehören, wie C. G. Jung nachweisen konnte.

Symbole sind Sinn-Bilder und mehr als das. Sie sind nicht nur Zeichen einer Sache, sondern vertreten auch unmittelbar, was sie symbolisieren. Das geistige Prinzip oder die Kraft hinter einem Symbol ist mit diesem direkt verbunden – das ist die Grundregel des Analogiedenkens. Ein Symbol verweist auf eine geistige Wirklichkeit, repräsentiert sie gleichzeitig und ist der Zugang zu ihr; es ist damit jeder rationalen Definition entzogen. Zwar läßt sich sprachlich angeben, worum es bei einem Symbol geht. Doch ist es letztlich das Bild oder Zeichen selbst und die Geschichte, die sich darum gebildet hat, was unmittelbar auf die menschliche Intuition wirkt. Es gibt ganz persönliche Symbole, deren Entstehung sich aus Kindheitserlebnissen erklärt und die in den alltäglichen Träumen auftreten. Aber es gibt auch kollektive Symbole, die in großen kulturellen Zusammenhängen stehen. Sie sind sozusagen Träger der kollektiven Träume und können auch dazu dienen, die sonst schwer vermittelbaren intuitiven Eindrücke intersubjektiv mitteilbar zu machen.

Das gängige Argument, der Umgang mit Symbolen, Träumen und Visionen sei etwas gänzlich Subjektives und nicht diskutierbar, ist nur darauf zurückzuführen, daß in unserer heutigen Kultur der Umgang mit Symbolsystemen nicht geläufig ist. Wofür die Sprache fehlt, das läßt sich auch nur schwer zwischen Menschen vermitteln – allenfalls, wenn sie sich sehr gut kennen. Man wird ebenso dabei scheitern, einen logischen philosophischen Zusammenhang jemandem darzustellen, dem die philosophische Sprache und das logische Vorgehen nicht geläufig sind.

Die Erklärung von Symbolen als Vokabeln der Intuition legt auch nahe, daß man sozusagen eine symbolische Muttersprache hat. Man kann zwar andere Symbolsysteme erlernen, wird aber doch meistens in die »eigenen« Symbole zurückübersetzen. So ist beispielsweise ein Esoteriker, der sich lange in die Astrologie eingearbeitet hat, bei der Begegnung mit dem kabbalistischen Lebensbaum versucht, die Sefiroth astrologisch zu verstehen. Für ihn wird Nezach eine kabbalistische Venus sein, Hod ein Merkur, Gebura ein Mars und so weiter. Solche Symbolübersetzungen geben sicherlich gewisse Verständnishilfen; doch erschließt sich ein Symbolsystem nur dann ganz, wenn man wirklich lange damit arbeitet – so wie man eine Sprache am besten im jeweiligen Land sprechen lernt.

Man hat ein Symbolsystem noch nicht dann gelernt, wenn man die Bedeutung der einzelnen Zeichen korrekt wiedergeben kann. Symbole müssen zwar auch dem Verstand geläufig sein, damit man in der Alltagssprache etwas darüber aussagen kann; vor allem aber muß die Intuition damit umgehen und sich darin ausdrücken können. Ein Magier einer heidnischen Richtung erzählte mir einmal, er hätte lange Zeit bewußt mit verschiedenen heidnischen Bannungen und Formeln gearbeitet. Dann träumte er, er würde von einem Dämon bedroht und bannte ihn (träumend) – mit einem christlichen Kreuz. Sein Unterbewußtsein fühlte sich offenbar mit einem Symbol aus seiner Kindheit wohler als mit denen der erst vor einigen Jahren angenommenen Religion.

Folgende als Sprache verwendbare *Symbolsysteme* finden sich häufig in der esoterischen Literatur: die vier Elemente, die fünf Tattwas, die sieben (inzwischen zehn) Planeten, die zwölf Tierkreiszeichen, die 22 hebräischen Buchstaben, die 22 Tarottrümpfe, die zehn Sefiroth und 22 Pfade des kabbalistischen Lebensbaumes, die 64 Hexagramme des I Ging, die Zahlen (Numerologie), die Runen, die alchemistischen Symbole, die Farben, die Himmelsrichtungen, die 16 geomantischen Zeichen, die Jungschen Archetypen.

Eine Reihe weiterer wichtiger Symbole tritt zwar in Symbolgruppen auf. Sie bilden jedoch keine systematisierbaren Sprachen:
Märchenfiguren (wie König, Königin, Jäger, Hexe, Däumling, Dummling, drei Brüder, Prinzessin, Zauberer, Schwieger- oder Stiefmutter, Zwerge, Feen, Schatz, Geister, Drache, Tiere, Tod, Teufel, Ritter),
mythische Gestalten (Gottheiten, Dämonen, Elfen, Teufel, Heiland),
Menschentypen (wie Mutter, Vater, Kind, Greis, Jungfrau, Braut, Held),

Tiere (wie Adler, Schlange, Lamm, Wolf, Fisch, Drache, Löwe, Rabe, Pferd, Taube, Katze, Frosch, Stier, Einhorn, Greif, Schildkröte),

Pflanzen und Bäume (wie Eiche, Efeu, Weide, Apfel, Rose, Getreide, Wein),

Metalle (wie Gold, Silber, Kupfer, Blei, Quecksilber),

geometrische Zeichen (wie Kreis, Kreuz, Swastika, Spirale, Labyrinth, Pyramide, Säule),

einzelne *Urbilder* (wie Höhle, Berg, Meer, Wald, Brücke, Weg, Himmel, Sonne, Mond, Sterne, Nacht, Schatten, Wind, Wort, Kristall, Juwel, Mauer, Brunnen, Spiegel, Fluß, Ei, Abgrund, Tor, Turm, Haus, Ring, Buch, Schiff, Auge, Phallus und Schoß)

und *symbolische Handlungen* (wie das Opfer, das Mahl, die Segnung, die Taufe, das Handauflegen, die Prozession, die Weihe, die Grablegung, der Fluch, die Hochzeit, die Waschung),

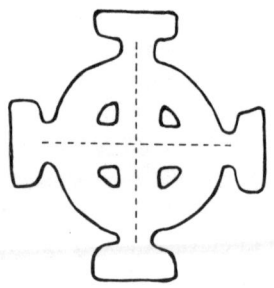

Kreis und Kreuz

bilden nicht nur in der europäischen Esoterik, sondern in vielen Religionen der Welt das Grundmuster symbolischen Erlebens.

Der Kreis ist die Ganzheit, *die* heilige Form an sich, das Ruhen im Göttlichen, in der Unendlichkeit. Alle Symbole streben letztlich wieder zum Kreise hin, ins Zentrum des Mandalas. So steht der Kreis nicht nur für den unendlichen Weltenkreis, sondern auch für die seelische Mitte des Menschen. In Mandalas, den kreisförmigen indisch-tibetischen Meditationsbildern, stellt sich der ganze seelische Kosmos als ein differenzierter Kreis dar, in den der Meditierende eintritt und dessen Mitte er zustrebt. Ein Symbol des Kreises ist auch die Schlange, die sich in den Schwanz beißt, Uroboros, die aus Ägypten Eingang in die europäische Hermetik fand. Sie ist Symbol der Ewigkeit, der sich selbst aufhebenden Zeit, und auch des Kosmos, der im Unendlichen geborgenen Welt. Im Gegensatz dazu stand die Schlange des Chaos, Apophis (griechisch Typhon), die das lebensfeindliche Ungleichgewicht der Welt verkörperte und von der Sonne (wieder ein Kreis) besiegt wurde.

Das zweite Ursymbol ist das Kreuz, die erste harmonische Aufteilung des Kreises, der Anfang der manifestierten Welt und gleichzeitig ihr Idealbild. Das Kreuzzeichen begleitet die Menschheit schon seit den frühesten feststellbaren Zeiten und wurde auch von den Christen als Symbol gewählt, obwohl das römische Folterinstrument T-förmig war. Das Kreuz im Kreis, das sogenannte *keltische Kreuz*, ist auch ein Zeichen des Jahreslaufs, indem es die vier Wendepunkte des Sonnenlaufes andeutet. Damit kann das Kreuz im Kreis auch zum Zeichen der Erde selbst als heiligem Ort werden.

Vier Elemente und vier Richtungen
ergeben sich aus dem Grundmuster von Kreuz und Kreis.

Um eine praktische Anwendung dieser Symbole zu zeigen und gleichzeitig die vier Elemente näher einzuführen, sei hier eine meditative Reise in die Elementarwelt beschrieben. Eine solche magische Phantasiewelt stellt sozusagen einen künstlichen Traum dar, in den man absichtlich hineingehen kann. In der magischen Tradition wird das Trance-Reise genannt. Die Psychotherapie (in den Schulen der Analytischen und Humanistischen Psychologie) verwendet fast identische Techniken, die dort als Katathymes Bilderleben oder neuerdings auch Phantasiereisen bezeichnet werden. In solch einer künstlichen Traumwelt können seelische Konflikte sichtbar werden. Wenn beispielsweise im Westen meiner Traumwelt nicht ein schönes Meer ist, an dessen Strand die Nixen spielen, sondern ich einen See voll Blut erlebe, aus dem gräßliche Monster steigen, so ist das für den Therapeuten[121] ein deutliches Warnsignal. Und nicht nur zur Diagnose, sondern auch zur Bearbeitung dieser psychischen Konflikte dient die gestaltete Traumwelt.

Der magische Kreis der Elemente könnte so beschrieben werden:

Wir sitzen im Zentrum unserer magischen Welt. Um uns ist ein Kreis in den lockeren Sand gezogen, in dessen Mitte ein riesiger Kristall ruht, der pulsierendes Licht verströmt.

Wenden wir uns nach Osten, so streicht unser Blick über eine unendliche Graslandschaft, deren zartes Gelbgrün in der Ferne mit dem blassen Blau des weiten Himmels verschwimmt. Hoch über uns kreisen Adler und Falken; und gerade erhebt sich golden die Morgenröte über den Horizont. Ein frischer, duftender Morgenwind bläst uns ins Gesicht und läßt die Haare wehen. Selbst unserem geistigen Auge kaum sichtbar schweben zarte Wesen im Wind; leicht wie Nebelschleier, fröhlich und spöttisch necken uns die Elfen des Luftreichs. Auch wir fühlen uns leicht, und die Gedanken werden klar, die Welt erscheint durchschaubar und einfach.

Inzwischen steht die Sonne hoch am heißen Himmel und brennt auf eine mittägliche Steppe herab, in deren flimmernder Luft sich einige alte Zedern gegen den Horizont absetzen, der wie eine Feuerwand glüht. Wir sind im Süden, der Feuerwelt. Die Hitze strömt in unseren bebenden Körper wie eine Welle reiner Kraft. Wir spüren, daß die Flamme des Willens in uns heller auflodert, einen mächtigen Tatendrang in uns wachruft. Die Wesen dieser Welt begegnen uns wie kleine Flammen, die die Triebfedern der Hitzewellen bilden. Doch sind sie zu wild und zu unruhig, um wirklich wahrnehmbar zu werden.

Wir gehen weiter in den Westen unseres Kreises, wo wir auf einer Klippe über dem wogenden Meer stehen. Die Gischt der Brandung sprüht uns ins Gesicht. Lachend und jauchzend spielen die Nixen am Strand. In der Ferne senkt sich über einigen purpurn nachglühenden Inseln die Sonne in die See. Über uns leuchtet der Abendstern; und eine Welle seliger Traurigkeit berührt unser Gemüt. Hier finden unsere Gefühle Frieden und Erquickung.

Wenn wir schließlich nach Norden schauen, blicken wir über eine weite, fruchtbare Ebene voller Kornfelder und dichter Wälder. An ihrem Rand erheben sich zunächst grüne Hügel und dahinter hohe, schroffe Berge. Wenn wir unser Bewußtsein auf den wesenhaften Kern der Szene lenken, wenn wir versuchen, die Seele dieser Berge zu erfühlen, so taucht ein grobschlächtiges, aber starkes und gutmütiges Wesen vor unserem geistigen Auge auf. Als Kind haben wir es als Riesen kennengelernt. Vielleicht sehen wir auch statt dessen einen gerissen dreinschauenden Zwerg in einer Felsspalte verschwinden oder eine vollbusige, kräftige Frau durch die wogenden Ähren schreiten. Aus der ganzen Szene strömt uns Kraft und Festigkeit entgegen. An diesen Ort gehen wir gern, wenn wir Entschiedenheit und innere Sicherheit brauchen.

Auch im rituellen Zusammenhang wird diese Elementen- und Richtungsstruktur auf verschiedene Weise genutzt. Jeder Richtung, jedem Element kommt ein bestimmtes symbolisches Werkzeug zu, mit Hilfe dessen die betreffenden Komponenten unserer psychischen Kraft unmittelbar, bildhaft zugänglich sind. Diese sogenannten »Elementarwaffen« sind: für den Osten und die Luft das Schwert oder der Dolch; für den Süden und das Feuer der Stab; für den Westen und das Wasser der Kelch; für den Norden und die Erde der Schild oder eine Kupferplatte (Pentakel); für das Zentrum, den Geist, die Quintessenz wird manchmal das Licht in Form einer Lampe benutzt oder auch ein reiner Kristall.

Daher also das »magische Schwert« oder der ominöse »Ritualdolch« und daher auch der »Zauberstab«. Er ist nichts anderes als das bildhaft-materielle Symbol des gerichteten Willens, mit Hilfe dessen wir – magisch oder profan – Einfluß auf unsere Umwelt nehmen wollen. Diese rituellen Gerätschaften werden, wenn sie noch neu sind, »geweiht« oder »aufgeladen«. Dahinter steckt folgendes: Ein Messer ist zunächst nicht besonders magisch, man benutzt es täglich für alle möglichen Verrichtungen. Die Weihung ist eine Handlung, eine Zeremonie, mit welcher der Intuition mitgeteilt und verdeutlicht wird, daß dieses spezielle Messer nicht mehr zum Käseschneiden gedacht ist, sondern als »magischer Dolch« die Kraft der geistigen Unterscheidungsfähigkeit symbolisiert.

Pentagramm und Hexagramm

sind wohl die magischen Zeichen schlechthin, auch bekannt als Drudenfuß und Davidsstern oder kleines und großes Siegel Salomos.

Das Pentagramm ist das Zeichen der vier Elemente unter der Herrschaft des Geistes (obere Spitze), das Zeichen des vollendeten Menschen. Auf den Kopf gestellt (Spitze nach unten, Elemente über dem Geist) gilt es als das Zeichen des Bösen und des geistigen Ungleichgewichts. Es wird in der Magie meist als Schutzsymbol eingesetzt oder um eine bestimmte Kraft an einen bestimmten Ort zu bannen. Seine Verwendung verdeutlicht Goethes Faust, als er Mephisto mit einem Pentagramm auf der Schwelle im Zimmer bannen will.

Das Hexagramm ist das Planetensiegel, sechs Planeten an den Spitzen, die Sonne in der Mitte. Seine beiden Dreiecke bilden die Konjunktion der aktiven (Feuer) und der passiven (Wasser) Kraft.

Damit ist die Bedeutung dieser wichtigen Sinnbilder kaum angedeutet. Immerhin sind ganze Bücher darüber geschrieben worden.

Das Ankh
wird in letzter Zeit sehr häufig als Talisman oder Schmuck verwendet. Ursprünglich stammt es aus Ägypten, wo man es auf vielen Götterdarstellungen finden kann. Meist hält die jeweilige Gottheit das Ankh (oder: Henkelkreuz) in der Hand. Es galt und gilt als Zeichen des Lebens schlechthin und vereinigt das Zeichen des Weiblichen (Oval) mit dem des Männlichen (T) in sich. Damit entspricht es etwa dem bekannten indischen Lingam-Yoni-Symbol, das jedoch meist als Skulptur dargestellt wird.

Traumsymbole
spielen natürlich auch in der Esoterik eine Rolle. Doch sind diese, abgesehen von den großen kollektiven Sinnbildern, individuell und müssen auch so gedeutet werden. Die immer wieder gepriesenen Traumbücher mit festen Deutungsvorgaben kann man bestenfalls vorsichtig zur Anregung der eigenen Assoziationen verwenden, man verzichtet am besten aber ganz darauf, zumal die dort angegebenen Deutungen höchst platt sind. Da könnte man auch gleich das Zeitungshoroskop zu Rate ziehen.

Selten kommt es vor, daß ein Symbol aus einem Traum oder der Vision eines einzelnen Menschen zu einem kollektiven oder zumindest innerkulturellen Symbol aufsteigt. Einige Symbole aus der Johannesapokalypse haben noch in geschichtlicher Zeit diesen Weg genommen.

Da aber auch individuelle Symbole den gleichen Gesetzmäßigkeiten unterworfen sind wie die kollektiven, führt ein Studium der großen Symbole der Menscheit auch zu einem besseren Verständnis der eigenen inneren Bilder. Damit wird die – heute offenbar so schwierige – Zwiesprache mit der Seele wieder möglich.

IV

Esoterische Praxis zwischen Kontemplation und Magie

Mit dieser Anweisung wäre an und für sich das ganze Wesen der
esoterischen Praxis erfaßt. Da wir Menschen aber kompliziert
sind, gestaltet sich die Durchführung schwieriger, als es klingt.

Die esoterischen Wege zur Selbsterkenntnis und Lebensgestal-
tung sind ebenso vielfältig wie die zugrundeliegenden Weltbilder.
Bei aller Verschiedenartigkeit würde ich aber zwei Annahmen als
Kern und Ausgangspunkt aller esoterischen Praxis annehmen: die
Entfaltungsfähigkeit des menschlichen Wesens und eine Ganzheit
als Zielvorstellung.

Mit der *Entfaltungsfähigkeit* der Seele wird angenommen, daß
der Mensch nicht ein statisches Etwas ist, das nur zu geringfügigen
Änderungen aufgrund äußerer Einflüsse in der Lage ist. Die Seele
beziehungsweise der Mensch ist vielmehr fähig zu reifen, auch aus
eigenem Antrieb, und durch intensive Bemühungen auch qualitative
Sprünge in Einsicht, Erkenntnis, Liebesfähigkeit und Kraft zu machen. Den einen ist die Entfaltung ein weiterer Schritt auf der Evolutionsleiter, den anderen die Rückkehr aus der kreatürlichen Gefal-
lenheit zu Gott, den dritten der wachsende Einklang mit ihrem
innersten Selbst. Ob der Weg nach vorn führen soll, nach oben oder
zurück zum Ursprung, immer geht es um die Entfaltung eines Poten-
tials, das im Lebensalltag nur schlummert. Alle Religionen haben
dabei sehr ähnliche praktische Wege beschritten, weshalb die im folgenden geschilderten Methoden natürlich nicht typisch für die hermetische Esoterik sind. Christliche Mystiker, Buddhisten, Sufis, Yo-
gis und Schamanen haben sehr ähnliche Wege zu ihren unterschiedlichen Zielen beschritten. Die seelische Entfaltung darf nicht im
Sinne einer technischen Verbesserung verstanden werden, sondern
im Bilde des Wachstums einer Pflanze, das durch Übungen unterstützt und beschleunigt werden kann und deren Blüte sich irgend-
wann wie durch ein Wunder entfaltet und ganz andere Qualitäten
zeigt, als man der Pflanze zuvor ansehen konnte. Oft wird auch das
Bild der Raupe und des Schmetterlings benutzt, an dem sich besonders zeigt, daß die Entfaltung auch bis hin zur tiefgreifenden Wand-

lung der Persönlichkeit führen kann. In der hermetischen Tradition wird diese oft als »Großes Werk« bezeichnet.

Doch gewöhnlich geht es eher um die Lösung von Problemen, die in den Bereich der Seelsorge gehören. Da dem Bedürfnis nach Seelsorge kirchlicherseits offenbar seit langem nicht mehr mit den geeigneten Mitteln entsprochen wird, hat sich die säkulare, psychologische und eben auch die esoterische Praxis der Lebenshilfe entwickelt. Das Ziel solcher seelsorgerlichen Lebenshilfe ist nicht die tiefgreifende Persönlichkeitswandlung, sondern die Rückgewinnung eines sinnerfüllten, frohen Alltagslebens.

Dabei orientiert sich eine esoterische Lebenshilfe stets an Bildern der *Ganzheit.* Kaum ein Begriff wird heute so oft gebraucht und mißbraucht wie der der Ganzheitlichkeit (vornehmer: *Holismus*). Eine Theorie wird aber nicht dadurch ganzheitlich (holistisch), daß sie die Holographie als Metapher benutzt, wie die materialistische Systemtheorie es tut. Und eine ganzheitliche Praxis besteht nicht darin, möglichst viele Therapie- oder Übungsmethoden zu verbinden oder gar zu vermischen: ein bißchen für den Körper, ein bißchen fürs Gefühl, ein bißchen für den Geist. Im Gegenteil spiegelt sich darin die Aufsplitterung unserer Wahrnehmung vom Menschen. Ist der Mensch tatsächlich *eines* Wesens, so ist es widersinnig, separate Aspekte von ihm nebeneinander zu behandeln. Ein ganzheitliches Bild entsteht vielmehr, wenn alle Aspekte des Menschen von einem Zentrum her ausgedrückt und wahrgenommen werden können. Das Medium dafür kann, je nach Veranlagung, ein sinnliches, ein gedankliches oder das Gefühl sein. Wichtig ist zur Wahrung der Ganzheit, daß innerhalb der gewählten Übungs- oder Therapieebene stets auf die symbolische Mitte Bezug genommen wird und das vollständige Sinnbild erhalten bleibt. Die grundsätzlich vorhandene Ganzheit der esoterischen Systeme kann natürlich nicht verhindern, daß sie für die Praxis auch einseitig zweckentfremdet werden.

Als Kern einer vollständigen esoterischen Praxis möchte ich festhalten, daß die verschiedenen Methoden zur vertieften Selbsterkenntnis führen sollen, um die Entfaltungsmöglichkeiten zu orten und bewußt zu machen, und zur Findung oder Wiederfindung der Ganzheit dienen.

Nun liegt es auf der Hand, daß dieses Ideal selten ganz erfüllt wird.

Die Ziele derer, die Lebenshilfe suchen, liegen oft weniger in der Sinnerfüllung eines lebendigen Alltags, sondern in Prestige, Geld, Vorteilen in Beruf und Beziehungen und so weiter. Man braucht nur einen Blick in die einschlägigen Anzeigenteile zu werfen, um zu sehen, daß auch das Angebot darauf zugeschnitten ist: »Die Macht Ihres Unterbewußtseins«, »Reich und gesund durch . . .« Daß die Esoterik auch zur Lebenshilfe auf unterstem Niveau herhalten muß, besagt an sich nichts. Jede Weltanschauung kann dazu herangezogen werden. Damit wird natürlich den esoterischen Praktiken eine ganz andere als die oben geschilderte Rolle zugewiesen. Die Seele wird, in ihrer modernen Karikatur – der »Psyche«, zu einem Ding reduziert, das sich trainieren und für diverse Zwecke einsetzen läßt. Seelen-Tuning für Yuppies und Manager. Das heißt, daß Techniken der Wandlung und Reifung ganz anderen Zielen unterstellt werden, die nicht mehr die Ganzheit im Auge haben, sondern oft das Gegenteil. Dieser Umgang mit magischen Praktiken ist nicht erst in unserem Jahrhundert erfunden worden und kein Kind des Konsumzeitalters. Das zeigen alte Sammlungen von Zaubersprüchen, deren Inhalt sich mehr oder weniger um die drei Säulen der Lebenshilfe gruppiert: Geld, Sex, Gesundheit. In früheren Zeiten standen die Menschen immerhin noch in einem sakralen Weltbild, das ein gewisses Gleichgewicht zu stiften vermochte – und sei es über das »schlechte Gewissen«. Heute geht es oft nur noch um die Ausdehnung der Funktionalität auf die Seele.

Die Gefahr, die Technik schon für das Wesentliche zu halten, teilt die Esoterik auch mit der Psychologie, deren praktische Methoden sich von den esoterischen oft nur geringfügig unterscheiden, ja oft diesen entlehnt sind. Der Vorteil religiöser Seelsorge ist, den Leidenden oder Verwirrten nicht vorzugaukeln, es gäbe Techniken, mit Hilfe derer das Leid – im Sinne einer Reparaturmedizin – beseitigt werden könne. Andererseits besteht auch ein Mangel an praktischen Methoden, wo solche erforderlich und nützlich sein könnten. Esoterische Hilfsangebote hingegen versuchen oft, mit einer Fülle von beherrschten Techniken zu beeindrucken, wie folgendes Zitat aus einer Werbung drastisch zeigt:

»Armin absolvierte eine Ausbildung als Reinkarnationstherapeut und Rebirther im Karma-Institut und lernte als weitere spirituelle Heilungsmethode die Reiki-Technik. Seit neun Jahren meditiert er mit dreißig (sic!) verschiedenen Methoden. Auf einem Seminar lernte er den Umgang mit Tarot und entwickelte ein eigenes System aus acht verschiedenen Tarot-Decks. Nach einem Training als Lichtarbeiter bietet er nun zusätzlich an: Clearings, Energie- und Chakrenarbeit, Channeln, erweiterte Reinkarnationstherapie und Leitung von Meditationen« (Text leicht verändert, Namen erfunden).

Daß, abgesehen von der Zweckentfremdung geistlicher Übungen, mit den esoterischen und Psychopraktiken auch erheblich Geld gescheffelt wird, ist allgemein bekannt. Ich sehe zwar keinen Grund, warum ein Seelsorger einer esoterischen Richtung nicht ebensogut von seiner Arbeit leben können sollte wie ein Pfarrer oder ein Psychologe. Doch läßt sich die Ausbeutung verzweifelter und in Not geratener Menschen durch gewissenlose Scharlatane oder ihre Irreführung durch gutgläubige Phantasten durch nichts beschönigen oder wegdiskutieren. Ich würde sie aber nicht auf die esoterischen Disziplinen selbst zurückführen, sondern darauf, daß diese in Europa zu lange im Untergrund der Kultur bleiben mußten. Die Probleme werden dadurch verschärft, daß viele Menschen das Vertrauen in die offiziellen »Experten« verloren haben, die zu oft ihre inhumane Einstellung und Ignoranz gegenüber der menschlichen Seele hinter Seriosität und akademischem Gehabe verbergen. Die Aufgabe liegt heute darin, sich vermehrt mit esoterischen und religiösen Übungen und Schulungswegen zu beschäftigen, um den Weizen von der Spreu trennen zu können. Durch bloße Diffamierung gelingt das nicht.

Eine weitere Schwierigkeit der heutigen esoterischen Praxis ist, daß es in der Fortschrittsgesellschaft naheliegt, seelische Entfaltungsmöglichkeiten zum spirituellen Leistungsprinzip zu machen. Im Zeitalter der Machbarkeit wird auch jede psychische Methode in den Dienst des Wahnes gestellt, die Welt ließe sich beherrschen – innen wie außen.

Die andere Seite dieser Medaille ist dann die Weltflucht: Aus Überdruß an der Konsumgesellschaft und der Zweckrationalität versuchen manche, in imaginative Welten zu entkommen oder in Grenzerfahrungen immer neue Reize zu erleben. Sie suchen nach einem magischen Phantásien oder nach dem permanenten Orgasmus.

Doch können esoterische Praktiken den Vorteil haben, daß sie – bei wenigstens einigermaßen kompetentem Gebrauch – Einseitigkeiten von selbst ausgleichen. Da die Übungen tiefere Schichten der

Seele anregen und die Symbole ganzheitlich aufgebaut sind, wird ein Versuch, esoterische Methoden zweckrational einzusetzen, leicht zum Eigentor: Die Verwendung von Meditation in Firmen, die sich davon eine nochmals gesteigerte Effektivität der Mitarbeiter versprechen, kann leicht dadurch zum Gegenteil ihres Zweckes werden, daß den übenden Mitarbeitern plötzlich eine ganz neue Dimension des Daseins ins Blickfeld gerät, die ein bloßes Karriereleben fraglich erscheinen läßt. Auf der anderen Seite kann auch ein zurückgezogen Meditierender, der von der schnöden Außenwelt nichts mehr wissen will, früher oder später in seinen Meditationssymbolen die Einseitigkeit seiner Lebensweise erfahren. Daß in den Symbolen selbst eine solche Chance liegt, kann jedoch die oben angeführten Kritiken nicht entschärfen.

Neben den genannten Motiven zur Beschäftigung mit esoterischer Praxis sei noch das reine Sachinteresse genannt, das menschliche Bewußtsein zu erforschen, sei es im Sinne der Grundlagenforschung oder als Diagnosehilfe im psychologisch-medizinischen Bereich. Die Vielfalt esoterischer Übungen und Erfahrungen, die die Menschheit im Laufe der Jahrtausende gesammelt hat, stellt dafür ein großes, noch wenig beachtetes Reservoir dar.

In den folgenden beiden Abschnitten werden einzelne Disziplinen beschrieben, die in der modernen europäischen Esoterik eine Rolle spielen. Dabei soll jeweils deutlich werden, inwiefern sie auf das Ziel der Ganzheit hin orientiert sind, wo ihr Einsatz sinnvoll und wo er problematisch ist.

1. Die mantischen Künste

Als mantische Künste bezeichnet man die Deutung von Orakeln und Zeichen, also Astrologie, Kartenlegen, Handlesen, Omendeutung, Kaffeesatzlesen und so weiter. *Mantis* hieß im alten Griechenland der Seher und Prophet. Mantik beruht stets auf der kunstvollen Verbindung von Analogiedenken und Intuition. Sie setzt einerseits die Vertrautheit mit einem Symbolsystem voraus, andererseits ein geschultes Vermögen zur Hellsicht oder zumindest intuitiven Erkenntnis.

Fehlt einer der Faktoren, so mißrät das Erkennen sinngebender Zeichen leicht zum Beziehungswahn, der überall bedeutungsvolle Hinweise einer höheren Welt wittert. Eine ungeschulte, diffuse Intuition ist zur Orakeldeutung hinderlicher als ein gesundes Maß an Skepsis. Die Voraussetzung der *All*verwandtschaft kann dazu verführen, *alles* auf sich zu beziehen und damit in ein paranoides Wahnsystem zur Stützung der eigenen Wichtigkeit und Größe zu verfallen. Das Problem liegt jedoch nicht in der Sache. Auch ein Naturwissenschaftler könnte anfangen, zwanghaft *alles* in seiner Umgebung zu vermessen und zu berechnen. Aber wer tut das schon? Hier ist einfach gesunder Menschenverstand und Augenmaß nötig.

Entgegen verbreiteten Vorurteilen ist Gläubigkeit keineswegs Voraussetzung zum Umgang mit Orakeln. Es ist nichts weiter nötig, als sich mit einer »Als-ob«-Einstellung darauf einzulassen, interessiert zu nutzen, was brauchbar scheint und mit Humor zu verwerfen, was unsinnig ist. Kann man sich mit der Perspektive nicht anfreunden, daß die Welt nach Gesetzen der sinnhaften Entsprechung angeordnet ist und der Symbolgehalt eines Orakels der Wirklichkeit entspricht, dann läßt es sich zumindest als projektive Diagnosehilfe für die eigene Psyche verwenden, etwa auf der Ebene eines Rorschach- oder Bildertests.

Distanz ist auf jeden Fall angebracht, wo die Gefahr besteht, daß ein Orakel mehr wird als ein Hilfsmittel. Manche Menschen lassen sich von Astrologen, Kartenlegern oder Medien jede Alltagsentscheidung abnehmen und werden zu hilflosen Spielbällen des Zufalls (oder zu Opfern eines gerissenen Scharlatans). Denn Sinngebung durch Symbole kann sich nur auf ein selbstverantwortetes Leben beziehen. Schicksal entsteht nur durch die Spannung eigener Entscheidungen gegenüber dem Gegebenen. Wer die Entscheidungsfreiheit aufgibt, sei es an Ideologie, Religion oder Orakelsprüche, verliert sein persönliches Schicksal und seinen Lebenssinn.

Aus der Vielzahl der Orakel und mantischen Techniken werden hier die Astrologie und das Tarot vorgestellt, die wohl zur Zeit die bekanntesten und verbreitetsten sind. Außerdem bildet die Astrologie immer wieder eine Zielscheibe für Kritiker, die dem esoterischen Denken überhaupt gelten, und ist Quelle zahlreicher Mißverständnisse.

a) Astrologie

»Alles hat seine Stunde. Für jedes Geschehen unter dem Himmel gibt es eine bestimmte Zeit: eine Zeit zu gebären und eine Zeit zu sterben, eine Zeit zu pflanzen und eine Zeit zu ernten, eine Zeit zu töten und eine Zeit zu heilen, eine Zeit niederzureißen und eine Zeit aufzubauen, eine Zeit zu weinen und eine Zeit zu lachen, eine Zeit zu klagen und eine Zeit zu tanzen, eine Zeit Steine zu werfen und eine Zeit sie einzusammeln, eine Zeit zu umarmen und eine Zeit sich zu trennen, eine Zeit zu suchen und eine Zeit zu verlieren, eine Zeit zu behalten und eine Zeit wegzuwerfen, eine Zeit zu zerreißen und eine Zeit zusammenzunähen, eine Zeit zu schweigen und eine Zeit zu reden, eine Zeit zu lieben und eine Zeit zu hassen, eine Zeit für den Streit und eine Zeit für den Frieden.

Wenn jemand etwas tut – welchen Vorteil hat er davon, daß er sich anstrengt? Ich sah mir das Geschäft an, für das jeder Mensch sich durch Gottes Auftrag abmüht. Gott hat das alles zu seiner Zeit auf vollkommene Weise getan. Überdies hat er die Ewigkeit in alles hineingelegt, doch ohne daß der Mensch das Tun, das Gott getan hat, von seinem Anfang bis zu seinem Ende wiederfinden könnte ... Jetzt erkannte ich: Alles, was Gott tut, geschieht in Ewigkeit. Man kann nichts hinzufügen und nichts abschneiden; damit hat Gott bewirkt, daß die Menschen ihn fürchten. Was auch immer geschehen ist, war schon vorher da, und was geschehen soll, ist schon geschehen, und Gott wird das Verflossene wiederbringen.« *(Prediger/Kohelet 3)*

Es geht in der Astrologie nicht um Zeitungsprognosen und Würfelzucker-Psychologie. Ein richtig gestelltes Horoskop ist vielmehr eine sehr komplexe Angelegenheit, wie die nebenstehende Skizze ahnen läßt. Während das sogenannte Zeitungshoroskop nur aufgrund des Sonnenstandes sehr diffuse oder nichtssagende Aussagen macht, ge-

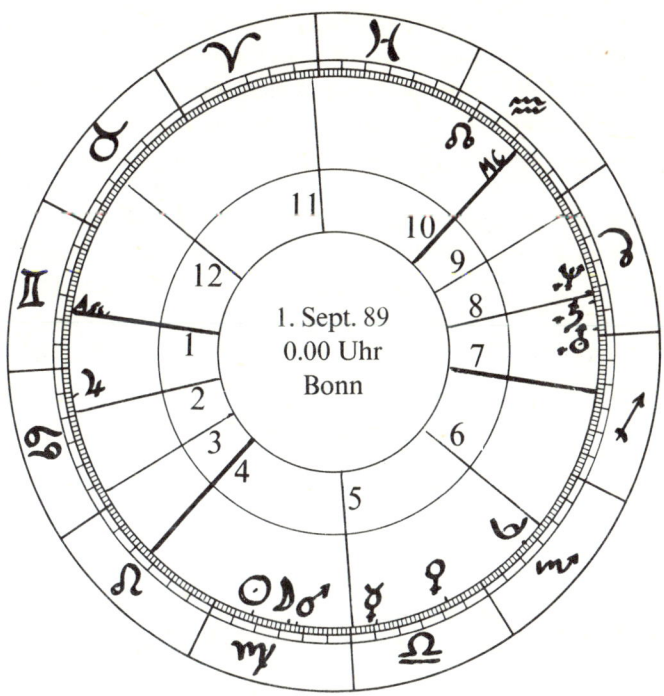

1. Sept. 89
0.00 Uhr
Bonn

hen in ein Horoskop sämtliche Planetenstände ein, sowie die genaue Lage des Erdhorizontes zur Ekliptik am Ort und in der Minute der Geburt.

Dabei ergeben sich drei Symbolebenen, die in der Darstellung deutlich zu erkennen sind: Erstens bilden die Planeten (Sonne ☉, Mond ☽, Merkur ☿, Venus ♀, Mars ♂, Jupiter ♃, Saturn ♄, Uranus ♅, Neptun ♆, Pluto ♇) die Organe des Horoskopes, sie sind die Symbole der Seelenkräfte. So vertritt etwa Merkur das gedankliche, kommunikative Prinzip, Mars das energetische, aggressive Prinzip und Saturn das begrenzende, strukturierende. Die Tierkreiszeichen bilden die Färbung dieser Seelenkräfte und zeigen an, in welcher Ausprägung sie in diesem bestimmten Horoskop auftreten. So zeigt sich etwa das gedankliche Prinzip des Merkur im Schützen als weitausgreifender Höhenflug, in der Jungfrau als penible

Tüftelei und in den Fischen als träumerische Versonnenheit. Und die Häuser oder Felder schließlich zeigen symbolisch den Lebensbereich an, auf den sich ein Planet bezieht. (Die Häuser entstehen durch eine Projektion der Ekliptik auf die Horizontlinie zur Zeit der Geburt. Der Aszendent ist das im Osten aufgehende Zeichen, das Medium Coeli (MC) der Zenith.) So würde Saturn im zweiten Haus beispielsweise bedeuten, daß Einschränkungen sich eher auf den materiellen Lebensbereich auswirken, im siebenten Haus auf den Bereich der Partnerschaften, im fünften auf die Kreativität. (Die hier angegebenen Deutungen dienen nur der Veranschaulichung der Prinzipien. Eine Deutung am wirklichen Horoskop geht natürlich differenzierter vor.)

Daraus ergeben sich bereits 144 unterschiedliche Grundstellungen pro Planeten, also Trillionen theoretisch möglicher Kombinationen, wenn man nur Planeten, Zeichen und Häuser berücksichtigt. Zusätzlich sind die drei Symbolebenen durch die Aspekte untereinander verknüpft, die Winkel, die die Planeten miteinander bilden. Erst diese vollständige Symbolfigur erlaubt Aussagen über den Träger des betreffenden Horoskops.

Angesichts dieser Komplexität wird deutlich, wie differenzierte Aussagen das astrologische Symbolsystem erlaubt und fordert. Das Besonderes an einer solchen Charakterisierung liegt darin, daß sie stets auf einen Kreis, auf eine potentielle Ganzheit projiziert ist. Innerhalb dieses Kreises kommt jedem Menschen eine ihm eigene symbolische Gestalt zu, die seinen Charakter bezeichnet und – als »Rückseite des Charakters« (Riemann) – auch sein Schicksal.

Da die astrologische Deutung stets von der Kreisgestalt ausgeht, ermöglicht sie ein Menschenbild von höchster Toleranz. Die Einteilung von Verhaltensweisen, Charakteren und Ansichten in gesund/krank, normal/abnorm zieht sich offen (als Vorurteil) oder versteckt (als »wissenschaftliche« Diagnose) durch die meisten Urteile über Menschen. Fast jeder geht im Alltag erst einmal davon aus, daß er selbst »normal« sei, gesund also – folglich müsse an allen abweichenden Verhaltensweisen oder Typen letztlich etwas Fehler- oder Krankhaftes sein. Im astrologischen Symbolkreis aber gibt es keine an sich »neurotischen«, keine »perversen« und keine »normalen« Veranlagungen. Jedem Menschen wird vielmehr eine ganz individuelle Struktur zuerkannt, die sein Leben ausmacht und spezifische Spannungen und Stärken mit sich bringt. Daneben gibt es eine Fülle gänzlich anderer Arten, die Welt zu sehen und ihr zu begegnen, die nicht gesünder und nicht kränker sind als die eigene. Der Aktivist und der Träumer, der Ästhet und der Kämpfer, der leidenschaftliche und der nüchterne Typus haben in jedem einzelnen Horoskop ihren wechselnden Anteil, stehen in Spannung zueinander oder ergänzen sich. In jedem Symbol ist auch sein polares Gegensymbol als Möglichkeit verborgen.

Die Leistung einer guten astrologischen Deutung besteht darin, einem Menschen sein individuelles Muster verständlich zu machen und Lösungsmöglichkeitn für konflikträchtige Strukturen anzubieten. Eine schlechte Deutung wird ihm hingegen das Gefühl vermitteln, einem unabänderlichen Schicksal unterworfen zu sein, sozusagen in einem Film mitzuspielen, dessen Drehbuch schon lange feststeht. Diese Gefahr der Astrologie wird oft und mit Recht angeprangert. Unverständige Astrologen ohne psychologisches Einfühlungsvermögen können sich aufgrund der umfassenden Aussagemöglichkeiten versucht fühlen, sich zu Verkündern des Schicksals aufzuspielen. Die Gläubigkeit seitens vieler Klienten tut ein übriges dazu. Viele scheinen an den Astrologen die Erwartung zu haben, er müsse – wie ein Hellseher – ihre Vergangenheit erraten und ihre Zukunft vorhersagen. Die Aufgabe des Astrologen ist aber nicht, die Klienten mit »Treffern« zu beeindrucken, sondern ihnen Muster und Modelle zu einem besseren Selbstverständnis an die Hand zu geben.

Die Astrologie gibt durchaus die Möglichkeit, den Spielraum des Menschen zu erweitern; denn je mehr Einsicht ich in die für mich typischen Muster gewinne, um so freier und bewußter kann ich damit umgehen. Viele aufgeschlossene Psychologen benutzen heute die Astrologie als diagnostisches Hilfsmittel, weil sie die feinen Nuancen der Charakterisierungen und ihr offenes Menschenbild schätzen. Außerdem vermag das »Sternenbild« den Sinngehalt unterschiedlicher Lebensphasen zu erfassen. Am fruchtbarsten wird das astrologische Deutungsmodell für diejenigen sein, die sich selbst damit beschäftigen. Die symbolischen Strukturen selber zu durchdringen ist viel wertvoller, als sie sich von einem »Experten« deuten zu lassen, obwohl eine solche Beratung natürlich auch ihren Sinn haben kann.

Nun habe ich bei der Erklärung der Vorgehensweise und der Möglichkeiten der Astrologie vorausgesetzt, daß sich astrologische Aussagen überhaupt treffen lassen. Manch einer wird einwenden, daß all die herrlich differenzierte Symbolik nichts nützt, wenn man nicht »an die Astrologie glaubt«. Und so beginnen denn viele Astrologiebücher mit langen Rechtfertigungen ihrer angeblichen Wissenschaftlichkeit.

Kritiker wie Verfechter der Astrologie streiten oft auf der Basis massiver Mißverständnisse. Wer die Astrologie als Wissenschaft verteidigen will, kämpft ohnehin auf verlorenem Posten. Astrologie ist eine intuitive Kunst, eine Form der Mantik, und hat mit Wissenschaft nichts weiter zu tun, als daß sie von Computern errechnete Planetenstandstabellen (Ephemeriden) als Hilfsmittel benutzt. Ihre Wahrheit ist nicht eine theoretische, sondern hat den Rang einer Lebensweisheit.

Wer die Welt als eine Häufung sinnloser Zufälle sehen will, wird von der Astrologie keinen Nutzen haben. Mit Hilfe von Statistiken kann ihm allenfalls gezeigt werden, daß es zum Teil verblüffende, signifikante Zusammenhänge zwischen Gestirnständen und Lebensereignissen gibt.[122] Das führt aber nicht weiter als zu erstaunlichen Statistiken, aus denen sich noch lange keine mantische Kunst extrahieren läßt.

Die Astrologie ist Teil eines anderen Bildes der Welt.[123] An ihr läßt sich die Besonderheit esoterischen Denkens gut verdeutlichen. Zunächst setzt die Astrologie die Grundentscheidung voraus, daß man die Welt als bedeutungsvoll, sinnvoll und zusammenhängend annimmt. Diesen Schritt wird noch jeder mitvollziehen, der sich einem religiösen Weltbild verpflichtet weiß. Schon die alte Vorstellung, daß eine Gottheit dem Menschen bei der Geburt das Leben einhaucht und im Tode die Seele zu sich zurückruft, gibt dem Leben eine symbolische Gestalt in der Zeit, einen geistigen, sinntragenden Rahmen.

Über diese religiöse Grundlage hinaus nimmt aber eine esoterische Anschauung an, daß sich die Strukturen der symbolischen Gestalt des Lebens im einzelnen auch erkennen lassen. Das steckt in der alten Annahme der Entsprechung von Makro- und Mikrokosmos: »Wie oben, so unten« – »Wie im Himmel, also auch auf Erden«. Es wird angenommen, daß der sinntragende Rhythmus des einzelnen Lebens nicht nur eine rein subjektive Empfindung ist, die so oder auch anders sein könnte. Vielmehr steht der Rhythmus jedes einzelnen Wesens in enger Beziehung zum Gesamtrhythmus der Welt und zu allen anderen Wesen.

Die Astrologie ist eine Lehre von Struktur, Zusammenhang und Rhythmus des Lebens und steht damit auf ganz anderem Boden als die technische Messung der Zeit. Es kann also gar nicht darum gehen zu erklären, wie der symbolische Gehalt in die Zeit *hinein-kommt* – anders ausgedrückt, wie die Sterne wirken. Die Sterne wirken überhaupt nicht, sie sind Anzeiger eines lebendigen Rhythmus, der gleichermaßen die ganze Welt durchdringt. Deshalb ist es völlig verfehlt, die Astrologie als »Erklärung« für etwas heranzuziehen: »Ich lebe so verschwenderisch, *weil* ich ein Venus-Jupiter-Quadrat ins zweite Haus habe.« Der Satz ist so unsinnig wie die Aussage: Es ist so heiß, *weil* das Thermometer 35° angibt. Astrologische Symbole erklären nichts, sie bilden ab oder zeigen an. An ihnen lassen sich Charakterstrukturen erkennen, doch sind sie nicht deren Ursache. In einer Welt, die als zusammenhängende Einheit gedacht und erlebt wird, sind die Sterne deutlich sichtbare Zeichen der jeweils vorherrschenden symbolischen Qualität des Lebens- und Weltenlaufes. Diese kommt der Zeit nicht durch irgendeine meßbare Wirkung als sekundäres Merkmal zu – das wäre absurd. Astrologische Zeit *ist* Symbol, ist Lebenszeit statt toter Uhrzeit.

Erst dadurch, daß für uns die Beschreibung von Zeit und Raum nach technischen Kategorien selbstverständlich geworden ist, ergibt sich das gedankliche Problem, wie an diese gleichgültig dahintickende Uhrzeit ein symbolischer Gehalt angeheftet werden kann. Fast automatisch wandern unsere Vorstellungen dahin, die Planeten als Strahlungsquellen irgendwelcher psychischer oder magischer Wirkungen zu denken. Zwar reden in letzter Zeit alle vom »Qualitativen«, das wieder in unser Leben zu bringen sei. Jedoch wird das »Qualitative« und der vielbeschworene »Sinn« immer als etwas Zusätzliches, etwas von der eigentlichen (nämlich materiellen, toten) Welt Getrenntes gedacht. Typisch für esoterisches Denken ist jedoch, in der Lebenszeit einen an sich schon sinnvollen Verlauf zu sehen, dessen Rhythmus allerdings auch – als Hilfe zur Differenzierung – gemessen werden kann. In unserem unbefangenen Erleben kennen wir das alle: Wir reden von kurzen und langen, von schönen und schlechten Jahren, ohne dabei in Abrede stellen zu wollen, daß die Sonne stets pünktlich auf- und untergeht.

Ein ähnliches gedankliches Problem stellt sich auch bezüglich Körper und Seele: Sehe ich den Körper als einen gesetzmäßig funktionierenden Haufen von Molekülen, so werde ich Schwierigkeiten haben zu erklären, wie in diesen etwas Seelisches hineinkommt, da ja die Zeiten vorbei sind, wo man sich die Seele noch als Vögelchen vorstellen konnte. Selbst so simple Vorgänge wie der Placebo-Effekt werfen da schon theoretische Schwierigkeiten auf. In der Psychosomatik wird hingegen als gegeben angenommen, daß Seelisches immer mit Körperlichem einhergeht und umgekehrt. Ein solcher psychosomatischer Zusammenhang ist nicht diffus und unbestimmt. Bestimmte Krankheiten und Symptome hängen mit bestimmten seelischen Konflikten und Ungleichgewichten zusammen. Der Körper ist sozusagen die Außenseite der Seele, ihre sichtbare Form. Auf analoge Weise bildet der Ablauf der Gestirne die sichtbare Seite vom Lebensrhythmus der Welt. In diesem Sinne könnte man die Astrologie als eine Art »Psychosomatik der Zeit« ansehen. Doch trotz aller Deutungsversuche wird eine gewisse gedankliche Spannung gegenüber der Astrologie bleiben, die kennzeichnend für die Schwierigkeiten ist, die wir mit esoterischem Denken überhaupt haben. Es geht darum, um es noch einmal zusammenzufassen, über die Mechanismen der Physik und den allgemeinen Glauben an den Sinn des Daseins hinaus einen symbolischen Zusammenhang aller Erscheinungen anzunehmen, der Subjektives und Objektives, Mensch und Kosmos verbindet und dessen Struktur sich differenziert erkennen läßt.

Im astrologischen Weltbild ergibt sich für jeden Menschen eine individuelle Melodie, die er oder sie im Konzert des Lebens zu spielen hat. Und diese Melodie stellt sich nicht nur als vage Idee dar, sondern läßt sich anhand komplexer Symbole im einzelnen verstehen. Und wie jeder aus der Musik weiß, hat man um so mehr Freiheiten in der Interpretation und Variation des eigenen Themas, je besser man mit der Grundmelodie vertraut ist.

b) Tarot

Das Tarot löst nicht derartige Kritiken aus wie die Astrologie, da die offensichtliche Willkür seiner Auslegungen ohnehin keine Aussagen über die äußere Wirklichkeit zu machen behauptet, die man widerlegen könnte.

Zudem stellt das Tarot sich als ein Kartenspiel dar; doch ist es eine Art zentrales Symbol der Hermetik geworden, seit es vor gut hundert Jahren von Lévi in diese eingeführt wurde. Über die Herkunft dieses Spieles ist so gut wie nichts bekannt. Es tauchte im 13. oder 14. Jahrhundert in Südeuropa unter Zigeunern auf, die es vermutlich aus ihrer asiatischen Heimat mitgebracht hatten.

DER EINSIEDLER

DER TURM

Nach der Legende wurde das Spiel von Weisen im alten Ägypten erschaffen, die überlegten, wie sie ihre Weisheiten über den Untergang ihrer Kultur hinaus für alle Zeiten retten könnten. Da sie weise waren, vertrauten sie dabei nicht auf die menschliche Tugend und Gelehrsamkeit, sondern auf das Laster, auf die Lust am Spiel. Sie schufen ein System von Symbolen, in denen die ganze esoterische Weisheit zusammengefaßt war.

Das Tarotspiel besteht aus insgesamt 78 Karten, 22 »großen Arkanen« und 56 »kleinen Arkanen«. Die großen Arkane stellen archetypische Gestalten dar, die von 0 bis 21 beziffert sind:

0 – Der Narr
1 – Der Magier   2 – Die Hohepriesterin   3 – Die Herrscherin
4 – Der Herrscher   5 – Der Hohepriester   6 – Die Liebenden
7 – Der Wagen   8 – Die Gerechtigkeit   9 – Der Eremit
10 – Das Lebensrad   11 – Die Stärke   12 – Der Aufgehängte
13 – Der Tod   14 – Das Maß   15 – Der Teufel
16 – Der Turm   17 – Der Stern   18 – Der Mond
19 – Die Sonne   20 – Das letzte Gericht 21 – Die Welt

Die kleinen Arkane setzen sich aus vier Farben zusammen: Stäben, Schwertern, Kelchen und Münzen oder Scheiben (Pentakeln). Und jede Farbe wiederum besteht aus zehn Zahlenwertkarten (As bis 10) und vier Hofkarten: Knappe, Ritter, Königin und König. In den kleinen Arkanen erkennt man leicht die gängigen Spielkarten.

Nun ist es verblüffend, wie passend und ungezwungen sich andere Symbolsysteme auf das Tarot beziehen lassen: Die Zahl der großen Arkane, 22, entspricht der Zahl der hebräischen Buchstaben und der Pfade des kabbalistischen Lebensbaumes – ein sicherlich merkwürdiger Zufall, da 22 ansonsten keine besonders herausstechende Zahl ist. Die vier Grundfarben passen gut zu den vier Elementen (Stäbe zu Feuer, Schwerter zu Luft, Kelche zu Wasser und Scheiben zu Erde – oder nach einer weniger üblichen, aber einleuchtenderen Deutung: Stäbe zu Erde, Schwerter zu Feuer, Kelche zu Wasser und Münzen zu Luft) und den vier Buchstaben des Gottesnamens. Die vier Elemente finden sich nochmals in den Hofkarten, die auch für die vier kabbalistischen Welten stehen können. Und die zehn Zahlenkarten passen sowohl zu den zehn Sefiroth wie auch zu den zehn Planeten. Die zwölf Tierkreiszeichen und die zehn Planeten lassen sich auch leicht in den 22 großen Arkanen unterbringen, so daß der Vorliebe der Esoteriker für Entsprechungen und Systematisierungen mit dem Tarot optimal gedient ist.

Hier ist – wie bei der Astrologie – weder der Raum, diesen Entsprechungen nachzugehen, noch die einzelnen Symbole des Tarot zu erläutern. Dafür gibt es umfangreiche Lehrwerke. Und vor allem bieten sich gerade beim Tarot aufgrund der Bilder viele Deutungen von selbst an. Deshalb ist das Tarot wohl für viele auch zum Einstiegssystem in die Esoterik geworden. Es ist dem Anfänger leicht zugänglich, läßt ihn aber nicht schon nach ein paar Schritten im Stich, sondern führt – wie man es bei Symbolen erwarten sollte – in unbegrenzte Tiefen des Verständnisses.

So wird das Tarot auf sehr unterschiedlicher Ebene eingesetzt: Man kann damit nach der Art des Kartenschlagens simple Wahrsagerei betreiben, wobei dann die Karte 13 den Tod bedeutet, die 14 Sparsamkeit, die 17 Hoffnung, die 18 verborgene Feinde, der Knappe der Münzen einen Boten oder Brief, die vier der Münzen einen Geldverlust und so weiter (nach Papus, Tarot). Ob solche Wahrsagerei im Einzelfall nützt oder schadet, mag dahingestellt sein; jedenfalls hat sie mit Esoterik nur ganz am Rande zu tun und ist für die Bedeutung des Tarot unwesentlich.

Wichtiger ist die intuitive, am Bild orientierte Diagnose einer Problemsituation – die wohl häufigste Umgangsweise mit diesem Orakel. Für diejenigen, die damit gar nicht vertraut sind, sei eine einfache Auslegemethode angegeben: Drei Karten werden gezogen (blind natürlich) und auf drei Positionen ausgelegt, denen man zum Beispiel folgende Bedeutungen zuordnen kann:

| Wurzel des Problems | momentane Situation | mögliche Entwicklungs- richtung |

In der Auseinandersetzung mit den dadurch vorgegebenen Bildern kann man sich über Hintergründe der eigenen Empfindungen oder Verhaltensweisen klar werden, die vorher noch nicht in den Blick gekommen waren. Manchmal fühlt man sich von einer Kartenlage geradezu »ertappt« und auf eine eigene Einstellung verwiesen, die man nicht gern wahrhaben wollte, aber nun plötzlich bildlich vor sich ausgebreitet sieht. Daß die Karten selbst nichts aussagen und nicht »recht haben« können, ist klar. Die Deutung macht das Orakel aus, wobei der Sinn der Aussagen gleichzeitig gefunden und gesetzt wird. Hierbei tut die »Als-ob«-Einstellung wieder gute Dienste: Ich nähere mich den Bildern, als ob sie mir etwas sagen wollten. Wer ab und zu so damit umgeht, wird erstaunt feststellen, wie sehr die Karten immer wieder seiner momentanen Situation entsprechen. Da es sich um willkürliche Auslegungen handelt, befindet man sich als Skeptiker in der günstigen Lage, keine Theorie für diese »passenden« Lagen zu benötigen.

Ein Beispiel nur: Finde ich den Eremiten als Wurzel eines zwischenmenschlichen Problems, so wäre die offenkundige Deutung: zu große Zurückgezogenheit. Träfe dies direkt zu, so wäre ich sicherlich schon vorher darauf gekommen, so daß die platte Deutungsebene meist auszuschließen ist. Aber im Eremiten liegen noch andere Möglichkeiten, aus dem Gleichgewicht zu fallen: Der Eremit ist es, der (geistig) in die Berge geht und sich den »Talbewohnern« eventuell überlegen fühlt. *Er* macht sich die Finger nicht schmutzig. *Er* ist stets korrekt und beherrscht, versteht aber jene wenig, die auch einmal fünf gerade sein lassen. *Er* trägt die Lampe der geistigen Einsicht vor sich her. Doch beleuchtet diese nur ein kleines Stück der Welt, so daß ihm die Vielschichtigkeit des Daseins leicht entgeht. Er vermag in seiner Einsamkeit in große Tiefen vorzudringen, vergißt aber leicht, daß das Leben nicht nur Tiefe, sondern auch Weite und Farbe braucht – seine Farbe ist nämlich das Grau.

Es versteht sich von selbst, daß dem Wunschdenken hierbei Tür und Tor offenstehen, wenn man sich die Karten selbst legt. Selbstdisziplin und ein ehrliches Bestreben, sich auf die Schliche zu kommen, sind Voraussetzung für eine brauchbare Arbeit mit dem Tarot. Deshalb wird auch oft ein Tarot-Berater hinzugezogen, der oder die einem bei der Deutung der Bilder hilft und Anregungen gibt.

Ein Vorzug des Tarot-Orakels ist, daß in der Diagnose schon die Therapie steckt, denn jedes Symbol, das sich auf eine Ganzheit bezieht, trägt neben seiner Übertreibung auch deren Korrektur und sein eigenes Gegengewicht in sich. Die Standardmethode, damit umzugehen, ist die Meditation über die Karte, um ihre Unausgewogenheit tiefer zu erfassen und ohne willentliche Anstrengung das Gleichgewicht neu in sich entstehen zu lassen. Da das Tarot sehr plastische Bilder anbietet, lassen sich diese auch dramatisieren und im Sinne des Psychodramas verwenden. Man kann die Bilder malen, neu und anders malen, als das Deck sie zeigt. Man kann sie mit in Träume oder gelenkte Tagträume (aktive Imagination) hineinnehmen und dort die in ihnen liegende Lösung finden. Und es gäbe sicherlich der Möglichkeiten noch mehr. Entscheidend ist immer, daß die Bildsymbole nicht nur für sich allein stehen, sondern auf andere Figuren bezogen sind, sich zu ihnen in Gegensatz setzen oder sich in sie hinein entwickeln.

Dieses innere Entfaltungsvermögen einer Symbolreihe wird auch benutzt, um aus dem Tarot Wegmarken eines geistigen Entwicklungsweges zu machen. Diese Rolle spielte es beispielsweise im »Hermetischen Orden des Golden Dawn«, wo das Tarot in Verbindung mit den Pfaden des Lebensbaumes zur Einweihungssymbolik gehörte.

Die großen Arkane bilden dabei nicht nur eine fortlaufende Reihe, sondern auch einen geschlossenen Kreis, da der Narr, die 0, sowohl vor der 1 als auch nach der 21 eingeordnet werden kann. Der oder die Übende auf dem mystischen Weg kann von Karte zu Karte den gesamten Symbolkreis erfahren und als Kraft in sich beleben – mit Hilfe der gleichen Praktiken, wie sie oben für therapeutische Zwecke angeführt wurden. Daraus gestaltet sich ein geistiges Mandala, das einen Ausdruck aller Seelenkräfte in ihrer Polarität und ihrem Zusammenwirken ermöglicht.[124]

2. Übungen des Bewußtseins

Es ist für uns alle selbstverständlich geworden, den Körper durch Sport zu trainieren oder uns bei sportlichen Übungen zu vergnügen. Ähnliches mit dem Bewußtsein zu tun erscheint vielen noch abwegig. Die einzigen Bewußtseinsübungen im menschlichen Leben bestehen im Erlernen der rationalen Funktion in den ersten Schuljahren. Der menschliche Geist ist jedoch noch mit allerlei anderen Fähigkeiten ausgestattet, die darauf warten, eingesetzt zu werden. Andere Kulturen haben sich das in viel größerem Ausmaß zunutze gemacht. Nur wir gehen mit unseren geistigen Vermögen um, als ob wir – um ein körperliches Beispiel zu benutzen – unser Leben lang ausschließlich die rechte Hand bewegen würden.

Bewußtseinsübungen bringen uns natürlich ebensowenig in den Himmel wie sportliches Training. Sie können aber durchaus zum Wohlbefinden beitragen, sofern es sich um Entspannung und Meditation handelt, für künstlerische oder andere kreative Tätigkeiten nutzbar gemacht werden und zur Vielfalt des menschlichen Daseins beitragen.

Um Mißverständnisse zu vermeiden, sei noch einmal erwähnt, daß es sich bei esoterischen Übungen nicht darum handelt, parapsychische Ergebnisse hervorzubringen oder gar nachzuweisen. Es treten zwar manchmal Erlebnisse auf, die in naturwissenschaftlicher Sicht als paranormal einzustufen wären. Doch ist das für die esoterische Betrachtung unerheblich.

Bei allen angenehmen Wirkungen, die etwa von der Meditation ausgehen können, muß aber deutlich hervorgehoben werden, daß esoterische Übungstechniken nicht schon von sich aus therapeutische Wirkungen entfalten. Im Gegenteil: Eine vorhandene psychische Labilität kann verstärkt werden und außer Kontrolle geraten. Psychische Abwehrmechanismen haben ihren Sinn; werden sie durch forcierte Übungen durchbrochen oder umgangen, so kann das seelische Gleichgewicht empfindlich gestört werden. Einfache Entspannungs-, Imaginations- oder Meditationsübungen sind zwar harmlos. Doch gibt es auch Übungen – wie etwa Chakra- oder Kundalini-Übungen sowie alle psychischen Automatismen –, die massive Eingriffe in den psychophysischen Organismus darstellen und auf keinen Fall unkundig oder experimentell durchgeführt werden sollten. Hier ist die gleiche Einstellung angesagt wie beim Sport. Die richtige Übung zur rechten Zeit kann heilen. Wer aber trotz Bandscheibenvorfall Gewichtheben übt, kann sich damit umbringen. Da Bewußtseinsübungen nicht so üblich sind wie sportliche, ist für Anfänger größere Vorsicht geboten.

Für alle esoterischen Übungen gilt, daß sie wesentlich mit jenen Bereichen des Geistes zu tun haben, die uns zunächst unbewußt sind. Bewußtseinsübungen sind sie insofern, als durch sie das Zusammenspiel von Bewußtem und Unbewußtem geübt wird. Dabei wird entweder unsere bewußte Wahrnehmungsfähigkeit auf vormals unbewußte Gebiete ausgedehnt oder das Unbewußte mittelbar beeinflußt. Das Unbewußte läßt sich auf dreierlei Wegen ansprechen: durch große Intensität eines Eindrucks, durch Herabsetzung der bewußten Kontrolle, durch Wiederholung.

Der erste Weg ist offenbar nicht absichtlich zu begehen, da absichtlich gewählte Bilder, Gedanken oder Gefühle uns nicht zutiefst erschüttern werden. Von spontanen Durchbrüchen ins Unbewußte berichten Menschen, die beim Bergsteigen abgestürzt sind, schwere Unfälle überlebten oder anderen Traumata ausgesetzt waren. Antike und schamanische Einweihungsmethoden haben auch damit gearbeitet, daß die Initianden realer Lebensgefahr ausgesetzt wurden, um das Bewußtsein für tiefere Schichten zu öffnen. Alle Helden der klassischen Mythen müssen Lebensgefahren bestehen, um ihr Ziel zu erreichen. Reale Bedrohungen wurden später durch scheinbare ersetzt und dann von anderen Techniken abgelöst.

Die bewußte Kontrolle läßt sich herabsetzen durch Meditation, Trance oder Automatismen, wobei der Grad der Bewußtheit unterschiedlich ist (siehe III. 1. h.). Träume, der bekannteste Zugang zum Unbewußten – der »königliche Weg«, wie Freud ihn nannte –, erreichen dadurch unser Bewußtsein, daß während des Schlafens die aktive Bewußtseinskontrolle – Freud spricht vom »Zensor« – nur schwach tätig ist.

Außerdem kann eine Übung, ein Satz oder eine Bildbetrachtung so lange wiederholt werden, bis das Bewußtsein das Interesse verliert und der Vorgang ins Unbewußte »absinkt«. Mit dieser Möglichkeit arbeiten alle Mantra-Übungen, viele Gebetspraktiken (liturgische Gesänge zum Beispiel), manche Rituale und »positives Denken«.

Die bloß bewußte Beschäftigung mit Symbolen hat also noch keine oder kaum eine psychische Wirkung. Symbole müssen in den tieferen Schichten der Seele verankert und lebendig sein, bevor sie in Übungen oder Ritualen angesprochen oder eingesetzt werden können. Es hat sich darum bewährt, bei einer Methode und Symboltradition zu bleiben, weil jede neue erst langwierig und mühsam dem Unbewußten vertraut gemacht werden muß wie eine Fremdsprache. Wie Symbole so können auch Übungsabläufe – wie etwa Entspannungstechniken oder Meditationseinleitungen – durch Gewohnheit verankert werden. Dethlefsen meint:»Der Wert der meisten Übungen liegt mehr darin, daß man regelmäßig etwas Bestimmtes tut, als im Ablauf der Übung selbst. Es kommt nicht so sehr darauf an, ob man auf dem Kopf steht, den Atem anhält oder Kartoffeln schält – der Grad der Bewußtheit entscheidet vielmehr über den Erfolg«[125]. Auch Steiner gibt als eine wichtige Übung an, täglich zu einer bestimmten Zeit ein Fenster zu öffnen und zu schließen (oder etwas anderes nicht Notwendiges und Unwesentliches zu tun). Dabei geht es darum, den persönlichen Willen von den Alltagserfordernissen lösen zu können, frei zu werden vom Diktat der »Bedürfnisse« und den eigenen Geist in diesem regelmäßig ausgeübten freien Akt aufmerksam zu beobachten.

a) Meditation

Es gibt eine Vielzahl sehr unterschiedlicher Meditationstechniken, die aber alle einen offenen, gesteigerten Zustand des Bewußtseins anstreben. Dies kann durch Versenkung in die Stille, in ein Bild oder einen Gedanken, aber auch in eine Bewegung geschehen – wie etwa beim T'ai Chi Ch'uan.

Für die meditativen Übungen im Besonderen, aber auch für alle anderen gilt, daß eine möglichst weitgehende Entspannung des Körpers Voraussetzung für das Gelingen ist. Manche Meditationstechniken üben sogar hauptsächlich am Körper, so die Übungen des Hatha-Yoga und die Atem-Meditationen. Um längere Zeit entspannt sein zu können, ist eine ruhige, bequeme Körperhaltung wichtig. Deshalb wird der Lotussitz (beide Beine überschlagen) immer wieder zur Meditation empfohlen. Ist diese Haltung einmal eingeübt, so kann man lange ruhig und stabil darin sitzen. Wem das zu umständlich ist oder wem die Knie dabei weh tun, hat davon natürlich keinen Vorteil, sondern setzt sich besser auf einen Stuhl. Für die Meditation ist entscheidend, daß das Bewußtsein zur Ruhe gebracht wird. Wer sich trotz schmerzender Knie in den Lotussitz setzt, sich anstrengt, die Gedanken zu unterdrücken, und möglichst noch die Atemfrequenz verändert, wird dabei alles mögliche erreichen, nur keinen meditativen Zustand.

Der Meditationsinhalt ist zweitrangig. Es kommt immer darauf an, das Zentrum der Aufmerksamkeit in jene Stille zu verlegen, die hinter jedem Gedanken, jedem Bild, jeder Bewegung, jedem Geräusch liegt, und die Welt oder sich selbst von dort aus wahrzunehmen. *Wie* das ist, probiert man am besten selbst aus. Im Alltag tritt solch ein Zustand selten auf. Am ehesten begegnet man ihm noch auf ruhigen Spaziergängen, wenn man plötzlich »aufwacht«, die eigenen Gedanken leiser werden und man die Umgebung anders, klarer und tiefer wahrnimmt als vorher.

Über die Vorteile und Anwendungen der Meditation ist in den letzten Jahrzehnten derart viel geschrieben worden, daß ich hier nicht näher darauf einzugehen brauche. Wer wirklich meditieren möchte, sollte nur darauf achten, daß er sich an Anleitungen hält, die tatsächlich in einen meditativen und nicht in einen trance-artigen Zustand führen. Phantasiereisen, entspanntes Musikhören und gelenkte Tagträume haben ihre eigenen Anwendungsgebiete, haben aber nichts mit Meditation zu tun.

Da die Meditation die beobachtende und wahrnehmende Seite des Geistes betont und nicht aktiv in den Organismus eingreift, verursacht sie auch kaum Probleme. Es können allerdings verdrängte Inhalte des Unbewußten unerwartet an die Oberfläche steigen, wenn das Bewußtsein sich öffnet, und eine Verarbeitung erforderlich machen.

Meditation beginnt mit dem wachen Beobachten des Denkens, Fühlens oder der Körpervorgänge. Sie kann darüber hinaus auch eine tiefergehende Schulung des Bewußtseins einleiten, die hier nur angedeutet werden kann: Aus der Wahrnehmung der eigenen Bewußtseinsvorgänge und zuvor unbewußten Prozesse kann ein überwacher Zustand entstehen, der sich bis zu den Quellen dessen ausdehnt, was wir als unser Bewußtsein kennen – Gedanken, Gefühle, Empfindungen. Das Wachwerden in dem Bereich, in dem die Gedanken und Intuitionen gebildet werden, führt zu einer ganz neuen

Bewußtseinsweise; denn normalerweise reicht unsere Wachheit nur so weit, die fertigen Gedanken und Gefühle zu registrieren.[126]

Der Begriff Kontemplation bedeutet allgemein das gleiche wie Meditation. Manche Autoren benutzen ihn zur Kennzeichnung tieferer Meditationszustände, andere zur Kennzeichnung von inhaltsorientierter Meditation: Kontemplation eines Textes oder Bildes.

Die besonders im buddhistischen Umkreis verbreitete Übung der Achtsamkeit (*satipatthana*) dehnt die meditative Grundhaltung auf das ganze Leben aus. Man versucht, alles achtsam und möglichst wach, mit offenem, klarem Bewußtsein zu tun, sei es essen, gehen, sprechen.

b) Gebet

Der Begriff des Gebetes ist sehr schwierig zu benutzen, weil damit eine Reihe Praktiken bezeichnet werden, die wenig miteinander gemein haben. In unserem Kulturkreis verbinden die meisten mit diesem Begriff das Wortgebet als Bitte an einen anthropomorphen himmlischen Vater oder Herrn. Diese Art von Gebet entspricht von der Haltung der Betenden her der Beschwörungsmagie, weil ein nicht-materielles Wesen, das für mächtig gehalten wird, veranlaßt werden soll, den Betenden persönliche Wünsche zu erfüllen. (Ob diese egoistisch sind oder nicht, spielt dafür keine Rolle.) Da solch eine Art von verbaler Beschwörung die Gesetzmäßigkeiten des menschlichen Bewußtseins nicht beachtet, wird sie im allgemeinen – und zum Glück – nur die Wirkung haben, daß die Betenden dabei neue Hoffnung schöpfen. Nachteilig ist, daß eine innere Abhängigkeit vom beschworenen Wesen entsteht.

Die ebenfalls vom Alltagsbewußtsein ausgehenden Fürbitten und Dankgebete oder Lobpreisungen Gottes erinnern die Betenden daran, daß sie Teil einer Schöpfung (oder zumindest einer beseelten Welt) sind, über die sie sich freuen und für die sie dankbar sein können. Das Gebet soll dabei nichts bewirken, sondern ist der religiöse Ausdruck der Betenden und bekräftigt eine bejahende und offene Grundhaltung zum eigenen Leben (Dank), zu den Mitmenschen (Fürbitte) und zum Universum oder zu Gott (Preisung). Besonders wenn es regelmäßig durchgeführt wird, nähert es sich der dritten Form des Gebetes, die der Meditation weitgehend entspricht.

Die christliche Tradition des Herzensgebetes etwa ist dafür ein Beispiel. Beim Herzensgebet wird ein Satz wie »Jesus Christus, erbarme dich meiner« oder »Kyrie eleison« im Inneren als ein Mantra ständig wiederholt, bis er auch ohne Bemühung immer weiter abläuft. Während Meditationen als Technik neutral sind, ist das Gebet immer auf ein bestimmtes religöses Gegenüber bezogen. Das gilt auch, wenn es als mystisches Gebet der Stille über jede verbale oder bildliche Form hinausgeht. Sofern sie nicht mit der Abhängigkeit von anthropomorphen Göttern verwechselt wird, unterscheidet diese religiöse Orientiertheit das Gebet von einer bloßen Psychotechnik, weil die damit verbundene Haltung ein Grundvertrauen festigt, das seelische Ungleichgewichte auffangen kann. In diesem Sinne kann das Gebet als eine zeitweilig oder beständig gepflegte innere Zwiesprache des Menschen mit dem geistigen Grund der Welt verstanden werden. Diese Art der Zwiesprache, das Gebetsleben, beabsichtigt nichts, sondern drückt eine besondere Lebenshaltung aus. Es ist eine Kulthandlung.

Die größere Rolle des Inhaltes im Gebet kann auch dazu führen, daß der Inhalt nicht nur die Grundtönung abgibt und sozusagen den Steigbügel des Bewußtseins bildet, sondern sich breit macht und einen trance-artigen Zustand oder eine Ekstase herbeiführt, was ja auch beabsichtigt sein und zu visionären Gotteserfahrungen führen kann.

c) Suggestion

Unter Suggestion versteht man allgemein die gezielte Beeinflussung durch Worte oder Bilder. Schon Paracelsus wußte vor 400 Jahren von der Macht der Vorstellungskraft, die er von unwirksamer Phantasie (Wunschdenken) unterscheidet.

»Denn Vorstellung und Phantasie unterscheiden sich voneinander. Die Vorstellung vollzieht sich im vollkommenen Geiste, die Phantasie im Leibe ohne einen vollkommenen Geist. Wenn einer seine Vorstellungskraft walten läßt, so zwingt er die Kräuter, so daß die in ihnen verborgene Natur (nämlich zu heilen, Verf.) zum Vorschein kommen muß.«[127]

In diesem Jahrhundert mußte die Kraft der Vorstellung neu entdeckt werden. Emil Coué (1857–1926) führte autosuggestive Techniken (»Vorsätze«) zur Heilbehandlung ein. Johannes Heinrich Schultz (1886–1970) verband autosuggestive Vorsätze mit seinem Autogenen Training, und auch Sigmund Freud bediente sich der Suggestion zur hypnotischen Beeinflussung von Patienten.

Wir alle kennen Suggestionen als »gute Vorsätze« oder als beruhigende Wirkung von Eltern auf Kinder oder Ärzten auf Patienten. Suggestionen im engeren Sinne werden entweder in Hypnose beziehungsweise tiefentspannten Zuständen oder durch häufige Wiederholung zur unbewußten Wirkung gebracht. Das Wissen darum, daß ein Vorsatz unter verstärkenden Maßnahmen besser wirkt, zeigt sich schon in der Alltagsanwendung daran, daß die besonderen, die »magischen« Tage des Jahres – Silvester, Geburtstag – beliebt sind, um sich etwas Schwieriges vorzunehmen.

Im Grunde sind Suggestionen typisch magische Techniken. Sie wirken durch Verwendung einer geistigen Formel unmittelbar auf materielle Vorgänge und umgehen dabei das Wachbewußtsein. Sehr weitgehend wird die Suggestionstechnik in der Bewegung »Positives Denken« ausgenutzt, die von dem amerikanischen Arzt Joseph Murphy ausging. Die »positiven Gedanken« werden hier nicht nur eingesetzt, um körperliche Vorgänge zu beeinflussen, sondern auch nach außen gerichtet. Durch positives Denken soll man etwa auch reich werden können oder den verärgerten Chef günstiger stimmen. Da haben wir es dann schon eindeutig mit magischer Umweltbeeinflussung zu tun.

Suggestionen lassen sich auch zu graphischen Zeichen reduzieren oder zu kurzen Mantras, die dann durch Trance oder Ekstase verstärkt dem Unbewußten eingeprägt werden. Diese Technik bezeichnet man als »Sigillenmagie«[128].

Die Suggestionstechniken haben zwei Seiten. Zum einen läßt sich leicht durchschauen, daß unser Unterbewußtsein mit Fremdsuggestionen geradezu überfüllt ist. Eltern, Schule, Freunde, Kirche, Politik und Werbung legen uns von Kindheit an darauf fest, was wir können und was nicht, was wir kaufen, was wir glauben und wen wir wählen sollen. Die meisten dieser Befehle laufen an unserem Bewußtsein vorbei und wirken sich deshalb ein Leben lang unbemerkt aus. Es trägt gewiß zur Befreiung des Menschen bei, möglichst viel davon zu durchschauen und loszuwerden. Wenn wir zum Beispiel gelernt haben, wir seien unfähig und dumm, so werden Suggestionen für ein kräftigeres Selbstbewußtsein sicher Wunder wirken.

Andererseits aber verführt die leichte Handhabbarkeit und schnelle Wirksamkeit von Suggestionen dazu, Probleme loswerden zu wollen, ohne sie zu lösen, und Schwächen zu überdecken, statt ihre Ursachen zu finden. Ist ein Schmerz oder ein Unwohlsein nicht nur streßbedingt, sondern Symptom einer ernsthaften Erkrankung, so kann das suggestive Beschönigen des Wohlbefindens sogar gefährlich sein, denn man bemerkt die Krankheit eventuell erst lange später. Die Suggestionsmethode erinnert mich daran, wie wir als Kinder Radios »repariert« haben. Wir schraubten sie hinten auf und stocherten mit fachkundigem Gesichtsausdruck in den Drähten; dann wurde es wieder zugeklappt – und sehr oft lief es in der Tat wieder. Bei kleinen seelischen »Wackelkontakten« mag das suggestive Eingreifen in den psychophysischen Organismus seinen Sinn haben; aber als das Allheilmittel, als das es heute oft gepriesen wird, finde ich es äußerst bedenklich. Es verstrickt die Anwender immer mehr in unbewußte Mechanismen und nimmt dem Wachbewußtsein Kraft, statt es zu klären und zu stärken.

Jede wie auch immer geartete esoterische Schulung strebt an, das Bewußtsein zu steigern und von blinden Mechanismen zu befreien. Dabei würde es nur hinderlich sein, sich noch serienweise weitere Mechanismen einzubauen, die eventuell auch dann noch weiterwirken, wenn man sie schon lange nicht mehr braucht.

Da das Unbewußte leichter auf Bilder als auf Worte reagiert, bietet es sich geradezu an, Suggestionen nicht nur als Sätze einzuprägen, sondern sich bildhaft vorzustellen. Ansonsten gilt für die Visualisierungsmethode alles über die Suggestion Gesagte.

d) Imagination

Auf den ersten Blick ähnlich, vom Wesen her aber grundverschieden ist die Technik der Imagination oder »aktiven Imagination«[129]. Hierbei geht es um die Bewußtmachung seelischer Inhalte in Bild- oder Symbolform. Ein Beispiel dafür wurde bereits auf S. 197 f. gegeben, wo die Imagination eines Elementenkreises beschrieben ist. Die Imagination ist praktisch ein bewußt eingeleiteter und bewußt wahrgenommener Traum. Dabei kann der Traum sich selbst überlassen werden, wenn man die Eigendynamik des Unbewußten erforschen will, was etwa für eine Diagnose wichtig sein kann. Man kann ihn aber auch lenken, wenn man die Imaginationsfähigkeit als solche üben möchte.

Als Tagtraum ist die passive Seite der Imaginationen jedem bekannt. Gewöhnlich verlaufen diese jedoch mit schwacher Intensität und werden wenig beachtet. Richtet man größere Aufmerksamkeit darauf, so kann man einiges über sich lernen.

Auch die aktive Seite der Imagination benutzen wir täglich, wenn wir zum Beispiel zu einem wichtigen Gespräch gehen, uns auf dem Weg den Gesprächspartner vorstellen und uns dabei aufsagen, was wir kurz darauf ausdrücken möchten. Sportler nutzen diese Möglichkeit, um sich mental bestimmte Bewegungsabläufe einzuprägen. Motorradfahrer etwa, die auf schnelle Reaktionen in Gefahren angewiesen sind, lassen ausgewählte Gefahrensituationen und die richtigen Reaktionen immer wieder vor ihrem geistigen Auge ablaufen, damit ihr Unterbewußtsein in der alles entscheidenden Sekunde die richtigen Reflexe einleitet.

Imagination ist eine der typischen esoterischen Techniken, die in fast allen Systemen verwendet wird. Esoterisch gesprochen ist die Imagination das Vehikel der Seele in der Astralwelt. Sie sollte jede rituelle Handlung begleiten und dient oft zur Einleitung in ausgewählte Trance-Zustände oder Meditationen.

Allerdings ist die Imagination auf die Bildebene, die »Astralwelt« beschränkt. Esoteriker, die weitere Sphären kennenlernen möchten, können sich ihrer Hilfe dort nicht mehr bedienen. Jede Vision gehört der Welt der Imagination an, welchen Gegenstand sie auch haben mag. Was dem inneren Auge erscheint, ist stets astral – so wie dem physischen Auge nur Physisches erscheinen kann. Was bildhaft wahrgenommen wird, kann nicht die »geistige Welt« sein, denn rein Geistiges ist bildlos, kann sich jedoch in bildlichen oder materiellen Erscheinungen ausdrücken. Gerade weil die Bilderwelt so bunt, vielfältig und verlockend ist, gilt sie manchen Schulen als gefährlich und wird gemieden.

»Wenn du die zweite Halle (die Astralwelt, Verf.) sicher durchschreiten willst, dann bleibe nicht stehen, um die betäubenden Wohlgerüche ihrer Blüten einzuatmen. Wenn du von den Ketten der Schicksalsverknüpfung frei werden willst, dann suche nach deinem Lehrer nicht in diesem Reich des Scheines.«[130]

Problematisch können Imaginationstechniken nur für Menschen werden, die unter psychotischen Tendenzen leiden und von der inneren Bilderflut überwältigt werden können. Oder aber jemand erschafft sich eine innere Fantasy-Welt und verliert sich in den bunten Bildern. Doch halte ich die selbsterschaffene Imaginationswelt noch für erheblich produktiver als die fremdbestimmte Phantasiereise ins Video- oder Fernsehgerät.

e) Automatismen (Pendel, Wünschelrute, Ouija etc.)

Als psychische Automatismen fasse ich hier alle diejenigen Techniken zusammen, die auf Körperreaktionen unter Ausschaltung des Bewußtseins beruhen, wo sich also unbewußte Reaktionen physisch zeigen. Dazu gehören die Techniken der Radiästhesie (mit Wünschelrute und Pendel) sowie die spiritistischen Techniken des Gläserrückens, des Ouija-Brettes und des automatischen Schreibens.

Das Wirkungsprinzip der psychischen Automatismen ist, daß man sein Unterbewußtsein dazu erzieht, sich über unwillkürliche Muskelbewegungen zu äußern. Beim Wünschelrutengehen zum Beispiel nimmt der menschliche Körper unterhalb der bewußten Wahrnehmungsschwelle (wahrscheinlich) elektromagnetische Felder von unterirdischen Wasserläufen wahr und »meldet« diese unterschwellige Wahrnehmung über den Ausschlag der Rute. Dazu wird die Rute so in der Hand gehalten, daß sie schon auf feinste Muskelbewegungen anspricht und sich bewegt. Für einen Wünschelrutengänger ist dreierlei nötig: Erstens muß sein Körper sensibel für derartige »Schwingungen« oder »Felder« (was immer das sein mag) sein; zweitens muß er geübt haben, unbewußte Wahrnehmungen über unwillkürliche Muskelzuckungen auf die Rute zu übertragen; drittens muß er in der Lage und ehrlich genug sein, seine persönlichen Vermutungen und Wünsche bezüglich des Mutungs-Ergebnisses während des Gehens zu suspendieren. Erfahrene Rutengänger können sich dazu erziehen, die Wahrnehmung unmittelbar in der Hand oder einem anderen Körperteil zu spüren. Manche benutzen statt einer Rute auch lieber ein Pendel.

Nach meinem derzeitigen Kenntnisstand spricht einiges dafür, daß die radiästhetischen Mutungen sich auf physikalische Felder beziehen, die sich um Reibungszonen in der Nähe von Wasserläufen bilden. Tatsache ist aber auch, daß verschiedene Rutengänger unter gleichen Ausgangsbedingungen zu völlig verschiedenen Ergebnissen kommen können. Ich neige deshalb zu der Ansicht, daß die radiästhetische Mutung durchaus möglich ist, daß aber nur wenige Menschen zuverlässig dazu in der Lage sind. Auf jeden Fall sind auf diesem Gebiet noch erhebliche Forschungsarbeiten zu leisten, um es einigermaßen abzusichern. Die Radiästhesie ist ein naturwissenschaftliches Problem und hat nichts mit Esoterik zu tun, sondern wurde hier nur kurz vorgestellt, weil sie immer wieder mit dem Thema in Verbindung gebracht wird und sich an ihr das Wirken psychischer Automatismen gut veranschaulichen läßt.

Die sonstigen Automatismen werden nicht von unterschwelligen Körperwahrnehmungen, sondern von rein psychischen Eindrücken ausgelöst. Die Gerätschaften sind dabei grundsätzlich nur Hilfsmittel für Menschen, die die erwünschten Eindrücke nicht bewußt wahrnehmen können. Mit Hilfe des Pendels läßt sich etwa mit dem eigenen Unbewußten ein Code vereinbaren, daß eine Rechtsdrehung für »Ja«, eine Linksdrehung für »Nein« steht. Dann kann man das eigene Unbewußte um seine Meinung fragen, wenn man nicht fähig ist zu empfinden, was man »eigentlich« möchte. Ich habe schon Leute erlebt, die ausgependelt haben, ob sie ein Buch kaufen sollen oder nicht. Kommentare dazu erübrigen sich.

Die heute bekannteste Anwendung der Automatismen liegt im spiritistischen Bereich, wo »Mitteilungen von Geistern« auf ein Pendel, ein rückendes Glas, einen klopfenden Tisch, ein Ouija-Brett[131] oder auf die schreibende Hand übertragen werden. Man kann annehmen, daß Selbsttäuschung und unbewußte Erwartungen der Teilnehmer nicht für alle Phänomene verantwortlich sind, obwohl sicher ein großer Teil der »Durchgaben« darauf zurückzuführen ist. Es gibt aber immer wieder korrekte Angaben, von denen die Teilnehmer nicht wissen konnten. Dabei handelt es sich also im Prinzip um normale Hellsicht, die aber nicht bewußt wird, sondern sich über einen Automatismus manifestiert. Ob das mit Geistern zu tun hat oder nicht, kann hier nicht weiter besprochen werden und ist für den Verlauf unerheblich.

Der Einsatz von Automatismen bietet den Vorteil, daß er relativ leicht erlernt werden kann. Deshalb werden sie besonders gern im Vulgärspiritismus und bei Jugendlichen benutzt, die nur mal mit etwas Unheimlichem experimentieren wollen. Der Vorteil ist aber zugleich ein großes Problem, weil man nämlich auf diese Weise sehr schnell, ohne innere Vorbereitung und ungeschützt mit unbewußten Inhalten konfrontiert werden kann. Naiv gläubige Jugendliche, bei denen sich plötzlich »Satan« meldet und wilde Drohungen zu Protokoll gibt, werden oft lange die davon ausgelösten Ängste und Alpträume nicht los.

Die technische Schwierigkeit bei den Automatismen liegt darin, daß sie dem Bewußtsein prinzipiell entzogen sind, daß also keinerlei Kontrollmöglichkeit besteht, ob die »Durchgaben« dem persönlichen Unterbewußtsein der Teilnehmer entstammen oder aus anderen Quellen stammen, ob mehrere Aussagen aus einer oder verschiedenen Quellen stammen oder sich konfus mischen und welchen Wahrheitsgehalt die Aussagen haben. Die Mitteilungen sind also schon aus rein arbeitstechnischen Gründen sehr problematisch zu bewerten.

Das wäre alles noch nicht so schlimm und zum Spielen noch gut genug, wenn nicht die wirkliche Gefahr im psychischen Bereich liegen würde. Um Automatismen zu erzeugen, die komplexer sind als das bloße Drehen eines Pendels oder Zucken einer Rute, müssen auch komplexere Einheiten des Unbewußten und der Körpersteuerung zeitweise abgespalten werden. Dies gilt insbesondere für das »automatische Schreiben«, bei dem der ganze Arm völlig von der bewußten Kontrolle gelöst werden muß, um etwas aufzuschreiben, wovon das Bewußtsein des betreffenden Menschen nichts weiß. Es werden, um es klinisch auszudrücken, gezielt schizoide Zustände eingeübt. Wie jüngste Erfahrungen zeigen, ist es ein geradezu typischer Verlauf, daß sich die zeitweilig abgespaltenen Bereiche des Unbewußten verselbständigen. Der automatisch Schreibende beginnt nach einiger Zeit zu hören, was sonst aufs Papier gebracht werden mußte, und wird in ungünstigen Fällen die Stimmen nicht mehr los. Ein Lehrstück für diesen Ablauf ist die Beschreibung des Professors Staudenmaier (1865–1933), der an sich selbst aus wissenschaftlichem Interesse zu experimentieren begann und nach ein paar Jahren seine geistige Gesundheit verlor, weil die Abspaltungen die Herrschaft über sein Ich und seine Wahrnehmungen gewannen.[132]

Außer ein paar zweifelhaften sensationellen Effekten ist also von der Arbeit mit den Automatismen im spiritistischen Bereich hauptsächlich Unangenehmes oder sogar Schädigendes zu erwarten.

f) Medialität

Informationen, die mit dem gefährlichen Trick des psychischen Automatismus erlangt werden, lassen sich bei entsprechender Schulung und Begabung auch unmittelbar und bewußt empfangen. Dann spricht man von medialer Wahrnehmung. Im Sinne der Tradition des englischen Spiritismus (*spiritualism*) läßt sich unterscheiden zwischen normaler außersinnlicher Wahrnehmung und dem medialen Kontakt mit der Welt der Toten oder Geister, unabhängig davon, wie man dies metaphysisch bewerten will. Gute Medien können genau zwischen Informationen unterscheiden, die sie aufgrund ihrer eigenen Hellsicht empfangen und solchen, die ihnen von jenseitigen Wesen übermittelt werden.[133] Ursprünglich bedeutet das Wort Medium auch »Mittler«.

Wie jede außersinnliche Wahrnehmung kann die mediale auf verschiedenen Wahrnehmungskanälen ankommen, je nach Begabung des Mediums: als quasi-optischer Eindruck (innere Bilder), als quasi-akustischer (innere Stimmen), als Gefühl, als intuitives Wissen, selten auch als quasi-taktiler Reiz oder Geruch. Früher arbeiteten Medien oft in tiefer, unbewußter Trance und waren bloßes Sprachrohr ihrer Informationsquelle – eine weitere Form der Automatismen. Heute ist jedoch die »mentale Medialität« am verbreitetsten, bei der das Medium vollbewußt bleibt und neben dem Alltagsbewußtsein einen Bereich leichter Trance aufbaut, einer Konzentration auf die innere Leinwand, auf der die »Durchgaben« ankommen.

Dazu ist es notwendig, schnell und sicher die Konzentration nach innen lenken zu können und Erfahrung mit Imaginationen zu besitzen. Ausreichende Übung gestattet es den Medien, ihre eigenen Phantasieprodukte einigermaßen von Informationen zu unterscheiden. Auch wenn immer wieder behauptet wird, jeder Mensch sei ein Medium (sonst würden die Kurse ja nicht voll), scheint das in dem Sinne zu gelten, wie auch jeder Mensch im Prinzip Geige spielen kann. Für gute praktische Ergebnisse ist eine besondere Begabung nötig. Und diese Begabung muß sowohl die intuitiven Fähigkeiten der Wahrnehmung als auch ein sicheres Gespür für die sinnvolle Deutung derselben umfassen. Eine mediale Wahrnehmung ähnelt im Grunde sehr dem Traum. Das Medium empfängt den Traum, der für den Klienten gemeint ist, und muß die darin enthaltenen Bilder und Symbole auf die konkrete Situation des oder der Betreffenden übersetzen können. Ich habe oft erlebt, daß Fehler bei medialen Durchgaben nicht auf der Wahrnehmung beruhten, sondern auf einer Fehldeutung seitens des Mediums.

Ein Beispiel dazu aus ein typischen medialen Sitzung (*sitting*): Vor dem inneren Auge des Mediums taucht ein älterer Mann auf, der schüttere graue Haare hat, einen Kopf kleiner ist als der Klient und einen Trecker mit Heuwagen zeigt. Das Medium schließt daraus, daß es sich um den Vater oder Großvater des Klienten handeln muß und beschreibt auch sein Gesicht und seine Körperhaltung. Soweit stimmt es, der Klient erkennt seinen Vater wieder, der auch Bauer gewesen ist. Plötzlich fühlt das Medium einen starken Druck auf der Lunge und hat den Eindruck, etwas auszuhusten. Die Wahrnehmung, so weiß sie, soll sich auf den Tod des Betreffenden beziehen. Da sie vorher einen Trecker gesehen hat, verbindet sie die Eindrücke und äußert die Vermutung, der Vater sei unter einen Wagen gekommen und erdrückt worden. Der Klient verneint enttäuscht: Das kann nicht sein Vater sein. Es läßt sich dann aber klären, daß der Vater nach dem Krieg an einer schweren Tuberkulose starb und über schlimmen Druck auf der Lunge geklagt hatte. Das Mißverständnis entstand nur, weil das Medium nicht den Eindruck, sondern dessen Deutung geäußert hatte. Für mediale Durchgaben gelten also stets alle Regeln der Traumdeutung, wenn erstere im allgemeinen auch bedeutend präziser und konkreter sind.

Die praktische Anwendung solcher medialen Fähigkeiten dient meist dazu, Menschen in solchen Konflikten zu helfen, die mit Verstorbenen zu tun haben und sich deshalb auf die gewöhnliche Weise nicht mehr lösen lassen. Am häufigsten dabei sind Schuldgefühle oder die Angst, etwas Wichtiges nicht mehr gesagt oder getan zu haben. Verantwortungsvolle Medien können ihre Klienten durchaus von bedrückenden Ängsten und Schmerzen befreien. Das gilt unabhängig davon, wie man sich die »Toten« vorstellt, mit denen der Kontakt stattfindet. Die konkrete mitmenschliche Hilfe ist dabei wichtiger, als die theoretische Frage, wie man sich das Jenseits vorstellen soll.

Probleme mit der Medialität können dadurch auftreten, daß man von den Jenseitskontakten abhängig wird und nichts Wichtiges mehr unternimmt, ohne vorher »die verstorbene Oma« befragt zu haben. Es ist doch erstaunlich, welch eine Rolle der Rat eines verstorbenen Menschen plötzlich spielen kann, wenn er durch ein als Autorität anerkanntes Medium vorgetragen wird, obwohl sicherlich der Rat dieser Oma, als sie noch lebte, oft eher als lästige Einmischung empfunden wurde. Die verbreitete Abhängigkeit von Autoritäten wirkt sich auch im Spiritismus aus, wird aber von verantwortungsbewußten Medien möglichst gering gehalten.

g) Trance und Energielenkung

Die Trance spielt hauptsächlich im Rahmen anderer Praktiken eine Rolle und ist kein Selbstzweck (wie etwa der meditative Zustand es sein kann). Sie bildet die Voraussetzung für Imaginationen, Rituale, Zauberei, Suggestionen und so weiter. Wenn in der Meditation das Bewußtsein frei für die Stille gemacht wird und dieser stille Freiraum auch gehalten werden soll, wird in der Trance das Bewußtsein frei gemacht für *etwas*. Es wird für einen gewissen Zeitraum auf ein bestimmtes Objekt verengt. Im Sport beispielsweise ist es wichtig, das diffuse Alltagsbewußtsein mit seinen ständigen Kommentaren und Ablenkungen beiseite zu lassen und sich ganz von der ausgeübten Tätigkeit einnehmen zu lassen. Das ist der Zustand der Trance, der je nach Bedarf beliebig vertieft werden kann.

Beim Einüben von Trance wird oft betont, daß man die Gedanken zum Schweigen bringen und das Bewußtsein von anderen Dingen abziehen soll. Das ist aber unsinnig. Wenn ich versuche, meine Gedanken zum Schweigen zu bringen, werde ich mich hauptsächlich mit meinen Gedanken beschäftigen, statt zu tun, worum es mir gerade geht. (So weissagte die Zigeunerin dem geizigen Fragenden: In deinem Garten unter dem Apfelbaum liegt ein großer Schatz. Du kannst ihn ganz leicht ausgraben – nur darfst du beim Graben *nicht* an Vico Torriani denken. Er fand den Schatz nie.)

Wie die Meditation ist der Trancezustand durch eine Geste des Bewußtseins zu erreichen, die geübt werden muß und dann relativ leichtfällt – eine leichte Trance jedenfalls. Alles gleichmäßig Rhythmische wirkt verstärkend auf die Trance: Trommeln, Tanzen, Singen, Mantren, Wiegen des Körpers. Man gibt sich dem Rhythmus so lange hin, bis sich das Bewußtsein auf das vorgegebene Thema verengt. Die Verengung läßt sich auch durch Tiefentspannung oder durch direkte willkürliche Einleitung der Trance herbeiführen, wenn man diese innere Geste einmal erlernt hat.

Der Trancezustand kann auch so weit vertieft werden, daß es zu einem völligen Verlust des Bewußtseins kommt. Das wurde im Spiritismus oft beabsichtigt oder auch in Kulten wie dem Voodoo, wo die Priesterschaft sich den Gottheiten völlig zur Verfügung stellt und absichtlich Besessenheit induziert. Da ich mit solchen Zuständen keine Erfahrung habe, kann ich weiter nichts dazu sagen.

Ein wichtiger Aspekt der Trance und ihrer aktiven Form, der Ekstase, ist, daß sich die psycho-physische Energie in diesem Bewußtseinszustand leichter lenken und steigern läßt. Allgemein wird davon ausgegangen, daß die Energie im Trancezustand der Imagination beziehungsweise der Aufmerksamkeit folgt. Sie kann dann zur Heilung abgegeben werden oder eine Zauberformel »aufladen«, kann gestaut werden, um einen Astralaustritt vorzubereiten, oder innere Zentren (Chakren) aktivieren, um zu außersinnlichen Wahrnehmungen zu kommen.

Die »Kraft« kann aufgebaut werden durch Tanzen, durch sexuelle Übungen (Sexualmagie), durch Trommeln oder Singen, durch Konzentration, durch Yoga und andere Methoden. Sie äußert sich auf der körperlichen Ebene als Hitze, Kälte oder Kribbeln, auf der Bildebene als Licht (die Flämmchen des Heiligen Geistes, um ein bekanntes Beispiel zu nennen) und manchmal sogar quasi-akustisch als Klingen oder Pfeifen.

h) Rituale

Rituale gehören wohl zu den ältesten und wichtigsten Äußerungen menschlicher Kultur und spielen in den meisten Lebensbereichen eine wichtige Rolle. Besonders auffällig sind sie heute im religiösen Rahmen, wo sie oft nicht mehr verstanden und damit zu leeren Vollzügen werden. Ein religiöses, kultisches Ritual ist aber gerade deren Gegenteil. Es ist eine zunächst zweckungebundene Handlung, deren Sinn in ihr selbst liegt. Damit ist das Ritual dem Spiel und der Kunst eng verwandt. Im Ritual wird nicht nur nachvollzogen, sondern wirklich – wirkmächtig – vollzogen, was die Grundlage der jeweiligen Kultur bildet. Das Abendmahl beispielsweise verfolgt nicht irgendeinen außerhalb liegenden Zweck und will auch nicht nur an ein vergangenes Ereignis erinnern. Das wäre ein Mißverständnis des Kultischen. Die Kulthandlung ist vielmehr identisch mit jenem mythischen, heiligen Handeln, auf das sie sich bezieht, und damit selbst heilig. In dieser Identität liegt das Mysterium einer kultischen Handlung, das sich außerhalb des religiösen Mitvollzuges nicht verstehen oder erklären läßt.

Sehr breiten Raum nimmt das Ritual als kultische Handlung bei den neuheidnischen Gruppen in Form der Jahresfeste ein. Der Vollzug des mythisch verstandenen Jahreslaufs erschafft einen heiligen Rhythmus, der die Zeit mit der Ewigkeit verbindet. Der Vollzug des Mythos führt in das ewige Jetzt, den Augenblick, der sich immer wiederholt und doch stets neu ist. Dieser Zustand ist, von außen besehen, ein anderer Zustand des Bewußtseins, von innen jedoch ein anderer Zustand der Welt. Der Mensch erreicht im Ritual des Jahreslaufs die magische Einheit mit der Welt. Der Zyklus der Jahresfeste wird zum Symbol des Zyklus allen Seins, des Ineinandergreifens von Leben und Tod, von Werden und Vergehen. Wenn aus den scheinbar abgestorbenen Ästen im Frühling wieder das leuchtende, frische Laub sprießt und im Herbst nach seiner voll erblühten Fülle wieder in den sterbenden Moder des Erdbodens sinkt, so ist das ein Gleichnis, das keiner weiteren Erläuterung bedarf. Hier erfüllt sich die menschliche Sehnsucht nach Ewigkeit nicht im Warten auf eine ferne, nicht endende Zeit, sondern im völligen Eintauchen in den mythischen Augenblick.

Derartige Rituale können sehr zeremoniell und formalisiert sein, wie das Beispiel des Pentagramm-Rituals auf S. 105 zeigt. Doch haben sich in der heutigen Zeit auch Formen entwickelt, die dem Bedürfnis nach spontanem Ausdruck und kreativer Gestaltung stärker Rechnung tragen. Ein ganz besonderes Weihnachtsritual beschreibt Starhawk in »Dreaming the Dark«, das hier zeigen soll, wie breit der Spielraum des Rituellen sein kann und wie wenig die herkömmlichen Vorstellungen von zeremonieller Magie der Lebendigkeit neuerer Formen entsprechen.

».. . an diesem Strand treffe ich mich mit meinen Freunden – Menschen, die ich liebe – jedes Jahr zur Wintersonnenwende. Wir treffen uns, um unsere Körper und Herzen zu lehren, was wir mit unserem Verstand schon eingesehen haben: daß wir nicht außerhalb der Kreisläufe und der Jahreszeiten stehen. Deshalb singen wir, halten uns in den Armen und zünden ein Feuer an. Und wenn die Sonne unter den Meereshorizont sinkt, um die längste Nacht zu beginnen, ziehen wir uns aus und springen in die kalten Wellen. Das Wasser brennt unsere Haut bis zur Taubheit; wir schreien, kreischen und brüllen, machen tiefe, tiefe Töne, wenn eine Welle trifft und uns in unserer Sterblichkeit erschrickt, der Verletzlichkeit unseres Fleisches. Indem wir loslassen, nicht mehr versuchen, der Kälte und der Wucht des Ozeans zu widerstehen, indem wir uns selbst empfinden und stärker fühlen, tiefer und tiefer, entsteht aus diesem Schrecken und der Kälte ein ungeheures Hochgefühl. Wir sind lebendig! Wir singen es, tanzen es, schreien es heraus; das Stöhnen verwandelt sich in Klänge der Kraft, der Kraft, die in uns anschwillt, aus den Quellen unseres als heilig aufgenommenen Lebens.«[134]

Rituale können generell verstanden werden als dramatisierte Symbole, als belebte innere Bilder. Jemand sagte einmal, wie die Seele durch Träume zum Bewußtsein spreche, so spreche das Bewußtsein durch Rituale zur Seele. So wie die Seele einen Körper braucht, um in der endlichen Welt dasein zu können, so braucht auch das Empfinden des Heiligen, das sich auf der Bildebene in Symbolen darstellt, eine Verkörperung in der sichtbaren Welt: das Ritual.

Abgesehen von diesem religiösen, kultischen Verständnis des Rituellen, lassen sich auch ganz andere Symbole dramatisieren. Auch ein Todesfluch, ein Liebeszauber oder eine Heilung läßt sich rituell gestalten. Dafür gilt ein großer Teil des oben Gesagten natürlich nicht. Solche Rituale sind zweckgebunden und heben den Menschen keineswegs über sich hinaus, sondern dienen im Gegenteil höchst persönlichen Zwecken. Sie werden im nächsten Abschnitt als »Zauberei« gesondert behandelt.

Wesentlich am Ritual, gleich zu welchen Zwecken, ist der formale Aspekt, auch wenn dieser durchbrochen werden kann, wie das obige Beispiel zeigte. Das Durchbrechen der Form ist aber nur sinnvoll, sofern eine solche bekannt ist. Es gibt rituelle Grundregeln, innerhalb derer sich jede magische oder religiöse Zeremonie bewegt:
– Das Ritual braucht eine Einleitung und einen Abschluß. Dazu gibt es meist standardisierte Formeln wie das kabbalistische Kreuz in der Magie des Golden Dawn oder die sehr ähnliche Bekreuzigung mit der Formel »Im Namen des Vaters, des Sohnes und des Heiligen Geistes« im Katholizismus.
– In diesem Rahmen wird der rituelle Raum aufgebaut. Dieser ist

entweder vorgegeben (als Kirche oder Tempel) oder er wird durch die Ziehung eines magischen Kreises erschaffen. Meist wird der heilige Raum strukturiert durch die Himmelsrichtungen, die gesondert angerufen werden können (siehe Pentagramm-Ritual), die Lage des Altares oder eventuelle Statuen von Gottheiten.

– Der heilige Raum und der heilige Zeitabschnitt des Rituals wird zu einem solchen erklärt kraft der Nennung oder Anrufung von göttlichen Wesenheiten oder Kräften. Dadurch vergegenwärtigen sich die Ausübenden den mythischen Hintergrund ihres Daseins.

– Damit oder durch zusätzliche Techniken (Tanzen, Singen, etc.) wird die heilige Kraft in die Zeremonie gerufen (oder – seltener – erzeugt). Diese drückt sich im Zentrum des Rituals in der kultischen Handlung aus, oder – falls es ein Zauber-Ritual ist – sie wird in das Symbol geleitet, das für den Zweck der Angelegenheit steht.

– Der Abschluß des Rituals soll vor allem gewährleisten, daß der psychische Normalzustand wiederhergestellt wird. Durch eine Entlassungsformel unterbricht man den Kontakt zum Heiligen (oder zu den Geistern) und wendet sich wieder der Alltagswirklichkeit zu. Eine Segensformel verdeutlicht darüber hinaus, daß der Widerspruch zwischen Heiligem und Profanem nur ein scheinbarer ist und daß die soeben erlebte Wirklichkeit auch den Grund des Alltags bildet. Viele magische Rituale – etwa im Hexenkult – enden mit der Formel: Gehet hin in Frieden.

i) Zauberei

Die Praxis der Zauberei ist aus allen Kulturen und allen Religionen bekannt und überall gleichermaßen berüchtigt. In diesem Zusammenhang möchte ich nur darstellen, was Zauberei in der esoterischen Denkweise bedeutet und auf welcher Grundlage sie durchgeführt wird.

Im Mittelalter hätte ein Telefon sicherlich als Musterbeispiel der Hexerei gegolten. Und vieles, was heute als unmöglich gilt, wird morgen sicherlich technische Routine sein. Insofern ist Zauberei nicht der Einsatz allgemein unbekannter Kräfte, obwohl sie mit der Technik im Prinzip eng verwandt ist. Im esoterischen Rahmen besteht Zauberei im gezielten Einsatz analoger Zusammenhänge zur Manipulation der Außenwelt oder anderer Personen.

Meist wird in einem mehr oder weniger rituellen Rahmen gezaubert, wie er oben beschrieben wurde. Die seelische Haltung ist dabei jedoch nicht bestimmt durch die Beziehung zum Heiligen, sondern durch die Inanspruchnahme des Mächtigen. Es können durchaus die gleichen Gottheiten sein, die für beide Ziele herangezogen werden.

Wichtig für die Wirksamkeit eines Zaubers ist seine »Kraft«. Diese erzeugt der Zauberer selbst mittels oben beschriebener Techniken. Oder die beschworene Gottheit liefert die Kraft dazu oder bürgt zumindest für die Wirkung. Für die Sammlung der »Kraft« und den inneren Nachvollzug der Symbole ist ein Trancezustand erforderlich.

Auch im einfachen Fall eines Zauberspruches finden sich all diese Bedingungen erfüllt. Der Bewußtseinszustand verändert sich bereits durch den Schauder vor einem solchen berüchtigten Spruch (möglichst aus einem alten Buch) und geht ins mythische Denken über. Die Angst davor oder die konkreten Emotionen, die den Grund für den Zauber bilden (Verliebtheit, Eifersucht, Haß) liefern die »Ladung«. Und immer ist mit Zaubersprüchen die Nennung irgendeiner göttlichen oder dämonischen Macht verbunden, und sei es in der Reduktion auf das »Zauberwort« Simsalabim oder Abrakadabra.

Aufgrund der analogen Wirkung eines Zaubers identifiziert sich der Magier stark mit dem Ziel, und die beabsichtigte äußere Wirkung entspricht einer ebenso starken inneren. Das führt dazu, daß der oder die Ausführende stets an der Auswirkung beteiligt ist. Wer also ständig mit Flüchen arbeitet, wird an sich die Wirkungen der Haßgefühle deutlich spüren. Wer viele Geldzauber durchführt, fixiert seine Psyche auf Geld und wird eher geldgierig als reich.

j) Spekulatives und paradoxes Denken

Es ist unüblich, ausgerechnet das Denken zu den esoterischen Praktiken zu zählen, doch war es in diesem Rahmen stets wichtig. Als Religion, Philosophie und Esoterik aus dem mythischen Erleben heraustraten, war die geistige Schau des reinen Denkens eine der beiden Formen, sich mit dem Göttlichen erkennend zu verbinden – neben der durch Askese oder Ekstase erreichten sinnlichen beziehungsweise übersinnlichen Vision. Dieser Weg trat aber nach den großen Philosophenschulen der Griechen zurück zugunsten rein rationaler Systembildung. Erst heute, da die rationalistische Philosophie deutliche Ermüdungserscheinungen zeigt, tut sich wieder die Möglichkeit auf, mit dem Denken nicht nur aus der Einheit herauszutreten, sondern auch wieder zu ihr zurückzufinden und den Gedankenkreis zu schließen – wie es das Ziel der ersten griechischen »Weisen« war. Rudolf Steiner zum Beispiel betonte immer wieder, daß er das Denken für den geeigneten Ausgangspunkt jeder modernen esoterischen Schulung hält, da das Bewußtsein des modernen Menschen hier am hellsten und besten durchschaut ist.

Wer viel mit philosophischen Fragen gerungen hat, kennt vielleicht den Punkt, an dem das Denken, das sich lange an einer Aporie oder Paradoxie abgemüht hat, plötzlich »umschlägt« in eine reine, wortlose Erkenntnis dessen, was hinter der Paradoxie liegt. Dieses plötzliche Umkippen des diskursiven Gedankenverlaufs setzt lange konzentrierte Bemühung um eine rationale Lösung voraus, die sich nicht von der Unmöglichkeit abschrecken läßt. Die plötzliche Öffnung des Geistes für die intuitive Einsicht läßt sich nicht erzwingen, sondern kommt immer als Überraschung und ist meist mit Begeisterung verbunden und einem deutlichen Empfinden für die Schönheit des Erkannten. Das meint Platon mit der »Schau« der Ideen (*theoría* kommt daher), die einen intuitiven Zugang darstellt, der erst nachträglich rational gestaltet wird. Es ist aber bei Platon in vielen Dialogen deutlich, daß es nicht um die Ergebnisse des Denkens geht, sondern um den Vollzug als solchen. Das Wahre, das Schöne und das Gute fallen in der Schau der Idee zusammen. Seine Philosophie trug somit noch durchaus esoterische Züge, die in der weiteren Entwicklung der abendländischen Philosophie aber zugunsten der rationalen Ausgestaltung dessen, was die Schau angeregt hat, vernachlässigt wurden.

In eine andere Richtung ging die Esoterik mit ihrem spekulativen Denken, das oft auf einen zu schnellen Durchbruch ins Intuitive zielt. Die philosophische Schau der Idee setzt jedoch das Durchschreiten des rationalen Weges voraus – eine diffuse Vision ist noch kein Zugang zur Idee, eher im Gegenteil. Vor allem ist auch der Maßstab des Denkens stets die Vernunft. Daß eine Erkenntnis der geistigen Schau entstammt – und sei es einer Ideenschau –, kann ihre vernünftige Begründung nicht ersetzen. Rudolf Steiner beispielsweise hat (entgegen seiner eigenen Forderung) immer wieder den

Fehler begangen, seine Vision als Argument zu benutzen. Zur Theoriebildung ist nur das rationale Denken zu gebrauchen; spekulative Theorien (viele esoterische somit) sind meist schlechte Theorien. Will man dem spekulativen Denken irgendeinen Sinn zusprechen, so kann er nur darin liegen, sich über das Denken dem Übergedanklichen zu nähern.

Dazu führt aber nicht die Spekulation selbst (mit dem falschen Anspruch der Theoriebildung), sondern die Übung im »Umkippen« des Denkens. Eine schlichte Fassung dieser Erfahrung kennt jeder als »Aha-Erlebnis«. Eine Bewußtseinsschulung kann nun dazu führen, in diesem Aha-Erlebnis bewußt zu verharren und darüber hinaus in den vorgedanklichen Bewußtseinsbereich vorzustoßen.

Eine ähnliche Vorgehensweise ist aus dem Zen-Buddhismus in Form der Koan-Technik bekannt. Der Mönch erhält von seinem Meister einen in sich unauflösbaren Spruch (»Höre auf das Klatschen der einen Hand« oder ähnliches), über den er meditieren soll, bis sein rationales Bemühen umkippt.

3. Das »Große Werk«

In diesem Kapitel dreht es sich um den Kern des religiösen Strebens. Er wird hier mit dem Begriff »Großes Werk« bezeichnet, der aus der handwerklichen Metaphorik der Alchemie stammt. In der Mystik redet man von der *Unio mystica*, die östlichen Religionen sprechen von Befreiung oder Erleuchtung. Über den eigentlichen Vorgang kann naturgemäß nichts gesagt werden, da er sich definitionsgemäß unserem Verstehen entzieht. Es geht um eine Persönlichkeitswandlung, die den Menschen zu einem grundsätzlich anderen macht. Jede Kultur kennt Heilige oder Weise, erleuchtete Meister oder Propheten, die einem anderen Gesetz als andere Menschen zu folgen scheinen, deren Leben völlig aufs Göttliche ausgerichtet und darin geborgen ist. Das gibt ihnen eine für andere unfaßbare Kraft, Gewißheit und Einsicht. Vor allem ist ihr Egoismus erloschen oder verwandelt, so daß sie ihren Mitmenschen und der Natur mit einer Liebe zugewandt sind, die sonst nicht möglich wäre.

Nachdem im vorigen Abschnitt die einzelnen Techniken als solche und im Sinne ihrer Verwendung als Lebenshilfe besprochen wurden, soll es hier um den Weg zum höchsten Ziel selbst gehen. Dieser Weg kann mit sehr unterschiedlicher Grundhaltung beschritten werden, und man kann sehr Verschiedenes dort suchen. Die Möglichkeiten spannen sich aus zwischen dem Streben nach dem Übermenschen und der Erfüllung des tieferen Menschseins sowie zwischen der Selbsterlösung und dem Warten auf die erlösende Gnade von außen. Welche Haltung vorherrscht, ist von Autor zu Autor verschieden und mischt sich bei den meisten Menschen.

In seinen Abhandlungen über »Das Große Werk« (in »Dogma und Ritual der Hohen Magie«) sagt Eliphas Lévi:

»Das große Werk besteht vor allem in der Erschaffung des Menschen durch sich selbst, das heißt, in dem durch den Menschen bewirkten restlosen Erringen seiner Fähigkeiten und seiner Zukunft. Es ist vor allem die vollkommene Verselbständigung seines Willens, durch die ihm die universelle Macht des Azoth und der Bereich der Magnesia, das heißt, die Vollmacht über das universelle magische Agens gesichert wird.«

»Reich, immer jung sein und nie sterben, war jederzeit der Traum der Alchymisten. Blei, Quecksilber und alle anderen Metalle in Gold verwandeln, die Universalmedizin und das Lebenselixier besitzen, ist das zur Erfüllung dieses Wunsches und zur Verwirklichung dieses Traumes zu lösende Problem. Wie alle magischen Mysterien haben die Geheimnisse des großen Werkes eine dreifache Bedeutung: sie sind religiös, philosophisch und natürlich. Das philosophische Gold ist in der Religion die absolute und höchste Vernunft, in der Philosophie die Wahrheit, in der sichtbaren Welt die Sonne, in der unterirdischen und mineralischen Welt das vollkommenste und reinste Gold. Deshalb nennt man das Streben nach dem großen Werk das Streben nach dem Absoluten und bezeichnet dieses Werk selbst als Werk der Sonne.«

»Das große Werk des Hermes ist also eine wesentlich magische und die erhabenste aller Operationen; denn es setzt das Absolute in Wissen und Willen voraus. Es gibt Licht im Gold und Gold im Licht und Licht in allen Dingen.«

Wer, wie Lévi, ein Bild des Vollendeten als eines überragenden Machtmenschen hat, wird auch sehr das Geheimnisvolle und Komplizierte der Einweihungspraktiken betonen. Das Schwierige des geistigen Weges liegt aber nicht darin, daß er geheimnisvoll oder kompliziert ist, sondern gerade in seiner Einfachheit, die das Ablegen allen aufgeblähten intellektuellen Ballastes und aller persönlichen Ziele erfordert.

Andere Esoteriker sehen den Menschen als ein gefallenes Wesen, dessen Ziel darin liegt, die Einfachheit des Zustandes vor dem Sündenfall wiederzuerlangen. Es geht dann nicht darum, sich zum übermenschlichen Akrobaten der Magie zu entwickeln, sondern zu erfüllen, was der eigentliche Sinn unseres Menschseins ist. Den modernen Esoteriker Dethlefsen kann man so verstehen:

»Wer bereit ist, die Verantwortung für sein Schicksal zu übernehmen, erlebt sich eingeordnet in die Gesetzmäßigkeiten dieses Universums und verliert alle Angst – weil er die Rückbindung an seinen Urgrund wiedergefunden hat. Allein diese Rückbindung ist der Inhalt wahrer religio. Erst aus dem Wissen um den Ursprung kann der Mensch sein Ziel erkennen. Vollkommenheit ist der Ausdruck der Einheit. Die Einheit nennen wir Gott.«[135]

Allen Religionen sind Wege der geistigen Übung bekannt, die auf dieses Ziel der Vereinigung mit Gott, der Befreiung oder Heiligwerdung vorbereiten oder dazu hinleiten. Das Wissen um diese Wege und das Beschreiten derselben bilden den Mittelpunkt der Esoterik aller Religionen. Die im vorigen Abschnitt dargestellten Übungen und Techniken sind als Teile verschiedener religiöser Schulungswege entstanden und erforscht worden. Die meisten Menschen wollen sich aber nicht völlig auf einen solchen Weg spezialisieren, weil er den Einsatz des ganzen Lebens erfordert. Wie bereits gesagt, ist es üblich, durch esoterische Seelsorge und Lebenshilfe oder durch Übungen, die den Alltag begleiten, das geistige Gleichgewicht zu wahren und das Leben – auch das alltägliche – auf einem religiösen Hintergrund zu leben, so daß die Techniken auch hier geistigen Zielen unterstellt sind, wenn auch weniger spezialisiert.

Techniken lassen sich natürlich auch aus ihrem Zusammenhang absondern und losgelöst von geistigen Zielen anwenden. Sie versprechen dann Effekte, ohne daß man dafür eine Wandlung der Persönlichkeit zu riskieren braucht oder den Alltag religiös verantworten und gestalten muß. Mit magischen Techniken kann man seinen Einfluß über die Mitmenschen ausdehnen oder durch geeignete Übungen eine Fassade wahren, die über den gierigen und lieblosen Lebensstil hinwegtäuscht. Neuerdings kann man sich mit Hilfe von »brain-machines« Alpha-Wellen ins Hirn blasen lassen, ohne das Geringste von Meditation verstehen zu müssen. Vermutlich wiegen sich viele auch wegen des Einsatzes von esoterischen oder Psychotechniken in dem Glauben, ein besonders spirituelles oder magisches Leben zu führen. Zweifellos wirken solche Techniken, und man bekommt sicher auch etwas fürs Geld. Doch bin ich der Auffassung, daß losgelöste Techniken im gleichen Verhältnis zum Beschreiten eines seelischen Entwicklungsweges stehen wie eine Peep-Show zur Liebe.

Da die abendländische Esoterik stets an Techniken und Erkenntnissen sehr interessiert war, nicht zuletzt auch wegen ihrer häufigen Verflechtung mit gnostischen Bewegungen, hat sie eine starke Tendenz, den menschlichen Anteil an der Wandlung, das »Werk«, gegenüber dem Angewiesensein auf das Unverfügbare, der »Gnade«, sehr zu betonen. Das trifft selbst für überzeugte Katholiken wie Lévi zu, sofern sie mehr der aktiv und magisch ausgerichteten Esoterik angehören. Anders ist es bei eher kontemplativ orientierten Hermetikern, wie zum Beispiel dem Autor von »Die großen Arcana des Tarot«, Valentin Tomberg, der hauptsächlich Vertreter der Mystik als Gewährsleute seiner Auffassung anführt. Doch sind das eher die Ausnahmen. Typisch für die Hermetik scheint mir eher die gnostische Vorstellung zu sein, der Mensch könne sich durch Erkenntnis der höheren Welten und geeignete Praktiken am eigenen Zopf aus dem Sumpf der materiellen Bindung ziehen.

Eine Kritik dieses Konzeptes der Wandlung steckt in einem Bild, das schon immer als Metapher der menschlichen Wandlung herangezogen worden ist: die Metamorphose der Raupe zum Schmetterling. Der Schmetterling ist *das* Bild der von aller Erdenschwere befreiten Seele, sei es nach dem körperlichen Tode oder nach der mystischen Wandlung. Eine Raupe wird aber nicht dadurch zum Schmetterling, daß sie fliegen übt. Sie frißt, krabbelt, verpuppt sich, wenn ihre Zeit gekommen ist, und wartet. Ein großer Teil der heutigen esoterischen Praktiken wird aber angeboten wie Flugkurse für Raupen. Man hat auch noch nie beobachtet, daß Schmetterlinge zu den Raupen gehen und versuchen, sie davon zu überzeugen, daß sie sich nun endlich »befreien« und in die Lüfte heben müßten. Und sie entwickeln auch keine Wissenschaft davon, wie man das Verpuppen möglichst effektiv einleitet. Was letztlich bei all den Bemühungen um die magische oder meditative Selbsterlösung herauskommt, sind Superraupen und keine Schmetterlinge.

Die Esoterik kann also Mittel zur Entfaltung der Persönlichkeit an die Hand geben, jedoch nicht selbst das religiöse Heil ersetzen. In diesem Sinne heißt es in einem Text des Lectorium Rosicrucianum:

»... der magische Artist ist aus beruflichen Gründen in der Spiegelsphäre (der Astralwelt) genauso zu Hause wie in der Stoffsphäre. Die Entwicklung der internen Sekretion hat sein Bewußtsein erweitert, und daher kann er mit Erfolg als Zauberer, Traumdeuter oder Wahrsager auftreten ... Man kann diese Menschen wegen ihrer Anstrengungen, ihrer Trainiertheit und der asketischen Entbehrungen, denen sie sich unterziehen, bewundern, ebenso die Beweise ihrer Kunst. Diese Bewunderung darf jedoch nicht jene übersteigen, die wir für einen Artisten hegen, der mit dem Kopf auf dem Sattel eines Fahrrades und den Beinen in der Luft auf der Bühne herumfährt. Niemand würde daran denken, die Praktiken eines solchen Turners mit einer göttlichen Sendung zu identifizieren. Nun, das sollte man auch nicht bei den magischen Turnern tun.«[136]

Die Phantasie vom Übermenschen läßt sich schon daran erkennen, daß dem Meister bestimmte Eigenschaften zugesprochen werden. Ein Buch über »das spirituelle Menschenbild«[137] gibt beispielsweise an, daß die Menschenseele genau neun Geburten bis zur Vollendung braucht und daß der Vollendete 27 Eigenschaften haben muß. Da wird ein Standard-Meister geschildert, der sich genau an den moralischen Eigenschaften orientiert, die heute für spirituell gut gehalten werden. Individuelle Züge verschwinden darin völlig. Der Übermensch ist ein Klischee, eine bloße Projektionsfigur in Kompensation menschlicher Mängel, jene Pseudo-Gottheit, die von Feuerbach so trefflich kritisiert wurde. In esoterischen Simplifizierungen wie der genannten kann man sie noch in Reinkultur studieren. Es ist grotesk zu meinen, man könne eine Daseinsweise, die unser Verstehen prinzipiell überschreitet, anhand einer Liste von soundsovielen Merkmalen definieren. Die Vollendung des »Großen Werks« und die Gnade der Wandlung dürfte eher zu einem Menschen mit unvorhersehbaren, höchst individuellen Eigenschaften führen. Die Weisen und Heiligen zeichnen sich im allgemeinen gerade dadurch aus, daß sie nicht mehr in die Klischees ihrer Zeit passen – wenn sie auch nachträglich meist wieder auf das menschliche Heiligenbild zurechtgestutzt werden.

Der Schmetterling wird der Raupe immer ein Rätsel bleiben; und das Geheimnis der Verpuppung läßt sich nicht lüften. Was dorthin führt, ist nicht der Bau künstlicher Verpuppungs-Hüllen, sondern ein erfülltes Raupenleben und die Sehnsucht nach dem Fliegen.

Viele Menschen sind mit ihrem derzeitigen Daseinszustand unzufrieden. Doch gerade diese Unzufriedenheit behindert eine Wandlung in einen anderen Zustand. Denn in der Wandlung wird die Seele befreit und nicht der Egoismus befriedigt. »Ich« kann nie erleuchtet werden, vielmehr schmilzt in der Erleuchtung – »im Angesicht Gottes«, wie christliche Mystiker sagen würden – das Ich-Bewußtsein dahin.

Der Hermetiker Tomberg weist auf diese Haltung mit folgenden Worten hin:

»Möchten doch die Okkultisten, Esoteriker und Hermetiker von ihren Träumen und Trugbildern Abschied nehmen, die sich auf den ›Übermenschen‹ beziehen und die immer noch in gewissen esoterischen Bruderschaften und Gesellschaften herumspuken, sei es in Gestalt des ›Großmeisters‹, des ›großen Eingeweihten‹ oder des ›Erzmagiers‹! Möchten doch unsere Gemeinschaften aus solchen Menschen bestehen, die von jedem zu lernen bereit sind, anstatt jeden zu belehren! Möchten sie aus Menschen bestehen, die mehr in dem Bewußtsein ihrer Schuld gegenüber Gott, dem Nächsten und der Welt leben als in dem, recht zu haben! Kurz, mögen sie der himmlischen Anziehung folgen, die darin wirkt, indem sie die Neigung und die Liebe zu Armut, Gehorsam und Keuschheit weckt!«[138]

Das 16. Arcanum des Tarot – der Turm, in den der Blitz einschlägt – begleitet den Magier und Esoteriker als beständige Warnung hinsichtlich der Folgen magischer Selbstüberhebung. Der Turm, den der Mensch nach eigenen Vorstellungen gen Himmel baut, muß zusammenfallen. Baut der Mensch allerdings gar nicht mit, so kommt er auch zu nichts. Die Seele ist auf den Dienst des Alltagsbewußtseins angewiesen: Daraus ergibt sich die seltsame Paradoxie, daß der Mensch alles für sein Seelenheil tun muß, daß aber alles Tun letztlich keine Garantie darstellen kann. Und manch einen ereilt die Erleuchtung, ohne daß er oder sie sich je darum bemüht hätte. In der Tradition des Zen-Buddhismus wird immer wieder darauf hingewiesen, daß man mit aller Kraft streben und regelmäßig meditieren soll, ohne jedoch erleuchtet werden zu wollen.

Aufgabe der Esoterik im engeren Sinne ist es, Hilfsmittel auf dem geistigen Weg zur Verfügung zu stellen. Das geschieht im allgemeinen auf systematische Weise anhand der Symbolstrukturen, an denen sich die jeweilige Tradition orientiert – für die Kabbalisten wäre das der Lebensbaum, für Schamanen das Medizinrad, die bereits besprochenen »seelischen Landkarten«. Auf diesen Wegen lassen sich mehrere Stufen unterscheiden, die für alle als typisch gelten können:

In der Stufe der Vorbereitung wird das System und Weltbild einer Tradition erlernt und handhabbar gemacht. Außerdem werden Grundtechniken für den Umgang mit dem Bewußtsein, mit der »Energie« und dem Unbewußten geübt – Meditation, Trance, Imagination. Wichtig ist auch, für den weiteren Weg eine stabile Alltagssituation zu schaffen, die zur Stütze bei den unweigerlich auftretenden seelischen Problemen wird und nicht zu einer zusätzlichen Quelle für Unsicherheiten. (Aus diesem Grunde ist auch immer wieder im Laufe der Geschichte das Kloster als Umgebung für den geistigen Weg bevorzugt worden.)

In der Läuterungsstufe findet das statt, was man von einer gelungenen Psychotherapie erwarten kann. Der oder die Suchende setzt sich mit anerzogenen und ererbten Verhaltensschemata auseinander, arbeitet Konflikte aus dem bisherigen Leben auf, lernt sich selbst kennen und mit den eigenen Schwächen und Stärken angemessen umgehen.

Die dritte Stufe ist die eigentlich esoterische oder magische Schulung, in der die Arbeit mit dem Bewußtsein und den Inhalten des kollektiven Unbewußten (psychologisch gesprochen) beziehungsweise der Astral- und Mentalwelt ansteht. Dies geschieht auf rituelle Weise, durch imaginative Trance-Techniken oder gelenkte Meditationen. In dieser Phase kann es eine Rolle spielen, Sonderbegabungen des Bewußtseins kennenzulernen, etwa mit Hellsicht oder Heilungskräften umzugehen. Viele Traditionen nehmen das Auftreten solcher magischen Fähigkeiten als Teil der Bewußtseinsschulung zur Kenntnis, legen aber keinen Wert darauf oder lehnen sie sogar ab. Bekannt ist dies von der Tradition des Zen-Buddhismus, die alle *siddhis* (Yoga-Begriff für magische Fähigkeiten) für bloße Ablenkungen hält.

Die vierte Stufe dann ist die eigentliche Vollendung und bricht meist unverhofft über den Suchenden herein. Vom Weg über den Abgrund, die »dunkle Nacht der Seele«, haben Mystiker aller Zeiten berichtet. Doch wird damit der Bereich des Beschreibbaren verlassen.

Diese Stufen werden natürlich nicht nacheinander beschritten, sondern greifen ineinander. Übungen in der Meditation können schon persönliche Konflikte zutage treten lassen; und die Bearbeitung der psychologischen Ebene läßt sich bereits anhand der esoterischen Modelle durchführen.

Wer den kabbalistischen Weg geht, wird mit der Sefira Malchuth anfangen und sich dort mit der Symbolik der vier Elemente beschäftigen. Dabei lernt er (oder sie) im Bild des Erdelementes die materielle Lebensebene kennen, im Bild des Wassers die Gefühlsebene, im Bild der Luft die gedankliche und mit dem Feuer die Antriebe, die Energie und persönliche Kraft. Die Auseinandersetzung beginnt jeweils durch gelenkte Imaginationen, ähnlich der auf S. 197 f. beschriebenen. Die Arbeit mit den Bildern regt analoge Prozesse in den Gefühlen, den Gedanken und im Alltagsleben an, mit denen der oder die Suchende umgehen lernen muß. Ist das »Gleichgewicht der Elemente« hergestellt, so ist damit erreicht, was in der psychologischen Vorgehensweise eine Therapie anstreben würde. Der weitere Weg durch die Sefiroth Jessod, Hod, Nezach und Tif'ereth bearbeitet nochmals die menschliche Persönlichkeit auf subtilerer Ebene, um auch ein Gleichgewicht in den tieferen Bereichen der Seele zu schaffen, an die eine normale psychologische Arbeit im allgemeinen nicht rührt. Mit dieser Arbeit geht schon eine Erweiterung des Bewußtseins einher, ein tieferes Verständnis der eigenen Seele und auch verfeinerte Wahrnehmungsmöglichkeiten der Welt. Dieser Prozeß wird dann in den oberen Sefiroth erheblich weiter geführt, immer mit

Hilfe der beschriebenen Mittel der Meditation, der Trance und des Rituals.

Die mediale Schulung bildet insofern einen Sonderfall, als bei ihr die dritte Stufe der Schulung zu beruflichen Zwecken herausgelöst wird. Mit meditativen und (hauptsächlich) Trance-Übungen wird die Hellsicht in verschiedensten Schattierungen trainiert, ohne daß jedoch an der Persönlichkeit gearbeitet wird. Gleiches gilt für eine magische Ausbildung, bei der das Gewicht weniger bei der Hellsicht als bei der Manipulation der Psyche und der Außenwelt liegt.

Viele fühlen sich gerade vom Training magischer oder medialer Fähigkeiten angezogen, ohne große Lust zu haben, sich mit den Problemen ihrer Persönlichkeit auseinanderzusetzen. Die magische Welt ist eine beliebte Fluchtmöglichkeit aus der Öde des Lebensalltags. Doch werden Vertreter der esoterischen Richtungen nicht müde zu betonen, daß der Umgang mit den »höheren« Welten, mit subtileren Formen des Bewußtseins, erheblich schwerer ist als das Leben in der materiellen Ebene. Wer also schon im »normalen« Alltag schlecht zurechtkommt, wird sich in der schwer faßbaren Welt des bildhaften oder des gänzlich abstrakten Bewußtseins erst recht in Illusionen verstricken und scheitern.

4. Weiße oder Schwarze Magie –
Ethik und Esoterik

Die Frage nach der Ethik der Esoterik stellt sich auf gleiche Weise wie die nach der Ethik der Naturwissenschaft. Ebenso wie diese kann sie keine eigene Ethik haben, da sie immer einer bestimmten Religion oder religiösen Haltung zugeordnet ist. Als solche kann sie aber eigene Gedanken entwickeln, die sich auf die vorherrschende Ethik der jeweiligen Kultur beziehen. Im Abendland wird also die Esoterik an der christlichen und der modernen säkularen Ethik orientiert sein. Außerdem bringt die Hermetik starke Einschläge gnostischer Ethik mit; und in neuester Zeit verbreiten sich auch Anschauungen aus den indischen und den Naturreligionen.

Nun ist heute die Wertfreiheit unter »aufgeklärten« Zeitgenossen die Standardmoral, besonders wo es um das Erwerben und die Anwendung von Erkenntnissen geht. Auch in esoterischen Kreisen wird oft so argumentiert, daß eine bestimmte bewußtseinsverändernde Technik, eine magische Möglichkeit oder ein Angebot zur Lebenshilfe »an sich« neutral sei: Die kosmische Energie sei wertneutral wie der elektrische Strom, man könne sie so oder anders einsetzen. Energie oder Bewußtsein »an sich« sind aber nur als Abstraktionen denkbar. Was in die Wirklichkeit und ins Leben tritt, ist immer an bestimmte Werte und Ziele gebunden.

An der sogenannten »Wertfreiheit« der Naturwissenschaften hat sich gezeigt, daß diese Formulierung nur ermöglichen sollte, die neuen Wissenschaften frei von allen wertenden Bedenken in den Dienst der jeweils herrschenden Macht zu stellen. Esoterisches Gedankengut ist zur Zeit noch nicht wichtig genug, um in ähnliche Versuchung zu kommen.

Wo esoterische oder Psychotechniken als »wertfrei« angeboten werden, sind sie einer Machtethik verpflichtet, deren Träger sich mit diesem Trick von ihrer Verantwortung befreien wollen. Alles Machbare tun zu wollen und die Ware (Techniken) frei an den Zahlenden und nicht an den Bedürftigen zu geben, ist kein wertfreies Vorgehen, sondern bereits ein ethisch bestimmtes Verhalten: dasjenige einer von Skrupeln freien Herrschaft des Stärkeren.

Grundsätzlich gilt wie für die Naturwissenschaften: Je mehr Möglichkeiten der Mensch erhält, um so tiefere Auswirkungen haben seine Entscheidungen und Handlungen. Deshalb werden ethische Fragen mit zunehmender Bewußtseinserweiterung nicht relativiert, sondern stellen sich um so schärfer.

Die Relativierung der Ethik ist in Europa natürlich auch durch die moralische Korruption und Doppelbödigkeit von Kirche und Staat begründet. Wo im Namen des »Guten«, des christlichen »Gottes« oder der »Freiheit« die entsetzlichsten Greueltaten begangen wurden und werden, wird jede moralische Instanz verdächtig und letztlich das Konzept von Gut und Böse als solches fragwürdig.

So ist in esoterischen Kreisen, wie in allen religiös interessierten und engagierten Gruppen, oft ein Bestreben zu bemerken, es mit der Moral genauer zu nehmen als der Durchschnittsbürger. Besonders die Ausbreitung der Yoga-Lehren hat gewisse asketische Tendenzen gefördert, so etwa Fastenpraktiken oder Vegetarismus. Sehr wesentlich in der esoterischen und New-Age-»Szene« ist ein hohes Toleranzideal, das zuweilen bis zur Standpunktlosigkeit gehen kann. Nach Jahrhunderten schlimmster religiöser Intoleranz ist das nicht nur verständlich, sondern auch ein heilsamer Ausgleich.

Bei allen ethischen Unterschieden, die sich aus der Zugehörigkeit zu verschiedenen Traditionen ergeben, muß man doch feststellen, daß die meisten esoterisch interessierten Menschen im Kontrast zur vorherrschenden Konsumgier und Unmenschlichkeit einen gemeinsamen Grundwert haben. Sie bemühen sich, wie alle anderen ernsthaft religiösen Menschen, um Auswege aus einer lebensfeindlichen Zivilisation, die den Menschen zum Zahnrad zu machen droht, aus einer Gesellschaft, die nach Macht und Reizen süchtig ist, und aus einer Religion, die Gott zur Abstraktion hat werden lassen und ihre eigenen Ideale mit Füßen tritt. Es ist zu erwarten, daß dies nicht immer gelingt, denn es ist ein hoher Anspruch. Da die Selbsterkenntnis eine praktische Grundforderung des esoterischen Weges ist, ist damit zwar die wichtigste Bedingung erfüllt, um zu einer Ethik der Verantwortung kommen zu können.

Da Menschen aber dazu neigen, aus einer selbstverantworteten Ethik eine simple Moral zu machen, durch deren Befolgung man »gut« bleiben kann, haben sich auch aus esoterischen Überlegungen Schlußfolgerungen für die Ethik ergeben, die dem komplizierten Leben vereinfachend aufgestülpt werden. Dies möchte ich am Beispiel von drei häufigen Denkweisen besprechen: der Übertragung der Gottesliebe in den Alltag, der Relativierung von Gut und Böse und der Leidverdrängung.

Zu den Erfahrungen höherer Bewußtseinsstufen gehört auch die allumfassende Liebe, von der Dethlefsen sagt:

»Liebe ist ein Jasagen ohne Einschränkung und Bedingung. Die Liebe will eins-werden mit dem ganzen Universum – solange uns dies nicht gelingt, haben wir die Liebe noch nicht verwirklicht. Solange Liebe noch auswählt, ist sie keine wirkliche Liebe, denn Liebe trennt nicht, Auswahl aber trennt.«[139]

Viele meinen dann, die totale Liebe würde bedeuten, alles anzunehmen und immer gleichbleibend nett zu sein. Das führt zu dem berüchtigten »Licht-und-Liebe«-Lächeln und zur Verdrängung von Kritik und Kritischem. Undifferenziert nett zu sein, ist aber kein Ausdruck der göttlichen Liebe, sondern Angst vor dem eigenen Standpunkt. Die All-Liebe ist eine Erfahrung des mystischen Bereichs und nicht des Alltags. Will man sie in den Alltag zwingen, so wird sie zur Lebenslüge. Dabei soll nicht in Abrede gestellt werden, daß eine Vision der göttlichen Liebe auch das tägliche Leben befruchten kann und muß – sonst wäre sie ein eitler Wahn. Aber eine Vision muß angemessen verkörpert werden. Das ist eine schwierige Aufgabe, viel schwieriger als das Erlangen der Vision, um das sich so viele Suchende bemühen. Nach der Vision fängt die Arbeit erst an; und mit dem 24-Stunden-Lächeln ist die göttliche Liebe nicht in die Welt gebracht.

Eine ähnliche Verwechslung der Bedeutungsebenen liegt bei der Relativierung von Gut und Böse vor, die wohl auf gnostische Vorstellungen zurückgeht.

»Das Böse ist ein Kunstprodukt unseres polaren Bewußtseins, ähnlich wie Zeit und Raum, und dient als Dünger der Wahrnehmung des Guten, ist der Mutter-schoß des Lichtes. Das Böse ist deshalb gar nicht das Gegenteil vom Guten, sondern die Polarität als solche ist das Böse, ist die Sünde, weil die Welt der Zweiheit keinen Endpunkt hat und somit keine eigene Existenz besitzt.« – »Allein unsere Überlegungen zum Polaritätsgesetz führen zu der Konsequenz, daß Gut und Böse zwei Aspekte ein und derselben Einheit sind. Das Gute lebt vom Bösen und das Böse vom Guten – wer absichtlich das Gute nährt, nährt unbewußt das Böse mit.«[140]

Diese Feststellungen mögen ihre Berechtigung für die Daseinsebene der mystischen Einheit haben oder für die Urzeit der beginnenden

Schöpfung. Aber wir leben nun einmal alle in der Welt der Dualität, in der alles Sein in Polaritäten aufgespalten ist. Welche Gesetzmäßigkeiten außerhalb von unserer Welt gelten, ist möglicherweise eine interessante Frage, doch für unsere ethischen Überlegungen völlig bedeutungslos. Um das deutlich zu machen, braucht man nur ein Beispiel einer anderen asymmetrischen Polarität heranzuziehen: derjenigen von Nahrung und Gift. Außerhalb der dualen Welt gibt es diese Bewertung der Materie nicht. Das Trinken von Gift oder Spielen mit Giftschlangen gilt daher in manchen Kulturen als Zeichen göttlichen oder mystischen Bewußtseins (Phibioniten, Schlangentänze der Hopi und Inder, Markus-Evangelium 16, 18). Wer also von sich meint, jenseits der Dualität zu stehen und die menschlichen Gesetze von Gut und Böse, von Nahrung und Gift hinter sich gelassen zu haben, sollte diese These am besten durch einen kräftigen Zug aus einer Pestizidflasche unterstreichen.

Die Relativierung von Gut und Böse im menschlichen Denken ist schon in sich nicht schlüssig. Aus der Relativierung wird nämlich geschlossen, daß alles gut sei, wie es ist. Damit führt man aber genau die Wertung wieder ein, die man loswerden wollte. Dies zeigt ein weiteres Zitat von Dethlefsen aus dem gleichen Aufsatz:

»Wer sich selbst verändert, ändert die Welt. Es gibt in dieser Welt nichts zu verbessern, aber sehr viel an sich selbst. Der esoterische Weg ist ein Weg der steten Wandlung, der Veredelung von Blei zu Gold. Der Weise ist mit allen Bereichen des Seins in Harmonie und lebt deshalb in der besten aller möglichen Welten. Er sieht die Wirklichkeit und erkennt, daß alles, was ist, gut ist.«

Steht jemand außerhalb der Dualität, ist jemand weise, so sieht er oder sie die Wirklichkeit nicht als nur gut, sondern als gut *und* böse, oder als etwas ganz anderes, das wir uns nicht vorstellen können.

Wie die mystische All-Liebe hat auch die Aufhebung der Dualitäten nichts im Alltag zu suchen. Der Mensch lebt in dieser Spannung und aus dieser Spannung. Durch sie wird er erst zu dem Wesen, das wir als Mensch kennen. Aus der Polarität der Welt läßt sich nicht schließen, daß die Pole gleichwertig wären. Und die Erkenntnis der Polarität hebt diese nicht auf. Vielmehr liegt die unterschiedliche Wertung gerade im Wesen der Pole und macht deutlich, daß wir nicht die eine Seite der Medaille ohne die andere haben können. Gerade unsere Zivilisation sollte lernen, daß wir nicht Jugend ohne Alter, Gesundheit ohne Krankheit, Gewinn ohne Verlust, Leben ohne

Tod haben können. Es ist eben nicht »alles gut, was ist«, sondern eine ganze Menge davon ist ziemlich schlecht (für uns jedenfalls). Und das wird auch so bleiben, daran führen keine metaphysischen Deutungstricks vorbei.

Die dritte ethische Haltung, die Verdrängung des Leides, schließt sich direkt an die vorigen Überlegungen an. Wenn alles gut ist, wie es ist, ist Leiden nur Illusion. Leid ist dann eine Verzerrung unserer Wahrnehmung und läßt sich durch Selbsterkenntnis beseitigen. Nach dem Gesetz »Wie oben, so unten« sei die Umwelt bloß der Spiegel unseres Innenlebens und zeige uns, was wir sind, aber oft nicht wahrhaben wollen. Demnach ist Leid also die typische Erfahrung der Lernunwilligen. Im Zusammenhang mit der Reinkarnationslehre kommt noch dazu, daß die Seele sich dieses Leben ausgesucht haben soll, um genau die Lern- und Leiderfahrungen zu machen, in denen der Mensch jetzt steht. Damit würde der Mensch zum potentiellen Herrn über sein Schicksal, und es läge allein an ihm selbst, seine Lebensumstände durch Einsicht zu ändern. Die Leiderfahrung, die in allen Religionen zu den wesentlichen Grunderfahrungen gehört, wird dabei in besserwisserischem Ton zu einem sekundären Phänomen erklärt, für das jeder selbst verantwortlich ist – und der konkret leidende Mensch wird nicht mehr beachtet.

Diese Haltung mag wohl als didaktisches Prinzip sinnvoll sein, wenn man sie für sich selbst anwendet. Es ist eine gute esoterische Lehre, wenn ich meine Lebensumstände als analog zu deutende Hinweise auf meine seelischen Konflikte verstehe. Damit kann ich Selbsterkenntnis und Reifung beschleunigen. In der Tat kann es zum Beispiel das Verständnis für meine Eltern fördern, wenn ich mich verhalte, *als ob* ich sie mir ausgesucht hätte. Und wenn ich immer wieder Pech habe, kann ich mehr daraus lernen, wenn ich so tue, *als ob* das Leben mir damit eine bestimmte Lehre erteilen wolle. Wie auch im Hinblick auf die im nächsten Kapitel zu besprechenden Krankheiten werde ich durch eine solche Annahme zum Subjekt meines Lebens und Schicksals, statt mich als hilfloser Spielball des Zufalls oder einer göttlichen Willkür zu fühlen. Das Prinzip wird aber zum Verdrängungsmechanismus oder zur Rechtfertigungsideologie, sobald man daraus ein metaphysisches Gesetz macht und es auf andere leidende Menschen anwendet.

Hier sind einige Betrachtungen zur Ethik im intern esoterischen Bereich angebracht. Es ist in vielen esoterischen Kreisen üblich, als ethische Kategorien die »Weiße Magie« und die »Schwarze Magie« anzuführen, den »Pfad zur Rechten« und den »Pfad zur Linken«. Jede Richtung definiert die Kategorien anders. Manche bezeichnen Magie als *weiß*, wenn sie unter Anrufung Gottes geschieht, andere dann, wenn sie nicht für egoistische Zwecke praktiziert wird, und noch andere, wenn sie der Bewußtwerdung dient. Die einfachste Regel und am häufigsten passende ist aber: Schwarz ist immer die Magie der anderen, weiß die eigene.

Man muß es aber gar nicht kompliziert machen. Unabhängig davon, ob man sich einem magisch-esoterischen Weltbild verpflichtet fühlt oder nicht, läßt sich doch über die Ethik der Absicht etwas aussagen, die hinter magischen Handlungen steht. Daß ein Todesfluch von der Absicht her ein Mordversuch ist, dürfte noch klar sein. Weniger deutlich ist vielen, daß der sogenannte »Liebeszauber« im Grunde eine versuchte Vergewaltigung und Freiheitsberaubung darstellt. Die einfachste Art, eine magische Handlung zu bewerten, besteht darin, daß man sich überlegt, welche Handlung zur Erreichung des gleichen Zieles auf der physischen Ebene nötig wäre.

Oft wird mit magischen Akten recht locker umgegangen, als seien sie von ethischen Überlegungen nicht betroffen. Wer aber ernsthaft versucht, jemanden durch Zauber an sich zu binden – besonders richten sich solche Wünsche natürlich auf die Sexualität –, verhält sich auf der Bildebene so wie jemand, der eine Vergewaltigung begeht.

Vielleicht meinen viele Leser, solche obskuren Praktiken würden heute sowieso nur noch ein paar wenige Verrückte ausüben oder daran glauben. Dem ist leider nicht so. Auch hier und heute, mitten in der Festung der sich für rationalistisch haltenden Zivilisation, gibt es einen Untergrund, in dem Todesflüche und Liebeszauber zum Alltag und besonders zum Geschäft gehören. Aus naheliegenden Gründen dringt so etwas fast nie an die Öffentlichkeit, denn wer geht schon vor Gericht oder zur Presse und erzählt, daß er 20 000 Mark gezahlt habe, damit seine Frau totgehext würde. Ein paar Prozesse wegen Betruges (juristisch gesehen gibt es keine Magie) hat es in letzter Zeit gegeben, aber das ist kaum die Spitze des Eisberges. Es ist auch naheliegend, daß auf Aufträge zu Todesflüchen oder ähnliches anschließend oft Erpressung folgt und das »Honorar« beliebig erhöht werden kann. Da geht die »magische Kriminalität« direkt in die normale über.[141]

Daß hier von *Schwarzer Magie* geredet wird, ist sicher einleuchtend. Häufig gilt aber schon die Beschäftigung mit der dunklen Seite der Seele als solche. Damit ist gemeint, was C. G. Jung als »Schatten« bezeichnet hat: die Summe der verdrängten Anteile der Seele, alles also, was wir an uns nicht wahrhaben wollen und ablehnen. Dieser Schatten kann zu einer dämonischen Gestalt verdichtet werden und in Träumen auftreten oder aber im magischen Ritual beschworen werden. Jeder Tiefenpsychologe wird bestätigen können, wie wichtig es für die Entwicklung einer reifen Persönlichkeit ist, diesen Schatten kennenzulernen und die verdrängten Inhalte in ein größeres Bild vom Selbst zu integrieren. Rituelle oder imaginative Methoden können dazu beitragen, sind jedoch schwer durchzuführen, weil der Inhalt des eigenen Schattens nicht bekannt ist (verdrängt) und weil diese Inhalte bei der Bewußtwerdung äußerste Angst erregen.

Die starke Anziehung, die das Beschwören von Dämonen auf viele, meist jüngere Menschen hat, geht jedoch nicht von ihrem eigenen Schatten aus, der nicht faszinierend, sondern erschreckend und unangenehm ist. Vielmehr lassen sich Dämonenbeschwörungen als Ventil für Trotzreaktionen und Auflehnung gegen die kollektive Moral benutzen. Man identifiziert sich mit dem kollektiven Schatten – in unserer Kultur stark von aggressiven und sexuellen Komponenten sowie von Schmutz und Dunkelheit geprägt. Das mag für Jugendliche zeitweilig eine wichtige oder amüsante Sache sein und mag auch dazu beitragen, daß sie zum Schatten ihrer Eltern Distanz gewinnen und ihre eigenen Moralvorstellungen entwickeln können. Lächerlich wird es natürlich, wenn solche rituellen Auflehnungen gegen den elterlichen oder bürgerlichen Schatten zur Pose gerinnen und über die Pubertät hinaus betrieben werden wie etwa bei Crowley und vielen seiner Anhänger. Dadurch wird der eigene Schatten nicht ins Bewußtsein gehoben, sondern im Gegenteil noch stärker verdrängt.

Generell läßt sich sagen, daß die Beschwörung der dunklen Seelenanteile zu den riskanteren Übungen des esoterischen Weges gehört. Denn da diese dem Bewußtsein am fernsten stehen, können sie sich auf überraschende Weise manifestieren und den »Magier« erheblich aus dem Gleichgewicht bringen.

Ein tragfähiger Boden des Vertrauens zum Leben oder zu Gott sowie eine stabile Ethik ist gerade dann wichtig, wenn die Seele im Laufe ihres Entwicklungsweges zutiefst aufgewühlt wird und die inneren Strukturen aufweichen oder brechen. Er bildet die Voraussetzung dafür, daß das sich wandelnde Bewußtsein nicht in Verwirrung zerfällt, sondern zu einer neuen, integrierten Einheit findet.

V

Heil und Heilung

Es läßt sich sicher ohne Übertreibung sagen, daß »Heilung« *das* Schlagwort der heutigen Esoterik- und New-Age-Szene ist: Heilung durch den Geist, Heilung durch Farben, Auraheilung, heilende Schwingungen, Krankheit als Weg, Heilung aus früheren Leben, Heilung durch Gebet und Meditation, Heilkraft der Gedanken, Heilungsrituale, zahllose Therapieformen, ja sogar Heilung der Erde.

Das Interesse an Heilung, vornehmlich der eigenen, scheint mir auch das Tor zu sein, durch das die esoterische Arena am meisten Zulauf erhält. Auffallend ist auch, daß es schon in der Geschichte der abendländischen Esoterik von Ärzten nur so wimmelt. Es muß also auch früher schon eine Nähe zwischen dem Heils- und dem Heilungswissen gegeben haben. Das zeigt sich nicht zuletzt auch daran, daß bis in die Antike hinein das priesterliche und das ärztliche Amt noch zusammengehörten. Allein die deutschen Wörter *Heil, Heilung, heilig* und *Heiland* spiegeln diesen Zusammenhang sehr deutlich.

Immer wieder wird seitens der alternativen Methoden der An-

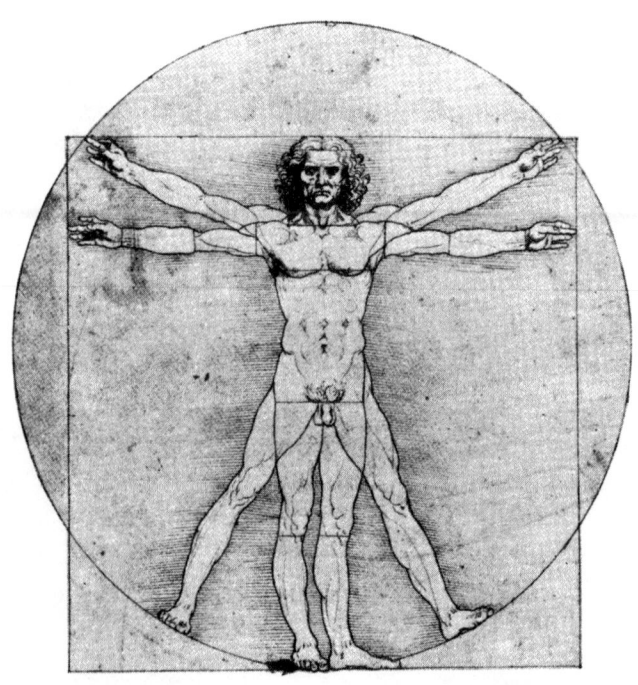

spruch zu *heilen* in Gegensatz gestellt zur herkömmlichen »Reparatur«medizin, und jede neue Technik will *ganzheitlich* sein. Über die Mängel der Schulmedizin und die Notwendigkeit, den ganzen Menschen zu beachten, ist in den letzten Jahren so viel geschrieben worden, daß ich hier darauf verzichten will. Auch auf die verschiedenen alternativen Heilverfahren kann hier natürlich nicht erschöpfend eingegangen werden. Zudem gehören nur wenige von ihnen in den Themenkreis der Esoterik; die Natur- und Pflanzenheilkunde beispielsweise hat nichts damit zu tun. Interessant ist aber, welche Rolle die Heilung im esoterischen Zusammenhang spielt: wie einerseits die Esoterik als gesundmachendes Hilfsmittel und andererseits die Heilung als esoterisches Ziel verstanden werden kann.

Gesund, jung und fit zu sein, gehört zu den Hauptforderungen unserer Gesellschaft, die aber rein äußerlich als Leistungsfähigkeit verstanden werden. Um dahin zu gelangen, lassen sich auch Yoga, Meditation, Autosuggestion und andere Techniken benutzen, im Krankheitsfalle alternativ-medizinische Behandlungen. Sie zeigen dabei größtenteils die gewünschte Wirkung, werden aber als esoterische Wege nicht annähernd ausgeschöpft.

Von einer Beschäftigung mit dem Menschen, die tiefer dringen will, könnte man erwarten, daß sie Krankheit, Alter und Schwäche mit in ihr Weltbild einbezieht. Kurioserweise findet sich oft aber das Gegenteil: Gesundheit, Jugend und Fitneß werden statt dessen als Idealbild mit in die »tieferen« Bereiche genommen. Der »neue Mensch« hat also nicht nur nach außen hin so zu wirken, er soll es bitte auch im Innersten *sein*. Statt die Fassade als solche in Frage zu stellen, ist sie von der Therapieszene vielfach nach innen mitgenommen worden: Das Ideal ist der durchtherapierte Mensch, äußerlich gesund und frisch, entspannt und gelassen, energievoll, kreativ, kommunikativ, ausgeglichen, intelligent natürlich, vielseitig, intuitiv bis hellsichtig, sensibel, selbstbewußt (neudeutsch: er/sie steht zu sich), spontan, ohne Angst vor Leben oder Tod, immer authentisch, direkt und offen – vor allem offen, kontaktfreudig mit Tiefgang, problembewußt, tolerant, aber nicht konfliktscheu.

Um dahin zu kommen, steht eine breite Palette an Selbsterkenntnis- und Therapiemethoden zur Verfügung, mit Hilfe derer alle störenden Eigenschaften, alle fehlprogrammierten Engramme, aus dem Biocomputer Gehirn gelöscht werden können. Dazu braucht man natürlich ein bißchen Kleingeld – aber Geld ist doch eine Energieform, reine kosmische Energie, die uns allen unbegrenzt zur Verfügung stünde, wenn wir uns nicht so dagegen sperren würden. Um unsere inneren Blockaden gegen den freien Fluß der großen Scheine durch unsere Taschen loszuwerden, gibt es – wie könnte es anders sein – Geldseminare. Ach ja, und die Transzendenz! Wer seine persönlichen Angelegenheiten in Ordnung gebracht hat, reich und glücklich ist, weiß natürlich: Das ist nicht alles im Leben! Das kosmische Bewußtsein gehört dazu, die Verwirklichung des göttlichen Selbst. Selbstverständlich läßt uns das Angebot auch hier nicht im Stich, und wir können zwischen vielen interessanten Weltreligionen (bald kommen die Afrikaner ganz groß raus!) und auch Randgruppen, für den besonderen Geschmack, wählen. Der Erleuchtung ist es bekanntlich egal, wie du sie erlangst. Außen, innen und transpersonal blank geputzt, sind wir dann bereit für das Himmelreich im Zeitalter des Wassermanns.

So sieht der moderne Gesundheitstrip in seiner New-Age-Version aus. Spiritualität wird da zum Leistungssport und Gesundheit zum Maßstab des menschlichen Erfolges und der seelischen Reife. Dahinter steckt natürlich eine große Sehnsucht nach dem Heilwerden. Und schon immer war das Gesundwerden, die Heilung, ein Zeichen des Heilseins. Doch liegt das Heil nicht in der gesundheitlichen, psychologischen oder spirituellen Perfektion. Heilung hat gegenüber dem Heil nur Zeichencharakter.

Bei einer derartig hohen Einschätzung der Heilung liegt es nahe, daß der Heiler leicht für einen Heiligen gehalten wird, daß auf ihn Eigenschaften projiziert werden, die mit Heilung überhaupt nichts zu tun haben. Immer wieder habe ich beobachten können, daß Menschen mit heilerischen oder sonstigen außergewöhnlichen Fähigkeiten als Autorität auch in Gebieten gelten, die mit ihren Sonderbegabungen gar nichts zu tun haben. Medien oder Heiler sind, abgesehen von ihren Sonderbegabungen, Menschen wie du und ich, deren persönliche Ansichten zur Politik, zur Gesundheit oder zu Alltagsproblemen ganz interessant sein können. Doch besagen sie nicht mehr als die Meinung von dir und mir auch. Wenn bei Heiligen und Weisen von besonderen Fähigkeiten berichtet wird, so mag das sein. Aber der Umkehrschluß läßt sich keineswegs ziehen. Heilen zu können, ist eine wunderbare Begabung, die aber noch nicht zum Heiligen macht.

Der Glaube an Wunder allerdings ist geschwunden. Heute sind

rationale Erklärungen erwünscht. Man macht sich Energiemodelle, um schwer begreifbare Handlungen zu verstehen und in ein Weltbild zu integrieren, das auch das Wunderbare natürlich erklären möchte. Das Handauflegen, eine alte Geste der Segnung, dient heute der »Übertragung geistiger oder magnetischer Energie«. Auch wenn die Presse ab und zu noch von »Wunderheilern« berichtet, haben diese und ihre Anhänger meist recht genaue Theorien über die Wirkungsweise ihrer Methoden. Damit ist über ihren Wahrheitsgehalt nichts gesagt. Oft arbeiten nämlich gute Praktiker mit erstaunlich schlechten und simplen Modellen. Für die Patienten ist natürlich der Erfolg am wichtigsten.

Neben der Tendenz, Hilfe von anderen zu erwarten, gibt es immer mehr Autoren, die dafür plädieren, die Krankheit nicht als äußere Belastung zu betrachten, sondern als wichtigen Ausdruck der persönlichen Entwicklung: »Krankheit – Tor zur Wandlung«[142] oder »Krankheit als Weg«[143].

»Kranksein heißt, daß der Mensch aus einer Ordnung herausgefallen ist, heißt, daß er nicht mehr im Gesetz lebt. Dieses Kranksein wird signalisiert durch Symptome. Symptome haben Signalfunktion und können – richtig verstanden – uns einen Weg zum Kranksein und dessen Heilung zeigen. Die Symptome selbst sind keine Krankheiten. Die Symptome zum Verschwinden bringen, ist deshalb das Unwichtigste der Welt.« – »Heilen heißt, die Information aus der Krankheit zu befreien. Dies setzt voraus, daß man nach der Sinnhaftigkeit fragt. Hier zeigt sich die Gefährlichkeit der heutigen Medizin, die versucht, die Krankheit aus sich heraus funktional zu erklären und das Fragen des Patienten nach dem Warum durch Scheinantworten verhindert. Jeder Kranke spürt in seinem Inneren, daß das Kranksein mit ihm etwas zu tun haben muß, spürt etwas von Schuld – für ihn bedeutet Krankheit mehr als nur eine Fehlfunktion des Körpers.«[144]

So sieht die esoterische Betrachtung der Krankheit im engeren Sinne aus, die viel weiter geht als die bloß funktionale Verwendung esoterischer Behandlungsmittel (Energie, Aurafarben etc.). So wie der Körper sichtbarer Ausdruck der Seele ist, so wird eine Krankheit als sichtbarer Ausdruck einer seelischen Fehlhaltung angesehen.

Dieser Ansatz wird leicht simplifizierend als »Selber-Schuld«-Erklärung mißverstanden, als sei der Kranke ein besonders störrisches, unerleuchtetes Exemplar Mensch. Es erschienen dann auch prompt Bücher, die listenartig angeben, welche psychische Macke zu welchen Krankheiten führe. Auf diese Weise geht man an der Tragik des Krankseins und am konkreten Schmerz und Leiden der Kranken zu oberflächlich vorbei. Wer quälende Schmerzen hat, findet es *nicht* unwichtig, ob dieses Symptom beseitigt wird oder nicht – und da nützt ihm auch die ganze Esoterik nichts. Selbst bei so ernsthaften Leuten wie Dethlefsen finden sich immer wieder Tendenzen, die konkrete Tragik, den Schmerz und das Niederschmetternde des Lebens herunterzuspielen als äußere Begleiterscheinungen der Lektionen, die man im Leben nun einmal zu lernen hat. Das ist aber der beste Weg, dem Ernst dieser Lektionen aus dem Weg zu gehen und in eine »Schöne Neue Welt« der kosmischen Verflachung zu laufen. Krankheit, Behinderung, Schmerz und Leid sind wesentliche Teile des Lebens und nicht bloße Betriebsunfälle, die das »eigentliche« Leben hemmen.

Ansätze, wie die von Dethlefsen oder Moss, sind natürlich tiefergehend zu verstehen; doch zeigt sich, wie vorsichtig man mit ihnen umgehen muß, damit sie nicht als neuer Trick in den Strudel der üblichen Leid- und Todverdrängung geraten. Was für einzelne eine wichtige Einsicht sein kann, um sich im eigenen Kranksein tiefer zu verstehen, wird in der Verallgemeinerung leicht zu einem unmenschlichen Vorwurf an die Kranken oder einer plumpen Banalisierung.

Es ist auch mit in Erwägung zu ziehen, daß der Mensch nicht nur Individuum ist, sondern auch Teil einer Familie und Gesellschaft. Störungen im System der Familie oder der menschlichen Gemeinschaft überhaupt manifestieren sich als Krankheit bei ihren schwächsten Gliedern. Zwar könnte die Gemeinschaft daraus lernen, aber es ist grotesk und sinnlos, die Krankheit als Träger von Information beziehungsweise eine Lehre des Schicksals für die Betroffenen anzusehen. Was soll denn ein Säugling aus einem Tumor lernen? Das Kranksein bleibt, wie das Leben selbst, am Ende ein Geheimnis. Wir können aus manchen Aspekten etwas lernen, aber keine einfache Erklärung kann ihm gerecht werden – weder funktional noch esoterisch. Vor allem die Kranken und ihr Leiden, ihre Schmerzen und ihre Ratlosigkeit dürfen bei der Bildung weitschweifiger Theorien nicht unterschlagen oder gar verniedlicht werden.

Unter Beachtung dieser Grenzen stellt der esoterische Ansatz eine konsequente Deutung der Zusammenhänge dar, die als »psychosomatisch« nur unbefriedigend zu erklären sind. Wird der Mensch in eine psychische und eine somatische Seite aufgespalten, so bleibt stets unklar, auf welchem Wege die eine die andere beeinflußt. Ganz offensichtlich gibt es Menschen mit schweren körperlichen Leiden und Behinderungen, die psychisch ausgeglichen und rund sind, und umgekehrt auch schwer »Geistes- oder Gemütsgestörte«, die sich bester körperlicher Gesundheit erfreuen.

Der esoterischen Sicht stellt sich dieses Problem nicht. Danach gehören nämlich *alle* Symptome zur Ebene des äußeren Ausdrucks, die sogenannten psychischen wie auch die körperlichen. Was sich feststellen und beschreiben läßt, gehört der äußeren Ebene an: zum Beispiel wie sich das Wesen des Menschen in seinen Gedanken, Gefühlen, Organen und Handlungen »äußert«, so auch die Krankheit als ein aus dem Gleichgewicht geratener Wesenszustand. Aus medizinischer Sicht ist es richtig zu sagen, daß eine Erscheinung eine andere verursacht: Wer zu lange seinen Ärger herunterschluckt, kann ein Magengeschwür bekommen; der Mangel an bestimmten Vitaminen führt zu Depressionen oder ähnlichem. Aber sowohl das eine wie das andere gehört der gleichen Ebene an, auf der sich der Wesenszustand bildlich äußert. Und in dieser Äußerung liegt der »Sinn« der Krankheit, wenn man von einem solchen sprechen will. Es kommt darauf an, das Bild der Krankheit zu durch-schauen und sich selbst darin zu erkennen. Das ist sehr schwer, weil sich in Krankheiten gerade diejenigen Seiten unseres Wesens zu erkennen geben, die unangenehm sind, die wir nicht sehen wollen oder anders nicht sehen können.

Deshalb lag viel Weisheit darin, wenn unsere Vorfahren in Krankheiten das Wirken von Dämonen sahen. Der »Dämon« ist das geistige Bild der Krankheit, die Krankheit ist sein Körper. Solange man vor dem Dämon fortläuft, ist man in seiner Gewalt. Er läßt sich nur bannen, indem man sich umdreht, ihn anschaut und seinen Namen erkennt. Der Dämon der Krankheit kann eine Seite an mir sein, die ich nicht ertragen kann und die mir deshalb als fremd entgegentritt. So schrecklich wie die Krankheit, so schrecklich ist es, dem Dämon ins Gesicht zu schauen und es als mein eigenes zu erkennen. Es ist nicht damit getan, eine »Lektion zu lernen«, um die Krankheiten loszuwerden. Wenn das Kranksein ein Weg ist, ist es auf jeden Fall ein schwerer und oft schrecklicher Weg.

Wie immer wieder bei esoterischen Betrachtungen, liefern auch diese keine Erklärung, die die anderen unnötig macht oder ersetzt, sondern sie liefern ein Bild, das etwas bewußt werden läßt. Dieses Bild von uns selbst in den Krankheitserscheinungen zu finden und den »Dämon« beim Namen zu nennen, ist die Krönung einer Therapie. Aber es ersetzt keine anderen therapeutischen Maßnahmen, seien es alternativ- oder schulmedizinische. Die Medizin wird erst dann zur Gefahr für den Menschen, wenn sie sich für die absolute Lösung hält und ihn an der Selbsterkenntnis behindert, die über die Genesung hinaus zur Heilung führen kann, und wenn die Medizin zum Pflaster wird, das man über die Warnlampe klebt.

1. Esoterische Heilmethoden

Sokrates erzählt über das Heilen: »Der Thraker sagte, die griechischen Ärzte hätten darin wohl recht. Aber Zalmoxis, der göttliche König der Thraker, sagte, daß man die Augen nicht ohne den Kopf, den Kopf nicht ohne den gesamten Körper und ebensowenig den Körper ohne die Seele zu heilen versuchen sollte. Die griechischen Ärzte kämen nämlich mit vielen Krankheiten deshalb nicht zurecht, weil sie nicht wissen, daß man sich dem Ganzen sorgfältig widmen muß, denn es kann den Teilen nicht gutgehen, wenn es schlecht um das Ganze steht.

Er sagte weiter, alles, Gutes und Schlechtes im Körper und im ganzen Menschen, werde von der Seele her angeregt und wirke sich von dorther aus, wie der Zustand des Kopfes die Augen mitbeeinflußt. Die Seele müsse man also zuerst und besonders behandeln (therapieren), wenn es dem Kopf und dem übrigen Körper gutgehen solle.

Die Seele aber, sagte er zu mir, behandelt man durch gewisse Sprüche; und diese Sprüche bestehen in schönen Worten, durch welche die Seele besonnen gestimmt wird. Und ist erst die Seele vernünftig und besonnen, wäre es leicht, den Kopf und den übrigen Körper gesunden zu lassen.« *(Charmides, 156, 157)*

Von den vielfältigen Heilmethoden können in diesem Kapitel nur diejenigen kurz vorgestellt werden, die für die abendländische Tradition typisch sind und in den engeren Zusammenhang des Themas gehören.

Gemäß den verschiedenen Ebenen des esoterischen Menschenbildes kann man vier Ebenen unterscheiden, auf denen Heilmethoden wirken können:

Auf der materiellen Ebene arbeiten die Schulmedizin sowie die Natur- und Pflanzenheilkunde, die Massage und Körpertherapie.

Auf der energetischen Ebene arbeiten der Heilmagnetismus, die Akupunktur, die Heilung durch Klänge oder durch radiästhetische Feldveränderungen, meist auch die sogenannte Geistheilung.

Auf der Bildebene (Astralebene) arbeiten die aktive Imagination, die Traumarbeit, die Elementhentherapie, die Aura- und Farbheilung und die rituelle Heilung (meistens).

Auf der Ebene des Wortes, der geistigen Muster arbeiten die Homöopathie, die Bach-Blütentherapie, die astrologische Therapie und die Psychoanalyse.

In der Schulmedizin muß schon vieles als »Wunder« oder sogenannte »Spontanheilung« gelten, was aus esoterischer Sicht noch in den Bereich methodischer Heilverfahren gehört und als natürliches Phänomen erklärt wird. Was darüber hinausgeht, fällt auch esoterisch gesehen unter den Begriff des Wunders und entzieht sich dem menschlichen Einfluß. Die Geist- und Gebetsheilung versucht über diese über-natürliche Ebene Heilung zu erbitten und ist damit auch manchmal erfolgreich. Dazu läßt sich hier nichts weiter sagen.

Sehr beliebt sind alle Heilmethoden, die mit der psychophysischen Energie umgehen. Darin sind die asiatischen Heilkünste, besonders die Akupunktur, uns Jahrhunderte voraus und haben präzise Systeme entwickelt, die es im Westen nur ansatzweise gibt. Auch die Yoga-Stellungen nehmen bewußt Einfluß auf den Verlauf der »Energie« und können zu Heilungszwecken eingesetzt werden. Seit Messmer ist die energetische Heilung auch in Europa wieder entdeckt worden, wurde aber eher unspezifisch angewandt. Meist über die Hände überträgt der Heiler die »Energie« auf den Kranken, wobei er sich von der Intuition führen läßt, wohin die Energie geleitet werden muß und wieviel nötig ist. Es wird immer wieder betont, daß der Heiler darauf achten muß, nicht seine eigenen Körperenergie abzuleiten und selbst krank zu werden, sondern die »kosmische Energie« durch sich fließen zu lassen. Trotzdem soll der häufige Einsatz von Energieheilung sehr anstrengend sein.

Die sogenannte Geistheilung scheint mir hauptsächlich zu den energetischen Heilmethoden zu gehören. Da die meisten Geistheiler mit sehr diffusen Begriffen arbeiten, läßt sich schwer Genaueres sagen. Es hängt wohl vom jeweiligen Heiler ab, was genau bei seinen Heilungen geschieht, ob er also schlichte Magnetisierungen (Übertragung von »Energie«) vornimmt, ob er geistig in die Körperstruktur eingreift oder über »höhere Ebenen« wirkt.

Abgesehen davon, daß ein anderes Modell des menschlichen Körpers benutzt wird, sind die energetischen Heilmethoden den schulmedizinischen eng verwandt, da sie nicht eine bewußte Auseinandersetzung mit der Krankheit anstreben, sondern diese als äußere Störung ansehen, die behoben werden soll.

Die Heilmethoden, die über die Bildebene und die Vorstellungskraft arbeiten, sind schon bewußtseinsnäher und verlangen deshalb mehr Anstrengung vom Kranken. Andererseits hat der oder die Kranke mehr davon, wenn die Behandlung glückt. Heute werden bildhafte

Methoden gewöhnlich in der Psychotherapie verwendet, weniger in der Behandlung körperlicher Leiden.

Ein Sonderfall ist die bei vielen Naturvölkern bekannte und hier von neo-schamanischen oder Hexengruppen verwendete rituelle Heilung. Je nach Auslegung des Rituals dreht es sich dabei eher um eine Energie- oder eine Bildwirkung. Ein Beispiel: Jemand hat eine organische Erkrankung. Mehrere Mitglieder der Gruppe treffen sich zum Heilungsritual beim Kranken. Es wird beschlossen, die Krankheit als Dämon sichtbar werden zu lassen und zu bannen. Dazu werden zunächst die gewöhnlichen Vorbereitungen für ein Ritual getroffen: Ein Kreis wird um die Ausführenden gezogen, um den geweihten Raum zu kennzeichnen. Die vier Himmelsrichtungen werden angerufen und mit ihren Symbolen gekennzeichnet – das können Zeichen an der Wand (Kreis, Dreieck, Halbmond, Quadrat) sein oder Gegenstände auf dem Boden (Räucherwerk, Kerze, Wasserschale, Kupferplatte). Damit ist eine geistige Struktur im Raum vorgegeben und das Gefühl des Geschütztseins verstärkt. Anschließend werden die Gottheiten um Hilfe gebeten und eventuell von einem oder mehreren Anwesenden invoziert, um durch sie direkt zu wirken. Alle stehen im Kreis um den Kranken und summen leise, auf und ab schwellend, bis alle in einer leichten Trance sind und anfangen, auf der astralen Ebene wahrzunehmen. Der Kranke liegt in der Mitte des Kreises, entspannt sich völlig und bemüht sich, bewußt, aber passiv dabeizusein. Reicht die durch das Summen gesammelte Kraft aus, so wird sie in einem Gruppenteilnehmer konzentriert (durch die Vorstellungskraft aller), der sich nun direkt vor den Kranken stellt. Die anderen bleiben im Kreis stehen und unterstützen den Vorgang. Dieser Ausführende richtet nun seinen magischen Stab (Symbol des Willens) auf die erkrankte Stelle und befiehlt dem »Dämon« zu erscheinen. Nach einer Weile beginnt sich an dieser Stelle mehr oder weniger deutlich eine Gestalt abzuzeichnen, die für die Anwesenden – und günstigenfalls auch für den Kranken – vor dem »inneren Auge«, das heißt in der Vorstellung, sichtbar ist. Diese Gestalt scheint sich aus dem Körper des Kranken zu lösen und über ihm zu schweben. Das kann für diesen sehr unangenehm und beängstigend oder auch befreiend sein. Die Anwesenden geben ihm dabei den nötigen menschlichen Rückhalt, um die Verkörperung seiner Krankheit ertragen zu können. Am besten ist es, wenn der Kranke hier selbst aktiv wird und die Bild-Gestalt in sich aufnimmt und damit integriert. Sie kann aber auch in einen Gegenstand gebannt werden, den der Kranke als eine Art Talisman behält. Oder der Kranke erfährt den Namen des »Dämons« und nimmt ihm damit seine Macht. Anschließend danken alle den Gottheiten, erden die aufgebauten Kräfte und lösen den Kreis auf. Im Falle eines geglückten Rituals verschwinden die körperlichen Symptome innerhalb kurzer Zeit. (Zur Wirksamkeit solcher Rituale ist bereits alles Nötige in den Abschnitten über Magie gesagt worden.)

Wichtig ist dabei auch, daß der Freundeskreis, die Familie oder der Stamm des Kranken an der rituellen Heilung mitwirken. So wird auch der Gemeinschaftsgeist beschworen und bekräftigt und das Umfeld menschlicher Geborgenheit gestärkt, das eine wichtige Grundlage unserer Gesundheit ist. Ein Ritual heilt nicht einen isolierten Einzelmenschen, sondern die ganze Gemeinschaft geht mit zurück in den geheiligten Raum, der Ursprung allen Lebens ist, und erneuert darin die Lebenskraft aller. Das ist bei Naturvölkern viel ausgeprägter als bei den kleinen Gruppen, die heute noch oder wieder so zu heilen versuchen. Wenn ein Pfarrer mit der Familie des Kranken zusammen an seinem Bett betet, ist das noch ein Nachhall dieser heilenden Gemeinschaft.

Als *die* esoterische Medizin darf wohl die *Homöopathie* gelten. Sie wählt die Mittel nicht anhand physiologischer Überlegungen, sondern mittels der *Simile-Regel* anhand von Analogieprinzipien aus. Sie berücksichtigt den erkrankten Menschen als ganzen und behandelt nicht nur Einzelsymptome. Sie gewinnt ihre Mittel durch eine alchemistische Methode, die *Potenzierung*, und wirkt mit den Hochpotenzen auf immaterieller Ebene.

Die Homöopathie ist eine Erfahrungswissenschaft, die Ende des 18. Jahrhunderts von Samuel Hahnemann (1755–1843) begründet wurde.[145] Man kann davon ausgehen, daß Hahnemann seine Lehre aus eigenen Beobachtungen und Überlegungen entwickelt hat, doch steht sie deutlich in paracelsischer und alchemistischer Tradition. Auch wenn sie sich modern im Sinne der wissenschaftlichen Systemtheorie verstehen läßt (Walach), wird sich Hahnemann selbst eher an damals zeitgemäßen Vorstellungen orientiert haben.

Die Potenzierung von Mitteln beruht darauf, daß durch fortschreitende Verdünnung und rhythmische Verschüttelung der »Geist« des Mittels von seinen Molekülen getrennt und auf das Lösungsmittel (meist Alkohol) übertragen wird – ein typisch alchemistisches Prinzip. Je höher potenziert wird, je weniger substantiell also das Mittel ist (ab D23 oder C12 chemisch nicht mehr nachweisbar), um so stärker wirkt es, da die weitere Potenzierung die Information, den »Geist« des Mittels immer reiner werden läßt. Es gibt neuere physikalische Modelle für die Übertragung der chemischen Information auf die Lösungsmittelmoleküle[146], die zeigen, daß die Verwendung eines materiellen Trägers sinnvoll ist.

Durch das homöopathische Mittel wird dem kranken Körper also nicht eine Substanz zur Verfügung gestellt, sondern ein geistiges Muster, modern gesagt eine Information, die an einen materiellen Träger gebunden ist. Welches Muster der Körper braucht, um seine Heilungskräfte zu mobilisieren, erkennt man durch die Simile-Regel, die Ähnlichkeitsregel: Was beim Gesunden ein Leiden (eine bestimmte Symptomgruppe) erzeugt, heilt in potenzierter Form das gleiche Leiden beim Kranken (*similia similibus curentur*). Der Homöopath sucht also nicht die Ursache einer Krankheit und bekämpft sie dann, sondern er bestimmt das Bild der Krankheit und benutzt das Mittel, das dem Krankheitsbild entspricht (Analogieprinzip), um den Körper zur Heilung anzuregen.

Die in letzter Zeit auch in Deutschland immer beliebter werdende Bach-Blütentherapie ähnelt der Homöopathie in ihren Wirkprinzipien sehr. Bei den Bachblüten handelt es sich jedoch um den aus 38 bestimmten Pflanzen »befreiten Geist«, der an Alkohol gebunden wird, nicht um potenzierte chemische Substanzen. Das Grundprinzip ist aber das gleiche: Es wird nach der Ähnlichkeitsregel verordnet und das Bild, nicht die Ursache der Krankheit betrachtet. Die Bach-Blütentherapie wurde von dem englischen Arzt und Homöopathen Edward Bach (1886–1936) entwickelt und wird hauptsächlich zur Behandlung von Gemütsleiden benutzt.

Hochpotenzbehandlung in der Homöopathie und Bach-Blütentherapie haben oft die Nebenerscheinung, daß dem Kranken während des Heilungsverlaufs das Muster oder Bild bewußt wird, das seine Krankheit war. In dieser Bewußtwerdung rundet sich das Bild der esoterischen Heilweise der Homöopathie ab. Erst wenn der homöopathisch Behandelte sich in den aus der Krankheit aufsteigenden Bildern, Gedanken und Gefühlen erkennt, ist die Heilung – im esoterischen Sinne – vollständig. Sonst bleibt die Homöopathie ein

Mittel, das effektiv und ohne schädigende Nebenwirkungen Symptome zu beseitigen vermag, aber eine Hilfe von außen, die den Kern nicht trifft.

Zu den esoterischen Heilmethoden gehört auch die anthroposophische Medizin, die in jahrzehntelanger Forschung eigene Therapieformen entwickelt hat. Es gibt eigene anthroposophische Kliniken und besonders auch Heil- und Pflegestätten für »seelenpflegebedürftige« Menschen, die in der Schulmedizin als psychiatrische Fälle geführt werden. (Zur Medizin wie auch zu anderen Bereichen anthroposophischer Praxis [Waldorfpädagogik, biologisch-dynamischer Landbau] gibt es genügend gute und ausführliche eigene Literatur.)

2. Psychologie und Esoterik

Sigmund Freud hat es in einem Gespräch mit Jung einmal zum Ziel seiner Arbeit erklärt, ein Bollwerk gegen die »Schlammflut des Okkultismus« zu errichten. Kurioserweise hat gerade er mit seinem Konzept des Unbewußten den Boden dafür bereitet, daß seine Nachfolger esoterisches Gedankengut in Europa wieder salonfähig machen konnten. Neben den Anbiederungsversuchen an eine mechanistisch verstandene Wissenschaft haben sich in Freuds Gefolge auch Formen der Psychologie entwickelt, die die menschliche Seele tiefer, aber unabhängig von bestimmten religiösen Auffassungen zu verstehen versuchten. Insbesondere die Analytische Psychologie von C. G. Jung, die humanistische und die transpersonale Psychologie näherten sich dem esoterischen Menschenbild so weit an, daß es zu einem Austausch der Begriffe kam und die Modelle sich zum Verwechseln ähneln.

Da die Psychologie in einer der klassischen Domänen der Esoterik tätig ist, sind solche Ähnlichkeiten geradezu natürlich. Der Unterschied zwischen den Disziplinen liegt darin, daß die Psychologie methodisch oder modellhaft argumentiert, während die Esoterik metaphysische Feststellungen treffen will. Dazu ist einiges schon im Kapitel über den Begriff des Unbewußten gesagt worden. Der Vorzug der Psychologie ist es, sich noch einmal Schritt für Schritt ein Wissen erarbeitet zu haben, das in den esoterischen Traditionen seit alters her überliefert wurde. Damit ist es besser in der modernen Begrifflichkeit und in unserer Weise, Erfahrungen zu ordnen, verankert. Dieser Vorzug zeigt sich allein schon daran, wie weitgehend Begriffe wie das Unbewußte, Archetypen, der Schatten oder das Selbst in die esoterische Literatur Einzug gehalten haben.

Der Vorteil der überlieferten esoterischen Modelle liegt demgegenüber darin, daß sie nicht an die momentanen Moden der Begriffs- und Modellbildung gebunden sind und ein Wissen um die Seele spiegeln, das die Menschheit in Jahrtausenden angesammelt hat. In der Praxis macht sich das dadurch positiv bemerkbar, daß die esoterischen Modelle stets von einer Ganzheit ausgehen, ein Gleichgewicht anstreben und für die metaphysische Dimension offen sind.

Das wird zum Beispiel bei den vier Elementen deutlich, die immer im Kreis als Ganzheitssymbol angeordnet werden. Sie können bei imaginativen Ansätzen (im Rahmen schamanischer oder hermetischer Schulung oder Therapie) als Diagnosehilfsmittel eingesetzt werden, um Ungleichgewichte festzustellen. Läßt man jemanden frei imaginieren und untersucht die Bilder auf die Verteilung der Elemente, so ergibt sich daraus eine Metapher für die zugrundeliegenden Probleme. Das Modell läßt sich außerdem weiter differenzieren: Jedes Element läßt sich wiederum in die Vierer-Struktur zerlegen, um feinere Unterscheidungen zu treffen. Noch weitaus differenzierter ist die Astrologie. Es gibt wohl sonst keinen Bezugsrahmen, der derartig vielschichtige und feine Unterscheidungen menschlicher Charakterzüge zuläßt. Allein das ist für viele Psychologen ein Anreiz, sich mit der Astrologie zu beschäftigen (Riemann, Orban, Dethlefsen).

Da die genannten Systeme symbolisch und nicht theoretisch/begrifflich zu verstehen sind, bilden sie zwar eine Ganzeit, doch bildet diese kein geschlossenes Deutungssystem, in dem man sich verfangen könnte. Es gibt über den Elementen etwa das Symbol der Quintessenz, des Geistes, das auf eine höhere Stufe der Einsicht hindeutet. Im Gegensatz zu Theorien der Psychologie weisen die Symbolsysteme der Esoterik stets über sich hinaus; sie definieren das Seelische nicht, sondern deuten es in Bildern an und öffnen es dem Blick des Bewußtseins.

Was in der Esoterik als *Selbsterkenntnis* gilt, hat sich im psychologischen Streben nach *Selbsterfahrung* fortgesetzt. Gemeinsam ist beiden Ansätzen das Vertrauen in die heilende Kraft des Bewußtseins. Besonders der Psychoanalyse gilt die Bewußtwerdung als hauptsächlicher Heilungsschritt. Wie die im vorigen Kapitel dargestellten Methoden heilt auch sie durch das Erkennen des geistigen Musters in einem Leiden, das sich damit auflöst: Im Tageslicht verlieren die »Dämonen« ihre Macht.

Die verschiedenen psychoanalytischen Methoden suchen die »Dämonen«, die Leidensmuster, in der Vergangenheit der Patienten auf, die Astrologie sucht sie im Horoskop[147], und die Reinkarnationstherapie versucht sie in früheren Leben zu finden. Hinter diesen Unterschieden stehen verschiedene Auffassungen der Wirklichkeit, aber das Grundprinzip ist sehr ähnlich.

Die Methoden der Bildebene sind sich noch ähnlicher, man könnte sagen identisch: Die aktive Imagination beziehungsweise das Katathyme Bilderleben der Psychologie unterscheidet sich von den Trancereisen oder gelenkten Meditationen im esoterischen Bereich nur in den Deutungssystemen des Erlebten. Traumarbeit wird mit genau den gleichen Prinzipien durchgeführt, und selbst das Klarträumen scheint nach und nach Einzug in die Schulpsychologie zu halten (in der Schlaf- und Traumforschung von Professor Paul Tholey, Frankfurt, beispielsweise).

Das rituelle Heilen hat seine Pendants in der Gestalttherapie und dem Psychodrama gefunden. Innerhalb der Therapiegruppe werden hier innere Bilder gespielt und dramatisiert, um ein Wiedererkennen eigener Verhaltsmuster und eine Reinigung *(kátharsis)* durch den Ausdruck zu erreichen.

Aus psychologischer Sicht läßt sich ein großer Teil der rituellen Magie als eine systematische Bearbeitung verschiedener Aspekte der Psyche durch Dramatisierung verstehen. Wenn ein Magier Dämonen beschwört, ihre Namen erfährt und von ihnen Unterwerfung verlangt, so entspricht dieser Vorgang in psychologischer Sprache der Auseinandersetzung mit dem Schatten und seiner Integration. Die Beschwörung oder Anrufung der Planetengeister oder verschiedener Gottheiten wäre, psychologisch gesehen, eine symbolische Arbeit mit den Archetypen oder mit dramatisch ausstaffierten familiären Bezugspersonen.

Eine Verständigung zwischen Psychologie und Esoterik fällt also im praktischen Bereich nicht schwer[148], wenn auch die Welt- und Menschenbilder weit auseinanderklaffen. Die moderne Psychotherapie verdankt den esoterischen und magischen Methoden viel mehr, als manch einem Psychologen bewußt ist, wie schon diese flüchtigen Andeutungen zeigen konnten.

Andererseits verdankt auch die moderne Esoterik der Psychologie sehr viel, da sie ihr half, sich von zu starr gewordenen ideologischen Krusten zu befreien. Das gilt insbesondere für das Verhältnis zum Körper und zur Sexualität.

3. Erotik und Esoterik

»Wenn jemand von den Dingen hier, indem er auf rechte Art Knaben liebt, emporsteigt und jenes Schöne zu sehen beginnt, so mag er dicht am Ziele sein. Denn dies ist der rechte Weg, zur Liebeskunst zu gehen oder sich leiten zu lassen: bei dem Schönen, das hier ist, zu beginnen und um jenes Schönen willen immer aufzusteigen, wie auf Stufen emporwandernd von einem zu zweien und von zweien zu allen schönen Körpern, von den schönen Körpern zu schönen Tätigkeiten, von den Tätigkeiten zu den schönen Erkenntnissen, bis man von den Erkenntnissen endlich zu jener Erkenntnis kommt, die keine andere ist als die Erkenntnis jenes Schönen selbst, und man am Ende erkennt, was das Schöne an sich ist. An diesem Punkt des Lebens, lieber Sokrates«, sprach die Frau aus dem Prophetenland, »wenn überhaupt irgendwo, lohnt sich das Leben für den Menschen, im Schauen des Schönen an sich« *(Rede der Diotima über den Eros, Platon, Gastmahl).*

Was das Verhältnis zum Körper und zur Sexualität angeht, haben die modernen Esoteriker das gleiche schwere Erbe aufzuarbeiten wie alle anderen Vertreter unserer griechisch-christlichen Kultur. In dieser Hinsicht hat die Psychoanalyse, besonders die Richtungen von Freud und Reich, Pionierarbeit geleistet, die sich auf alle anderen Lebensgebiete auswirkte. Es gab zwar in magischen Kreisen auch vorher schon sexualmagische Unterströmungen[149], doch waren dies Randerscheinungen, über die nicht viel geredet und noch weniger veröffentlicht wurde. Vergleicht man die Aussagen zweier Magier, eine aus der Mitte des vorigen Jahrhunderts und eine heutige, so wird der drastische Unterschied deutlich:

». . . die großen Werke der Wissenschaft (Magie) töten die Lust. Der Mensch, der sich von der Kette der Triebe freigemacht hat, erfährt seine Allmacht zuerst an der Unterwerfung der Tiere.« – »Ein verliebter, naschhafter, zorniger, lässiger Magier sind unmögliche Mißgestaltungen. Der Magier denkt und will; nichts liebt er sehnlich, nichts stößt er mit Leidenschaft zurück . . .«[150]
»Es ist meine Überzeugung, daß die materielle, fleischliche Praxis unbedingten Vorrang vor allen mystischen Spekulationen haben sollte. Erst wenn diese gemeistert wurde, macht Sexualmystik überhaupt Sinn, erwachen die Symbole zum Leben, wird aus Abbild Wirklichkeit.«[151]

Erst seit dem letzten Jahrzehnt ist eine langsame Entkrampfung auch in esoterischen Kreisen zu verzeichnen. Bis dahin galt es im wesentlichen noch als Ziel, die »niederen« Triebe zu transzendieren. Auf der materiellen Ebene wurde ihnen zwar ihr Recht zugestanden, aber über diese Ebene sollte der Eingeweihte sich erheben. Die sogenannte spirituelle Entwicklung blieb lange vom Willen und Denken bestimmt, wie Lévi klar forderte. Die Triebe waren die großen Gegner. Die Versuche, sich von dieser Haltung zu befreien, trugen deutlich den Stempel des langen Unterdrücktseins. Beispielhaft für diese eruptiven, trotzigen Ausbruchsversuche ist die Lebensgeschichte des Sexualmagiers Aleister Crowley, der zwar den Gegenpol zur bürgerlichen Moral einnahm, aber in der neurotischen Spannung gegenüber der Sexualität steckenblieb.

Diese distanzierte, verkrampfte Haltung zum Sexus ist typisch für die gesamte Geschichte der Gnosis, sie es nun als Unterdrückung oder als Libertinismus. Einige frühe gnostische Kulte, und möglicherweise auch mittelalterliche, waren Sexualkulte, in denen Samen und Menstrualblut als Opfer dargebracht wurden und wo zum Abschluß des gottesdienstlichen Liebesmahles eine allgemeine Orgie stattfand, um zu zeigen, wie weit man über den materiellen Tabus und Beschränkungen stand. Nach den alten und neueren Berichten von solchen Veranstaltungen kommt einem die moderne »Schwarze Messe« wie ein schwacher, lüsterner Abklatsch älterer Orgien vor.[152]

Sowohl die Verteufelung wie auch die Vergöttlichung der Sexualität sind Methoden, sie aus dem normalen Bewußtsein herauszudrängen. Auch wenn die Sexualität ein selbständiger Trieb zu sein scheint, ist sie doch auch Teil des engen Geflechts von Liebe, Erotik und Sinnlichkeit, von Nähe, Geborgenheit, Lust, Leidenschaft und Zärtlichkeit, aus dem man sie nicht ungestraft herauslöst.

Eine solche Lösung aus dem Lebenszusammenhang stellt auch die esoterische Instrumentalisierung der Sexualität dar. Diese kann, wie im indischen Tantra, im Dienst mystischer Erkenntnisse stehen oder, wie in der europäischen Sexualmagie, im Dienst magischen Erfolgs- und Machtgewinns. Auch das obige Platonzitat läßt Ansätze zu solcher Instrumentalisierung der Erotik zu Erkenntniszwecken deutlich werden. Die sinnenfreudige, erotisch sehr offene Kultur der Griechen konnte sich das wohl leisten. Aber auf dem Hintergrund von tausend Jahren kirchlicher Leibfeindlichkeit besteht bei uns immer die Gefahr, mit dem spirituellen Zweck der Sexualität entweder ihr Eigenleben zu rauben oder den höheren Sinn als Deckmantel für die verdrängte Lüsternheit zu mißbrauchen.

Bei der oft genannten, aber selten näher erklärten Sexualmagie handelt es sich um Techniken, die die sexuelle Erregung oder die Kraft des Orgasmus als Energielieferanten für magische Operationen verwenden. Dazu muß der Magier in der Lage sein, die eigenen Körperenergien zu beherrschen und mit seinem Willen beziehungsweise seiner Vorstellungskraft zu lenken. Dies fällt leichter, da starke sexuelle Erregung ohnehin einen leichten Trancezustand mit sich bringt. Der Energieschub wird dann in ein Symbol oder ein magisches Instrument geleitet oder auf ein imaginiertes Ziel projiziert. Sexualmagie wird also eher anstrengend als vergnüglich sein und setzt ein recht distanziertes Verhältnis zum Körper voraus.

Insgesamt zeigt also die hermetische Tradition eine gebrochene Haltung zur Körperlichkeit und Sinnlichkeit, deren nähere Untersuchung jedoch den Rahmen des Buches sprengen würde.

Im Gegensatz zur Hermetik tradierte die heidnische Unterströmung im Abendland noch lange Zeit ein natürliches Verhältnis zum Körper, das sich unter anderem in freizügigen Festen äußerte (deren Karikatur der Hexensabbat wurde). Anders als in gnostischen Kulten war die heidnische Einstellung zum Körper noch ungebrochen. Ihre Freizügigkeit sollte nicht die Lösung von den Geboten des bösen Schöpfergottes demonstrieren, sondern gerade die Natur und Sinnlichkeit in ihrer eigenständigen Heiligkeit feiern – wahrscheinlich haben sich die früheren Heiden überhaupt wenig Gedanken über ihre »Körperlichkeit« oder »Natürlichkeit« gemacht, denn Reflexion setzt eine Brechung ja schon voraus. Im Zuge der Hexenverfolgungen des 16. und 17. Jahrhunderts wurden die letzten Reste dieser leib- und lebensfreudigen Kulturen mit vernichtet.

Eine solche leibfreundliche, »heidnische« Haltung findet sich auch in den alttestamentlichen Schriften, die für den Geschlechtsverkehr noch das Wort »erkennen« benutzen konnten. Offenbar war ihr Bewußtsein noch viel unmittelbarer mit dem Körper verbunden als tausend Jahre später bei den Griechen, als Erkenntnis zwar auch von Erotik geprägt war, jedoch nur auf vermittelte Weise.

Bei aller natürlichen Sexualität war die Frau bei ihnen traditionell untergeordnet, wie auch in den anderen Kulturen, in denen die unsere wurzelt. Die Haltung zur Frau ist in der Geschichte der Esoterik ein ebenso erbärmliches Kapitel wie in der europäischen Geschichte überhaupt. Die maßgeblichen Namen sind die von Männern, die Weisen Frauen blieben anonym; in die Geheimbünde wurden sie nicht gelassen, das Ärztehandwerk, die Philosophie und Wissenschaft versagte *man* ihnen. Ein paar Alchemistinnen soll es gegeben haben, und unter den Electi der Katharer sollen viele Frauen gewesen sein. Aber das darf nicht darüber hinwegtäuschen, daß insgesamt das sattsam bekannte üble Bild der Diskriminierung gilt. Nicht nur sozial, sondern auch metaphysisch wurde die Frau diskriminiert. *Das* Weibliche galt als das minderwertige stoffliche Prinzip, das der Esoteriker ja überwinden sollte – die Frau war ihm Symbol und Anlaß seiner triebhaften Verkettung. Als Medien »benutzte« *man* die für ihre Sensitivität bekannten Frauen aber gern. Zynisch schrieb Gregorius (1888–1964), der Großmeister der Fraternitas Saturni: Man suche sich ein gutes Medium (weiblich natürlich) und mache es von sich abhängig. Dann folgen Anweisungen zum magischen Gebrauch der Frau als Medium.

Erst mit der Theosophie und ihrer berühmten Begründerin wendete sich das Blatt etwas. Eine ganze Reihe Theosophinnen wurden weltbekannte Leiterinnen der Bewegung – H. P. Blavatsky, Annie Besant, Alice Bailey. Auch im Spiritismus konnten viele Frauen als große Medien (hier allerdings als selbständige) einflußreich werden – Jane Roberts (Seth), Eileen Caddy (Findhorn), Grace Cook (White Eagle), um nur ein paar Beispiele zu nennen.

In jüngster Zeit ist die feministische Bewegung zu einer der Hauptsäulen des modernen Hexenkultes geworden. Die feministischen Gruppen erscheinen mir (soweit ich das beurteilen kann) als die ernsthaftesten und solidesten in der Hexenbewegung und sind vor allem auch stark um die notwendige Synthese von Spiritualität und Politik bemüht. Bei ihnen ist wohl die Erkenntnis am deutlichsten, daß sich die drängenden Probleme der Diskriminierung von Frauen, der Ökologie und der Leibfeindlichkeit nicht einfach unabhängig voneinander und getrennt von der Religion lösen lassen. Denn die Verteufelung der Frauen, des Körpers und der freien Natur stammt aus den gleichen religiösen Quellen und ist auf dem gleichen politischen und kirchlichen Hintergrund vollzogen worden.

Ich kann meine Augen verlieren, und dennoch weiterleben.
Ich kann meine Hände verlieren, und dennoch weiterleben.
Ich kann meine Beine verlieren, und dennoch weiterleben.
Ich kann Ohren, Nase, Zähne, Haare verlieren, und dennoch weiterleben.

Aber wenn ich die Erde verliere, sterbe ich.
Wenn ich das Wasser verliere, sterbe ich.
Wenn ich die Luft verliere, sterbe ich.
Wenn ich die Sonne verliere, sterbe ich.
Wenn ich die Pflanzen, Tiere, Sterne verliere, sterbe ich.

Was ist mein wahrer Körper?

Fred Hageneder, Hamburg, 1982

4. »Heilung der Erde« – Ökologie, Politik und Esoterik

W ie hältst du's mit der Politik/der Ökologie?« würde die berühmte Gretchenfrage heute wahrscheinlich lauten, denn die kulturellen Maßstäbe haben sich geändert. Jede neue religiöse, gesellschaftliche oder künstlerische Strömung muß sich heute durch ein angemessenes gesellschaftliches Interesse legitimieren wie seinerzeit durch lupenreine Christlichkeit. Besonders genehm ist es, wenn man sauber in eine der Schubladen »links«, »grün«, »konservativ« oder »radikal« paßt.

Die moderne Gretchenfrage wird demzufolge auch gern an »die Esoterik« gestellt, oft auch schlicht schon die Antwort vorausgesetzt, »Esoteriker« seien apolitisch und in ökologischer Hinsicht bestenfalls Naturromantiker. Doch wie schon mehrfach betont, läßt sich *die* Esoterik nicht befragen wie seinerzeit Heinrich, ihre klassische Verkörperung. Dazu sei nochmals auf das Bild der Arena verwiesen, in der nach bestimmten Regeln unterschiedliche Auseinandersetzungen stattfinden können. Für eine esoterische Überlegung oder Diskussion gilt eine bestimmte Betrachtungsweise, aber es ist kein Ergebnis vorgegeben.

Doch auch wenn sich nicht darstellen läßt, welche ökologische oder politische Haltung für *die* Esoterik typisch ist, so lassen sich doch esoterische Perspektiven daran erkennen, *wie* bestimmte Meinungen daraus abgeleitet werden.

In der Literatur der vergangenen Jahre, nicht nur der esoterischen, ist es zur Masche geworden, auf die katastrophale Situation unserer Welt hinzudeuten, als ließe sich damit die moralische oder praktische Überlegenheit der jeweils eigenen Position a priori beweisen. Daß sich die Menschheit in einer schweren Überlebenskrise befindet, weiß heute jeder. Da liegt es auf der Hand, daß jede mögliche Chance bedenkenswert ist, besonders eine, die nicht schon seit Jahren erfolglos praktiziert wird. Das alles versteht sich von selbst und braucht hier nicht weiter ausgeführt zu werden.

a) Ökologie

In dieser Lage können jedoch europäische Esoteriker nicht die beliebte Pose derer beanspruchen, die es schon immer besser gewußt haben. Die europäische Hermetik blickt sogar auf eine Tradition zurück, die ebenso von Autoritätshörigkeit und krasser Leib- und Naturfeindlichkeit geprägt ist wie die kirchenchristliche. In einigen Formen der Gnosis erreichte sie sogar das Extrem der völligen Weltablehnung: Außer den zu errettenden Lichtfunken hat darin nichts Natürliches, nichts Menschliches und nichts Geistiges einen Wert.

Im Kontrast dazu hat die innige Verbindung mit der Erde eine ebenso lange Tradition im europäischen Volksglauben und – in dessen bürgerlicher Rezeption – der Renaissance und Romantik. Zusätzliche Nahrung erhielt dieser Impuls durch den zunehmenden Kontakt mit den letzten Naturvölkern, insbesondere seit die nordamerikanischen Indianer sich selbst vertreten.

Als Beispiel für den gnostischen Dualismus, der auf Seite 48 f. näher beschrieben ist, hier ein Zitat des Lectorium Rosicrucianum:

>»So gibt es zwei Universa: das dialektische (das ist unsere Welt, Verf.) und das gnostische. So gibt es auch zwei Entwicklungen: eine ursprüngliche und eine zeitliche in der Zornwelt, damit alle im Zorn Gelegenheit erhalten, aus ihrem Lebensgang herauszubrechen und schließlich doch noch die Bindung mit dem Ursprünglichen herzustellen ... Es gibt somit zwei planetare Zustände: eine Erde, die wir kennen, und eine neue Himmel-Erde, eine ›Himmlische Erde‹, welche Johannes schauen durfte, einen Mysterienplaneten ... Wie die Erde ist, so ist auch das gesamte Sonnensystem, wozu sie gehört. Das gesamte Sonnensystem steht als solches in der Natur des Todes, im Raum, worin der Zorn entzündet und wirksam ist.«[153]

Und in einem »Lehrbuch zur Entwicklung der okkulten Kräfte« wird im abschließenden Satz des Buches festgestellt, das Ziel all dieser Übungen und Bemühungen sei,

>»... die Menschen zu befreien von den Fesseln ihres größten Feindes, der sie immer wieder zu einem irdischen Leben mit immer wieder neuen Qualen zwingt – der Erde.«[154]

Das andere Extrem, die heidnische Naturliebe und -frömmigkeit, sei ebenfalls an Beispielen verdeutlicht. Da in den neo-schamanischen Gruppen indianische Kulturzeugnisse maßgebliche Grundlagen des Weltbildes und der Praxis sind, greife ich hier auf solche zurück:

»Wir danken unserer Mutter, der Erde, die uns ernährt. Wir danken den Flüssen und Bächen, die uns ihr Wasser geben. Wir danken den Kräutern, die uns ihre heilenden Kräfte schenken. Wir danken dem Mais und seinen Geschwistern, der Bohne und dem Kürbis, die uns am Leben erhalten. Wir danken den Büschen und Bäumen, die uns ihre Früchte spenden. Wir danken dem Wind, der die Luft bewegt und Krankheiten vertreibt. Wir danken dem Mond und den Sternen, die uns mit ihrem Licht leuchten, wenn die Sonne untergegangen ist. Wir danken unserem Großvater Hê-no, der uns, seine Enkelkinder, schützt und uns seinen Regen schenkt. Wir danken der Sonne, die freundlich auf die Erde herabschaut. Vor allem aber danken wir dem Großen Geist, der alle Güte in sich vereint und alles zum Wohl seiner Kinder lenkt« (ein Gebet der Irokesen).

»Du, der dort wohnt, wo die Sonne untergeht – sieh mich an! Ihr Donnerwesen – seht mich an! Du, der dort wohnt, wo der weiße Riese (der Winter) lebt in seiner Macht – sieh mich an! Du, der dort wohnt, wo die Sonne immerfort scheint, woher der Morgenstern kommt und der Tag – sieh mich an! Du, der wohnt, wo der Sommer lebt – sieh mich an! Du in den Tiefen des Himmels, mächtiger Adler – sieh mich an! Auch du, Mutter Erde, unser aller Mutter, die du Mitleid gehabt hast mit deinen Kindern! Hört mich, ihr vier Himmelsrichtungen – ich bin euer Verwandter! Gebt mir die Kraft, auf dieser guten Erde zu wandern, mit allem verwandt, was da ist! Gebt mir Augen, die sehen, gebt mir Einsicht, damit ich euch gleich werde. Nur mit eurer Hilfe kann ich mein Gesicht in den Wind halten« (aus einem indianischen Gebet).[155]

Aus dem Wicca-Kult stammt der folgende Text »Der Ruf der Göttin«, einer der Haupt-Ritualtexte der Wicca, der aus überlieferten Fragmenten in den fünfziger Jahren von Doreen Valiente neu geschrieben wurde:

»Der Hohepriester spricht: Hört nun die Worte der Großen Mutter, die von altersher von den Menschen gerufen wurde als Artemis, Astarte, Athene, Dione, Melusine, Aphrodite, Cerridwen, Dana, Arianrhod, Isis, Bride und mit vielen Namen mehr.

Die Hohepriesterin spricht: Wann immer ihr einer Sache bedürft, einmal im Monat und am besten bei Vollmond sollt ihr euch an einem verborgenen Ort versammeln und mich in meinem Geist verehren, die ich die Königin aller Hexen bin. Dort sollt ihr euch versammeln, die ihr danach trachtet, alle Zauberei zu erlernen, aber noch nicht ihre tiefsten Geheimnisse gewonnen habt; euch werde ich die unerkannten Dinge lehren. Und ihr sollt frei sein von der Sklaverei; und zum Zeichen eurer wahren Freiheit sollt ihr nackt sein in euren Riten; und ihr sollt tanzen, singen, feiern, Musik machen und euch lieben, alles zu meinem Lob. Denn mein ist die Verzückung des Geistes, und mein ist auch die Freude auf Erden; denn mein Gesetz ist die Liebe zu allen Wesen. Haltet euer höchstes Ideal rein, strebt immer danach und laßt nichts euch davon abhalten. Denn mein ist das geheime Tor, das in das Land der Jugend führt, und mein ist der Kelch des Weins des Lebens und der Kessel der Cerridwen, welcher der Heilige Gral der Unsterblichkeit ist. Ich bin die gnädige Göttin, die die Gabe der Freude in die menschlichen Herzen gibt. Auf der Erde gebe ich das Wissen des ewigen Geistes; und nach dem Tode gebe ich Frieden und Freiheit und Gemeinschaft mit denen, die zuvor gegangen sind. Auch verlange ich keine Opfer; denn seht: Ich bin die Mutter allen Lebens, und meine Liebe verströme ich über die Erde.

Der Hohepriester spricht: Hört die Worte der Sternengöttin; im Staub zu ihren Füßen sind die himmlischen Heerscharen, und ihr Leib umfaßt das All.

Die Hohepriesterin spricht weiter: Ich bin die Schönheit der grünenden Erde und die weiße Mondin unter den Sternen und die geheime Tiefe der Wasser und das Verlangen im Herzen der Menschen. Ich rufe deine Seele an. Erhebe dich und komm zu mir. Denn ich bin die Seele der Natur, die der Welt das Leben schenkt. Alle Dinge gehen von mir aus, und zu mir müssen alle Dinge zurückkehren. Vor meinem Angesicht, gleichermaßen von Göttern und Menschen geliebt, lasse dein innerstes göttliches Wesen vom Entzücken der Ewigkeit einhüllen. Lasse das jauchzende Herz voll von Verehrung für mich sein; denn wisse, daß alle Taten der Liebe und der Freude Riten zu meinen Ehren sind. Und laß darum Schönheit und Kraft, Macht und Mitgefühl, Stolz und Demut, Freude und Ehrfurcht in dir herrschen. Und du, die du danach trachtest, mich zu suchen, wisse, daß dein Suchen und Sehnen vergeblich sein werden, wenn du das Geheimnis nicht kennst; welches ist, daß du niemals außer dir finden wirst, was du nicht in dir findest. Denn siehe, ich bin mit dir seit dem Anfang, und ich bin die Erfüllung aller Sehnsucht.«

In neuester Zeit ist der Ausdruck dieser Sehnsucht gebrochener. Der Naturbezug heutiger Heiden ist wesentlich durch Schmerz und Verlust bestimmt, wie die feministische Dichterin Elisabeth Burmeister ergreifend ausdrückt:

»Feuer / Wasser /
Luft und Erde /
Tier des Waldes /
Tier der Herde /   alles / was mein Leib geboren /
Moos und Flechte /   liegt entstellt /
Baum und Blume /   verseucht /
Wildnis / Ödland / Ackerkrume /   verloren /
alles / was mir angehört /   liegt geschändet /
liegt verstümmelt /   stumm gemacht /
liegt zerstört   abgeschlachtet /
                  umgebracht«[156]

Wenn es um das Verhältnis zur Natur geht, kann aber nicht nur die fromme Dichtung betrachtet werden. Die Liebe zur Natur zeigt sich in der Lebenspraxis, oder sie ist bloß Hirngespinst.

Von den Naturvölkern wissen wir, daß ihre Lebensweise sicher nicht in unserem Sinne bewußt ökologisch war, daß sie aber viele tausend Jahre lang in Harmonie mit der Natur lebten und überlebten. Religion und Naturfrömmigkeit waren ihnen nie »kultureller

Überbau« – wie vielfach unsere romantische Naturlyrik –, sondern tägliche geistige und praktische Lebensgrundlage.

»Im Leben eines Indianers gab es eine Pflicht, deren Erfüllung er nie vergaß: die Pflicht, jeden Tag im Gebet das Ewige und Unsichtbare zu ehren. Wann immer er auf seiner täglichen Jagd auf ein Bild ehrfurchtgebietender Schönheit stößt – eine Regenbogenbrücke vor einer schwarzen Gewitterwolke über den Bergen, einen weißschäumenden Wasserfall im Herzen einer grünen Schlucht, eine weite Prärie, vom Sonnenuntergang blutrot angestrahlt –, verharrt der rote Jäger einen Augenblick in anbetender Haltung. Alles, was er tut, hat für ihn religiöse Bedeutung. Er spürt den Geist des Schöpfers in der ganzen Natur und glaubt, daß er daraus seine innere Kraft erhält. Er achtet das Unsterbliche im Tier, seinem Bruder, und diese Ehrfurcht führt ihn oft dahin, daß er den Kopf eines erlegten Tieres mit symbolischer Farbe oder mit Federn schmückt. Dann hält er die gefüllte Pfeife hoch – als Zeichen, daß er auf ehrenhafte Weise den Geist seines Bruders befreit hat, dessen Körper er zu töten gezwungen war, um selber weiterzuleben.«[157]

Wir können nicht sagen, wie sich eine gnostische Haltung kulturell auswirken würde. Die wenigen Gelegenheiten für gnostisch geprägte Gesellschaftsformen (Katharer in Südfrankreich, Manichäer in Persien) waren zu kurz, um größere Konsequenzen zu haben. Doch glaube ich, daß es nicht zu einer derart naturfeindlichen Zivilisation gekommen wäre, wie wir sie kennen. Gnostiker hätten zu wenig Interesse an der äußeren Erscheinungsform und zu viel Achtung vor ihrem göttlichen Kern, um eine Naturwissenschaft und Technik aufzubauen, die Vernichtungsfeldzüge solchen Ausmaßes zugelassen hätten.

Unsere technische Zivilisation hat das gnostische Lebensgefühl, das bis weit ins Mittelalter hinein immer wieder aufgeflackert ist, völlig in den Untergrund gedrängt. Auf der anderen Seite wurde auch die heidnische Naturliebe verdrängt und gleichermaßen durch Fürsten und Kirchen unterdrückt. Da sowohl die Fremdheit in der Welt wie auch die Liebe zu ihr trotz des Drucks der Obrigkeit nie ganz verschwunden sind, kann man davon ausgehen, daß beide zum Grundcharakter der »europäischen Seele« gehören.

Man kann also davon sprechen, daß unsere Zivilisation einen gnostischen und einen heidnischen Schatten hat. Nach den Erfahrungen der Tiefenpsychologie neigen Schattenanteile aber dazu – um in diesem Bild zu bleiben –, sich unter Umgehung des Bewußtseins in der Lebenwirklichkeit zu manifestieren, sie werden dann anders erklärt: Das verdrängte Gefühl der Fremdheit in der Welt ließ uns unbewußt eine technische, anonyme Welt gestalten, in der man sich wahrhaftig nur noch fremd fühlen kann. Konsequenterweise prägte gerade derjenige, der die Philosophie am weitesten von der gnostischen Sehnsucht nach dem reinen Geist fortführte, Karl Marx, einen neuen Begriff für ein altes Lebensgefühl: die Entfremdung.

Die verdrängte Naturliebe ihrerseits führte über die hinlänglich bekannten technischen und medizinischen Versuche, uns von der Natur zu emanzipieren, zu einer nie dagewesenen Abhängigkeit des Menschen von der materiellen Welt.

Die Verbannung der gnostischen und der heidnischen Sehnsüchte aus dem Tageslicht gebar also grobe Karikaturen von ihnen: Sinnentleerung und kalte Distanz von der Welt bei gleichzeitiger Abhängigkeit von materieller Technik. Diese Deutung macht auch verständlich, warum sich in der modernen Spiritualität die weltverneinende Gnosis und die Naturfrömmigkeit treffen konnten. In der paradoxen Dialektik des Geistes reichen sich gegensätzliche Einstellungen zur Natur die Hand im Schatten einer Zivilisation, die sich weigert, ihre aggressive Lebensfeindlichkeit und ihre hilflose Abhängigkeit von der Materie bewußt werden zu lassen. So wird es kulturpsychologisch verständlich, daß wir – die wir doch auszogen, die Natur zu erforschen und zu erobern – kurz davor stehen, unsere natürliche Existenzgrundlage zu zerstören. Um zu illustrieren, wie verblüffend die gegensätzlichen Haltungen heute nebeneinanderstehen können, folgen noch zwei Zitate von Sir George Trevelyan, einem Vater des New-Age-Gedankens:

»Das spirituelle Wesen ›Mensch‹ steigt von einer feineren Ebene herab, um einen Körper anzunehmen, die notwendige Hülle für das Leben im Bereich der irdischen Schwingungen. Dieser Körper ist nichts als eine Art Mantel, den man ablegen kann, sobald er abgetragen ist.«

Und nur fünf Seiten weiter heißt es:

»So kann das Meditieren über einen einzelnen Gegenstand zur empirischen Erkenntnis führen, daß wir als menschliche Wesen inniger und unlösbarer Teil der ganzen Natur sind. Auf diese Weise gelangen wir zu der Entdeckung, daß der Planet Erde wirklich lebendig ist, ein empfindliches Wesen, das atmet, einen Blutkreislauf hat, sein eigenes Bewußtsein.«[158]

Gedanklich lassen sich die beiden besprochenen Positionen in einer spirituellen Evolutionstheorie verschmelzen, wie sie etwa von Blavatsky entwickelt wurde: Alles Leben und Dasein ist in einer steten Entfaltung auf das Göttliche hin begriffen – Minerale ebenso wie

Pflanzen, Tiere, Menschen und Engel. Der derzeitige Zustand der Welt ist nicht ihr endgültiger, sondern als Übergangszustand noch weit vom göttlichen Ziel entfernt. Nach diesem Ziel sehnen sich alle bewußten Wesen und streben darum nach »Höherem«. Aber alles Dasein ist *gemeinsam* auf dieser universellen Reise, weshalb der Mensch sich mit allen anderen Lebewesen verschwistert fühlen darf. In dieser Form bietet der Evolutionsgedanke die philosophische Basis dafür, die Welt um ihrer selbst willen zu lieben, ohne die Sehnsucht nach dem ganz anderen verleugnen zu müssen.

Die gnostische und die heidnische Weltauffassung haben auch ein weiteres verbindendes Merkmal: Grundgedanke aller esoterischen und magischen Weltbilder sind die Allbeseeltheit und die Allverwandtschaft allen Daseins. Ein solches Denken läßt die völlige Negation des Daseins zu oder aber die Einheit mit allem. Ein beziehungsloses Nebeneinander von Kultur, Mensch und Natur jedoch, wie es heute auftritt, ist darin nicht möglich. »Der Mensch und die Welt sind eins«, wie ein Buchtitel[159] lautet. Es besteht hier jedoch die Gefahr, die typisch für esoterische Denksysteme ist, daß widersprüchliche Ideen zu vordergründig theoretisch verbunden werden. Der eigentliche Konflikt liegt aber in sehr tiefen Sehnsüchten des Menschen, deren Drängen sich nicht durch simple Theorien abspeisen läßt.

Das Anliegen der neuen religiösen Bewegungen ist nicht primär ökologisch, sonst wären es keine religiösen Bewegungen. Aber es ist ein deutliches Bestreben zu erkennen, über bloße Lippenbekenntnisse hinaus das eigene Bemühen um Heilung, um Heil und um ein sinnvolles Alltagsleben auch unter Berücksichtigung der natürlichen Zusammenhänge zu gestalten. Das fällt am ehesten auf an der auflebenden Naturmedizin und Einbeziehung des Körpers auch in die Psychotherapie. Dafür spricht zum Beispiel auch der recht hohe Anteil an Vegetariern in diesen Bewegungen. Bietet doch eine fleischarme Ernährung eine einfache Möglichkeit, die Achtung vor anderem Leben auszudrücken, die Grausamkeiten der Fleischindustrie nicht persönlich zu unterstützen und zu einer gerechteren Verteilung der Nahrung in der Welt beizutragen.

Da die moderne Naturfrömmigkeit, wie die meisten neuen Ideen, in den großen Städten wieder aufkam, fällt ihre Umsetzung darüber hinaus oft schwer. Die Jahresfeste des Sonnen- und Mondlaufs feiern sich im Hochhaus nicht besonders gut. Deshalb ist eine Art Alternativtourismus zu naturmagischen Kultstätten – wie Stonehenge, Carnac oder Externsteine – entstanden. Es gibt sogar ein »Kultplatzbuch«[160] für ein breites Publikum.

Etliche Gruppen und Einzelpersonen waren konsequent und zogen aufs Land, wo sie versuchen, spirituelle und naturbezogene Gemeinschaften aufzubauen. Ein weltberühmtes Beispiel dafür ist die Findhorn-Gemeinschaft. Im kargen Nordosten Schottlands haben anfangs drei Personen in Zusammenarbeit mit »Naturwesenheiten« einen ehemaligen sandigen Campingplatz in einen blühenden Garten verwandelt, dessen unglaubliche Anbauerfolge in den siebziger Jahren Journalisten und Interessenten aus aller Welt anlockten. Heute leben dort ein paar hundert Menschen. Überhaupt bietet Findhorn ein Musterbeispiel für die Verschmelzung spiritistischer Durchgaben, eines theosophischen Weltbildes, evolutionärer Fortschrittshoffnung, christlicher Religiosität und heidnischer Naturverbundenheit zu einer lebensfähigen, wachsenden Gemeinschaft.

Eines von zahllosen weiteren Beispielen ist die Umweltaktivistengruppe Greenpeace, deren frühe Mitglieder zum großen Teil aus der spirituellen Szene kamen. Das Zeichen der Greenpeacer, der Regenbogen, nimmt eine indianische Prophezeihung auf: Wenn es der Erde sehr schlecht gehen würde, werden die Regenbogenkrieger kommen und den Frieden bringen. Danach heißt das erste Schiff von Greenpeace »Rainbow Warrior«.

Hier, an der Regenbogenbrücke, treffen sich die besprochenen Überlieferungen und die neuen religiösen Bewegungen mit der christlichen Kultur, auf deren Boden und oft gegen deren Widerstand sie gewachsen sind. Denn auch der Gott des Alten Testamentes sprach:

»Dies sei das Zeichen des Bundes, den ich zwischen mir und euch und allen lebenden Wesen bei euch für immerwährende Geschlechter schließe: Ich stelle meinen Bogen in die Wolken. Er soll ein Zeichen des Bundes zwischen mir und der Erde sein« *(Genesis 9)*.

b) Politik

Wenn insgesamt auch die Umsetzung der Ideale oft zu wünschen übrig läßt, kann man daraus aber noch nicht den oft an die Esoterik gerichteten Vorwurf ableiten, Esoterik oder Spiritualität mache an sich unpolitisch und führe ins gesellschaftliche Abseits – zum vielzitierten Rückzug in die Innenwelt. Zum einen müßte dieser Vorwurf nicht nur an neue religiöse Bewegungen, sondern an Religionen überhaupt (wie Marx und Feuerbach es konsequent taten) und wohl auch an die Psychologie gerichtet werden. Zum anderen geht die stärkste entpolitisierende Wirkung in unserer Gesellschaft von Fernsehen, Regenbogenpresse, Video und Sportveranstaltungen aus. Da drängt sich der Verdacht auf, es werde ein schwacher Gegner geprügelt, weil man sich an die wirklich volksverdummende Freizeit- und Werbeindustrie nicht heranwagt. Sicherlich wird der apolitische, autoritätsgläubige Durchschnittseuropäer durch Esoterik nicht zum Aktivisten, aber esoterisches Denken und Handeln läßt sich durchaus in der politischen Bewegung unterbringen, wie das Beispiel der amerikanischen Frauen- und Friedensaktivistin Miriam Simos (Starhawk) zeigt, die als Hexe im Wicca-Kult sehr aktiv ist und darum ringt, auch die intuitive Seite des Menschen in der Politik fruchtbar zu machen:

»Magie kann etwas sehr Nüchternes sein. Ein Flugblatt, ein Prozeß, eine Demonstration, ein Streik können bereits das Bewußtsein sehr verändern. Magie kann aber auch sehr esoterisch sein und all die klassischen Techniken der Bewußtseinsvertiefung, der seelischen Entwicklung und erhöhten Intuition umfassen. Wie alle Techniken können auch diese in hierarchischen Strukturen gelehrt oder mißbraucht werden, um Macht über Menschen zu gewinnen. Aber in ihrem Kern sind sie grundsätzlich anti-hierarchisch. Als Mittel, um Macht zu gewinnen, ist Magie nicht sehr effektiv – daher wird sie in unserer Gesellschaft so leicht mit Selbstbetrug, Illusion und Scharlatanerie in Verbindung gebracht. Magische Techniken bauen auf das Hervorrufen innerer Kraft auf und sind darin auch brauchbar, weil Magie die Psychologie und Technik des Immanenz-Denkens darstellt, ein Verständnis dafür, daß alles miteinander verbunden ist.«[161]

Dieses »Verständnis dafür, daß alles miteinander verbunden ist«, das esoterische Grundprinzip, müßte deutliche politische und ökologische Konsequenzen nahelegen, die von vielen auch gezogen werden, wie einige Beispiele zeigen. Doch lassen sich die Zusammenhänge zwischen Mensch und Welt auch anders interpretieren. Im folgenden sollen deshalb einige typische Fallen des esoterischen

Denkens aufgezeigt werden. Anschließend wird auf den Vorwurf eingegangen, esoterisches oder mythisches Denken sei tendenziell faschistoid. Und zum Schluß werden einige Aspekte besprochen, die für das politische Potential esoterischen Denkens sprechen.

Im Kapitel über Ethik war von einigen typischen Mißverständnissen schon die Rede, die sich natürlich auch gesellschaftlich auswirken.

Da die seelische Entwicklung des Menschen zentral für das esoterische Bemühen ist, wird oft die Rolle des Menschen im Universum weit übertrieben. Gern wird zum Beispiel als Analogie angeführt[162], der Mensch sei das Nervensystem der Erde. Abgesehen davon, daß die Erde dann zur Zeit wohl an einem schlimmen Gehirntumor leiden würde, frage ich mich, wie wohl der »hirnlose« Körper Erde einige Milliarden Jahre lang eine derartige Entwicklung hat machen können. Was soll die Annahme, wir entsprächen den Nervenzellen im Organismus Erde, wenn diese ohne uns gut auskommt, mit uns aber fast zugrunde geht? Sollte der Mensch tatsächlich eine Rolle im Organismus Erde zu spielen haben, so muß es wohl eine andere sein.

In ähnliche Richtung geht die oft geäußerte Annahme, die Erde sei für den Menschen eine bloße Schule, die er hinter sich läßt, sobald er die nötigen Entwicklungsschritte getan hat. Solch eine Voraussetzung lähmt natürlich jede konstruktive Teilnahme am Leben der Gesellschaft. Als Schule einer bestimmten Stufe ließe sich an der Erde nämlich nichts ändern. Krieg und Elend gehörten hierher wie das große Einmaleins ins vierte Schuljahr. Wer die Lektion gelernt hat, kommt nicht wieder. Krieg und Elend aber bleiben auf immer für die, die es eben noch lernen müssen. Bei solch einer Annahme handelt es sich wieder um einen Fall der Verwechslung von Bedeutungsebenen, wie sie bei den ethischen Überlegungen bereits auftraten. Eine Schau, die sich auf die seelische Situation eines Menschen bezieht, wird verallgemeinert und in den Alltag übertragen, in dem nicht die Gesetze der mystischen Entwicklung, sondern die gesellschaftlichen und ökologischen gelten. Jede Ebene hat ihre eigene Gesetzlichkeit – das muß stets beachtet werden.

Besonders fatal wird eine solche Lehre, wenn die Annahme der totalen Eigenverantwortlichkeit für das Schicksal auf gesellschaftliche Zustände ausgedehnt wird. Als therapeutische Arbeitshypothese kann die Annahme durchaus sinnvoll sein und zu einer intensiveren Wahrnehmung der eigenen Verursachung von Lebensumständen führen. In diesem Sinne würde die Hypothese sogar das politische Engagement fördern. Aber in der Verallgemeinerung wird sie zu einer unmenschlichen und zynischen Rechtfertigung dafür, daß wir Europäer unsere Machtmittel nutzen, um auf Kosten des Restes der Welt und unserer Kinder zu leben. – Die Afrikaner seien halt selbst für ihr Schicksal verantwortlich, ja sie brauchten den Hunger geradezu, um ihr schlechtes Karma auszugleichen. – Es muß wohl nicht weiter ausgeführt werden, was man aus derart unmenschlichen Thesen machen kann.

Neuerdings gibt es sogar eine »esoterische Partei« in Deutschland, die bei der Europawahl im Juni 1989 auf 20 800 Stimmen kam. Sie heißt »Neues Bewußtsein« (bei der vorigen Wahl noch »Esoterische Union«) und will esoterische Erkenntnisse zur Grundlage der Politik machen: »Durch spirituelle Entwicklung werden die Probleme (diejenigen unserer Welt, Verf.) gelöst«, heißt es im Info-Blatt. In diesem Sinne sollen Reinkarnation und Karma als maßgebend in die Politik eingebracht werden. Die konkreten Forderungen sind ganz vernünftig, aber nicht gerade neu: Abrüstung, Umweltschutz, alternative Energien, Menschlichkeit vor Profit, Verbot von Tierversuchen und so weiter. Aber in den Begründungen werden statt Erkenntnissen oftmals Bekenntnisse geboten. Die Erde findet sich im oben ausgeführten Sinne wieder als »Stätte der geistigen Entwicklung zu höherem Bewußtsein« des Menschen; und der Bundessekretär Friedhelm Wegner bietet gleich im Info-Blatt der Partei ein Seminar an: »Jeder ist seines Glückes Schmied.« Damit kann man Kolonialpolitik betreiben, aber keine Entwicklungshilfe. Immerhin wird hier ganz naiv eine Haltung offen ausgesprochen, die wir letztlich fast alle praktizieren und hinter viel wohlklingenderen Thesen verbergen. Da urständet ein platter Sozialdarwinismus in karmischer Verpackung.

Die »geistige Welt« möge uns also lieber vor solchen esoterischen Politikern verschonen. Dabei bin ich sicher, sie werden sich – falls einer von ihnen diese Zeilen läse – furchtbar mißverstanden fühlen. So meinen sie das gar nicht. Man kann ihnen den guten Willen auch abnehmen. Aber außerhalb der astralen Welt braucht es manchmal mehr als guten Willen. Es gibt genügend Machthaber, die begeistert wären, wenn ein großer Teil der Bevölkerung wieder an solche Thesen glaubte. Dann könnte man endlich den Feudalismus neu auflegen: Der liebe Gott (heute: das Karma) hat bestimmt, wer reich ist und wer nicht, wer was zu sagen hat und wer nicht. Amen.

Eine typische Falle esoterischen Denkens ist, in der Begeisterung für die großartigen kosmischen Einsichten die ganz konkreten Dinge zu übersehen. Ein bekanntes Beispiel dafür ist auch C. G. Jung, der – unter dem Eindruck seiner Vision des über Deutschland hereinbrechenden Wotan-Archetyps – Hitler als Medizinmann und Magier ansah. Jung erlag hier auf fatale Weise seiner Betrachtungsweise aus der Sicht des Unbewußten und vergaß darüber völlig das konkret angerichtete Leid beziehungsweise betrachtete es als nebensächlich.[163] Auch Jungs sonstige Bemerkungen zur Politik lassen erkennen, daß er gesellschaftliche und archetypische Vorgänge nicht genügend auseinanderhalten konnte.

Besonders die gesellschaftlichen Autoritäten werden leicht archetypisch mißverstanden. Nicht umsonst hat man den Völkern jahrtausendelang den Mythos vom König von Gottes Gnaden eingehämmert. Und im religiösen Bereich war und ist die Autoritätshörigkeit besonders groß, da sich die religiösen Führer in Europa, die Päpste, als Stellvertreter eines Gottes aufspielten und ihre Machtpolitik auf »höhere Einsichten« zurückführten. Auch esoterische Kreise haben diese Struktur übernommen. Und in den diversen Orden ging und geht es so hierarchisch zu wie in der römischen Kirche. Guru, Papst oder Großmeister – es ist immer der gleiche Archetypus des allmächtigen und allwissenden Herrschers, der die Menschheit seit Jahrtausenden in religiöser Unmündigkeit hält. Da in den letzten Jahrhunderten esoterisches Wissen hauptsächlich in elitären Männergesellschaften weitergegeben wurde, hat sich die Tendenz zur hierarchischen Struktur erheblich verstärkt. Besonders die magischen Zirkel haben ihre Praktiken noch bis vor kurzem streng gehütet. Insofern ist es wichtig und begrüßenswert, daß esoterisches Wissen heute öffentlich zugänglich gemacht und demokratisiert wird. Es ist zwar problematisch, Techniken zur freien Verfügung zu stellen, die in den Rahmen einer strengen Schulung gehören. Aber der Schritt ist notwendig, um der Esoterik ihr elitäres Gehabe zu nehmen. Und das gilt unabhängig davon, ob man diese Weltbilder für brauchbar hält oder nicht – sie zu veröffentlichen, ist einer demokratischen Gesellschaft auf jeden Fall angemessener, als sie in Geheimzirkeln zu hüten.

Bei allen Schwächen, die man den esoterischen Strömungen zu Recht nachsagen kann, ist jedoch der oft geäußerte Vorwurf falsch, sie hätten eine Affinität zum Faschismus.

Es ist im Geschichtskapitel darauf hingewiesen worden, daß besonders Ende des vorigen und Anfang dieses Jahrhunderts auch in esoterischen Kreisen der Antisemitismus und Rassismus verbreitet waren. Rassistisches Gedankengut war zu jener Zeit überall verbreitet, und esoterische oder heidnische Weltbilder konnten dagegen offenbar ebensowenig immunisieren wie Christentum oder naturwissenschaftliche Weltsicht.

Der Faschismus bediente sich zum Teil mythisch klingenden Vokabulars und aufwendiger Rituale, um die Emotionen des Volkes »gleichzuschalten«. Aber unzählige Völker haben mit ihren Mythen jahrtausendelang gelebt, ohne irgendwelche faschistoiden Züge zu entwickeln. Praktisch beruhte die Nazi-Herrschaft sicherlich nicht auf dem mythischen Vokabular und den magischen Ambitionen Himmlers, sondern auf der deutschen Großtechnologie, dem forcierten Autobahnbau und der schnellen Rüstung und einer straffen, äußerst rational gestalteten Bürokratie. Auch die »Endlösung« ist ein typisch rationalistisches Konzept, in dem die Welt als manipulierbare Masse gesehen wird und nicht als ein Geflecht magischer Beziehungen. In einem mythisch-magischen oder esoterischen Weltbild wäre eine »Endlösung« von irgend etwas gar nicht denkbar, denn nichts läßt sich aus dieser Welt einfach beseitigen oder lösen – alles ist mit allem verbunden und auf tiefster Ebene verwandt.

Auch bei den tausendfachen Justizmorden an den Hexen der Neuzeit konnte die Geschichtsforschung inzwischen zeigen, daß sie keineswegs auf einen »Wahn« zurückzuführen sind, sondern völlig rational durchorganisiert waren. Das gleiche gilt für die anderen großen Verbrechen an der Menschheit – den Sklavenhandel, den Völkermord an Indianern, Australiern, Afrikanern, Zigeunern, die Atombombenabwürfe und Atomversuche, die Massenmorde Stalins. Sie alle wurden und werden nicht in einem mythisch oder magisch bedingten Wahn durchgeführt, sondern rational, bürokratisch, meist sogar juristisch legitimiert und mit dem Segen der jeweiligen Kirche. Sie alle werden mit technisch-naturwissenschaftlichen Mitteln durchgeführt und nicht mit magischen. Und sie alle setzen moderne, hierarchisch organisierte Großstaaten voraus.

Gleichzeitig jedoch versuchen die Machthaber, das Gewissen

und die Kritik des Volkes mit pseudomythischen oder pseudoreligiösen Phrasen und Vorstellungen zu vernebeln. Dazu werden apokalyptische Gefahren beschworen oder der Himmel auf Erden versprochen. Eine solche Vernebelungsaktion ist aber nur möglich, weil die meisten Menschen im mythischen Bereich nur sehr unzureichend aufgeklärt und demzufolge anfällig für Pseudomythen sind. Je besser man sich im magisch-mythischen Bereich auskennt und die eigenen unbewußten Motive kennengelernt hat, desto weniger wird man auf die mythisch untermalten totalitären Machtansprüche irgendeines weltlichen oder religiösen Führers hereinfallen.

Abgesehen von den oben genannten bürgerlich-elitären Tendenzen der Esoterik sind heidnische oder gnostische Strömungen lange Zeit wichtige Träger des Protestpotentials im Volk gewesen. Das unterdrückte Volk versuchte sich mit »magischen Mitteln« zu wehren, wenn es keine anderen Möglichkeiten hatte. So entstanden Flüche und Bannungen gegen die, die man anders nicht belangen konnte. Bei den Hexenprozessen findet sich das Argument gegen die Angeklagten, daß sie arm waren und man ihnen daher zutraute, sich durch Hexerei zu wehren, wenn sie irgendwo kein Almosen bekommen hatten. Es war wohl ein Aufbegehren der Ohnmächtigen, denen man alles andere genommen hatte. So heißt es etwa in den italienischen Hexensprüchen aus »Aradia« (im vorigen Jahrhundert aufgezeichnet aus älteren Volksüberlieferungen):

»Und du sollst die Erste unter den Hexen sein;
Und dein Name soll an erster Stelle in der ganzen Welt stehen;
Und du sollst die Kunst des Giftmordes lehren,
Jene zu vergiften, die sich große Herren über alles dünken,
Ja, in ihren Palästen sollst du sie sterben lassen,
Und die Seele des Unterdrückers sollst du fesseln mit deiner Macht . . .
Und wenn ein Priester dich kränken sollte
Mit seinen Segenssprüchen, dann sollst du es ihm
Doppelt zurückzahlen, und zwar in
Meinem Namen, Diana, Königin aller Hexen.«[164]

Die meisten ketzerischen Bewegungen bis in die Neuzeit hinein waren für die weltliche Herrschaft ebenso bedrohlich wie für die kirchliche und waren insofern auch politisch zu verstehen. Bis in die Neuzeit hinein wurde jedes Anliegen auch auf religiösem Hintergrund gesehen. Daher drückten sich viele Bewegungen, die wir heute vornehmlich politisch verstehen würden, in Form von Häresien aus. Bis zur Aufklärung ließen sich Staat und Kirche nur gleichzeitig in Frage stellen. Neben den radikal christlichen Ketzereien, die darauf drängten, die christliche Lehre wirklich ernst zu nehmen, nahmen andere ketzerische Strömungen immer wieder heidnische oder gnostische Elemente auf. Eventuell lassen sich auch die Anfänge der Hexenverfolgungen als Niederschlagung der Widerstände im Volk deuten, indem die Reste seiner eigenen magisch-heidnischen Kultur und ihre Träger völlig ausgelöscht wurden.

In einer späten Erinnerung an diese Zusammenhänge wurde der Tag der Arbeiterbewegung bewußt auf den 1. Mai als alten heidnischen Frühlingsfeiertag gelegt, der mit seiner drastisch sexuellen Symbolik (Walpurgisnachtorgie, Maibaum) der Kirche stets ein Dorn im Auge gewesen war. So Wilhelm Liebknecht 1890:

»Der 1. Mai ist nicht nur in allen germanischen, sondern auch in allen romanischen Ländern seit Jahrtausenden ein Feiertag, das Fest des Frühlings der neugeborenen Erde. Der 1. Mai ist also die denkbar glücklichste Wahl für das Weltfest der Arbeit, durch die Tradition einer tausendjährigen Vergangenheit geheiligt.«[165]

Erstaunlicherweise tat sich gerade die neuere linke Bewegung dann durch eine besondere Arroganz gegenüber der überlieferten Kultur des »einfachen« Volkes hervor. Im rationalistisch-materialistischen Weltbild der Sozialisten hatte der »Aberglaube«, der letzte Rest der unterdrückten Volkskultur, noch weniger Platz als im Christentum. Aus Adornos Formulierung von der »Metaphysik der dummen Kerle« wie auch aus Thomas Manns Bezeichnung der Esoterik als »Köhlerglaube« spricht noch in unserem Jahrhundert deutlich die arrogante Geringschätzung der herrschenden und gebildeten Schichten für die religiösen Formen des »kleinen Mannes«, des für dumm gehaltenen Volkes.

Nun wird sicherlich heute niemand ernsthaft magische Sprüche gegen Unterdrücker als die politische Chance der Esoterik darstellen wollen. Aber in den neuen religiösen Bewegungen, zu denen die Esoterik heute zu zählen ist, steckt einiges, was auch politisch bedenkenswert sein könnte.

Die meisten Anhänger der verschiedenen neuen religiösen Strömungen (dazu gehören auch engagierte und kritische Christen,

Buddhisten, Hindus und andere) sind sich darüber bewußt, daß sich am Zustand der Welt und der Gesellschaft etwas ändern muß. Sie haben zwar oft andere Ansichten als die rein politischen Bewegungen darüber, wie solche Änderungen am besten zu erreichen seien. Sie bevorzugen die kleinen Schritte gegenüber den verwalteten Änderungen von oben und beginnen bei ihrer eigenen Ernährung, ihrem Konsumverhalten und so weiter. Aber im Prinzip zieht man am gleichen Strang, wie sich in der Friedensbewegung, in der Frauenbewegung, in Dritte-Welt-Gruppen und anderswo zeigt, wo eine auch religiös engagierte Politik vertreten wird.

Allein die Vielfalt der sich entwickelnden religiösen und weltanschaulichen Gruppierungen ist für eine pluralistische Gesellschaft ein gutes Zeichen, das man unterstützen und nicht unterdrücken sollte. Eine Bevölkerung, die im geistig-religiösen Bereich unfehlbare und totalitäre Herrschaftsansprüche akzeptiert und nur *eine* Wahrheit zuläßt, wird in der praktischen Politik kaum demokratisch entscheiden können. Das Führerprinzip überträgt sich von der Kirche auf den Staat. Demgegenüber können viele kleine Gruppierungen, die sich oft verändern und auf persönlicher Bekanntschaft beruhen, zu allgemein größerer Toleranz und zu der Einsicht führen, daß es viele Wahrheiten gibt und jeder Mensch selbst über seinen Heilsweg bestimmen kann. Wenn man dagegen die öffentliche Diskussion zu dem Thema verfolgt, bekommt man den Eindruck, viele würden die grundgesetzliche Religionsfreiheit nur auf die Wahl zwischen der evangelischen und der katholischen Staatskirche beziehen.

Neben einem neuen Verständnis geistiger Freiheit und Toleranz können die esoterischen Strömungen mit ihrer Betonung der Innenschau auch ausgleichend auf ein vorhandenes Ungleichgewicht wirken. Die politischen Bewegungen neigen allzusehr zu einem vordergründigen Aktivismus und einer Besserwisserei, die sich nur über die Splitter in den Augen der anderen aufregt. Eine Einbeziehung des Bemühens um Selbsterkenntnis und Erforschung der eigenen, hintergründigen Motive könnten dazu führen, daß wir auch im politischen Bereich verständnisvoller miteinander umgehen und Veränderungen nicht nur von den anderen fordern, sondern auch selbst zum Umdenken und Umhandeln bereit bleiben.

Wie oben bereits angedeutet, täte es not, Licht in die mythischen, unbewußten Tiefen des politischen Menschen zu werfen, um eine neue totalitäre Herrschaft möglichst unwahrscheinlich zu machen. Aber auch, um möglichst viele Menschen von der »magischen« Beeinflussung durch die industrielle Werbung zu emanzipieren.

Miriam Simos (Starhawk) weist in ihrem Buch »Dreaming the Dark – Magic, Sex and Politics«[166] darauf hin, daß sich Mythen nur ersetzen, nicht aber abschaffen lassen. Abgeschaffte Mythen bilden sich in anderer Verkleidung neu, wie etwa das Paradies säkularisiert als die Utopie der klassenlosen Gesellschaft wiederkam oder als »der amerikanische Traum«. Wollen wir die lebensfeindlichen hierarchischen Strukturen in unserer Welt loswerden, so nützt es nichts, einem Revolutionsführer nachzulaufen, der neue Inhalte und ein besseres Leben unter seiner – ebenfalls hierarchischen – Herrschaft verspricht. Wirkliche Änderungen sind struktureller Natur. Der zugrundliegende Mythos der Gesellschaft muß sich ändern. Für Starhawk ist Magie das Mittel, unsere innere Kraft wiederzuerlangen, sie aus der angsterfüllten Abhängigkeit von Hierarchien zu befreien, die Träger der menschlichen Werte geworden sind, die eigentlich jedem Menschen selbst zukommen. Das Wiedererlangen der inneren Kraft, das Gefühl, eine vollwertige Person zu sein, ist die Voraussetzung dafür, die Macht der äußeren Autoritäten herausfordern zu können. In ihrer Deutung fällt magisches Handeln mit politischem Handeln zusammen, weil es die Mechanismen der Entfremdung aufhebt und dem Individuum seine eigene Kraft und seinen menschlichen Wert zurückgibt.

Esoterische Strömungen können also durchaus ihren Beitrag zur vielproklamierten »Heilung der Erde« leisten. Nicht jedoch, indem selbsternannte Schamanen in die Wälder fahren (mit Autos natürlich) und dort Heilungszauber betreiben. Vielmehr können sie durch die Heilung der Gesellschaft wirken, indem sie Verdrängtes ans Licht heben, es integrieren helfen und ihre Weltbilder und praktischen Erfahrungen zur Vielfalt menschlicher Ausdrucksmöglichkeiten beisteuern.

In diesem Sinne könnte das »Erkenne dich selbst« als erster Schritt verstanden werden, um daraus die Einsicht und die Kraft für das verantwortliche Handeln gegenüber Mitmenschen, Natur und Gesellschaft zu schöpfen.

5. Esoterik im modernen Alltag

Nach den praktischen und begrifflichen Kapiteln soll hier noch einmal an die Darstellung der heutigen Esoterik angeknüpft werden, die bisher bloß geschichtlich durchgeführt wurde. Was bedeuten die dargestellten Theorien den heutigen »Esoterikern«? Gibt es überhaupt solche reinen »Esoteriker«? Welche der dargestellten Praktiken werden in welchem Rahmen ausgeübt? Ich möchte darüber eine kurze Übersicht für diejenigen geben, die mit der »Szene« völlig unvertraut sind, und das theoretisch Dargestellte etwas lebendiger werden lassen.

Man braucht das Thema Esoterik nur einmal in einer beliebigen Gesprächsrunde zur Sprache zu bringen, um festzustellen, daß es sich dabei um eine weltanschauliche Tendenz handelt, mit der die meisten Zeitgenossen schon in Berührung gekommen sind und mit der viele sich aktiv beschäftigen. Menschen mit derlei Interessen finden sich nicht nur in obskuren Sekten; esoterisches Denken und magische Praktiken gehören nicht mehr zu den kulturellen Randerscheinungen. In den hier dargestellten Formen der abendländischen Hermetik, aber auch in Gestalt asiatischer Systeme hat sich die Esoterik überall in der Gesellschaft verbreitet, unabhängig von Alter, Religion und Bildung.

Vielleicht haben Sie selbst das eine oder andere entdeckt, was ihrem eigenen Denken oder Handeln sehr nahesteht und was Sie bisher nicht in Zusammenhang mit Esoterik gebracht hätten. Da die Esoterik eine Form des Zugangs zur Religion ist, werden zumindest die Leser mit einer lebendigen religiösen Weltanschauung einige Übereinstimmungen gefunden haben.

Ebensowenig wie die Aufklärung die Rationalität und die Freiheit erfunden hat, hat die moderne Neigung zur Esoterik ihre Inhalte erfunden. Sie treten uns heute nur mit einem neuen Gesicht entgegen und müssen sich aus der Überlagerung von anderen Geistesrichtungen befreien. Für die Aufklärung waren langfristig nicht die Intellektuellenzirkel maßgeblich, die ihre Impulsgeber waren. Entscheidend war die langsame Ausbreitung aufgeklärten Denkens durch alle Schichten hindurch, bis es zur Selbstverständlichkeit wurde. Ebenso sind auch für die Esoterik nicht die kleinen Zirkel und Grüppchen entscheidend, von denen einmal weltanschauliche Impulse ausgegangen sind. Vielmehr werden sich viele Elemente der Esoterik als Grundstimmung in der Anschauung unserer Welt verbreiten und in ein paar Jahrzehnten selbstverständlich geworden sein.

Ganz allgemein läßt sich seit einigen Jahren ein geistiger Trend dahin beobachten, die Welt wieder als Einheit zu sehen und nicht – wie in der hohen Zeit der naturwissenschaftlichen Ideologie – als einen zufallsbestimmten Haufen von Atomen. Dieser Trend entstand nicht aus esoterischen, sondern aus wissenschaftlichen Überlegungen und ökologischen Notwendigkeiten, führte aber zum esoterischen Gesetz der Allverwandtschaft.

Zu den esoterischen Einflüssen gehört auch, daß die persönliche innere Erfahrung in den Religionen, besonders auch in den Kirchen, eine wichtige Rolle bekommt, daß das Üben von Meditation und eine vertiefte Form des Gebets normal geworden sind. Geistige Übungen und Entspannungstechniken gehören für viele Menschen schon lange zum Alltag, etwa als Autogenes Training oder Yoga. Esoterisches Denken hat sich in der Psychologie und Medizin weit verbreitet, wie unter anderem die wachsende Beliebtheit der Homöopathie und viele psychotherapeutische Ansätze zeigen. Aber auch in der praktischen Lebenshilfe und Lebensberatung stützen sich immer mehr Menschen auf die esoterischen Methoden, wie Astrologie, Tarot, I Ging oder auf mediale Informationen. Wem die Astrologie aus einer Krise geholfen hat, oder wer nach einer Geistheilung gesund wurde, läßt sich meist nicht mehr davon abbringen, »daß da etwas dran ist«. Wer auf esoterischen Wegen Hilfe oder Heilung erfahren hat, öffnet sich meist auch für die dahinterstehenden Weltbilder (auch wenn der Zusammenhang gar nicht schlüssig ist). Auf diese Weise sind die Möglichkeit des geistigen Einflusses auf den Körper (Geistheilung), die Existenz von Geistwesen oder die mehrfache Verkörperung der Seele auf der Erde (Reinkarnation) für viele moderne Menschen plausible Denkmöglichkeiten geworden.

Das Interesse an solchen neuen/alten Modellen der Welt und des menschlichen Schicksals führt nicht unbedingt zu einem Bruch mit der bisherigen Weltanschauung, zumal die meisten Menschen eher ein lebenspraktisches Interesse verfolgen, nicht so sehr ein theologisches oder philosophisches. Wer sich von den Weltbildern der Gesellschaft oder der Kirche radikal abwendet, tut dies aus sozialen oder persönlichen Gründen, wohl selten aber aus erkenntnistheoretischen.

Wie umfassend auch die esoterischen Weltbilder dargestellt wurden, sie bilden doch immer nur *einen* Aspekt des Alltagslebens, bei den meisten Menschen einen geringen. Das Interesse an einer esoterischen Disziplin wird sich zunächst durch das Lesen der entsprechenden Literatur und durch Gespräche mit Gleichgesinnten äußern. Wenn es dabei bleibt, wird Esoterik zu einer Art Hobby, zur Beschäftigung mit den seltsamen Möglichkeiten der Seele und den Geheimnissen der Geschichte. Viele versuchen aber darüber hinaus, ihr Leben in einem esoterischen Rahmen zu verstehen und zu deuten – etwa in der Arbeit mit den Symbolsystemen des Tarot oder der Astrologie. Auch das wird im allgemeinen eine ab und zu ausgeübte Feierabendbeschäftigung bleiben. Man sitzt dann über Horoskopen oder Karten, wenn andere Fußball gucken oder Krimis lesen. Viele bleiben einem solchen Hobby ihr ganzes Leben treu, wie die lange, solide Tradition der Astrologie zeigt. Wie Leute mit anderen Hobbys auch trifft man sich mit Gleichgesinnten, bildet (besonders in Deutschland natürlich) Vereine, besucht Seminare und so weiter.

Eine Beschäftigung, die so eng mit den grundlegenden Fragen des Lebens zu tun hat, dringt aber leicht auch in andere Lebensbereiche ein. Von der partiellen Deutung des Lebens mit esoterischen Mitteln und der Krisenbewältigung führt der nächste Schritt über das Üben einzelner Disziplinen – Meditation, Magie, Astrologie, Tarot, Träumen, Medialität – dazu, das Leben aktiv nach esoterischen Überlegungen auszurichten. Dann wird man versuchen, sich einen regelmäßigen Freiraum für geistige Übungen zu schaffen – über die gelegentliche Feierabendbeschäftigung hinaus. Man wird vielleicht über wichtige Entscheidungen schlafen und darauf achten, wie das Traumbewußtsein die Sache beurteilt. Oder man befragt ein Orakel nach einer Deutung und meditiert darüber. Krankheiten werden nicht mit Pillen unterdrückt, sondern zu einer Gelegenheit, sich mit der eigenen Lebensweise auseinanderzusetzen und in sich hineinzuhorchen, was sich da am Körper zeigt. Dies sind wohl die hauptsächlichen praktischen Anwendungsgebiete der Esoterik im Alltag: Ereignisdeutung mit Orakeln, Übung des Geistes und der Intuition, Bewältigung von Krankheiten und Krisen.

Manche werden auch versuchen, direkten Einfluß auf ihren Schicksalsverlauf und ihre Mitmenschen zu nehmen und magische Praktiken üben, wie Positives Denken, Visualisierungen oder rituelle Zauberei. Auch hier reicht das Spektrum von denen, die im Krisenfalle den professionellen Magier aufsuchen, um gegen Honorar etwas beeinflussen zu lassen, bis zu denen, die selber täglich üben, ihr Leben magisch zu beherrschen.

So weit bleibt das esoterische Interesse in einem unauffälligen, rein privaten Rahmen. Die Einstellung zum Leben, oft auch allerlei Kleinigkeiten und Angewohnheiten ändern sich, aber der äußere Rahmen bleibt im wesentlichen der gleiche.

Anders wird die Lage bei denjenigen, die sich bestimmten esoterischen Gruppierungen anschließen, die ein Bekenntnis zu einem weltanschaulichen oder religiösen System und eine bestimmte Lebensweise fordern. Die Anhänger der festen esoterischen Systeme sind insgesamt sicherlich eine Minderheit, stellen andererseits aber langfristig den festen Kern der esoterischen »Szene«.

Am bekanntesten unter den esoterischen Gruppierungen sind, gerade im deutschsprachigen Bereich, die Anthroposophen. Ihre Weltanschauung gehört im engeren Sinne zur europäischen Hermetik, aber sie haben als einzige praktische Einrichtungen mit großer Breitenwirkung geschaffen: die Waldorfschulen, die biologisch-dynamische Landwirtschaft (unter den vielen Möglichkeiten des biologischen Landbaus stellt die biologisch-dynamische eine besondere Form dar, die sich an den Lehren Rudolf Steiners orientiert), die soziale Dreigliederungsbewegung, eigene Kliniken, Heilstätten und Heilmittelhersteller (Weleda, Wala), zahlreiche Verlage (Verlag Freies Geistesleben, Urachhaus-Verlag u. a.), Zeitschriften, eine eigene Universität, eigene naturwissenschaftliche Institute, freie Kunsthochschulen, die Eurhythmie als eigene Kunstrichtung, rege Vortragstätigkeit. Und mit der »Christengemeinschaft« ist ihnen auch ein Kult locker angeschlossen. Bei einer derartigen Vielfalt an Einrichtungen ist es schon möglich, in einer fast rein anthroposophischen Welt zu leben: Man schickt die Kinder zur Waldorfschule, kauft Demeter- und Weledaprodukte im anthroposophischen Bio-

Laden, arbeitet selbst in einem anthroposophischen Verlag, nutzt in der Freizeit die vielfältigen Kurs- und Weiterbildungsangebote und geht sonntags in die Kirche der Christengemeinschaft. Ein derartig rein »anthroposophisches Leben« wird wohl eher der Ausnahmefall bleiben, zeigt aber, in welcher Breite das Leben nach esoterischen Grundsätzen gestaltet werden kann, wenn dies in einer Gemeinschaft geschieht, die sich für ihre Sache lange und konsequent einsetzt. Und diese anthroposophischen Ansätze sind ja auch nicht nur in den eigenen Reihen fruchtbar geworden, sondern haben darüber hinaus Entwicklungen in der größeren Gesellschaft angeregt. Auch viele Kinder von Eltern, die weder anthroposophisch noch überhaupt esoterisch interessiert sind, gehen zur Waldorfschule. Und die anthroposophische Ernährungslehre und Medizin hat ebenfalls in weiten Kreisen Anerkennung und Beachtung gefunden.

Andere esoterisch orientierte Gruppierungen sind jedoch mit ihren Tätigkeiten auf den weltanschaulichen oder kultischen Bereich im engeren Sinne beschränkt. Die spiritistischen Kirchen in England sind schon mehrfach erwähnt worden. Ihr Gemeindeleben gestaltet sich recht ähnlich wie dasjenige anderer Kirchen; es gibt die üblichen sonntäglichen und sonstigen Gottesdienste und die übliche Gemeindearbeit mit Treffen und Versammlungen. In den Gottesdiensten spielen allerdings die Vermittlung von Kontakten zu Verstorbenen und die Heilung durch Handauflegen eine besondere Rolle. Die Fähigkeit zu medialer Arbeit ist bei den meisten spiritistischen Kirchen auch eine Voraussetzung für die Ordination der Geistlichen.

Fest strukturierte Gottesdienstformen zeichnen auch die meisten erdreligiösen Kulte aus. Diese sind meistens nicht formell organisiert, also nicht in Vereinen oder Kirchen, sondern in überschaubaren Freundeskreisen. Diese Gruppen treffen sich zu bestimmten Festtagen zum Gottesdienst, der meist allgemein als »Ritual« bezeichnet wird. Die europäischen Hexengruppen beispielsweise feiern die 13 Vollmonde und die acht Jahresfeste. Wenn möglich werden solche Rituale draußen durchgeführt und aus organisatorischen Gründen meist abends. Die meisten Gruppen treffen sich zusätzlich noch wöchentlich, um das jeweils nächste Fest vorzubereiten oder magische Übungen in der Gruppe durchzuführen. Die Erdreligionen fordern nicht formell eine bestimmte Lebensweise, da es keine formellen Strukturen und keine Autoritäten gibt (außer bei manchen Schamanen-Anhängern). Aber eine naturnahe Lebensweise liegt doch sehr nahe. Deshalb findet sich die Erdreligion hauptsächlich in der »Alternativ-Szene«, bei denjenigen, die versuchen, ihre Verantwortung für die Umwelt, die Natur und die nächsten Generationen auch im Alltag ernst zu nehmen, sich entsprechend zu ernähren, zu kleiden, zu wohnen und auch sonst danach zu leben.

Da die meisten magischen Orden beziehungsweise die Namen ihrer Mitglieder geheim sind, zeigen sich ihre Aktivitäten ohnehin nicht im Alltag, sondern spielen sich in rein privaten Kreisen ab; und es wird angestrebt, ansonsten nicht allzusehr aufzufallen. Zur Arbeit in magischen Orden gehört es, regelmäßig, am besten täglich, verschiedene Bewußtseinstechniken zu üben und sich rituelle Grundformen anzueignen. Die Übungserfolge und -fehler werden von den jeweils übergeordneten Ordensmitgliedern anhand von magischen Tagebüchern überprüft und korrigiert. Regelmäßig finden auch Gruppenrituale statt, die der Festigung der Gruppenenergie oder der Stärkung des Ordensgeistes (personalisiert als sogenannter »Egregor«) dienen oder irgendwelchen anderen Zwecken, wie etwa der Einweihung neuer Mitglieder. Zweck und Aufgabe solcher Orden ist es, die geistige Entwicklung der Mitglieder zu fördern und ihr eine Struktur zu geben. Dabei kann es natürlich recht unterschiedliche Entwicklungsziele geben, wie schon mehrfach herausgestellt wurde.

Außerdem gibt es noch eine Unzahl kleiner Grüppchen und Zirkel, die diesem oder jenem Medium, Propheten oder Heiler anhängen, ansonsten aber wenig von sich reden machen. Das Bekenntnis der Gruppe kann sich mehr oder weniger stark auf den Alltag auswirken. Am ehesten gibt es noch Ernährungsvorschriften, wie etwa Vegetarismus oder bestimmte Gebets- oder Meditationspraktiken. Was an solchen kleinen Sekten typisch ist, zeigt aber nichts typisch Esoterisches mehr, sondern die gängigen Verhaltens- und Gruppenmuster von kleinen Sekten, ganz gleich welcher Religion sie angehören.

Dann gibt es noch eine »Szene«, die sehr schwer zu charakterisieren ist, weil sie ebenfalls keine formalen Strukturen hat. Ihre Anhänger werden manchmal etwas abfällig als »Engelchen-Typen« bezeichnet, was sich auf die meist weißen, wallenden Gewänder (weil schwarz »negativ« ist) und das 24-Stunden-Lächeln bezieht. Wir begegnen ihnen am ehesten unter den sogenannten »Geistchristen«, christlich orientierten Spiritisten, in der neuen Channeling-Szene, in manchen hinduistischen Gruppen und in der Therapie-Szene um Reiki und Rebirthing. Sie hören am liebsten »Meditationsmusik«, sanfte, anspruchslose, aber harmonische Computer-Musik, und hängen sich Bilder und Mandalas in den Farbtönen hellblau, blaßviolett, gold und weiß auf. Sie finden alles gut, was »irgenwie spirituell« ist und ignorieren (lächelnd) Kritik und alles »Negative«. Und weil Geld eine liebevolle und positive Energie ist, sind sie sehr geschäftstüchtig (immer lächelnd) und im allgemeinen sehr gut situiert. Dieses Bild ist eine Karikatur, aber manches in dieser Szene kommt mir auch ohne zusätzliche Verzerrung wie eine solche vor.

Sie werden sich jetzt vielleicht fragen: Und die ganzen »Spinner«, denen man dauernd begegnet – wo kommen die denn her? Was hat denn der komische ältere Mann mit Esoterik zu tun, der mich immer wieder im Bus anspricht und mir von den gefährlichen magischen Einflüssen der geheimen Logen und der Weltverschwörung erzählt? Oder die ansonsten ganz nette Frau von nebenan, die mir aber dauernd einreden will, wir seien auf Atlantis Schwestern gewesen? Und letztens hat mir sogar am Arbeitsplatz ein langjähriger Kollege erzählt, er hätte mit seinem UFO-Freundeskreis endlich einen wichtigen Landeplatz der Sirianer in der Eifel gefunden. Die Fotos, die er mir voller Enthusiasmus zeigte, sahen aber aus wie schlecht aufgenommene Frisbyscheiben vor dem bewölkten Himmel. Ist das nicht alles etwas verrückt? Ist die Esoterik nicht doch bedenklich, wenn so etwas dabei herauskommen kann?

Bei den meisten gesellschaftlichen Gruppen entwickeln sich seltsame Randerscheinungen. Ein befreundeter Physiker erzählte mir zum Beispiel von großen Physikkongressen, wo am Schluß der Rednerliste immer noch einige stehen, die aus irgendwelchen organisatorischen Gründen nicht abgelehnt werden können, bei deren Beiträgen man zur Belustigung dabeibleibt oder vorher schon geht. Die sind als Spinner bekannt, verrückte Erfinder, die wieder einmal das Perpetuum mobile entdeckt haben oder die neueste Weltformel erklären wollen. Bei politischen Bewegungen zeigen sich die extremen Flügel als oftmals gefährliche Fanatiker. Und Sie kennen sicher alle die »christlichen« Prediger an der Ecke vom Markt, die mit lauter Stimme das Jüngste Gericht verkünden.

In der Esoterik- und Psycho-»Szene« sammeln sich besonders viele Menschen, die von anderen Gruppen nicht ernst genommen werden und mit ihren oft krausen Ideen kein Gehör finden. Es liegt leider sehr nahe, diffuse Gedankengänge schon für mystische Eingebungen zu halten. Und wo sich »Durchsagen« von UFO-Fliegern mit hohen Auflagen verkaufen lassen, obwohl ihr Informationsgehalt gleich null ist, wird sich auch für andere Phantastereien noch eine Nische finden lassen. Da gibt es Astrologen, die mit fiktiven immateriellen Planeten arbeiten; da gibt es gar einen Verein von Leuten, die die Erde für flach halten und alle Raumflugberichte für Betrug; oder die Theorie, daß die Erde hohl sei und wir auf der Innenseite der Hohlkugel leben – und anderes mehr, was immer die menschliche Phantasie ausbrüten kann.

Ich kann nicht über die Beweggründe derer urteilen, die solchen skurrilen Weltbildern anhängen (die oft gar nichts mehr mit Esoterik zu tun haben und nur in dieser Rubrik geführt werden, weil sie sonst nirgendwo hinpassen). Ich bin jedenfalls froh, in einer Gesellschaft zu leben, die auch Platz für Weltbilder hat, die mir als unsinig oder verrückt vorkommen. Wie arm wären wir, wenn uns jemand die Wahrheit vorschreiben würde? Und sehr viele Menschen suchen auf diesen seltsamen Wegen auch Hilfe und ein wenig Anerkennung, die ihnen in anderen Lebensbereichen verwehrt wurde, wo alles nur noch schnell, rationell und anonym verwaltet wird. Von einer Nummer in der staatlichen Datenbank in den kleinen Kreis derer aufzusteigen, die das Geheimnis dieser Welt hüten, ist schon eine faszinierende Sache.

Zu den am häufigsten diskutierten Erscheinungsformen der Esoterik gehört zur Zeit der Vulgärspiritismus und Jugendokkultismus, das Beschwören von Geistern, Toten und Dämonen mit Gläsern, Ouija-Brettern und ähnliches. Solche Praktiken gehören sicherlich zur Esoterik, stehen zu ihr aber im gleichen Verhältnis wie von Jugendlichen gebastelte Knaller und Stinkbomben zur Chemie. Das soll nichts verharmlosen: Auch das unkundige Spielen mit Chemikalien hat schon zu schweren Unfällen und gesundheitlichen Schäden geführt. Aber wer wollte deshalb gleich die Chemie als solche in Frage stellen?

Zum Schluß möchte ich noch einmal betonen, daß die lauten und extremen Verkünder esoterischer Binsenweisheiten nicht für den Kern der Sache stehen und oft genug bloße Trittbrettfahrer der Kommerzwelle sind. Morgen verkünden sie schon das Gegenteil, wenn es nur Geld und Publicity bringt. Weitaus die meisten esoterisch Interessierten gehören keiner bestimmten Gruppe an; und auch die Fluktuation in den Gruppen ist sehr hoch, weil die meisten sich als Suchende sehen, die sich mit verschiedenen Ansätzen auseinandersetzen wollen, bevor sie sich weltanschaulich festlegen.

Nicht nur in bezug auf die Weltbilder und Praktiken, sondern auch im Alltag bietet die Esoterik ein buntes und schillerndes Bild. Und damit ist sie nur ein Ausschnitt aus dem breiten Spektrum der heute neu aufbrechenden Religiosität.

VI.

Schluß

> »Ein Mensch mit dem Kopf in den
> Wolken und den Füßen auf dem Bo-
> den – das muß ein sehr großer Mensch
> sein« *(Chinesisches Sprichwort).*

Worin besteht die esoterische Tradition Europas? Was geht sie uns heute an, was kann daraus für uns fruchtbar werden? So lauteten die Fragen am Anfang dieses Buches.

Im historischen Teil ist deutlich geworden, aus welchen Wurzeln der abendländischen Geistesgeschichte die Esoterik stammt. Wenn sie auch in den letzten Jahrzehnten weniger beachtet wurde, ist doch die esoterische Tradition ein wesentlicher Teil unserer Kulturgeschichte. Als Folge einer lang anhaltenden Verdrängung hat diese Überlieferung aber den Anschluß an viele wissenschaftliche und philosophische Weiterentwicklungen verpaßt und tritt uns heute in recht verkümmerter Gestalt entgegen. Die europäische Esoterik hat also in dieser Hinsicht einiges nachzuholen, um wieder die ernstzunehmende Disziplin zu werden, die sie bis in die Neuzeit hinein war. Umgekehrt hat aber auch der Hauptstrom unserer Kultur, insbesondere die Philosophie und die Theologie, durch das Abknicken seines esoterischen Zweiges viel verloren. Es liegt also eine große Chance darin, daß dieser kulturelle Zweig wieder aus dem Schatten herauswächst. Dieses Buch sollte ein kleiner Beitrag dazu sein, die Chance zu nutzen.

Damit der Zweig gute Früchte tragen kann, darf er allerdings nicht mit Erwartungen überlastet werden. Esoterik kann weder die ganze Religion ersetzen, noch sollte sie sich in die Naturwissenschaften einmischen. Sie nimmt eine mittlere und vermittelnde Position ein zwischen Erfahrungswissenschaft und Heilslehre. Für sie ist der Platz »zwischen Himmel und Erde« typisch, der lange unbesetzt war. Gerade heute richten sich aber viele Fragen auf diesen Zwischenbereich menschlichen Erlebens und rufen nach einem Weltbild, das die ganze Wirklichkeit umfaßt. Zur Klärung solcher weltanschaulichen Fragen kann die Esoterik überlieferte Begriffe und Modelle anbieten, die allerdings neu durchdacht und bearbeitet werden wollen. Man muß erheblich umdenken, um statt mit logisch verbundenen Begriffen mit analog verbundenen Symbolen umzugehen. Die Mühe lohnt jedoch und ist wohl auch nötig, denn der leere Raum in der Erkenntnis und Weltanschauung will gefüllt werden.

Für die Esoterik ist es wesentlich, den genannten Zwischenraum zu füllen, den Kopf in den Wolken zu haben und die Füße auf dem Boden, ohne abzuheben und ohne zu fallen. Die Schwächen und Fehler der Esoterik hängen meist mit dem Abgleiten in eine der beiden Richtungen zusammen. Dehnt sie sich zu weit nach oben aus, so versucht die Esoterik selbst zur Heilslehre zu werden, ist der Rolle aber nicht gewachsen. Entgleitet sie nach unten, so versucht sie mit untauglichen Mitteln naturwissenschaftliche Aussagen zu machen und degeneriert zur Pseudowissenschaft. Ein esoterisches System muß sich deshalb stets darauf befragen, auf dem Boden welcher Erfahrungen es steht und am Himmel welcher Heilslehre es sich orientiert.

Dies sei kurz am Postulat der Einheit des Daseins erläutert: Diese Annahme wird heute von vielen vorausgesetzt, ohne daß bei ihnen die lebendige mystische Erfahrung dieser Einheit dahintersteht. Erst die Erfahrung aber vermag im Menschen etwas zu bewirken und zu verändern. Die Floskel von der umfassenden Einheit des Seins verdeckt nur die Zerrissenheit des modernen Menschen, ohne sie zu heilen. Wird andererseits der möglichen Einheitserfahrung die religiöse Dimension abgesprochen, so wird ein mystisches Gotteserleben in der Deutung verkürzt auf »Alles ist Energie«. Damit soll die physikalische Einheit der Welt angedeutet werden, die sich aber nicht mystisch, sondern nur wissenschaftlich erweisen läßt. Und das Bewußtsein würde damit völlig unterschlagen.

Beide Fehler werden häufig gemacht: Es wird mit verschwommenen Begriffen herumspekuliert, die nicht fest auf Erfahrungen gegründet werden können. Und es wird zu oft vergessen, daß die Esoterik religiöse Erfahrungen deutet, die immer auf eine bestimmte Heilsvorstellung bezogen und von dieser geprägt sind. Sicherlich werden sich im Laufe der Zeit bestimmte Erfahrungsbereiche von der religiösen Dimension lösen lassen. Der Umgang mit psycho-physischer »Energie« etwa kann, wie in der Akupunkturlehre, auch ohne bestimmten religiösen Kontext erlernt werden. Andererseits wird aber in letzter Zeit immer deutlicher, daß die religiöse Dimension des Heilens insgesamt sträflich vernachlässigt wurde. Wenn einzelne esoterische Erkenntnisse säkularisiert werden, so sollte das zumindest wohlüberlegt geschehen und im Bewußtsein, damit eventuell Wesentliches außer acht zu lassen.

Mit ihrer an der Erfahrung orientierten Systematik der Symbole nimmt die Esoterik auch eine Stellung zwischen den Religionen ein und könnte neue Verständigungsmöglichkeiten zwischen verschiedenen religiösen Standpunkten oder Theologien schaffen. Wird sie auf korrekte und klare Weise betrieben, so fördert die esoterische Betrachtung die Mitteilbarkeit eines religiösen Anliegens. Gemeinsame Erfahrungen in verschiedenen Religionen oder Sekten ließen sich leichter als solche erkennen und auch die Unterschiede in den Heilsauffassungen leichter feststellen.

Begriffliche Unklarheiten und dogmatische Vermischungen von Symbolsystem und Heilslehre haben aber zu einer kaum noch überschaubaren Zersplitterung in esoterische Grüppchen und Sekten geführt, die sich untereinander schwer oder gar nicht verständigen können. Kommerziell läßt sich die Begriffsverwirrung natürlich prächtig ausschlachten, da man das immer gleiche unter immer neuen Namen verkaufen kann.

Einer besseren Verständigung auf der Basis esoterischer Religionsbetrachtung steht auch oft im Weg, daß Esoteriker vielfach ihre Rolle in ihrer Religion oder zwischen den Religionen weit überschätzen und für sich in Anspruch nehmen, sie ständen *über* den Religionen und könnten diese aus überlegener Einsicht beurteilen. Das ist natürlich lächerlich, denn mit diesem Trick erhebt der jeweilige Esoteriker einfach seine persönliche Heilsauffassung zur übergeordneten. Er schaut durch seine eigene Brille und behauptet, als einziger keine zu tragen. Man kann und muß zwar über die erfahrungsbezogenen Aussagen der Esoterik diskutieren, kann solche aber nicht heranziehen, um ein bestimmtes Heilsverständnis zu beweisen oder zu widerlegen.

Besonders beliebt ist dieses Übersehen der eigenen Brille bei den sich modern und säkular gebenden Esoterikern, Heilern oder Magiern. An pauschale, nicht unberechtigte Kritiken an den christlichen Kirchen und den ideologisierten Naturwissenschaften wird dann ein esoterisches Konzept angeschlossen, das beide zu ersetzen vorgibt. Angesichts der Unglaubwürdigkeit und Starre der heutigen kirchlichen und akademischen Weltanschauungen hat solch eine Position natürlich auf den ersten Blick die Lacher auf ihrer Seite.

Dabei übersieht man leicht, daß sich hier ein neues Dogma ins Denken einschleicht, auch wenn es sich pseudowissenschaftlich als »Neues Paradigma« oder pseudoesoterisch als »ägyptische Urweisheit« tarnt. Auch die Erwartung der Verbesserung des Lebens durch psychische Techniken, durch einen Bewußtseinssprung in der Evolution oder durch Sammlung magischer Macht sind religiöse Heilsvorstellungen, selbst wenn sie sich in technische Vokabeln hüllen.

Auch andere fehlerhafte Begriffs»modernisierungen« und Verwischungen vermag die Esoterik aufzudecken, weil sie im Bereich geistiger Erfahrungen genau differenzieren kann. So zum Beispiel, wenn – in Verwechslung subjektiver und objektiver Gegebenheiten – das Bewußtsein zu einem »Schwingungszustand« und Gott zur »kosmischen Energie« erklärt wird. Oder wenn der religiöse Begriff »Seele« langsam gegen den psychologischen Begriff »Psyche« ausgetauscht wird, als sei damit das gleiche gemeint. Auf diese Weise werden nämlich Begriffe nicht besser verstanden, sondern sie werden beseitigt. Die Esoterik bietet hier ein breites begriffliches Instrumentarium, mit dem man religiöse Erlebnisse unverkürzt deuten und sich in der Theologie viel Klarheit verschaffen kann, wenn man damit umzugehen gelernt hat.

Meistens wird der Esoterik jedoch das Gegenteil vorgeworfen: Sie führe zurück hinter die Aufklärung und fördere eine neue Irrationalität. Ich meine, das ist nicht der Fall. Dazu muß zunächst einmal unterschieden werden zwischen einem rationalen, vernünftigen Vorgehen und dem Rationalismus als einer Ideologie, die den Anspruch hat, die Welt vollständig materiell und logisch zu erklären. Gewiß entziehen esoterische Erfahrungen und Erkenntnisse einer rationalistischen Ideologie weitgehend den Boden, wenn diese meint, darüber entscheiden zu können, was es in der Welt geben kann und was nicht. Man ist aber noch keineswegs »irrational«, wenn man sich nicht auf eine so verengte Weltsicht beschränkt.

Neben der rationalen Seite haben wir auch eine nicht-rationale, eine intuitive und fühlende Seite. Diese intuitive Seite des Menschen steht der rationalen nicht entgegen, sondern bezieht sich einfach auf einen anderen Erfahrungsbereich. Beide Seiten müssen ihren Platz im Leben haben, damit wir im Gleichgewicht sind; und keine darf versuchen, den Platz der anderen einzunehmen. Vernünftiges Handeln eines ganzen Menschen besteht in der Verbindung der rationalen und der intuitiven Seite. Als »irrational« würde ich die Entgleisung in eine der Richtungen bezeichnen. Entglittene Rationalität wird ebenso irrational wie eine entglittene Intuition.

Heutzutage besteht das Problem nicht darin, daß wir zuviel, sondern daß wir viel zuwenig Vernunft und Rationalität anwenden. Eine Kultur, die sich in wenigen Jahrzehnten an den Rand des endgültigen Ruins gebracht hat, kann doch kaum besondere Rationalität für sich in Anspruch nehmen. Unser Fortschritts- und Machbarkeitswahn und unsere Sucht nach materieller Absicherung ist nicht einmal zur mythischen Bewußtheit, geschweige denn zur rationalen aufgestiegen. Die Motive, die unserer Zivilisation zugrunde liegen, sind nicht viel mehr als blinde Triebe und nebulöse Vorstellungen. Hier tut Aufklärung bitter not. Die bloß technische, funktionelle Rationalität spielt sich bei uns in den Vordergrund, um zu verdecken, daß sie auf einer völlig undurchschauten Grundlage steht.

Die Intuition muß heute geschult werden, um gegenüber der entglittenen Ratio ein Gegengewicht zu bilden; denn stark und vernünftig sein können nur beide zusammen. Das kann aber nicht heißen, daß die Intuition nun zur Herrschaft kommt und an die Stelle klarer Theorien diffuse Vermutungen gesetzt werden.

Im Gegensatz zu den sogenannten New-Age-Theoretikern würde ich nicht meinen, unsere Probleme beruhten darauf, daß wir zuviel Aufklärung hätten. Wir haben zuwenig davon. Und eine esoterische Beschäftigung mit der geistigen Seite der Welt, mit dem Kosmos der Symbole, mit der menschlichen Fähigkeit zu Visionen und intuitiven Erkenntnissen, kann ein wichtiger Schritt der Aufklärung in einem Bereich sein, der bis heute noch gefährlich unaufgeklärt ist. Nur darf natürlich »Aufklärung« nicht mit »Wegerklärung« verwechselt werden. Wer die geistige Seite der Welt nicht verstehen, sondern lieber loswerden will, treibt keine Aufklärung, sondern tabuisiert wichtige Lebensbereiche.

In diesem Sinne würde ich auch den zweiten Hauptvorwurf gegen die Esoterik zurückweisen, sie führe zu einer »Flucht nach Innen«, zum Rückzug von der Gesellschaft und den Mitmenschen. Die Devise »Erkenne dich selbst und handele danach« wie auch die esoterische Grundformel »Wie oben, so unten« fordern vielmehr dazu auf, aus der Selbsterkenntnis und Innenschau auch Konsequenzen zu ziehen. Was sich »oben«, im Bewußtsein, ändert, das verwirklicht sich auch »unten«, im täglichen Leben. Und esoterische »Entwicklungen«, die sich im Alltag nicht auswirken, die nicht zu einem ver-

antwortlicheren und kraftvolleren Leben führen, sind bloße Hirngespinste. Das ist das Grundgesetz der esoterischen Arbeit an sich
selbst.

Dahinter steht die Idee, daß aus dem anhaltenden Bemühen um
tiefere Erkenntnis unserer selbst Einsicht und Kraft erwächst für das
tägliche Handeln in der manifesten Welt. Statt sich von blinden
Kräften durchs Leben gestoßen und von Autoritäten abhängig zu
fühlen, sollte der Mensch in der inneren Übung die eigene Kraft zu-
rückgewinnen und wieder zum Subjekt des eigenen Lebens werden.
Denn das Schicksal erfüllt sich nur am verantwortlich Handelnden.
Mit dem Ausstieg aus der Verantwortung gegenüber Mitmenschen
und Umwelt verliere ich mein Schicksal und meinen Lebenssinn. So
folgt es aus esoterischen Überlegungen.

Daß die Esoterik auch zur Bildung von Rechtfertigungs- und Ent-
lastungsideologien der Privilegierten mißbraucht werden kann (»Jeder ist seines Glückes Schmied«) ist bereits mehrfach herausgestellt
worden. Aber auch viele andere Weltanschauungen, Religionen und
Philosophien haben schon dafür herhalten müssen, die Probleme
des Lebens zu verwässern, statt sie klarzustellen. Der Kern des praktischen Bemühens der Esoterik ist jedenfalls nicht die Flucht nach
innen, sondern das Ringen um mehr menschliche Reife und Einsicht.

Die tieferen Motive aller, die sich mit Esoterik beschäftigen, so
meine ich, sind religiöse. Bei manchen richtet sich die Heilssuche
zunächst auf seelische oder körperliche Heilung oder auf eine größere Sinnerfüllung im Alltag, aber letztlich geht es um das religiöse
Heil und die seelische Ganzheit, den Seelenfrieden. In unserer Gesellschaft ist aber aus guten historischen Gründen die Vermittlung
religiösen Heiles allgemein in den Verdacht geraten, eher zu verskla-
ven als zu befreien. Wer sich mit solchem berechtigten Mißtrauen
auf die Suche macht, wird sich auf keine Glaubensforderung und
kein Erlösungsversprechen mehr einlassen wollen. Vielmehr wird er
(oder sie) versuchen, durch eigene Erfahrung Wissen zu erlangen
und den Weg zum Heil auf einer möglichst gesicherten und überschaubaren Stufenleiter selbständig zu gehen, auf der neben fernen
Zielen auch möglichst konkrete Vorteile winken (Hellsicht, Hei-
lungsfähigkeiten usw.). Damit bleibt man jedoch in einer Haltung
des Mißtrauens, die von den religiösen Autoritäten auf die Religion

und das Leben überhaupt übertragen wurde. Vertrauen läßt sich aber nicht durch die Anhäufung von Wissen und durch die Absicherung mittels Techniken gewinnen. Im Gegenteil: Mißtrauen und Angst zeigen sich zum Beispiel sehr deutlich in der ständigen Suche nach Beweisen für ein Leben nach dem Tode, obwohl ein paar philosophische Überlegungen zeigen können, daß sich ein solcher »Beweis« prinzipiell nicht erbringen läßt. Und die Angst vor dem Tode (und dem Leben) läßt sich mit solchen »Beweisen« auch nur sehr kurzfristig dämpfen, sofern sie nicht auf eigener direkter Schau beruhen.

Es gibt keinen Trick, mit dem man sich eine Heilsgewißheit verschaffen kann. Wer das Heil nicht am eigenen Leibe erfährt, überdeckt nur seine Angst und seine Sehnsucht, die unter der trügerischen Decke von Techniken und Theorien unbeobachtet weiterwachsen. Die Suche nach religiöser Gewißheit wird leicht zur Sucht, die nach Befriedigung durch immer neue Beweise für das Jenseits, für Geister, für das Höhere Selbst oder vergangene Inkarnationen schreit.

Wo das Grundvertrauen ins Leben uneingestanden fehlt, führt die Heilssuche zum Streben nach Absicherung. Absichern kann man sich aber nur, indem man Macht gewinnt – über das eigene Schicksal und über das Schicksal anderer, von denen das eigene abhängt. In dieser Lebensangst liegt das Motiv aller niederen Magie, von Positivem Denken bis zur rituellen Zauberei. Da mit dem Gewinn von Macht die Angst aber nicht schwindet, sondern wächst, verlangt magische Technik nach immer weiterer Eskalation der Absicherungen. Was als Suche nach der Freiheit des Seelenheils begann, endet im selbstgezauberten Gefängnis magischer Techniken und esoterischer Gewißheiten.

In der allgemeinen Unsicherheit der weltanschaulichen, sozialen und ökologischen Krisen suchen viele Menschen natürlich nach Sicherheit und Möglichkeiten, ihr Schicksal zu bewältigen. Viele wenden sich aus diesem Grunde dem noch Unbekannten zu, der Welt des Nicht-Materiellen, und erhoffen sich davon eine Lösung ihrer Schwierigkeiten. Die Begegnung mit dem Übersinnlichen kann man relativ schnell erreichen; sie läßt sich vorführen und erlernen. Darin liegt heute sicherlich auch eine interessante und wichtige Aufgabe, denn vielen ist die berechenbare Welt zu klein geworden. Und eine ganze Reihe von Lebensproblemen löst sich sicherlich auch dann, wenn man sich wieder in einer größeren, geheimnisvolleren Welt erlebt und weiß, daß es Zusammenhänge gibt, die noch nicht berechnet und technisch erfaßt sind. Dann bekommt das Leben wieder einen neuen Reiz, wird wieder spannend und verlockend.

Es muß nur stets klar bleiben, daß die übersinnliche Seite der Welt nur eine andere Dimension der gleichen Welt ist, die wir kennen, nicht aber der transzendente Grund derselben, den wir als Gott bezeichnen. Das Vertrauen ins Dasein oder in Gott kann nicht aus dem Kontakt mit dem Übersinnlichen entstehen, sondern nur aus der Begegnung mit der Transzendenz. Lange Zeit haben materialistische Theorien das Übersinnliche und das Transzendente im gleichen Zuge als Aberglauben oder unzulässige »Metaphysik« abgeschoben. Insofern ist es für viele Menschen ein wichtiger Schritt, das Übersinnliche wieder zu erleben und damit der Theorie des Materialismus den Alleingültigkeits-Anspruch zu nehmen. Ist diese Öffnung einmal erfolgt, so kann der Weg auch weiter in Richtung auf das Göttliche gegangen werden. Man darf eben nur nicht meinen, mit dem Übersinnlichen auch das Transzendente schon wieder in Reichweite zu haben.

Die esoterische Sichtweise könnte zwar eine zeitgemäße Art sein, sich mit den Grundfragen von Leben und Tod, von Gott und Welt, von Schicksal und Freiheit zu beschäftigen und auf neue Art geistige Erfahrungen zu sammeln und zu deuten. Die Möglichkeit, umfassende esoterische Theorien zu bilden, kann aber auch kurzschlüssig als eine Möglichkeit mißverstanden werden, sich die »letzten Dinge« leichthin zu erklären. Man meint, sich mit den letzten Fragen zu beschäftigen; indem man darüber liest und redet, verflacht aber alles so weit, daß die erschütternde Kraft einer echten Auseinandersetzung verlorengeht. Die bei uns übliche Verdrängung von Leid und Tod kann sich so auf unauffällige Weise fortsetzen.

Vielleicht ist dies zugleich das Schwierigste und das Wichtigste an der Esoterik, an der Philosophie und Religion: der Spannung der tiefsten Fragen des Lebens standzuhalten, ohne sie verfrüht beantworten zu wollen. Wer an den rätselhaften Grenzen des menschlichen Wissens forscht (oder davon liest), muß sich immer erneut klarmachen, daß damit das große Geheimnis des Daseins nicht gelüftet werden kann. Damit wäre auch die Esoterik überfordert.

»Es gibt allerdings Unaussprechliches. Dies zeigt sich, es ist das Mystische.«
»Wovon man nicht sprechen kann, darüber muß man schweigen.«[167]

Die Esoterik kann das Eigentliche nie erfassen oder gar ersetzen, aber sie kann Klarheit schaffen und Wege weisen. Sofern man im religiösen Bereich überhaupt reden will, kann nur eine saubere Theoriebildung dazu dienen, die eigentlichen Fragen offenzuhalten, und uns daran hindern, die Spannung vor dem tiefen Geheimnis der Welt in voreiligen Theorien abzubauen. Recht verstandene Esoterik kann helfen, das vordergründig Rätselhafte und Mysteriöse vom wirklichen Geheimnis zu unterscheiden, das Übersinnliche nicht mit dem Göttlichen zu verwechseln, und auf diese Weise den Kern des Religiösen, das Mystische, zu bewahren.

* * *

Ein junger Gelehrter kommt zu einem weisen Rabbi und bittet ihn um Auskunft über die Geheimnisse der Gottheit. Der junge Mann erklärt ihm, daß er nun schon jahrelang die Schriften und die Kabbala studiert habe, aber er sei noch immer nicht zum Kern seiner Fragen vorgedrungen. Nun wolle er in seiner Verzweiflung ihn, den Meister der Kabbala, fragen, was das Ergebnis seiner Studien sei.

Der Rabbi antwortet ihm nicht, sondern sagt: »Siehst du den Weidenkorb dort auf dem Hof. Bitte, geh und bring mir damit Wasser vom Brunnen.« Der Schüler wundert sich über die seltsame Anweisung, versucht sie aber ohne Widerworte auszuführen, weil er meint, er solle damit auf seine Ernsthaftigkeit überprüft werden. Er füllt den Korb mit Wasser und läuft zum Rabbi, doch ist das Wasser natürlich längst herausgelaufen, bevor er dort ist. Der Rabbi sagt nichts weiter und schickt ihn noch einmal. Das Ergebnis ist nicht besser. Noch ein weiteres Mal wird der Schüler geschickt und geht auch ohne Widerworte, um dem Meister seine Geduld zu zeigen. Nach einigen weiteren Malen wird er aber ungeduldig, weil der Rabbi ihm immer noch nicht seine Fragen beantwortet, sondern nur sitzt und schweigt.

Schließlich fragt der Schüler erneut nach dem Sinn seiner Studien. Da weist der Meister auf den Korb und sagt: »Viele Male hast du versucht, damit Wasser zu schöpfen, aber es ist dir nicht gelungen. Doch der Korb, der vorher unansehnlich und verschmutzt herumlag, ist davon sauber und frisch geworden. Trotz aller Studien wird dein Geist das Geheimnis Gottes nicht festhalten können. Aber er wird dadurch rein und klar.«

Anhang

Literatur

In dieser Übersicht versuche ich, aus der unübersehbaren Fülle esoterischer Bücher einige herauszugreifen, die ich für wichtig und grundlegend halte. Allerdings bedeutet die Aufführung eines Buches in dieser Liste nicht, daß ich inhaltlich damit übereinstimme. Die Übersicht beschränkt sich weitgehend auf deutschsprachige Bücher, die im Handel lieferbar sind. Weitere Literaturhinweise finden sich im Text und in den Anmerkungen.

Allgemeine Einführungen zur Esoterik

DETHLEFSEN, Thorwald: Schicksal als Chance. Das Urwissen zur Vollkommenheit des Menschen, München 1987 (1979), Goldmann Verlag.

Zu Recht das verbreitetste (21. Aufl. bis 1987) Einführungswerk, das wesentliche esoterische Grundgedanken erläutert. Das Buch gibt Einblick in die hermetische Weltanschauung anhand von Astrologie und Überlegungen zu Krankheit und Heilung.

DIE GROSSEN ARCANA DES TAROT. Meditationen. (anonym), Freiburg 1983, 4 Bde., Herder Verlag.

Der anonyme Autor, Valentin Tomberg, entfaltet anhand von Meditationen zu den Tarotkarten das gesamte esoterische Denken. Obwohl er seinen katholischen Glauben oft ziemlich penetrant betont, dringt er über das vordergründig Magische, Symbolische oder Psychotechnische hinaus zum Kern der hermetischen Überlieferung vor. Dieses Buch möchte ich zur tiefergehenden Lektüre eindringlich empfehlen.

FRITSCHE, Herbert: Der große Holunderbaum. Einführung in die Esoterik, Göttingen 1982 (1956), Burgdorf Verlag.

Eine Einführung, die typisch für die Tradition der ersten Jahrhunderthälfte ist. Fritsche gehört zu den wenig bekannten, aber einflußreichen Esoterikern.

LEUENBERGER, Hans-Dieter: Das ist Esoterik. Eine Einführung in esoterisches Denken und die esoterische Sprache, Freiburg 1986, Bauer Verlag.

318

Knapper Überblick über die wichtigsten Richtungen, die legendäre Geschichte und auch über Literatur.

SCHEIDT, Jürgen vom: Antworten aus dem Unbewußten. Esoterische Wege der Selbsterfahrung, Freiburg 1986 (1980), Herder Verlag.
Gut und verständlich geschriebene psychologische Einführung in die Praxis verschiedener esoterischer Techniken. Dabei steht weniger die Esoterik selbst, als ihre Nutzbarmachung im modernen Alltag im Mittelpunkt. Ein sehr vernünftiges und gutes Buch gerade für Anfänger.

Als *Zeitschrift* zur Thematik ist nur die ESOTERA, Freiburg, Bauer Verlag, monatl., nennenswert, die sich in jüngster Zeit auch kritisch mit esoterischen Themen auseinanderzusetzen beginnt. Hauptsächlich finden Sie darin Neuigkeiten, Ereignisse und Meinungen aus der heutigen spirituellen, parapsychologischen und esoterischen »Szene«.

Geschichte der Esoterik

1. Dokumentarische Werke

Die folgende Aufstellung bringt eine Auswahl der Klassiker der abendländischen Esoterik. Weitere Literatur zu einem intensiveren Studium wird man über Universitätsbibliotheken und -institute erhalten können.

PLOTIN: Ausgewählte Schriften, Hrsg. Walter Marg, Stuttgart 1973, Reclam Verlag.

Vollständige Textausgabe von PLOTIN in 5 Bd. im Verlag Felix Meiner Hamburg.

JAMBLICHUS: Über die Geheimlehren, Hildesheim 1987, Olms Verlag.

HERMES TRISMEGISTOS, Die XVII Bücher, München 1982, Akasha Verlag.

DER SOHAR. Das Heilige Buch der Kabbala (Auszugsweise Übers. von Ernst Müller), Köln 1983, Diederichs Verlag.

DIE ELEMENTE DER KABBALAH, Hrsg. E. Bischoff, Berlin 1985, Schikowski Verlag.
Enthält das Buch Jezira, Auszüge des Sohar und jüngere Schriften.

AGRIPPA von Nettesheim: De Occulta Philosophia. Drei Bücher über die Magie, Nördlingen 1987 (1855), Greno Verlag.

PARACELSUS: Gesamtausgabe in 5 Bd., Hrsg. W. E. Peukert, Basel 1965–77, Schwabe & Co. Verlag.

DERS.: Der Himmel der Philosophen – Magische, alchemistische und astrologische Schriften, Nördlingen 1988, Greno Verlag.

ANDREAE, Johann Valentin: Die Bruderschaft der Rosenkreuzer. Esoterische Texte, Köln 1984, Diederichs Verlag. Enthält die drei grundlegenden Rosenkreuzer-Schriften von 1604/14. (Die Originaltexte erschienen im Calwer Verlag, Stuttgart 1973, Hrsg. Richard van Dülmen.)

ALCHYMIA, Alchemistische Texte des 16. und 17. Jahrhunderts, Hrsg. Richard Scherer, Mössingen 1988, Talheimer Verlag.

ABRAHAM VON WORMS: Das Buch der wahren Praktik in der göttlichen Magie, München 1988, Diederichs Verlag.

LÉVI, Eliphas: Transzendentale Magie. Dogma und Ritual der hohen Magie (2 Bd.), Basel 1987, Sphinx Verlag.

DERS.: Das große Mysterium, Ulm 1986, Hesse & Becker.

PAPUS: Die Kabbala, Schwarzenburg 1975, Ansata Verlag.

DERS.: Tarot der Zigeuner, Interlaken 1979 (1889), Ansata Verlag.

KARDEC, Allan: Das Buch der Geister, Freiburg 1987, Bauer Verlag.

DERS.: Das Buch der Medien, Freiburg 1987, Bauer Verlag.

BLAVATSKY, Helena P.: Die Geheimlehre, (Orig. 1888), Den Haag – Couvreur Verlag.

DIES.: Die Geheimlehre, (Orig. 1888), gekürzte Ausgabe, Graz 1975, Adyar Verlag.

DIES.: Isis entschleiert, Den Haag – Couvreur Verlag.

DIES.: Schlüssel zur Theosophie, Graz 1969, Adyar Verlag.

DIES.: Die Stimme der Stille, Graz 1953, Adyar Verlag.

REGARDIE, Israel: Das magische System des Golden Dawn (in 3 Bd.), Freiburg 1987/88, Bauer Verlag. In diesem Standardwerk zum Golden Dawn finden sich alle erhaltenen Lehrschriften und Ritualtexte und damit das bisher umfangreichste esoterische und magische Lehrsystem.

STEINER, Rudolf: Die Philosophie der Freiheit, 1894

DERS.: Die Theosophie. Einführung in übersinnliche Welterkenntnis und Menschenbestimmung, 1904

DERS.: Wie erlangt man Erkenntnisse der höheren Welten, 1904

DERS.: Aus der Akasha-Chronik, 1905

DERS.: Die Geheimwissenschaft im Umriß, 1910

Alle Werke im Rudolf Steiner Verlag, Dornach, Schweiz. Es ist wohl von kaum einem anderen esoterischen Autor so viel veröffentlicht wie von Steiner. Die Grundzüge seines Weltbildes lassen sich aber den oben genannten Werken entnehmen.

FORTUNE, Dion (Violet Firth): Die mystische Kabbala, Freiburg 1987 (1957), Bauer Verlag. Ein Standardwerk moderner Kabbalistik.

CROWLEY, Aleister: Das Buch des Gesetzes, Basel 1981, Sphinx Verlag.

DERS.: A. Crowleys magische Rituale, Hrsg. Gregorius, Berlin 1980, Schikowski Verlag.

Das SECHSTE UND SIEBTE BUCH MOSIS, ein wahrer Text und was das Volk darin sucht, Berlin 1984, Karin Kramer Verlag.

Eine klassische Sammlung von Zaubersprüchen aus dem Volksglauben.

ARADIA, Die Lehre der Hexen, Hrsg. Charles G. Leland, München 1988 (1899), Goldmann Verlag.

Die überlieferten Lehren norditalienischer Hexen.

2. Sekundärliteratur

BIEDERMANN, Hans: Handlexikon der magischen Künste, Graz 1986, Akademische Druck- u. Verlagsanstalt (in 2 Bd.)

Ein grundlegendes Nachschlagewerk wissenschaftlichen Charakters zur klassischen Magie und Alchemie, besonders wichtig zum Verständnis älterer Originaltexte.

MIERS, Horst-E.: Lexikon des Geheimwissens, München 1976, Goldmann Verlag.

Nicht immer ganz zuverlässig, aber mit einer Fülle nützlicher Einzelheiten und Verweise.

SCHOLEM, Gershom: Zur Kabbala und ihrer Symbolik, 1973 (1960)

DERS.: Die mystische Gestalt der Gottheit, 1977 (1962)

DERS.: Die jüdische Mystik in ihren Hauptströmungen, 1980 (1957)

Alle Werke im Suhrkamp Verlag, Frankfurt.

Der erst vor kurzem verstorbene Gershom Scholem war ein großer jüdischer Kabbala-Experte und geht das Thema aus theologischer Sicht an. Sehr speziell, aber das fundierteste Werk zu Thema.

ELIADE, Mircea: Schmiede und Alchemisten, Stuttgart 1980, Klett-Cotta.

Eine religionsgeschichtlich umfassende Deutung der Alchemie.

JUNG, C. G.: Psychologie und Alchemie, Olten 1979 (1944), Walter Verlag.

Das bahnbrechende Werk für ein neues Verständnis der Alchemie.

SCHICK, Hans: Das ältere Rosenkreuzertum. Ein Beitrag zur Entstehungsgeschichte der Freimaurerei, Berlin 1942.

Wissenschaftliche Abhandlung zur Geschichte der Rosenkreuzer mit ausführlichen Quellenangaben auch für die Folgeschriften.

BIEDERMANN, Hans: Das verlorene Meisterwort. Bausteine zu einer

Kultur- und Geistesgeschichte des Freimaurertums, Wien 1986, Böhlau Verlag.
Eine Darstellung der Freimaurerei in ihren kulturgeschichtlichen Bezügen, die die Bedeutung der Mysterienbünde und Einweihungen deutlich macht.

MÖLLER, Helmut/HOWE, Ellic: Merlin Peregrinus – Vom Untergrund des Abendlandes, Würzburg 1986, Königshausen & Neumann Verlag.
Biographie des okkulten Abenteurers und einflußreichen Ordensgründers (OTO) Theodor Reuß, die ein Licht auf den Umkreis der okkulten Szene zu Anfang des Jahrhunderts wirft.

SYMONDS, John: Aleister Crowley. Das Tier 666. Leben und Magick, Basel 1980, Sphinx Verlag.
Wichtigste Biographie zu der umstrittenen Magier-Gestalt Crowley. Symonds hat sowohl die erforderliche kritische Distanz zur Person wie auch die nötige Sachkenntnis, Crowleys Anliegen darzustellen.

ELIADE, Mircea: Schamanismus und archaische Ekstasetechniken, Frankfurt 1975 (1954), Suhrkamp Verlag.
Das erste wissenschaftliche Werk zum Schamanismus – immer noch das Standardwerk.

DUERR, Hans-Peter: Traumzeit – Über die Grenze zwischen Wildnis und Zivilisation, Frankfurt 1978, Syndikat Verlag.
Ein wesentlicher Beitrag für das moderne Verständnis schamanischer Kult- und Gesellschaftsformen.

BIEDERMANN, Hans: Hexen. Auf den Spuren eines Phänomens. Traditionen, Mythen, Fakten, Graz 1974, Verlag für Sammler.
Standardwerk zum Hexen-Phänomen überhaupt. Ethnologisches, historisches und zeitgenössisches Material mit großem Sachverstand dargestellt.

WICHMANN, Jörg: Wicca, die magische Kunst der Hexen. Geschichte, Mythen, Rituale, Berlin 1984, Verlag Tegtmeier.
Studie zum neueren Hexenkult, die sowohl Material darstellt als auch Hintergründe aufzeigt.

SEBALD, Hans: Hexen – damals und heute?, Frankfurt 1987, Umschau Verlag.
Eine kulturgeschichtliche Studie zum europäischen Hexentum.

ZACHARIAS, Gerhard: Satanskult und Schwarze Messen, Wiesbaden 1964, Limes Verlag.
Eine kulturgeschichtliche Studie und Deutung des Satanismus.

GOLOWIN, Sergius: Die Weisen Frauen, Basel 1982, Sphinx Verlag.

DERS.: Hexen, Hippies, Rosenkreuzer, Gifkendorf 1977, Merlin Verlag.

DERS.: Magier Merlin, Gifkendorf 1981, Merlin Verlag.

DERS.: Magie der verbotenen Märchen, Gifkendorf 1985, Merlin Verlag.

DERS.: Magier der Berge, Basel 1984, Sphinx Verlag.

In allen seinen Büchern bietet Golowin reiches Material zum Volksglauben der Vergangenheit und seinem Fortleben im Untergrund der Kultur dieses Jahrhunderts.

3. Kritische Literatur

gibt es leider viel zuwenig. Die wenigen Bücher, die sich kritisch auseinandersetzen, sind unsachlich, oder sie beschränken sich auf die Proklamation eines einseitig kirchenchristlichen Standpunktes.

Die meines Erachtens beste und fruchtbarste kritische Auseinandersetzung mit der modernen Esoterik (allerdings vermischt mit Gedanken über New Age) bringt:

KEHL, Medard: New Age oder Neuer Bund? Christen im Gespräch mit Wendezeit, Esoterik und Okkultismus, Mainz 1988, Grünewald Verlag.

HEMMINGER, Hansjörg (Hrsg.): Die Rückkehr der Zauberer. New Age – eine Kritik, Reinbek 1987, Rowohlt Verlag.

Aus kirchlicher Sicht, aber sehr informativ, relativ sachlich und in den Kritiken oft sehr treffend.

GUGENBERGER, Eduard/SCHWEIDLENKA, Roman: Mutter Erde. Magie und Politik zwischen Faschismus und neuer Gesellschaft, Wien 1987, Verlag für Gesellschaftskritik.

Eine kritische Auseinandersetzung mit esoterischen und erdreligiösen Strömungen dieses Jahrhunderts aus politischer (linker) Sicht.

MARKS, Stephan: Hüter des Schlafes. Politische Mythologie, Berlin 1983, Hofgarten Verlag.

Marks untersucht den politischen Mißbrauch der mythologischen Sprache. Im zweiten Teil folgt eine Studie der politischen Rolle der Jungschen Psychoanalyse.

BINSWANGER, Hans Chr.: Geld und Magie. Deutung und Kritik der modernen Wirtschaft anhand von Goethes Faust, Stuttgart 1985, Thienemanns Verlag.

Der Schweizer Volkswirtschaftler deutet die moderne Fortschrittsökonomie anhand des Faust II als erfolgreiche Variante der geheimnisvollen, schwarzmagischen Alchemie. Eine ausgezeichnete, sehr anspruchsvolle Geschichtsdeutung.

KALS, Hans: Kontakt mit Verstorbenen? Erfahrungen, Vermutungen, Beweise, Freiburg 1987, Herder Verlag.

Eine humorvoll-nachdenkliche Auseinandersetzung mit dem heutigen Spiritismus und seinen Deutungsmöglichkeiten. Das Buch zeichnet sich durch vielfältige eigene Erfahrungen des Autors sowie durch klare theoretische Überlegungen aus.

VOLLMAR, Klausbernd/HAEUSLER, Martin: Der letzte Schrei aus dem Jenseits, Berlin 1988, Verlag Simon & Leutner.
Eine kritische und humorvolle Analyse der momentanen Channeling-Szene, die das Sinnvolle vom Grotesken zu trennen weiß.
Empfehlenswert ist auch der monatliche MATERIALDIENST der Evangelischen Zentralstelle für Weltanschauungsfragen, Stuttgart, Quell Verlag.

Heutige esoterische Praxis

1. Meditation
Da die meisten Meditationsanleitungen aus dem Bereich der östlichen Religionen stammen, gibt es wenig Literatur zu typisch westlichen Meditationsformen. Einen guten Überblick über Techniken und Praxis der Meditation bietet:
BOECKEL, Johannes F.: Meditationspraxis. Techniken und Methoden, München 1986 (1977), Goldmann Verlag.
Unter den europäischen Meditationslehrern ist sicherlich besonders Karlfried Graf DÜRCKHEIM mit zahlreichen Veröffentlichungen zu erwähnen, der allerdings auch sehr von der Zen-Meditation beeinflußt ist.
Sehr zu empfehlen sind die Bücher des anthroposophischen Autors
KÜHLEWIND, Georg: Bewußtseinsstufen – Meditationen über die Grenzen der Seele, Stuttgart 1976, Verlag Freies Geistesleben.
DERS.: Die Wahrheit tun – Erfahrungen und Konsequenzen intuitiven Denkens, Stuttgart 1978, Verlag Freies Geistesleben.

2. Astrologie
Allein eine halbwegs gründliche Bibliographie zu diesem Thema würde Seiten füllen. Die Auswahl gibt daher sehr subjektiv einige Bücher an, die ich persönlich gut und gründlich fand.
RIEMANN, Fritz: Lebenshilfe Astrologie. Gedanken und Erfahrungen, München 1976, Pfeiffer Verlag.
Gute Einführungen des bekannten Tiefenpsychologen in Astrologie und Deutungspraxis.
JÜNGER, Ernst: An der Zeitmauer (u. a.: Gedanken eines Nicht-Astrologen zur Astrologie), Stuttgart 1959, Klett Verlag.
Wichtige Grundgedanken zum astrologischen Weltbild aus der Sicht eines scharfen Beobachters der Zeit- und Geistesgeschichte.
GREENE, Liz: Schicksal und Astrologie, München 1985, Kailash Verlag.

Sehr umfangreiche Einführung in astrologisches Denken und Deuten. Sehr hohes Niveau, sowohl gedanklich als auch sprachlich. Auch die anderen Bücher der Autorin sind zu empfehlen.

ORBAN, Peter: Astrologie als Therapie. Auf der Suche nach der Lüge, ein Selbsterfahrungsbuch, München 1986, Kailash Verlag.
Psychologisch-esoterische Astrologie mit sehr interessanten und originellen Deutungen.

RING, Thomas: Astrologische Menschenkunde, 4 Bde., Freiburg 1979/81, Bauer Verlag.
Grundlegene Lehrwerke der klassischen Astrologie.

DERS.: Das Grundgefüge. Die Stellung des Menschen in Natur und Kosmos, Freiburg 1986, Aurum Verlag.

3. Tarot

POLLACK, Rachel: Tarot. 78 Stufen der Weisheit, München 1985, Knaur Verlag.
Grundlegendes Einführungswerk mit ausgezeichneten Deutungen.

LEUENBERGER, Hans-Dieter: Die Schule des Tarot – I. Das Rad des Lebens; II. Der Baum des Lebens, Freiburg 1982, Bauer Verlag.
Bietet eine fundierte Einführung in das Tarot und im Zusammenhang mit den kleinen Arkanen auch in die Lehre des kabbalistischen Lebensbaumes. Leuenberger berücksichtigt das gesamte symbolische Umfeld des Tarot und hebt sich deutlich von der meist verflacht psychologisierenden modernen Deutungsweise ab. Wohl eines der wichtigsten und einflußreichsten modernen Tarot-Werke, das gleichzeitig eine Einführung in das esoterische Denken überhaupt bietet.

NICHOLS, Sallie: Die Psychologie des Tarot. Tarot als Weg zur Selbsterkenntnis nach der Archetypenlehre C. G. Jungs, Interlaken 1984, Ansata Verlag.

CROWLEY: Aleister: Das Buch Thoth, München 1985.
Für Anfänger ein schwieriges, aber wichtiges Werk dieses Altmeisters des Tarot. Zu kritischer Lektüre zu empfehlen.

Als *Standard-Tarot-Decks* seien genannt:
Ancient Tarot de Marseille
Rider-Waite-Tarot
Crowley-Smith-Tarot

4. Traum und Astralkörper

VOLLMAR, Klausbernd: Dreampower. Handbuch für Träumer, Berlin 1988, Verlag Simon & Leutner.

DERS.: Fahrplan durch die Chakren, Reinbek 1988, Rowohlt Verlag.

Zwei praktische, moderne Anleitungsbücher, eines zum Umgang mit Träumen bis zum Erlernen des luziden Träumens, das andere zum Umgang mit der Körperenergie.

WILLIAMS, Strephon K.: Durch Traumarbeit zum eigenen Selbst, Interlaken 1984, Ansata Verlag.

Das wohl ausführlichste Buch zur Traumarbeit mit vielfältigen praktischen Methoden.

Folgende Bücher zur Astralwanderung und zum luziden Träumen bilden auch Beispiele für einen sorgfältigen Umgang mit Innenerfahrungen:

ZURFLUH, Werner: Quellen der Nacht. Neue Dimensionen der Selbsterfahrung, Interlaken 1983, Ansata Verlag.

WAELTI, Ernst R.: Der dritte Kreis des Wissens. Außerkörperliche Erfahrungen, Interlaken 1983, Ansata Verlag.

5. Magie

BUTLER, William: Die hohe Schule der Magie, Freiburg 1976, Bauer Verlag.

Eine moderne Einführung in die rituelle Magie nach dem System des Golden Dawn.

BARDON, Franz: Der Weg zum wahren Adepten – Ein Lehrgang in zehn Stufen, Freiburg 1986 (1957), Bauer Verlag.

Systematischer Übungsweg zum Erlernen magischer Fertigkeiten. Es legt hauptsächlich Wert auf die Bewußtseinsbeherrschung, weniger auf rituelle Techniken. Etwas altmodisch und oberlehrerhaft, aber immer noch viel gelesen.

BRENNAN, James H.: Experimentelle Magie, Basel 1985, Sphinx Verlag.

Leichtverständliche Einführung in die praktischen Grundlagen der Magie.

TEGTMEIER, Bettina: Der große Schlüssel zum Orakel. Techniken der Schicksalsbefragung, Interlaken 1985, Ansata Verlag.

Umfangreiches Werk zu fast allen denkbaren Orakeltechniken in magischer Deutungsweise.

6. Schamanismus und Hexenkult

CASTANEDA, Carlos: Die Lehren des Don Juan, 1972

DERS.: Eine andere Wirklichkeit, 1973

DERS.: Reise nach Ixtlan, 1976

DERS.: Der Ring der Kraft, 1976

DERS.: Der zweite Ring der Kraft, 1978

DERS.: Die Kunst des Pirschens, 1981

Alle Werke im Fischer Verlag, Frankfurt.

Seine Schriften waren für die Ausbildung dessen maßgeblich, was man heute gängigerweise unter »Schamanismus« und indianischer Magie versteht. Was immer man davon hält – die Bücher sind spannend zu lesen.

STARHAWK (SIMOS, Miriam): Der Hexenkult als Urreligion der Großen Göttin: Magische Übungen, Rituale und Anrufungen, Freiburg 1973, Bauer Verlag.

Handbuch für praktizierende Hexen oder Heiden.

DAS HEXENBUCH (anonym). Authentische Texte moderner Hexen zu Geschichte, Magie und Mythos des alten Weges, München 1987, Goldmann Verlag.

UNICORN. Vierteljahreshefte für Magie und Mythos, Bonn 1982–1985, 13 Ausgaben, Verlag Horus Buchhandlung.

Die Zeitschrift war im Bereich Magie, Schamanismus, Hexen und Erdreligion mehrere Jahre lang maßgeblich.

7. Heilung

WALLACE/HENKIN: Anleitung zum geistigen Heilen, Essen 1982, Synthesis Verlag.

Das Buch enthält wesentliche Grundtechniken der magischen Heilung in leichtverständlicher Form.

DETHLEFSEN, Thorwald/DAHLKE, R.: Krankheit als Weg – Deutung und Be-Deutung der Krankheitsbilder, München 1983, Bertelsmann.

EDWARDS, Harry: Geistheilung, Freiburg 1983, Bauer Verlag.

Der bekannteste englische Geistheiler erklärt sein Weltbild und seine Heilungen.

TEGTMEIER, Ralph: Die heilende Kraft der Elemente – Praxis der Tattwa-Therapie, Freiburg 1986, Bauer Verlag.

Ein Anleitungsbuch für die therapeutische Arbeit mit den Elementen.

Zur Homöopathie und Akupunktur wird hier mangels Sachkenntnis keine Literatur aufgeführt.

8. Politik und Ökologie

STARHAWK (SIMOS, Miriam): Wilde Kräfte, Freiburg 1987, Bauer Verlag.

Im Kapitel zur Politik und Ökologie ausführlich besprochen. Wichtige Ansätze zur esoterischen Betrachtung der modernen Gesellschaft.

BUSCHENREITER, Alexander: Unser Ende ist euer Untergang – Die Botschaft der Hopi und anderer US-Indianer an die Welt, Düsseldorf 1983, Econ Verlag.

Eine politisch-ökologisch sehr engagierte Darstellung der religiösen und mythischen Traditionen nordamerikanischer Indianer. Buschenreiter geht über das ethnologisch Faszinierende hinaus und zeigt, wie wichtig das alte Wissen der Naturvölker in der heutigen Situation ist.

THIELE, Johannes: Die mystische Liebe zur Erde – Fühlen und Denken mit der Natur, Stuttgart 1989, Kreuz-Verlag.

Das spirituelle Verhältnis des Menschen zur Natur anhand des Lebens und Wirkens großer abendländischer Mystiker und Esoteriker vom Mittelalter bis heute. Ergreifende Belege einer wenig bekannten Tradition.

Esoterische Belletristik

Romane vermögen ein Weltbild oft viel treffender und tiefer zu vermitteln als Sachtexte. Daher spielen sie eine wichtige Rolle in der Verbreitung esoterischer Weltanschauung.

Bekannte Klassiker der Fantasy-Literatur:

TOLKIEN, J. R. R.: Der Herr der Ringe, Stuttgart 1977 (1966), Klett-Cotta.

DERS.: Das Silmarillion, Stuttgart 1988, Klett-Cotta.

ENDE, Michael: Die unendliche Geschichte, Stuttgart 1979, Thienemanns Verlag.

ZIMMER-BRADLEY, Marion: Die Nebel von Avalon, Frankfurt 1983, Fischer Verlag.

Im Stil klassischer Fantasy sind beachtenswert und esoterisch ergiebig auch die Werke von

Patricia McKILLIP, Joy CHANT, Ursula LeGUIN, Peter S. BEAGLE, George MacDONALD.

Esoterischer Belletristik geht es oft mehr um die »Botschaft« als um das Erzählen selbst, was sich nachteilig bis verheerend auf den Stil auswirkt. Als typisch für esoterische Belletristik gelten folgende Werke:

MEYRINK, Gustav: (alle Werke, z. B.:) Der Engel vom westlichen Fenster; Der Golem; Das grüne Gesicht; Der weiße Dominikaner.

SZEPES, Maria: Der rote Löwe, München 1984 (1946), Heyne Verlag.

BULWER-LYTTON, Edward: Zanoni – Die Geschichte eines Magiers, Interlaken (1842), Ansata Verlag.

HUYSMANS, Joris K.: Tief unten, Zürich 1987 (1891), Diogenes Verlag.

Ein Roman aus dem satanistischen Milieu Frankreichs in der Okkult-Welle des vorigen Jahrhunderts.

WILSON, Robert A./SHEA, R.: Illuminatus-Trilogie, 3 Bd., Reinbek 1980, Rowohlt.

HAICH, Elisabeth: Einweihung, München 1972 (1954), Drei Eichen Verlag.

Ein bekannter Reinkarnations-Roman, der wichtige esoterische Lehren in Romanform zu vermitteln versucht.

Folgende Werke lassen sich keinem Genre leicht zuordnen, sondern sind eigenwillige literarische Gestaltungen von hohem erzählerischem Niveau:

BEMMANN, Hans: Stein und Flöte, Stuttgart 1983, Thienemanns Verlag.

Ein märchenhafter Entwicklungsroman, der alle anderen Werke dieser Art sprachlich und gedanklich weit überragt. Eines der Beispiele großer Literatur, die esoterische Themen aufnimmt.

KASCHNITZ, Marie-Luise: Der alte Garten, Düsseldorf 1975, Claassen Verlag.

Ein esoterisches Märchen über die Wanderung zweier Kinder durch die Elemente.

BATES, Brian: Wyrd. Der Weg eines angelsächsischen Zauberers, München 1984, Dianus Trikont Verlag.

Dabei handelt es sich um den Versuch eines englischen Historikers, aus authentischem Material des angelsächsischen Heidentums einen Roman zusammenzubauen. Sehr unterhaltsam und lehrreich.

Auch zahlreiche Klassiker, die sich nicht zu der esoterischen Literatur im engeren Sinne zählen lassen, nehmen ebenfalls ihre Themen auf:

APULEIUS: Der goldene Esel.

DANTE: Die göttliche Kommödie.

GOETHE: Faust; Wilhelm Meisters Lehrjahre; Das Märchen von der Schlange.

HESSE, Hermann: Demian; Morgenlandfahrt; Narziß und Goldmund; Iris; Augustus; Pictors Wandlungen.

MANN, Thomas: Zauberberg.

Viele bekannte Autoren bearbeiteten Themen aus dem Umkreis der esoterischen oder okkulten Weltdeutung oder bereicherten ihre Geschichten damit. Einige seien hier nur erwähnt:

Edgar Allan Poe; E. T. A. Hoffmann; D. H. Lawrence; Arthur Conan Doyle; H. P. Lovecraft; Bram Stoker; Mary W. Shelley; Doris Lessing; Oscar Wilde; August Strindberg.

Wer qualifizierte Beratung über esoterische Literatur sucht oder Hilfe bei der Beschaffung ausgefallener Bücher, kann sich an die Fachbuchhandlung Horus, Bismarckstr. 19, 5300 Bonn 1, 0228 – 22 59 46, wenden.

Anmerkungen

[1] T. W. Adorno, Minima Moralia, Frankfurt 1951 (1985), S. 325. Adorno spricht in dem genannten Text von Okkultismus, als wäre dieser auf Spiritismus beschränkt.

[2] Als bekannteste Beispiele seien hier nur genannt: Mozarts Zauberflöte und Goethes Faust. Näheres zur geschichtlichen Wirkung der Esoterik in Kapitel II.

[3] Siehe Kapitel II.4 zur Begriffserklärung des »New Age« und Abgrenzung von der Esoterik.

[4] So etwa noch in Hans Biedermann, Handlexikon der magischen Künste, Graz 1986, findet sich diese klassische Deutung sehr ausführlich dargestellt und gut begründet.

[5] Zwar gab es möglicherweise mündliche Geheimtraditionen, wie sie sich überall bei den Naturvölkern finden. Doch wissen wir davon heute kaum etwas; und sie sind nicht Gegenstand der heutigen »esoterischen« Literatur.

[6] Etwa die Inhalte der griechischen Mysterienkulte, der Eleusinien (siehe II.1.a) und anderer, oder die Lehrinhalte von Geheimgesellschaften.

[7] Untertitel der Zeitschrift »Equinox«, 1909–1914.

[8] Rudolf Steiner, Die Mystik, Dornach 1901/1977, S. 14.

[9] Im Kapitel V wird diese problematische und leicht mißzuverstehende These näher erläutert werden.

[10] Ramsey Dukes, Liber SGDSMEE. Die Grundlagen der Magie, Unkel 1987.

[11] Die Jungsche Tiefenpsychologie oder Analytische Psychologie ist ein gutes Beispiel für Anschauungen, die in der genannten Grauzone zwischen naturwissenschaftlicher und esoterischer Betrachtungsweise liegen. Einerseits handelt es sich um eine aus der wissenschaftlichen Psychologie hervorgegangene Disziplin, die sich an wissenschaftlicher Arbeitsweise und Begrifflichkeit orientiert; andererseits wird der Bezugsrahmen der Wissenschaften oft überschritten und auch mit Analogien gearbeitet.

[12] Siehe etwa Jungs Synchronizitäts-Theorie, die er dem Kausalitätsprinzip gegenüberstellt, oder die Überlegungen von Robert Amadou, Das Zwischenreich, Baden-Baden 1957, zur Parapsychologie (S. 425).

[13] C. G. Jung hat mit seinem Gesetz der *Synchronizität* genau solche Zusammenhänge erklären wollen. Der Ausdruck ist aber zu unhandlich, so daß hier ein gängigerer benutzt wird. Siehe dazu C. G. Jung, Synchronizität als ein Prinzip akausaler Zusammenhänge. In: Naturerklärung und Psyche (Studien aus dem C. G. Jung-Institut IV), Zürich 1952 (Ges. Werke, VIII, 1967).

[14] T. Dethlefsen, Schicksal als Chance, München 1979, S. 30.

[15] Diese Diskussion um die Parapsychologie läßt sich sehr gut in Arthur Koestlers Buch »Die Wurzeln des Zufalls« (Bern, 1972) verfolgen. Dort finden sich die von mir dargestellten Positionen anhand von zahlreichen Zitaten belegt.

[16] Eine Überlegung sei hier angeführt, die sich schlecht in den vorgetragenen Argumentationsgang einfügen läßt: Das Phänomen der im Labor reproduzier-

baren Psychokinese, der psychischen Beeinflussung von Materie legt nahe, daß es auch eine physikalische Kraft geben muß, die die Ursache einer solchen Einwirkung bildet. Es läßt sich schwerlich als »sinnhafter, akausaler Zusammenhang« deuten, wenn jemand durch psychische Konzentration eine Magnetnadel zum Rotieren bringt.

[17] Diese Unterscheidung trifft auch Martin Buber in »Zwei Glaubensweisen«, Zürich 1950.

[18] Ludwig Wittgenstein, Tractatus logico-philosophicus, Frankfurt 1960, 6.44.

[19] »Zen« ist eine japanische Richtung des Buddhismus, deren Meditationsmethoden in Europa und den USA sehr beliebt wurden. Besonders christliche Meditationslehrer orientieren sich stark an den Zen-Methoden.

[20] Der Begriff ist schon älter. Bereits Agrippa von Nettesheim nennt sein 1531 erschienenes Werk »De Occulta Philosophia«.

[21] Hans-Dieter Leuenberger, Das ist Esoterik, Freiburg 1986.

[22] Edouard Schuré, Die großen Eingeweihten, Bern, München, Wien, 1986 (18. Auflage), (3. deutsche Auflage von 1916), S. 17.

[23] Homer, Ilias, XX. Gesang, 438/9, nach J. H. Voß.

[24] Näheres dazu siehe Georg Ivanovas, Die Mysterien von Eleusis, UNICORN IV, S. 8 ff. und Heinrich Bessler, Das Geheimnis von Eleusis, UNICORN XI, S. 198 ff., UNICORN, Vierteljahreshefte für Magie und Mythos, Bonn 1982–85. Weitere Literatur: George E. Mylonas, Eleusis and the Eleusinian Mysteries, Princeton 1961. Karl Kerenyi, Die Mysterien von Eleusis, Zürich 1962. K. H. E. de Jong, Das antike Mysterienwesen in religionsgeschichtlicher, ethnologischer und psychologischer Bedeutung, 1901. Erwin Rohde, Psyche, Seelenkult und Unsterblichkeitsglaube der Griechen, Stuttgart (1898) 1980.

[25] J. O. Plassmann, Orpheus – Altgriechische Mysterien, Köln 1982 (Orig. 1928), S. 14 und 15.

[26] Platon, Der Staat, 7. Buch (514 a–518 b).

[27] Hans Leisegang, Die Gnosis, Stuttgart 1985 (Orig. 1924), S. 12.

[28] Leisegang, S. 379.

[29] Epiphanios führt in seinem Buch gegen die Ketzer eine Liste von 60 unterschiedlichen christlich-gnostischen Gruppierungen auf. Hinzu kommen heidnische Sekten und viele andere, von denen er keine Kenntnis hatte.

[30] Gershom Scholem, Die jüdische Mystik in ihren Hauptströmungen, Frankfurt 1980 (Orig. Zürich 1951). Siehe auch Abschnitt c.

[31] Zu dieser Deutung siehe Näheres in Kapitel V. 4.

[32] Die jüdische Mystik, Zürich 1951; Die mystische Gestalt der Gottheit; Zur Kabbala und ihrer Symbolik.

[33] Gershom Scholem, Mystik, S. 158.

[34] Gershom Scholem, Mystik, S. 81.

[35] Zitiert nach Papus, Kabbala, Schwarzenburg 1975, S. 181.

[36] Das System der Sefiroth wird in Kap. III.2.6 weiter ausgeführt.

[37] Scholem, Mystik, S. 81.

[38] Ludwig Blau, Das jüdische Zauberwesen, Darmstadt 1987 (Orig. Budapest 1898). Und siehe auch Scholem.

[39] Gershom Scholem, Jüdische Mystik, S. 37.

[40] Als Beispiele seien nur drei wichtige Übersichtswerke genannt, die sie kaum

erwähnen: Leuenberger, Das ist Esoterik; Dethlefsen, Schicksal als Chance; Wehr, Esoterisches Christentum.

[41] Ludwig Blau, Das jüdische Zauberwesen, Darmstadt 1987 (Orig. Budapest 1898).

[42] Nähere Einzelheiten, die hier nicht alle genannt werden können, finden sich in Alwyn und Brinley Rees, Celtic Heritage, London 1961, und Janet und Stewart Farrar, Eight Sabbats for Witches, London 1981.

[43] Siehe II.4.

[44] Mircea Eliade, Schmiede und Alchemisten, Stuttgart 1980.

[45] Eliade, S. 149 f.

[46] C. G. Jung, Psychologie und Alchemie, Olten 1975.

[47] Eliade, S. 150.

[48] Siehe dazu die ersten Hefte der Zeitschrift »Quinta Essentia«, 1984, oder die Bücher von Fra Albertus.

[49] Beispiele in Jung, Psychologie und Alchemie, und in Hans Biedermann, Materia Prima. Eine Bildersammlung zur Ideengeschichte der Alchemie, Graz 1973.

[50] Beginn des »Poimandres« in: Die 17 Bücher des Hermes Trismegistos, 1702; Neuauflage München o. J.

[51] Ein höchst interessantes Buch des Schweizer Wirtschaftswissenschaftlers Hans Christoph Binswanger, Geld und Magie. Deutung und Kritik der modernen Wirtschaft, Stuttgart 1985, zeigt auf, daß im 18. Jahrhundert die Alchemisten an den Fürstenhöfen durch die ersten Finanzexperten ersetzt wurden, die deren Geschäft der »Goldmacherei« aus dem Nichts bedeutend effektiver betrieben. Binswanger stellt das nicht als Spekulation vor, sondern weist es anhand historischer Einzeldaten und Persönlichkeiten nach. Die dabei genannte Alchemie ist schon eine späte Verfallsform.

[52] Nach Alchymia, alchemistische Texte des 16. und 17. Jahrhunderts, Hrsg. Richard Scherer, Mössingen 1988, S. 17.

[53] Agrippa von Nettesheim, De Occulta Philosophia, Nördlingen 1987.

[54] Kurt Goldammer, Paracelsus in der deutschen Romantik, Wien 1980.

[55] Paul Arnold, Esoterik im Werke Shakespeares, Berlin o. J.

[56] Paracelsus, Buch über die Bildnisse, XII. Kapitel.

[57] Einführung zu Johann Valentin Andreä, Die chymische Hochzeit Christiani Rosenkreutz, Obernhain 1974.

[58] Bernhard Beyer, Das Lehrsystem des Ordens der Gold- und Rosenkreuzer, Leipzig 1925, und Leopold Engel, Geschichte des Illuminaten-Ordens, Berlin 1906.

[59] Abraham Ben Simeon, Das Buch der wahren Praktik in der göttlichen Magie, München 1988, herausgegeben und mit ausführlicher Einführung von Jürg von Ins.

[60] Hans Biedermann, Das verlorene Meisterwort. Bausteine zu einer Kultur- und Geistesgeschichte des Freimaurertums, Wien 1986.

[61] Ebenda, S. 136.

[62] Siehe Hans Biedermann, Hexen, Graz 1974, und dort zitierte zahlreiche Anthropologen.

[63] Carlo Ginzburg, Die Benandanti – Feldkulte und Hexenwesen im 16. und 17. Jahrhundert, Frankfurt 1980.

[64] Vergleiche Apuleius, Der goldene Esel; die Bilder von Hans Baldung Grien; die Selbstversuche des Anthropologen Will-Erich Peukert; Abraham von Worms, DasBuch der wahren Praktik in der göttlichen Magie, München 1988, S. 88 f.

[65] Zu orgiastischen Riten: Biedermann, Hexen, Graz 1974; »Hexenkult«, in: UNICORN III, »Alte Götter« in UNICORN I, Bonn 1982.

[66] Siehe dazu die ausführliche Studie: Erika Wisselinck, Hexen – Warum wir so wenig von ihrer Geschichte erfahren und was davon auch noch falsch ist, München 1986.

[67] Jakob Burckhardt, Kultur der Renaissance, zitiert nach Wisselinck, Hexen, S. 22. Ginzburg hat diesen Übergang an einem Beispiel aus Norditalien gut dokumentiert.

[68] Wisselinck, Hexen, München 1986; Becker/Bovenschen/Brackert, Aus der Zeit der Verzweiflung – Zur Genese und Aktualität des Hexenbildes, Frankfurt 1977; Biedermann, Hexen – Auf den Spuren eines Phänomens, Graz 1974; Claudia Honegger (Hrsg.), Die Hexen der Neuzeit – Studien zur Sozialgeschichte eines kulturellen Deutungsmusters, Frankfurt 1978.

[69] Jules Michelet, Die Hexe, Karlsruhe 1975 (Orig. Leipzig 1863).

[70] Siehe dazu Näheres in Jörg Wichmann, Wicca – Die magische Kunst der Hexen. Geschichte, Mythen, Rituale, Berlin 1984.

[71] Zitiert nach Gerhard Zacharias, Satanskult und Schwarze Messe. Ein Beitrag zur Phänomenologie der Religion, Wiesbaden 1970, S. 126 ff.

[72] Ganz unten, Berlin 1985.

[73] Den Begriff der »Schattentradition« verdanke ich der Anregung von Dr. Michael Fuß SJ.

[74] Johann H. Jung-Stilling, Theorie der Geisterkunde oder was von Ahnungen, Gesichten und Geistererscheinungen geglaubt und nicht geglaubt werden müßte, Neuauflage Nördlingen 1987.

[75] Nach Medard Kehl, New Age oder Neuer Bund?, Mainz 1988, S. 114.

[76] Ein sehr informatives Buch zum Thema: Klausbernd Vollmar/Martin Haeusler, Der letzte Schrei aus dem Jenseits, Channeling Buch 1, Berlin 1988.

[77] 2000, Magazin für Neues Bewußtsein, Possenhofen 1989, Heft 80.

[78] Scholem (Jüdische Mystik, S. 430) nimmt an, daß es sich um eine schlecht übersetzte Fassung des Sohar-Titels »Sifra Di-Zeniutha« handelt. Obwohl inhaltlich manches an die Kabbala erinnert und Blavatskys indophiler und eher antijüdischer Haltung eine Vertuschung der Quelle zuzutrauen wäre, überzeugt mich Scholems Argument nicht, zumal Blavatsky den Sohar und das Sefer Jezira selbst erwähnt und zitiert.

[79] Dazu: Ralph Tegtmeier, Okkultismus und Erotik in der Literatur des Fin de Siècle, Königswinter 1983.

[80] Laut Auskunft von K. R. H. Frick, Licht und Finsternis II, Graz 1978, und von Helmut Möller und Elic Howe, Merlin Peregrinus – Vom Untergrund des Abendlandes, Würzburg 1986.

[81] Zu Lévis Leben siehe Christopher McIntosh, Eliphas Lévi and the French Occult Revival, New York 1972.

[82] Dies sagt er bezüglich einer Totenbeschwörung in »Ritual der Hohen Magie«, Kapitel 13.

[83] Israel Regardie, Das magische System des Golden Dawn, Freiburg 1987, S. 75.

[84] Aleister Crowley, The Magical Diaries of To Mega Therion 666, Jersey, GB, 1979 (Orig. 1923), S. 108.

[85] In: Merlin, Folge 3, S. 56. Interessanterweise wurde die Zeitschrift »Merlin«, die unter dem Herausgeber Herbert Fritsche Artikel aus dem Umkreis der Crowley-Anhänger brachte, direkt nach dem Kriege von Axel Springer publiziert.

[86] Eine ausführliche Studie bietet: Eduard Gugenberger/Roman Schweidlenka, Mutter Erde – Magie und Politik zwischen Faschismus und neuer Gesellschaft, Wien 1987.

[87] Unter Schamanen verstand man zunächst die Heiler und Priester der sibirischen Stämme, deren wesentliches Merkmal die Fähigkeit zur Ekstase war. Sie erlebten diese als Austritt aus ihrem Körper, bei dem sie durch die Ober- und Unterwelt reisen konnten. Auf diesem Wege konnten sie heilen, den Stammesangehörigen »ihre Seele wiederbringen«. Der Begriff des Schamanen hat sich inzwischen auf alle Medizinleute und Priester der Naturvölker ausgedehnt, auch wenn das streng genommen falsch ist. Das Standardwerk dazu ist: Mircea Eliade, Schamanismus und archaische Ekstasetechnik, Frankfurt 1975 (Orig. Paris 1951).

[88] Gabriele Adam, Der heilende Weg des Herzens – Zum Motivhintergrund und gesellschaftlichen Kontext des Rückgriffs auf archaisches Denken in der Alternativkultur, unveröff. Examensarbeit, Münster 1986, S. 117.

[89] Carlos Castaneda, Die Lehren des Don Juan, Frankfurt 1972; Eine andere Wirklichkeit, Frankfurt 1973; Reise nach Ixtlan, Frankfurt 1975. Die Bücher erreichten allein in Deutschland Auflagen von mehreren hunderttausend Exemplaren.

[90] Siehe dazu u. a. Alexander Buschenreiter, Unser Ende ist euer Untergang – die Botschaft der Hopi und anderer US-Indianer an die Welt, Düsseldorf 1983.

[91] Näheres in: Jörg Wichmann, Wicca – die magische Kunst der Hexen. Geschichte, Mythen, Rituale, Berlin 1984; und Janet & Stewart Farrar, The Witches' Way, London 1984.

[92] Eine gute Analyse und Kritik der New-Age-Bewegung findet sich in Hansjörg Hemminger (Hrsg.), Die Rückkehr der Zauberer – New Age – eine Kritik, Reinbek 1987.

[93] Blut floß in Strömen, in: »Titel, Thesen, Temperamente« am 20. 3. 1989. Informationen wurden nicht dazu geliefert: ein Musterbeispiel für das Spielen mit dem Muster Gewalt-Sex-Blut-Teufel auf Kosten der Zuschauer. So wirbt man Satanisten.

[94] Merlin, Folge 3, S. 50.

[95] Zu neueren Forschungsergebnissen über esoterische Auslegungen religiöser Praktiken und Texte in der alten Kirche siehe: Christoph Jakob, »Arkandisziplin«, Mystagogie, Allegorese – ein neuer Zugang zur Theologie des Ambrosius von Mailand (Diss., Bonn 1988), in Theophaneia, Frankfurt 1990.

[96] Arthur Koestler, Die Wurzeln des Zufalls, Bern 1972, S. 80. Interessant ist in diesem Zusammenhang die Beobachtung von Eliade (Schmiede und Alchemisten, S. 187 ff.), daß Newton seinen Begriff der

Schwerkraft aufgrund okkulter Vorstellungen von einer sympathischen Fernwirkung konzipierte.

[97] Hier und auch im folgenden wird ein Erfahrungsbegriff zugrunde gelegt, der über die übliche Erfahrung mit den fünf Sinnen hinausgeht. Vorstellungen, Visionen, Träume, Intuition, Phantasie, sogar Gedanken und Gefühle werden mit in den Erfahrungsbegriff hineingenommen. Dem liegt ein Subjektbegriff zugrunde, der sich auf das rein beobachtende Bewußtsein stützt, nicht jedoch auf das Denken. Mir ist durchaus bewußt, daß darin ein erhebliches erkenntnistheoretisches Problem liegt, dessen Lösung jedoch nicht Aufgabe einer einführenden Betrachtung sein kann.

[98] Der Begriff wird in der Theosophie im Anklang an die indische Philosophie des Vedanta benutzt. Näheres dazu siehe Jörg Wichmann, Das theosophische Menschenbild und seine indischen Wurzeln, in: Zeitschrift für Religions- und Geistesgeschichte, 1983, S. 12–33.

[99] Ausführliche Literatur und Belege für diese Übersicht bieten: H. P. Blavatsky, Der Schlüssel zur Theosophie, Graz 1969; Papus, Die Kabbala, Schwarzenburg 1975; Paracelsus, Der Himmel der Philosophen, Nördlingen 1988; Rudolf Steiner, Theosophie, Dornach 1904; ders., Geheimwissenschaft im Umriß, Dornach 1910; ders., Metamorphosen des Seelenlebens, Dornach 1958.

[100] In H. E. Miers, Lexikon des Geheimwissens, München 1979, S. 325 ff. finden sich weitere Übersichten verschiedener Lehrrichtungen, die hier nicht berücksichtigt wurden.

[101] Arthur Laubach, Der Weg des Geistes, München 1987, S. 55 f.

[102] Derartige Fälle sind als Phänomene gut belegt und dokumentiert. Eine plausible Deutung und besonders eine Erforschung der Besonderheiten dieses Zustandes steht aber noch aus, wie auch kritische Erfahrene des AKE sagen. Ausgezeichnete Dokumentationen und kritische Bearbeitung finden sich in Werner Zurfluh, Quellen der Nacht. Neue Dimensionen der Selbsterfahrung, Interlaken 1983, und Ernst R. Waelti, Der dritte Kreis des Wissens. Außerkörperliche Erfahrungen, Interlaken 1983.

[103] Mehrere Belege in Apologie, Kriton, Phaidros.

[104] Es führte in diesem Buch zu weit, diesen Gedankengang weiterzuführen. Rudolf Steiner hat sich dazu sehr erhellend geäußert (Wie erlangt man Erkenntnisse der höheren Welten). Georg Kühlewind (Bewußtseinsstufen; Die Wahrheit tun) hat ein ausgezeichnetes Übungssystem vorgeschlagen, mit dessen Bearbeitung der Übergang des Bewußtseins des Gedachten zum bewußt denkenden Subjekt erlebt werden kann.

[105] Ludwig Wittgenstein, Tractatus logico-philosophicus, Frankfurt 1960 (1978), Satz 6.4312.

[106] Über die genaue Herkunft des Textes aus arabischen Quellen, seine legendäre Rückführung auf Apollonius von Tyana und weitere Parallelen im Arabischen siehe »Die großen Arcana des Tarot«, S. 23 f.

[107] Lateinische Fassung aus Alchymia, Alchemistische Texte des 16. und 17. Jahrhunderts, Mössingen 1988.

[108] Ausführliches zur »Medicina Magica« im gleichnamigen Buch von Hans Biedermann, Graz 1972.

[109] Es gibt eine Zeitschrift für christliche Hermetik »Hermetika«. Das vierbändige Werk von Anonymus (Valentin Tomberg), Die großen Arcana des Tarot, Freiburg 1983, ist ein weiteres Beispiel christlicher Hermetik.

[110] Papus, Die Kabbala, Schwarzenburg 1975 (erste deutsche Übersetzung Leipzig 1910).

[111] Siehe dazu Blavatsky, Die Geheimlehre; Steiner, Die Geheimwissenschaft im Umriß; Aus der Akasha-Chronik.

[112] Helena P. Blavatsky, Der Schlüssel zur Theosophie, Graz 1969.

[113] Nach einem englischen Manuskript von Tony Kelly, Wales.

[114] Unter »Neuheidentum« firmieren in diesem unserem Lande inzwischen wieder etliche rechtsradikale Gruppen, die mit den hier dargestellten Weltanschauungen nur gemein haben, daß sie sich möglichst ähnlich klingender Begriffe bedienen, um ein neues »Blut und Boden«-Denken in die Szene zu mogeln.

[115] Diese kann man in den Ausgaben der Zeitschrift »Mescalito«, Worms, mehrere Jahrgänge, ausführlich beschrieben finden.

[116] Laut Heinrich Bessler in der Studie »Der Mythos des Wassermannzeitalters«, UNICORN X, Bonn 1984, S. 149–154.

[117] Zum Beispiel in der obengenannten Studie von Heinrich Bessler.

[118] Siehe dazu Offenbarung 18–20. Die Offenbarung des Johannes gehörte schon immer zu den Lieblingstexten vieler Esoteriker, die daraus Inspiration für ihre Visionen und Spekulationen zogen.

[119] Carlo Ginzburg, Die Benandanti – Feldkulte und Hexenwesen im 16. und 17. Jahrhundert, Frankfurt 1980.

[120] Siehe dazu die ausführliche historische Studie von Nikolai Tolstoy, Auf der Suche nach Merlin – Mythos und geschichtliche Wahrheit, Köln 1987.

[121] Als Literatur siehe dazu Ralph Tegtmeier, Die heilende Kraft der Elemente – Praxis der Tattwa-Therapie, Freiburg 1986, oder Bandler/Grinder, Therapie in Trance, Stuttgart 1983.

[122] Der französische Wissenschaftler Michel Gauquelin (Die Uhren des Kosmos gehen anders, Frankfurt 1975) zog aus, die Astrologie zu widerlegen, und fand statistische Zusammenhänge, die in die von der Astrologie vorgeschlagene Richtung zu deuten scheinen. Andere statistische Untersuchungen ergaben meines Wissens ähnliche Ergebnisse.

[123] Siehe dazu auch die ausführliche Darstellung des Astrologen Heinrich Bessler, Das magische Weltbild der Astrologie, in: UNICORN I, 25–30/II 91–98, Bonn 1982.

[124] Dieser Weg ist auf herausragende Weise beschrieben und beschritten in dem vierbändigen Werk »Die großen Arcana des Tarot« eines anonymen katholischen Hermetikers (Freiburg 1983).

[125] Thorwald Dethlefsen, Schicksal als Chance, München 1987, S. 261.

[126] Diese fortgeschrittenen Stufen der Meditation werden in den Büchern des außerhalb von anthroposophischen Kreisen leider kaum beachteten Autors Georg Kühlewind ausgezeichnet dargestellt: »Bewußtseinsstufen, Meditationen über die Grenzen der Seele«, Stuttgart 1976, »Die Wahrheit tun, Erfahrungen und Konsequenzen des intuitiven Denkens«, Stuttgart 1978.

[127] Paracelsus, Der Himmel der Philosophen, Nördlingen 1988, S. 302.

336

[128] Frater V.·.D.·., Sigillenmagie in der Praxis, Unkel 1985.

[129] Als »Katathymes Bilderleben« wird sie auch in der psychotherapeutischen Praxis verwendet. Siehe z. B. das Standardwerk von Hanscarl Leuner: Katathymes Bilderleben – Einführung in die Psychotherapie mit der Tagtraumtechnik, Stuttgart 1981 (2).

[130] Helena P. Blavatsky, Die Stimme der Stille, Graz 1953.

[131] Ein Ouija-Brett ist eine Tafel mit den Buchstaben von A–Z, den Zahlen von 0–10 und einigen einfachen Aussagen: Ja, Nein, Danke, Auf Wiedersehen, Komme wieder, Warten oder ähnliches. (Ouija ist eine Kombination des französischen *Oui* und des deutschen *Ja*). Auf diesem Brett liegt eine bewegliche »Planchette«, die mit einem Zeiger oder einem Loch ausgestattet ist und auf die die Teilnehmer der Sitzung ihre Hände legen. Die angezeigten Buchstaben oder Aussagen werden notiert und bilden – falls sie überhaupt Sinn ergeben – die spiritistische Durchgabe.

[132] Ludwig Staudenmaier, Die Magie als experimentelle Naturwissenschaft, Wiesbaden 1982 (Orig. Leipzig 1922).

[133] Zum Beispiel wird das beschrieben in Gaye Muir, Mein Weg in die andere Welt, Altstätten 1984, S. 283.

[134] Deutsch erschienen als: Wilde Kräfte, Freiburg 1987.

[135] Dethlefsen, Schicksal, S. 268.

[136] Aquarius, Nr. 12, 1978.

[137] Hans Endres, Das spirituelle Menschenbild, München 1988.

[138] Valentin Tomberg, Die großen Arcana des Tarot, Freiburg 1983, Band 2, S. 341.

[139] Thorwald Dethlefsen, Ausgewählte Texte, München 1988, S. 77.

[140] Ebenda S. 73 und 62.

[141] Zwar gibt es zu diesem Thema keine Sachbücher, aber immerhin einen sehr gut informierten, gar nicht so fiktionalen Roman: Werner Schmitz, Auf Teufel komm raus, Köln 1987.

[142] Richard Moss, Interlaken 1988.

[143] Thorwald Dethlefsen/Rüdiger Dahlke, München 1983.

[144] Thorwald Dethlefsen, Schicksal als Chance, München 1979, S. 150 und 146 f.

[145] Eine umfassende theoretische Darstellung der Homöopathie, ihrer Geschichte und medizinischen Grundlagen, findet sich in Harald Walach, Homöopathie als Basistherapie – Plädoyer für die wissenschaftliche Ernsthaftigkeit der Homöopathie, Heidelberg 1986.

[146] Walach, S. 193 ff.

[147] Eine astrologische Therapie im esoterischen Sinne entwickelt zum Beispiel der Psychologe Peter Orban in: Astrologie als Therapie – Auf der Suche nach der Lüge. Ein Selbsterfahrungsbuch, München 1986.

[148] Praktische esoterische Methoden für den psychologischen Gebrauch stellt Jürgen vom Scheidt dar: Antworten aus dem Unbewußten, Freiburg 1986.

[149] Siehe den historischen Abriß in Frater V.·.D.·., Handbuch der Sexualmagie – Praktische Wege zum eingeweihten Umgang mit den subtilen Kräften des Sexus, Haar 1986.

[150] Eliphas Lévi, Transzendentale Magie, Basel 1975, S. 357 und 355.

¹⁵¹ Frater V.·.D.·., Handbuch der Sexualmagie, S. 305.

¹⁵² Siehe dazu die ausgezeichnete Studie von Gerhard Zacharias, Satanskult und Schwarze Messe – Ein Beitrag zur Phänomenologie der Religion, Wiesbaden 1964.

¹⁵³ In: Aquarius, Nr. 7, 1977, S. 15.

¹⁵⁴ Karl Brandler-Pracht, Lehrbuch zur Entwicklung der okkulten Kräfte, Leipzig 1920.

¹⁵⁵ In: Weißt du, daß die Bäume reden, Wien 1983.

¹⁵⁶ Auszug aus einem Gedicht in Elisabeth Burmeister, Labyrinth – Hymnen und Lieder, München 1982.

¹⁵⁷ Weißt du, daß die Bäume reden, Wien 1983, S. 20.

¹⁵⁸ George Trevelyan, Eine Vision des Wassermannzeitalters, Freiburg 1980, S. 25 u. 30

¹⁵⁹ Rüdiger Dahlke, München 1987.

¹⁶⁰ G. Graichen, Hamburg 1988.

¹⁶¹ Starhawk (Miriam Simos), Dreaming the Dark, Boston 1982, S. 13.

¹⁶² Etwa in Peter Russell, Die erwachende Erde – unser nächster Evolutionssprung, München 1984, und Rüdiger Dahlke, Der Mensch und die Welt sind eins – Analogien zwischen Mikrokosmos und Makrokosmos, München 1987.

¹⁶³ Eine ausführliche Studie zu diesem Thema findet sich in: Stephan Marks, Hüter des Schlafes – Politische Mythologie, Berlin 1983.

¹⁶⁴ Aradia. Die Lehre der Hexen, Hrsg. Charles G. Leland, München 1988 (Orig. 1899).

¹⁶⁵ Aus: Gugenberger/Schweidlenka, Mutter Erde, Magie und Politik, Wien 1987, S. 45. Dort auch weitere deutliche Belege für diese Ansicht.

¹⁶⁶ Miriam Simos (Starhawk), Dreaming the Dark, Boston 1982. Auf deutsch erschienen als: Starhawk, Wilde Kräfte, Freiburg 1987.

¹⁶⁷ Ludwig Wittgenstein, Tractatus, Satz 6.522, Satz 7.

Georg Schmid
Die Mystik der Weltreligionen
Eine Einführung
Buchreihe »Wege der Mystik«
240 Seiten, kartoniert · ISBN 3-7831-1016-5

Der mystische Weg ist in allen großen Religionen ein Weg zur unmittelbaren Erfahrung Gottes. Georg Schmids Buch ist eine kompetente Einführung in die mystischen Traditionen der Weltreligionen und zugleich ein bedeutsamer Beitrag zum interreligiösen Dialog.

Lutz Müller
Magie
Tiefenpsychologischer Zugang zu den Geheimwissenschaften
Buchreihe »Symbole«
270 Seiten, kartoniert · ISBN 3-7831-1003-3

Die esoterischen Symbolsysteme sind Vorläufer der Tiefenpsychologie, ebenso wie die Psychotherapie bekannte esoterische Praktiken verwendet. Der Streit um die Esoterik kann auf der Basis der analytischen Psychologie Jungs gelassener geführt werden, wenn gesehen wird, daß sie weniger über die Welt, sehr wohl aber viel über den Menschen und das Unbewußte zu sagen hat.

Kreuz Verlag

Ellynor Barz
Götter und Planeten
Grundlagen archetypischer Astrologie
282 Seiten, 25 Abbildungen, gebunden · ISBN 3-268-00050-9

Dieses Buch erzählt u. a. von Liebe, Haß und List der antiken Götter, deren Eigenschaften die Astrologie projizierend mit den Sternen
verknüpft. Eine spannende und amüsante Lektüre und mehr: ein
neuer Zugang zu einer der ältesten Weisheitslehren der Menschheit
aus tiefenpsychologischer Sicht.

Bruno von Flüe
Das ganze Gesicht meiner Jahre
Das Geburtsbild Rainer Maria Rilkes
Eine astrologische Deutung
317 Seiten, mit zahlreichen astrologischen Zeichnungen, gebunden
ISBN 3-7831-0943-4

»Weltinnenraum« – eine der großen Wortschöpfungen Rainer Maria Rilkes – ist zugleich kennzeichnend für die astrologische Wahrnehmung: Die Welt ist ein Geflecht von Schwingungsmustern, in
denen der Mensch seine Biographie und sein Werk gestaltet. Rilkes
Leben und Werk wird in diesem Werk erschlossen. Ein astrologisches Buch von höchstem Rang.

Kreuz Verlag